ADOLESCÊNCIA

Blucher

ADOLESCÊNCIA

Reflexões psicanalíticas

David Léo Levisky

5ª edição revista e ampliada

Adolescência: reflexões psicanalíticas

5ª edição – Blucher, 2024
Editora Edgard Blücher Ltda.

Publisher Edgard Blücher
Editor Eduardo Blücher
Coordenação editorial Rafael Fulanetti
Coordenação de produção Andressa Lira
Produção editorial Departamento de produção
Preparação de texto Maurício Katayama
Diagramação Estúdio dS
Revisão de texto Regiane da Silva Miyashiro
Capa Laércio Flenic
Imagem da capa Adriana Blay Levisky

Blucher

Rua Pedroso Alvarenga, 1245, 4º andar
04531-934 – São Paulo – SP – Brasil
Tel.: 55 11 3078-5366
contato@blucher.com.br
www.blucher.com.br

Segundo o Novo Acordo Ortográfico, conforme 6. ed. do *Vocabulário Ortográfico da Língua Portuguesa*, Academia Brasileira de Letras, julho de 2021.

Dados Internacionais de Catalogação na Publicação (CIP)
Heytor Diniz Teixeira, CRB-8/10570

L666a Levisky, David Léo
Adolescência : reflexões psicanalíticas / David Léo Levisky. - 5. ed. rev. ampl. – São Paulo: Blucher, 2024.
496 p.

Bibliografia
ISBN 978.85.212.2490-7 (impresso)

1. Psicanálise. 2. Psicologia da adolescência. 3. Adolescentes - Desenvolvimento psicossocial. 4. Desenvolvimento adolescente.

CDU: 159.964.2

Índice para o catálogo sistemático:
1. Psicanálise 159.964.2
2. Psicologia da adolescência 159.922.8

Agradecimentos

Quero tornar público meu reconhecimento às pessoas que diretamente contribuíram para que este trabalho se tornasse uma realidade.

Este livro não teria sido possível sem a colaboração de meus pacientes. A eles, minha gratidão.

A Adriana, Flávia e Ricardo, meus adolescentes, o meu amor. Com eles, tenho aprendido muito. Talvez eles não tenham plena consciência, mas representam um dos meus principais esteios e incentivos.

À Ruth Blay Levisky, minha esposa e amiga, psicóloga, professora do Instituto de Psicoterapia Analítica de Grupo e do Curso de Pós-graduação da Pontifícia Universidade Católica de São Paulo (PUC-SP) na área de Terapia Familiar, sempre presente nas jornadas de minha vida. Com seu carinho, estímulo e conhecimento, discutiu o desenvolvimento das ideias, ofereceu sugestões e contribuiu para a redação definitiva dos textos.

À amiga Heloisa Gurgel Botelho, psicóloga e psicanalista, formada pelo Instituto Sedes Sapientiae, meu reconhecimento pela leitura atenta e sugestões precisas dadas aos textos originais.

Aos amigos José Outeiral, psicanalista, e Roberto B. Graña, psicólogo, ambos pertencentes ao Grupo de Estudos Psicanalíticos de Pelotas/RS, minha gratidão pelos créditos científicos em mim depositados. Agradeço a gentileza de terem me autorizado a utilizar artigos publicados no livro *Donald W. Winnicott: estudos e técnica psicoterápica na adolescência.*

Aos colegas da Sociedade Brasileira de Psicanálise de São Paulo (SBPSP), com quem tive a oportunidade de discutir vários de meus artigos.

Aos candidatos do curso de formação de analistas de crianças e adolescentes, cujas aulas e debates me serviram de estímulo para aprimorar muitas de minhas ideias.

À *Revista Brasileira de Psicanálise*, pela concessão na utilização de artigos nela publicados.

À Vera Sevestre e Irene Pereira, bibliotecárias da Sociedade Brasileira de Psicanálise de São Paulo (SBPSP), pela valiosa e sempre prestativa colaboração na efetuação dos levantamentos bibliográficos.

À Christiane Menon Chama, estudante de Psicologia, meu carinho pelo desempenho eficiente e espírito juvenil na condução das funções de curinga, secretariando, digitando, pesquisando e opinando sobre os textos.

Eu tenho três coisas importantes em minha vida:
meus pais, minha namorada e a análise.

M., 19 anos

Conteúdo

Parte II Casos clínicos: reflexões

Parte III Observações contemporâneas

Prefácio à 5ª edição

Honrado com o convite de David Léo Levisky para escrever o Prefácio a esta nova edição de *Adolescência: reflexões psicanalíticas*, me vi tomado por lembranças emocionadas. Levisky foi meu colega na Escola Paulista de Medicina e nos tornamos psicanalistas pela mesma instituição – a Sociedade Brasileira de Psicanálise de São Paulo (SBPSP). Nossa vida tem muitos aspectos em comum. Somos descendentes de imigrantes europeus e criados dentro da ética desse grupo – a consideração e o respeito pelo outro. Nosso lar, assim como a mente do psicanalista, acolhe a pessoa como ela se apresenta, sem avaliações, julgamentos ou aconselhamentos. O adolescente, em particular, vivencia essas avaliações, efetuadas pela sociedade e por si mesmo. Por vezes em uma forma tal que promove sofrimento desnecessário.

Tive a satisfação de acompanhar a trajetória profissional de Levisky, que precocemente revelou sua imensa capacidade de entrar em contato com a mente inconsciente, levando-o a tornar-se um dos mais respeitados psiquiatras e analistas de nossa geração. A primeira edição deste livro, de 1995, foi um marco editorial. Ao revê-lo, surpreendo-me com a quantidade de frases que grifei na ocasião, refletindo a influência que exerceu em minha prática. Mesmo sem os acréscimos a esta 5ª edição, o livro continuaria atual.[1]

Como sabemos, a principal função da adolescência é a busca da identidade adulta. Suas vicissitudes incluem o penoso trajeto em que a criança terá que lidar com as transformações corporais, a perda das fantasias infantis, o luto pelos pais do passado, ao mesmo tempo que se vê assolada por impulsos sexuais e agressivos que a deixam assustada por sua intensidade quase descontrolada. A demanda emocional revelará seus recursos mentais para pensar – isto é, transformar em símbolos – o que está vivenciando. Dessa forma, indiretamente, teremos acesso aos fatores precoces que influenciaram a constituição de sua mente.

Lembro-me de M., um menino de 14 anos trancado em seu quarto e recusando-se a falar com qualquer pessoa. Com muita paciência, descobrimos que sofria *bullying* crônico por ser de classe social menos favorecida. Um boato de que teria assediado uma menina fez com que os colegas de escola o condenassem e isolassem. Preso em seu quarto, envolve-se com *games* violentos enquanto entretém ideias suicidas e de vingança contra a escola. Participa de vários grupos de jogadores e ali se sente aceito. Os grupos se comunicam por *chats* que, por sua vez, são utilizados para cooptar jovens para grupos fanáticos. É convencido que as mazelas do mundo são causadas pelo empoderamento das mulheres, dos negros, dos grupos LGBT+, dos indígenas, pelo "marxismo cultural" etc. As ideias se expandem como certezas. São dezenas de grupos de todo o mundo. A democracia tem que ser extinta e os conflitos devem ser resolvidos por meio da violência. Propõe-se ataques terroristas em locais públicos e, em particular, nas escolas. Os membros se inspiram nos massacres anteriores e usam codinomes de "heróis" que praticaram tais atos e em líderes que pregam o ódio.

---

1 Nota do autor: os dois últimos capítulos foram acrescentados ao livro posteriormente ao falecimento do querido Roosevelt Cassorla, amigo de todas as horas, ocorrido em setembro de 2024.

Jovens como M., independentemente da intensidade dos traumas externos, estão em busca de algo que os faça se sentirem existentes. Podemos supor que essa sensação decorre de situações traumáticas ou deficitárias do início da vida, que foram reativadas – na adolescência – pela rejeição cruel de seu ambiente. Ao participarem de grupos fanáticos, "donos da Verdade", sentem-se importantes, protegidos e estimulados por figuras poderosas que serão seguidas acriticamente.

Levisky e o autor deste Prefácio poderíamos ter o mesmo destino de M. (e o leitor também), já que a sociedade mantém grupos desse tipo, religiosos e ideológicos, que se oferecem aos adolescentes, ávidos de figuras de identificação. A maioria logo se dá conta da idealização, mas alguns se tornam adictos a eles. Essa adicção, assim como outras (drogas, jogos, internet, satisfações orais), indicam falhas na constituição da mente, que buscam preenchimento desesperado.

Neste livro, a criatividade do autor nos brinda com textos em que, de forma clara e profunda, são discutidos fatores relacionados ao desenvolvimento adolescente e suas perturbações, sem descuidar dos aspectos familiares e sociais. Defrontamo-nos com uma clínica psicanalítica densa e complexa, longe de ideias panfletárias que buscam reduzir a psicanálise a fórmulas simplistas. Saliento a riqueza das situações clínicas apresentadas generosamente, em forma original. Levisky discute as características do processo analítico nessa faixa etária e aborda, em detalhes, a questão do *acting-out* e as situações em que faltam as palavras para comunicar estados afetivos. Tratam-se de reflexões e ensinamentos de um analista engajado com o conhecimento e a técnica analítica, buscando promover o desenvolvimento de seu paciente, para que se torne ele mesmo. Ao mesmo tempo, o autor nos mostra a relação inexorável entre o crescimento mental do analista e seu trabalho. A leitura nos faz pensar em nossa própria clínica.

A convivência com Levisky me fez admirar sua generosidade, que se vincula à capacidade de indignar-se diante das injustiças desumanizadoras. O leitor perceberá que esses aspectos perpassam todo o livro. Lembremos do idealismo próprio da juventude que, questionando o *status quo* adulto, estimula mudanças civilizatórias. O mundo adulto tem a função de acolher o jovem sonhador tolerando um certo grau de imprudência decorrente da impulsividade própria da fase adolescente.

M., como muitas crianças e jovens de todas as épocas, não foi aceito como ele pôde ser. Situações traumáticas como a descrita têm sido identificadas cada vez mais em nossa sociedade, e supomos que sempre existiram. No entanto, vivemos uma época em que o *bullying* e o maltrato se multiplicam pelas redes sociais em uma rapidez incontrolável. Por outro lado, a mente com dificuldades para pensar – isto é, viver na realidade triangular – se encontra diante de transformações sociais aceleradas, consequentes à quebra dos sólidos valores da sociedade industrial. Dentro dessa modernidade "líquida", o jovem tem mais dificuldade de processar as novas experiências. Sente-se fragilizado, carente de referenciais, perdido perante demandas confusas de uma sociedade que não sabe o que deseja e o deixa sem recursos.

Mudanças, sentidas por alguns como terríveis, são fatos da vida e, como tais, tanto trazem benefícios como problemas. São temas que estão disponíveis para serem pensados de forma criativa. Espera-se que os psicanalistas, como o faz Levisky, participem dessa tarefa. A mente humana é maravilhosa – ela cria, transforma, destrói, reformula, adapta-se, critica, readapta-se –, e o analista terá que observar isso, tentar compreender e participar, sendo-ele-mesmo. O autor nos alerta para o cuidado que devemos ter para não rotular o adolescente a partir da visão do adulto. A frase "no meu tempo era melhor" pode indicar menos preocupação que inveja do jovem, que tem toda a vida para descobrir e transformar o mundo.

Portanto, o analista de adolescentes terá que lidar com o mundo virtual, com o *bullying* internético, com os *chats* e o sexo virtual, com as cirurgias plásticas e as dietas anoréticas, com a sexualização precoce, com a globalização e a pressa, com a inteligência artificial, com o fanatismo, a corrupção e a mentira, com os caminhos e descaminhos do amor e da destruição – nada diferente do que sempre foi, apenas surgindo sob outras formas.

> *Havia segredos em relação aos quais minha mãe reagia enfurecida. . . Essas turbulências faziam surgir imagens assustadoras, e me tirar o sono. . . Teriam elas vivido experiências terríveis, lembranças esquecidas da Europa opressora? Conflitos que faziam-nas retornar ao passado? Que evocavam vivências de dor, de perdas de pessoas queridas, de bens, de raízes, do cheiro da terra? Questionamentos que minha criança não era capaz de pensar. Ninguém falava dos conflitos, nem do passado, nem do presente.*

O parágrafo anterior é de outro livro de David Léo Levisky: *Meu pai, um desconhecido?*. Nele o autor revela sua vertente biográfica. O trecho se refere à origem de possíveis traumas transgeracionais. Levisky é um autor que expõe seus conflitos e é evidente que essa autopercepção se vincula a sua capacidade analítica e científica. Adiante escreve:

> *Carrego vestígios de sentimentos primitivos profundos, escondidos em mim, em áreas que não tive acesso . . . . Percebo a existência de um núcleo duro e obscuro da personalidade, de origem desconhecida, que se mantém em segredo para mim mesmo, mas que também serve de estímulo à curiosidade e à expansão. Área habitada por monstros inomináveis que me assustavam na infância ao ouvir estalos e ruídos noturnos, o ranger das madeiras, fantasmas da infância que falavam a linguagem do perigo. . . . Precisava me esconder, agarrar-me à minha mãe diante do trágico que estava a acontecer, prenúncio do fim dos*

> *tempos. Na vida adulta, o perigo estava na impulsividade atraída pelo perigo, pelo desconhecido. A percepção e o conhecimento têm me ajudado a preencher algumas lacunas de um passado presente que tento alcançar, e me acalmar.*

Temos, portanto, o privilégio de ler um autor que nos mostra os recônditos de sua alma. Percepções compartilhadas que servirão de pano de fundo a nossa leitura.

A publicação de *Meu pai, um desconhecido?* se segue a outros livros. Em particular, *Um monge no divã: a trajetória de um adolescer na Idade Média central*, sua tese de doutoramento em História, resultado de um profundo envolvimento na literatura da época em conexão com o conhecimento psicanalítico. Nesse texto, Levisky identifica os mesmos conflitos do adolescente atual em um jovem na Idade Média.

O leitor perceberá, na sutileza do texto de *Adolescência: reflexões psicanalíticas*, a ideia de Levisky de que o analista tem que ser ele-mesmo, condição para poder vivenciar e compreender o mundo para além de máscaras, falsidades e enganos que constantemente ameaçam. Porém, sem a ingenuidade de acreditar que ele (e o mundo) se livrarão totalmente desses elementos, que... também fazem parte da vida.

Estou certo que, diante desta obra, o leitor pensará em sua própria adolescência e se sentirá enriquecido pelos pensamentos de David Levisky.

Prof. Dr. Roosevelt Cassorla (*in memoriam*)
Professor Titular da Faculdade de Ciências Médicas da Universidade Estadual de Campinas (Unicamp). Membro efetivo e didata das Sociedades Brasileiras de Psicanálise de São Paulo e Campinas.

Prefácio à 4ª edição

Seja muito bem-vindo à 4ª edição do livro *Adolescência: reflexões psicanalíticas* de David Léo Levisky. Um clássico para todos os profissionais interessados nos mistérios da mente humana, seu desenvolvimento e as perturbações que levam ao adoecer. A clareza da escrita revela a maturidade do autor, que não fica aprisionado a nenhuma escola de pensamento, circula entre elas e realiza sua síntese pessoal. A primorosa e contundente exemplificação clínica não só ajuda a complexa compreensão insaturada do tema exposto, como mostra com humildade, sagacidade e perspicácia a mente do analista trabalhando: David, despido das roupagens do superego institucional, do aprisionamento das teorias-fontes, de memórias e desejos e dos "mandamentos técnicos", mostra sua criativa identidade profissional na clínica.

No Capítulo 1 – "Panorama do desenvolvimento psicossocial do adolescente" – o autor enfatiza que a adolescência é um processo psicossocial de crise, marcado pela vulnerabilidade, diante da procura da identidade adulta. Cada civilização, primitiva ou moderna, oferece a ela um significado social, centralizado no tabu do incesto e no significado da representação totêmica. Os "rituais de passagem", que facilitam a integração à comunidade adulta, são interferidos por novos valores e perdem o significado.

Há uma dissociação entre o crescimento biológico e os diferentes níveis de desenvolvimento mental. A sociedade não acolhe o adolescente.

No Capítulo 2 – "Aspectos psicanalíticos do processo de identificação na sociedade atual" –, ele nos alerta sobre as diferenças conceituais entre imitação, introjeção, incorporação, interiorização, identificação projetiva e empatia, que participam do processo de identificação. Contudo, David não se detém nelas.

Ele salienta, na cultura moderna, outras formas de canibalismo, como a miséria e os vários sistemas de poder que desconsideram as minorias. Há um perigo quando, em vez de se conquistar a individualidade, exacerba-se o individualismo.

As "carências múltiplas" se perpetuam, numa negação trágica da dolorosa realidade. O computador e os *videogames* podem eternizar a relação com o fantástico, com a onipotência, com a violência, levando à alienação do *ser*. A relação vida e morte é banalizada, num "*processo de congelamento afetivo*" por fracasso ambiental, segundo Winnicott (1976).

O Capítulo 3 – "O processo de identificação do adolescente à luz da psicanálise contemporânea" – trata da transição do processo de latência-puberdade e início da adolescência. As poesias de Alessandra – entre outros exemplos clínicos – marcam o percurso auspicioso percorrido pela dupla. O analista ressalta as dificuldades para alcançar um diagnóstico diferencial entre normalidade e patologia na adolescência. Penso que, diante das ciências da complexidade, a psicanálise contemporânea precisa repensar os conceitos de normalidade e patologia, tendo em conta a estrutura da personalidade, seus mistérios e as vibrações entre os diferentes estados mentais.

O autor aborda a *envelhescência* dos pais no confronto geracional com o filho, que exige mudanças e transformações nas relações familiares.

David alerta que os estados primitivos da mente (EPM), presentes no self primitivo, podem aflorar na revolução turbulenta que o adolescente enfrenta para *tornar-se* um adulto, dificultando as discriminações. A apreensão desses estados, às vezes reeditados na adolescência, é fundamental para mergulhar nos alicerces da personalidade.

"Mudanças da geografia psíquica" é a feliz expressão do autor para nomear os novos espaços do adolescente, que precisa gradativamente se separar da família.

David levanta a possibilidade de aproximar os conceitos de protorrepresentação de Freud, as pré-concepções de Bion e os conhecimentos inatos de Klein.

Parece-me arriscada essa corajosa tentativa porque esses conceitos surgem de leitos epistemológicos diferentes. Contudo deixo aberta a controvérsia para alimentar dúvidas, incertezas e afinar o rigor conceitual com as hipóteses de ignorância.

No Capítulo 4 – "A crise dos pais na adolescência dos filhos" –, o confronto entre pais e filhos é explicitado diante das transformações de ambos os participantes do vínculo.

A crise da adolescência acontece num momento da vida, com uma história viva que aflora. A adolescência dos pais é sacudida e aparece no confronto geracional. A configuração edípica, diante das mudanças corporais e psíquicas dos filhos e dos pais, é acesa. Um novo trabalho psíquico é solicitado para uma nova ressignificação edípica que garanta ao filho os lugares de assimetria e autoridade na crise adolescente, e aos pais na crise da meia-idade.

A ação protetora e controladora dos pais cria um confronto de poderes. A omissão potencializa o desamparo e priva o filho dos necessários limites e modelos de identificação.

David, com humor e criatividade, apela para uma atitude *supervisionadora a distância*. "A que distância no espaço inter-relacional?", ele indaga. Levisky não cai na perigosa tentação de dar respostas.

Os filhos, na busca de autoafirmação, podem desejar "assassinar" os pais da infância. Outras vezes, filhos e pais podem perpetuar estados infantis de mente que freiam o verdadeiro crescimento.

Segundo o Capítulo 5 – "Até quando adolescentes? Adolescência: uma invenção da modernidade?" –, a adolescência se inicia na puberdade. Ela não é fruto exclusivo da cultura, nem é um fenômeno exclusivamente biológico.

O autor passeia pela Idade Média e o romantismo com maestria até chegar a sua tese de doutorado: *Um monge no divã – A trajetória de um adolescer na Idade Média Central.* Ele é categórico em afirmar que a adolescência é um fenômeno universal que acompanha o homem civilizado no processo de elaboração edípica e na construção da subjetividade.

No Capítulo 6 – "A questão diagnóstica no trabalho com adolescentes" –, o autor usa elementos semiológicos e metapsicológicos (Krynski, 1977). O conhecimento do paciente sempre será parcial, limitado, transitório.

David nos alerta que, em crianças e adolescentes, o desenvolvimento está em jogo. Muitas manifestações são transitórias. A imagem do caleidoscópio lhe permite exprimir sua postura diante da plasticidade dos sintomas e o polimorfismo da personalidade, cuja configuração se transforma quando se imprime movimento.

A cultura contemporânea é um agravante a ser levado em conta na avaliação. Ela é liberalizante, facilitadora e destrutiva. Incide no prolongamento da adolescência, dificultando o acesso à vida adulta.

No Capítulo 7 – "O processo psicanalítico" –, vê-se que a exigente formação do analista na sua longa análise pessoal, sua personalidade, ao se permitir entrar em contato com os EPM de sua mente, os estados psicóticos e *borderline*, as conquistas clínicas ao recriar a *techné* tendo em conta o zelo com o *setting* mental do analista e os avanços teóricos, têm viabilizado e ampliado a abrangência da psicanálise de adolescentes. O autor enfatiza, entre as aptidões do analista: a capacidade lúdica, o humor, a plasticidade, a liberdade interior, a empatia, a flexibilidade. Eu acrescento: a humildade, a capacidade negativa, a esperança, o amor pelo método, a paixão pela psicanálise, entre outros.

Há uma indagação palpitante entre os limites e as diferenças entre a psicanálise e a psicoterapia de base analítica. O autor salienta a importância da sólida formação do profissional, por um lado, e a singularidade do paciente, por outro. Essa clínica exige uma disciplina rigorosa para manter o sigilo ético que o paciente adolescente ausculta nas entranhas do profissional, quando também os pais são convocados. Ninguém pode ser *pombo-correio*.

O analista que ousa clinicar com crianças e adolescentes, escreve o autor – e que observa um bebê pelo Método Esther Bick (1945), acrescento eu – desenvolve recursos internos e ferramentas para trabalhar com pacientes adultos e pacientes graves.

No Capítulo 8 – "Trauma e adolescência" –, com precisão, David enraíza o trauma como algo insuportável que afeta a espontaneidade e a autonomia do sujeito.

Nesse momento da vida, a identificação está em plena reestruturação e atinge a *matriz identificatória*.

A sociedade pós-moderna não é um bom continente para que o jovem expresse, module e transforme sua impulsividade. O mar de *globarbaridades*, como o erotismo exagerado, tudo por dinheiro e a corrupção explícita e impune, afundam o adolescente nas trevas da deterioração mental.

O autor enfatiza a crueldade diante do *genocídio de almas* na América Latina, África, Ásia e Oriente. Crianças e adolescentes são condenados à morte psíquica pela privação de bons vínculos primários que deixam buracos no tecido mental, sem permitir o desenvolvimento emocional, cognitivo, criativo e reparador. Como profissional comprometido, David levanta a voz para alertar, com vasta argumentação científica, que "tudo começa em casa", primeira célula da sociedade. A desagregação familiar com maus-tratos, abusos psíquicos e físicos é um perigoso fator que impede a criação do sujeito.

No Capítulo 9 – "*Acting out*: um meio de comunicação na análise de adolescentes e crianças" –, encontramos a criatividade artística do autor, seu talento para sustentar a identidade analítica em situações inimagináveis.

Para David, o *acting out* faz parte da comunicação primitiva, pré-verbal, pré-simbólica. Não necessariamente é defensivo. O autor o considera como uma manifestação do processo primário, que comunica os EPM, quando o self e o objeto estão indiscriminados.

Segundo o Capítulo 10 – "Inscrição mental pré-verbal e contratransferência" –, o *acting out* e as manifestações psicossomáticas podem ter, na sessão, a função de comunicação primitiva na linguagem pré-verbal, pré-simbólica.

A contratransferência é um instrumento sensível, valioso para a compreensão dos EPM. Ela é inconsciente, mas o analista pode perceber seus reflexos e repercussões. A "interpretação simbólica" difere da "interpretação pré-verbal".

No Capítulo 11 – "Contratransferência na análise de adolescentes: uma modalidade de comunicação e percepção" –, lê-se que a contratransferência é uma modalidade de comunicação e percepção dentro do processo analítico no "sistema receptor". Ela é uma ferramenta útil e sensível, quando há empatia na relação.

David considera utópica a existência de uma relação analítica neutra e pura. E ainda salienta a necessidade de treinar o terceiro olho, o olho interno do analista, para aprender a observar e se observar para ampliar o continente receptivo da função analítica.

O corajoso autor não silencia a participação do analista nas análises interrompidas. O analista pode *abandonar* o paciente por falta de compreensão. Aspectos contratransferenciais podem irromper e provocar a interrupção da análise.

A possibilidade de analisar qualquer paciente surge da relação. Não há *a prioris* lógicos.

Segundo o Capítulo 12, intitulado "Idioma sem palavras: o inefável na relação analítica com adolescentes", há, nessas análises, uma comunicação pré-verbal, inefável, indizível e encantadora que expressa os EPM por meio do sensorial, corporal, gestual. O autor se vale do *gesto espontâneo* de Winnicott para exprimir o nível lúdico na relação, que se organiza a partir do caos e do imprevisível. Não há script prévio.

A atitude analítica transcende a célebre atenção flutuante proposta por Freud. Ela exige disponibilidade física e espontaneidade de movimento psíquico para poder estar com o outro, sem perder a função analítica. O resgate do adolescente interno do analista abre caminhos.

No Capítulo 13 – "O psicanalista de adolescentes e de crianças: a identidade psicanalítica" –, para o autor, a análise de adolescentes é interessante, agradável, angustiante, surpreendente e gratificante.

A vibração, o contato direto mente/mente, inconsciente/inconsciente, a velocidade das atuações são próprias dessas análises. O analista precisa ser capaz de viver entre incertezas, albergar dúvidas, tolerar e respeitar os próprios limites.

A personalidade do analista precisa ser razoavelmente integrada para poder suportar as intensas identificações projetivas e a expressão dos EPM do paciente. Os aspectos adolescentes do analista, positivos e negativos, são convocados. O *setting mental* prevalece, ele pode ter ultrapassado os limites geográficos da sala de análise. O analista precisa criar uma distância interna para manter a função observadora binocular.

O falso self profissional é detectado pelo paciente. O analista precisa ser verdadeiro, sincero, confiável e capaz de se deixar atingir na sua identidade. Humor, espírito jovial, capacidade lúdica, certo prazer no desafio, espontaneidade, criatividade, tolerância à frustração são qualidades necessárias na personalidade do analista. O autor é um exemplo! *Não existe um analista ideal, mas um ideal de analista.*

Ser analista é uma profissão difícil, mas não impossível.

O Capítulo 14 – "Depressões narcisistas na adolescência e o impacto da cultura" – indica que é preciso distinguir o *sentimento de tristeza*, diante da dor pela perda do objeto querido, do *sentimento de depressão*, condição emocional prolongada que atinge vários aspectos da personalidade e cujo vazio não se preenche com o passar do tempo. Os sentimentos de autoestima e de autoconfiança aparecem abalados.

As depressões narcisistas mobilizam feridas narcisistas e sentimentos de fracasso, de incompetência e de baixa autoestima, resultantes de experiências remotas frustrantes na estruturação self-objeto primitivo.

Na sociedade contemporânea, os mitos e ritos universais que marcam a passagem do tempo estão enfraquecidos, e surgem os mitos e ritos individuais. Há uma realidade psicossocial confusa e dissociada.

No último capítulo – "Meios de comunicação social: interferências sobre o aparelho psíquico" –, Levisky discute que a mídia, principalmente a eletrônica, associada aos poderes econômicos, tem se distinguido no seu papel *formador* e *deformador* da opinião pública ao interferir na própria estruturação do aparelho do pensar e nas atividades neuropsíquicas. Alterações funcionais e estruturais podem ocorrer nos modelos de percepção, de maneira contínua e sem nenhuma resistência (McLuhan, 2011).

A discriminação entre real, imaginário, virtual e real-virtual fica comprometida e afeta as relações temporais e espaciais. Pode haver confusão entre sonho, fantasias conscientes e inconscientes, realidade interna, virtual e concreta, todas integrantes dos vários níveis de subjetividade: *intra, inter, trans*.

Esses meios de comunicação estimulam a prevalência dos EPM: ilusão da permanência em estado de gozo, a satisfação imediata de desejos, a onipotência, a cisão, a negação.

Esses aparelhos estão destituídos daquilo que é essencial na relação humana: o calor afetivo do contato humano gerado pela presença física daqueles que investem emocionalmente na criança. São vínculos que possibilitam a incorporação progressiva de elementos no processo de identificação, na construção da identidade e da personalidade. A TV possui um poder doutrinador e é um modelo de identificação de hábitos, costumes e comportamentos.

Qual será o futuro da vida psíquica de crianças e adolescentes submetidos a essa estimulação maciça e precoce?

Pretendo que o leitor, após este prefácio, mergulhe no texto, para dialogar com o autor. Manter a vivacidade das questões nutre a ciência e esculpe nossa identidade. O que é que o paciente coloca no analista que, da personalidade do analista, é detonado pelas atuações, tropismos, dramatizações, fantasias, pensamentos, sonhos do paciente? Análise ou psicoterapia com adolescentes?

Deixo o leitor se deliciar com a beleza, o frescor, os mistérios e a profundidade dos casos clínicos, obras-primas de um analista experiente, apaixonado pela sua profissão.

São Paulo, julho de 2013.

Psicol. Alícia Beatriz Dorado de Lisondo

Membro efetivo, analista didata e analista de crianças e adolescentes da Sociedade Brasileira de Psicanálise de São Paulo (SBPSP).

Prefácio às três primeiras edições (publicado a partir da 1ª edição em 1995)

A psicanálise da adolescência e dos adolescentes apresenta uma situação no mínimo paradoxal. Pouca literatura autenticamente psicanalítica; muitos psicanalistas e psicoterapeutas de adolescentes.

Na língua portuguesa, as publicações são poucas, as bases teóricas apresentadas são diferentes e, às vezes, não muito bem definidas, até confusas e misturadas. As chamadas "experiências terapêuticas" multiplicam-se em sua simplicidade e ingenuidade, quando não respondendo a atividades improvisadas, basicamente com finalidade política.

Não cabe dúvida sobre a necessidade de uma compreensão e de uma ação em prol da nossa adolescência. Porém, a intuição e a boa vontade não podem substituir o estudo, a pesquisa séria e a formação esforçada de profissionais da saúde que pretendem trabalhar com a população nessa faixa etária.

David Léo Levisky, psicanalista formado na rigidez e disciplina de um Instituto de Psicanálise de São Paulo e psiquiatra de crianças e adolescentes por vocação e formação clínico-teórica, dedicou-se, felizmente, a preencher um vácuo na literatura científica da adolescência.

Este seu livro abre um caminho, assinala um roteiro de estudos e oferece material para refletir, aprender, aprofundar e pensar psicanaliticamente sobre esse importante objeto de estudo.

Entretanto, logo no início, percebe-se a preocupação do autor com a realidade desse, às vezes desconhecido, "mundo externo", e sua determinante configuração do "mundo interno". O que alguns analistas, entre os quais considero importante destacar Melanie Klein, Fairbairn, Pichon Rivière e Winnicott, entre outros, já ousaram estudar e sugerir ampliar neste sentido o afazer psicanalítico.

No seu *Panorama do Desenvolvimento Psicossocial do Adolescente,* Levisky manifesta sua tomada de posição e praticamente apresenta um resumo de seu vértice pessoal para o estudo que pretende desenvolver.

Considero importante que o autor não pressupõe que o leitor já domine o assunto, e inicia assim uma apresentação das bases psicanalíticas da organização psíquica, de singular importância para refrescar nossa memória psicanalítica e, em alguns casos, motivar para começar real e verdadeiramente o estudo dessa visão do psiquismo que a psicanálise oferece.

O autor incursiona pelo desenvolvimento psicossexual, aborda os temas de ereção, ejaculação, menstruação, masturbação e toda a complexidade da relação do/da adolescente com o corpo.

Sua falta de sectarismo o leva a considerar o desenvolvimento cognitivo desde uma perspectiva piagetiana. Não se trata de um ecletismo sem compromissos, e sim de uma integração clínica e teórica enriquecedora, que o libera dos estudos sectários anticientíficos.

Na terapêutica psicanalítica com adolescentes, penso que, querendo ou não, usamos técnicas cognitivas e condutuais, e não poucas vezes reforços positivos e/ou negativos, além de dramatizações e não poucas "atuações", produtos todos da necessidade clínica circunstancial, que nos obrigam a refletir sobre a influência dos conhecimentos transferenciais e contratransferenciais, que Levisky estuda com maior profundidade neste seu moderno e, mais do que isso, seu atualíssimo livro, o qual me honro em prefaciar.

A normalidade adolescente é aqui atualizada. A visão desse autor nos vincula com exemplos de observação à nossa realidade socioeconômica. "A sociedade contemporânea é profundamente contraditória", afirma Levisky, e assim discute problemas que vão desde a AIDS até a escolha profissional, e dedica um importantíssimo capítulo deste livro ao processo de identificação na sociedade atual. Aqui o perfil do psicanalista é mais agudo e doutrinário. Entretanto, não omite suas considerações pragmáticas e recomendações de uma atividade preventiva, sob um ponto de vista psicanalítico.

Vale salientar que, como toda psicanálise, este trabalho surge da experiência clínica do autor e não é fruto de uma teoria prévia, que *a posteriori* se procura avaliar com exemplos distorcidos e/ou inventados. Assim, aparecem Cláudia, de treze anos de idade, Fernando, de quinze, N. e outros, que – como sempre – ensinam muito ao autor e aos seus leitores.

Para elevar ainda mais o valor do livro, Levisky consegue introduzir seus estudos sobre o período da latência, também pouco aprofundado na literatura psicanalítica.

Baseando-se em Melanie Klein e neokleinianos, Levisky considera fundamentais os estágios primários do psiquismo, as fantasias infantis precoces e até o psiquismo fetal. Porém, não nega a importância dos processos psíquicos em todas as idades e suas respectivas repercussões no *continuum* das identificações. Lutos e interações projetivas-introjetivas acontecem durante a vida toda. É assim que revivemos e conservamos aspectos infantis, componentes adolescentes e juvenis e, agora posso dizer, até reestruturações de nosso aparelho psíquico na velhice, quando o remanescente da adolescência permite ainda planejar.

Importantes são a revisão dos conceitos sobre narcisismo e a introdução em nosso meio das contribuições valiosas de Bleger, psicanalista de ideologia dialética que valoriza tanto os componentes não discriminados como os discriminados de nossa estrutura psíquica e que, com suas ideias sobre vínculo e relações objetais, dá uma nova dimensão à psicanálise em geral, e à psicanálise da adolescência em especial.

Seria impossível que, com tanta experiência clínica, os conflitos pais-filhos adolescentes fossem omitidos. Levisky os apresenta com a simplicidade da experiência cotidiana e a profundidade do experiente psicanalista. Até as dificuldades do analista de adolescentes são estudadas com honestidade e muita sinceridade.

O diagnóstico na adolescência merece bastante atenção do autor, que aqui preenche outro vazio da literatura tanto psicanalítica como psiquiátrica desse período da vida.

Uma novidade singular é apresentada neste livro: casos clínicos. Alberto, F., "O leão e o domador" permitem ilustrar as ideias aqui apresentadas. Os fenômenos transferenciais e contratransferenciais são claros, especialmente os últimos, aos quais o autor dá destaque de capítulo, e que, espero, servirão para o aprendizado da prática psicanalítica em geral.

Cada capítulo apresenta uma prática bibliografia, evidentemente bem conhecida e estudada pelo autor. Sabemos de seus profundos conhecimentos psicanalíticos. Aqui isto se faz evidente. Porém, sua maior erudição, como aparece neste livro, está na prática clínica psicanalítica, seu pragmatismo, seu uso da contratransferência, sua compreensão do *acting out*, sua preocupação com os problemas psicossociais.

É manifesto seu interesse em nos oferecer, generosamente, sua experiência como psicanalista e como psiquiatra de crianças e adolescentes inserido em nosso meio, em nossa problemática socioeconômica e em nossa realidade.

Levisky atinge o ideal de Winnicott por ele citado: "meu trabalho é ser definitivamente eu mesmo". Ele conseguiu. Talvez, com este livro, outros também possam compreender a importância de ser o terapeuta que cada um só pode realmente ser...

Campinas, junho de 1994.

Prof. Dr. Maurício Knobel

Psicanalista e Psiquiatra. Professor Emérito da Universidade Estadual de Campinas (Unicamp)

Apresentação

Depois de 25 anos de trabalho com crianças e adolescentes, revendo aulas, conferências, debates e publicações, descobri que havia produzido quase um livro. Selecionei os artigos mais expressivos, que refletissem a evolução dos meus pensamentos e da postura profissional. Senti a necessidade de reescrevê-los e de preencher lacunas produzindo novos textos.

Compartilhar minhas ideias vinha se tornando cada vez mais presente, culminando na elaboração deste livro. Elas são provenientes das dúvidas e inquietações oriundas da minha experiência clínica, como profissional da psicanálise e da psiquiatria infantojuvenil, e como pai de adolescentes.

De formação inicialmente médica, encaminhei-me para a psicanálise, área instigadora do conhecimento que me levou a refletir sobre diferentes aspectos do psiquismo humano, a inserção do homem na sociedade, sua integração pessoal e vicissitudes do seu processo evolutivo.

Dentro desse espírito, o livro está organizado em três partes. A primeira, teórico-clínica, descreve a fenomenologia macro e microscópica e os elementos conceituais dos eventos psicossociais da adolescência. Estes são observados pela leitura subjetiva que faço das correntes psicanalíticas que servem de subsídios para o meu trabalho clínico. Na segunda, abordo questões que envolvem o diagnóstico e o processo psicanalítico, com ênfase às questões transferenciais/contratransferenciais, aos meios de comunicação primitivos e atuais e à identidade profissional na atividade psicanalítica. A terceira parte aborda questões da contemporaneidade.

Minhas motivações relacionadas com a adolescência são longínquas. Hoje, posso identificá-las como ligadas à minha adolescência e, certamente, à minha biografia infantojuvenil. Mas não me estenderei às minhas origens. Vou partir da própria adolescência.

Recordo com saudades, e com certa nostalgia, o processo que se reproduz, atualmente, na relação com os filhos. Hoje, sou grato e capaz de compreender o esforço de meus pais ao tentarem me transmitir suas ideias e valores. Incentivaram-me a frequentar atividades grupais. Desejavam com isso preservar uma identidade cultural, ética e social. Sentiam-se mais seguros vendo o filho frequentando um ambiente relativamente protegido, fundamentado em ideologias educacionais, políticas e sociais afins.

Foi um empenho com conflitos, o qual acabei aceitando sob pressão, com um tanto de submissão e revolta, reflexos de minhas resistências e manifestações de autonomia e autoafirmação. Enfrentei o novo de tal maneira que me apaixonei pelas atividades do movimento juvenil, dedicando-me de corpo e alma. Nova fonte de conflitos surgiu com meus pais, pois eu sumia de casa, não dedicava o tempo que eles julgavam necessário aos estudos, e trazia ideias alienígenas que se confrontavam com as deles. Nada diferente do que se passa na relação atual com os filhos, acrescido das preocupações que caracterizam a sociedade atual. A emergência de conflitos entre pais e filhos era inerente a qualquer família de classe média de judeus imigrantes que procurava oferecer aos filhos educação, cultura e meios para trabalhar, onde quer que estivessem.

Foi assim que, antes e durante a vida acadêmica, vivi a adolescência e a juventude, participando de atividades e formando líderes dentro da comunidade, na Casa da Juventude da Congregação Israelita Paulista e Grupo Escoteiro Avanhandava. Lá descobri meus primeiros "ídolos", meus novos modelos identificatórios, o casal Sima e David Sztulman, educadores eméritos que, com carinho, presença e firmeza, ajudavam-nos a identificar perspectivas de vida, descobrir a liberdade e a encarar a realidade.

Cedo decidi estudar Medicina. Já na faculdade, interessei-me pela criança e seus problemas. Durante a vida acadêmica, estagiei no berçário da Casa Maternal Leonor Mendes de Barros, guiado pelo pediatra Manoel Saldiva Netto, que junto com Benjamin Kopelman representavam meus novos "ídolos" na busca de uma identidade profissional.

Durante esse percurso, nova descoberta: a existência de uma especialidade chamada Higiene Mental. Nessa época, iniciava-se na Escola Paulista de Medicina a Clínica de Estudos sobre a Deficiência Mental (Clideme). O saudoso Bernardo Blay apresentou-me ao chefe desse serviço, o prof. Stanislau Krynski, figura carismática, presença marcante, que me acolheu e acreditou em minhas possibilidades de desenvolvimento, introduzindo-me na psiquiatria infantil e da adolescência. Trabalhamos juntos durante vários anos no Centro de Habilitação da Apae de São Paulo. Lá existia um Centro de Observação para o diagnóstico diferencial entre deficiências mentais e outras patologias psiquiátricas da infância. Estudamos muito sobre a síndrome autística, junto com os professores Aron Diament e Benjamin Schmidt. Frequentava nessa época os ambulatórios de psiquiatria infantil da Escola Paulista de Medicina, como estagiário, no serviço do professor Darci de Mendonça Uchôa, e o ambulatório de psiquiatria do Hospital do Servidor Público do Estado, no serviço do professor Carol Sonenreich, como médico do setor de Psiquiatria Infantil, coordenado pelo doutor Oswaldo di Loretto.

Continuava durante todo esse tempo ligado à juventude, dando cursos para jovens e palestras em escolas para pais e professores.

Desejoso de aprofundar meus estudos de psiquiatria infantil e da adolescência, rumei para a França por meio de um programa de intercâmbio científico-cultural franco-brasileiro. Com bolsas dos dois países e da Apae, levei para lá um projeto de pesquisa sobre Autismo Infantil para ser desenvolvido no Hôpital de la Salpêtrière, no serviço do professor J. D. Duché. Por meio dos meus mestres e com a colaboração do professor Cyrrille Koupernik, fui introduzido no Centro Alfred Binet, onde tive o privilégio de acompanhar os trabalhos com crianças e adolescentes realizados pelos professores Serge Lebovici e René Diatkine. Frequentando os dois serviços mencionados, pude confrontar os posicionamentos de escolas psiquiátricas distintas e descobrir a importância da psicanálise para a compreensão dos fenômenos psíquicos. Meus conhecimentos até então eram de psiquiatria psicodinâmica. A psicanálise era coisa ainda muito distante para mim.

De volta ao Brasil, estimulado pela rica vivência profissional, e humana, interessei-me pela psicanálise. Continuei trabalhando na Apae e como diretor técnico do Centro Israelita de Assistência ao Menor (Ciam). A seguir, minhas atividades institucionais concentraram-se no Serviço de Higiene Mental do Instituto da Criança do Hospital das Clínicas da Faculdade de Medicina da Universidade de São Paulo.

Nessa época dedicava-me intensamente à clínica privada. Na ocasião, conheci o professor Maurício Knobel. Por meio de seus livros sobre adolescência e psiquiatria infantil, prossegui os estudos, agora imerso nas teorias psicanalíticas.

Por ocasião do meu retorno, iniciei a análise pessoal com Cesar Otalagano, primeiro a tentar flexionar minhas rígidas estruturas mentais. Prossegui com Yutaka Kubo, que me acompanhou por longos anos durante minha formação analítica.

O instrumental analítico cada vez mais tornava-se instigante e intrigante, ampliando espaços, gerando dúvidas e abrindo horizontes, incorporando-se ao meu espírito e modo de ser. Concomitantemente, segui os cursos do Instituto de Psicanálise da Sociedade Brasileira de Psicanálise de São Paulo, sendo supervisionado por Gecel Szterling, Lígia Alcântara do Amaral e Virgínia Leone Bicudo. Durante todo esse tempo, estive ligado ao atendimento de crianças e adolescentes em análise e psicoterapia de base analítica, acrescido do atendimento de adultos.

Prossegui meus estudos fazendo o curso de formação de analista de crianças e adolescentes. Hoje, tendo completado a hierarquia institucional, sou analista didata dessa sociedade. Além dos cursos de formação básica, tenho colaborado como membro do grupo de coordenação do curso de formação de analistas de crianças e adolescentes do referido Instituto, centralizando meus estudos na área da adolescência.

Espero não ter cansado o leitor, mas queria transmitir algo deste novelo que faz parte das motivações conscientes e inconscientes, na busca que cada um realiza durante este processo, interminável, de identificação.

Quero deixar meu reconhecimento a todas essas pessoas que influenciaram na minha formação profissional, na certeza de estar sendo injusto pela omissão de muitas outras, tão queridas e incorporadas ao meu modo de ser, mas que a memória não ajudou a lembrar.

Espero que este livro possa ser útil e abra espaço para novas reflexões.

PARTE I
Considerações teórico-clínicas

1. Panorama do desenvolvimento psicossocial do adolescente

Aspectos socioculturais da adolescência

A adolescência é um processo que ocorre durante o desenvolvimento evolutivo do indivíduo, caracterizado por uma revolução biopsicossocial.

O processo adolescente marca a transição do estado infantil para o estado adulto. As características psicológicas desse movimento evolutivo, sua expressividade e manifestações ao nível do comportamento e da adaptação social são dependentes da cultura e da sociedade em que o processo se desenvolve.

Esse processo, como é vivido na cultura ocidental, surgiu com a industrialização e o desenvolvimento da burguesia.

Ariès (1973/1981), em seu livro *História social da criança e da família*, no capítulo "As idades da vida", relata um estudo interessante. Mostra-nos que, na língua francesa, as palavras oriundas do latim *puer* e *adolescens* eram empregadas indiferentemente. A expressão fundamental que se conhecia era *enfant* (crianças).

Somente em meados do século XVI passou-se a diferenciar *enfance*, *jeunesse* e *vieillesse* (infância, juventude e velhice). A expressão juventude abrangia uma idade mais tardia e significava "força da idade". Não havia, portanto, lugar para a adolescência.

O *Novo Dicionário Aurélio da Língua Portuguesa* diz que adolescente é aquele que: "está no começo, que ainda não atingiu todo o vigor"; portanto, aquele que antecede à juventude.

Em cada época, a sociedade tem privilegiado mais uma idade do que outra. Assim, a juventude teria sido valorizada no século XVII, e "o primeiro adolescente moderno típico teria sido o Siegfried, de Wagner". A música de Siegfried exprimia, pela primeira vez, a mistura de pureza, força física, naturismo, espontaneidade e alegria de viver, a qual faria do adolescente o herói do nosso século XX. Tais seriam as variações conceituais expressando as transformações que ocorrem na compreensão das sociedades, com suas culturas no decorrer do tempo e na dependência de questões demográficas, como afirma Ariès.

A sociedade tende a se organizar em torno de regras, leis, costumes e tradições que, por meio da cultura, se perpetuam como valores grupais comumente aceitos por seus integrantes. Nesse sentido, as sociedades estabelecem os elementos que definem os *status* infantil e adulto, bem como a modalidade de resolução dessa transição.

Entende-se aqui por modalidade o conjunto de critérios socialmente em vigor que marca a progressão do jovem para o *status* adulto. A escolaridade, por exemplo, pode ser utilizada como um dos critérios presentes em nossa cultura, e caracteriza uma diversidade de *status* dentro da sociedade.

Durante os séculos XVII e XVIII, crianças de 10 e jovens de 25 anos frequentavam a mesma classe escolar. Não havia discriminação programática e de atividades em relação ao momento do desenvolvimento. As crianças e os adolescentes eram expostos, explicitamente, a situações de violência e sexo. Não se imaginava que elas fossem indiferentes a essas situações, mas também não havia preocupação em relação às repercussões sobre o seu desenvolvimento. Muitos talvez acreditassem que a criança, pelo menos até os 12 anos, fosse alheia e indiferente a essas situações.

O conhecimento humano evoluiu em relação ao desenvolvimento biopsicossocial, mas a essência do seu comportamento persiste, graças às características pulsionais inerentes à espécie. Freud e seus seguidores identificaram, sistematizaram e deram forma científica àquilo com que a mitologia, os poetas, desde a Antiguidade, e as religiões primitivas tentavam lidar: as condições da alma humana. A agressividade humana, perceptível nas guerras, na violência urbana ou no âmbito familiar e pessoal, assim como as manifestações amorosas, sofrem as influências da cultura vigente e as influenciam, num processo dinâmico e constante.

As transformações da cultura, por sua vez, podem ser observadas, na atualidade, por exemplo, na vulgarização do privativo ou na perda de referências na relação entre o individual e o coletivo. O comportamento sexual e sua liberalização, assim como a violência inesgotável e embutida na alma, fazem com que, em certo sentido, o homem contemporâneo não difira, em sua essência pulsional, de seus ancestrais mais primitivos.

A vida coletiva, em sociedade, acrescida dos processos de corticalização com sua capacidade simbólica, faz com que haja mudanças nas formas de expressão da vida pulsional. Esta, por sua vez, se transforma, pela cultura, em elementos da vida afetivo-emocional e do conhecimento humano que interferem na cultura, mobilizada pelas pulsões. Em *O mal-estar na cultura* e *Totem e tabu*, Freud (1930/1973d, 1912-1913/1973c) retrata brilhantemente essa situação.

A puberdade, portanto, é um processo decorrente das transformações biológicas, enquanto a adolescência é fundamentalmente psicossocial. Ela é desencadeada, impelida e concomitante às alterações biológicas que intervêm na maturação das manifestações pulsionais e são inerentes a esse período. Vale lembrar que as velocidades de maturação de cada setor (biológico, psicológico e social) e das partes que os compõem são distintas e interatuantes, dando o colorido típico que caracteriza o adolescente de nossa sociedade.

Apesar de o processo da adolescência depender de fatores extrínsecos e regionais, há aspectos que podem ser considerados universais.

Das civilizações primitivas até as consideradas modernas e progressistas, todas elas dão um significado social por ocasião da aquisição da capacidade reprodutora, evidenciada pelo início da ejaculação e pela menarca, centralizada no tabu do incesto e no significado da representação totêmica. Condições que determinam a busca, fora da família, de um novo objeto de amor.

Na sociedade contemporânea, o jovem é acrescido de mais uma função para poder alcançar a condição adulta e ser reconhecido pela sociedade como tal. Ele deve possuir condições para se encarregar de seu próprio destino, qualidade esta tão difícil de ser atingida em nossos dias, devido às conjunturas sociopolítico-econômicas que as sociedades contemporâneas estão atravessando.

A sociedade, com sua cultura e tradições, estabelece pré-requisitos e critérios que o jovem deverá suplantar para atingir o status adulto. O indígena púbere, tendo adquirido a função reprodutora e estando apto à caça ou à guerra, estava apto para o exercício das funções e capacitado para integrar a comunidade adulta.

Hoje, em nossa sociedade, as condições necessárias para a ascensão à vida adulta envolvem aspectos que ampliam as dificuldades e complexidades, tornando essa fase de transição mais prolongada e aparentemente mais penosa.

O jovem tem de se confrontar com aspectos sociais, políticos, filosóficos, religiosos, econômicos e profissionais, sem considerar aqui todo o processo afetivo subjacente.

A velocidade e a intensidade de penetração com que os meios de comunicação atingem as culturas têm sido nos últimos tempos tão intensas que suplantam a possibilidade de assimilação e distorcem culturas tradicionalmente estáveis. Essa plêiade de valores torna ainda mais complexo esse período fundamental para a organização da personalidade do indivíduo.

Certas sociedades desenvolvem "rituais de passagem", os quais facilitam o processo de integração à comunidade adulta.

Na tradição cristã, a primeira comunhão representa um momento de consagração, que coincide com um período de aparente inocência e pudor.

Na tradição judaica, celebram-se o *Bar Mitzvah* e o *Bat Mitzvah*, ritos puberais que marcam a passagem de meninos e meninas, respectivamente aos 13 e 12 anos de idade, indicando que a infância está chegando ao fim.

O *Bat Mitzvah* já é o reflexo da interferência de novos valores sobre o ritual milenar. As comunidades judaicas progressistas e reformistas têm introduzido um ritual mais adequado às condições da cultura contemporânea. As mulheres, nessas comunidades, equiparam-se ao *status* tradicionalmente ocupado pelo homem, ao terem conquistado o direito de subir ao púlpito e fazer a leitura da *Torah*, o livro sagrado. Esses ritos puberais marcam o acesso ao *status* adulto, com suas obrigações e deveres.

No passado, em condições diferentes de vida, essa cerimônia religiosa, como a de outras culturas, tinha importante significado. Além do critério biológico, indicando o início da vida reprodutora, o jovem submetia-se a provas impostas pela comunidade para poder ocupar seu papel de adulto. Com o tempo, muitos desses ritos de iniciação adquiriram uma conotação espiritual e moral, constituindo-se num importante marco religioso-cultural. Representava submissão às leis que definiam a tradição e sua perpetuação.

No *Talmud*, conjunto de livros escritos por rabinos durante a Era Helenística da história judaica, há uma interpretação que faz referência aos 13 anos como sendo a idade apropriada para começar a cumprir os 613 mandamentos da Bíblia. Por outro lado, o sábio Eleazar teria dito: "até o décimo terceiro ano é dever do pai educar seu filho", e complementa: "abençoado aquele que tirou de mim a responsabilidade por esse rapaz". A conduta moral, a preservação dos ritos e costumes, bem como a devoção, passavam a ser de responsabilidade exclusiva do rapaz.

Nos dias atuais, essa cerimônia perdeu seu significado. Em muitos casos, ela é apenas uma prática formal e desprovida de real significado social e religioso. Para alguns, é apenas uma forma de retratação do *status* econômico alcançado por certas famílias. Mas, em sua essência, é um momento alegre e de dor, de aspiração e de temor. Não é fácil carregar os rolos da lei e assumir os compromissos que a tradição pretende.

Esses rituais marcam a ruptura pelos jovens de seus laços domésticos e consagram a passagem da vida circunscrita à família para a vida comunitária.

O conteúdo e a duração desses ritos variam de uma sociedade para outra, em virtude da natureza das atividades e obrigações que definem as prerrogativas da idade adulta de uma determinada cultura, conforme caracteriza Reymond-Rivier (1965/1974).

Mesmo em sociedades cujo ritual de passagem se caracteriza por intenso sofrimento físico ou psíquico, os jovens demonstram desejos ardorosos de se submeterem a eles. Isso pelo significado que representam em termos de aptidão, dignidade, consideração e aceitação pela sociedade adulta. Tais rituais possibilitam-no exibir-se a si e aos demais parceiros e adultos, favorecendo o desenvolvimento de sentimentos de segurança, de autoestima e de confiança. A resultante é a abreviação e a facilitação da resolução psicológica da crise juvenil.

Qualquer que seja o contexto sociocultural, a adolescência será sempre um período de crise e de desequilíbrio. Essas características são devidas tanto às mudanças fisiológicas que se realizam quanto às repercussões psicológicas de inserção do jovem na comunidade adulta.

Reymond-Rivier afirma que, em relação ao adolescente, o que difere um indivíduo de outro e uma cultura de outra é a amplitude e a intensidade da crise, sua forma de expressão e a solução que se lhe dá.

A sociedade ocidental moderna tornou mais complexa essa passagem para a vida adulta. O jovem se vê diante de inúmeras variáveis e possibilidades de opção. Por um lado, são-lhe oferecidas maiores perspectivas de vida, e, por outro, defronta-se com uma ampla gama de oportunidades para a realização de experiências. As consequências dessas transformações são a ampliação do tempo de duração do processo e uma complexidade maior na busca de sua identidade adulta.

Entre nós, existe uma grande discrepância entre os processos de maturação biológica, psicológica e social. Não há um ritual definido de passagem, mas é necessário galgar várias etapas, em diferentes setores da vida psicológica, social, comunitária, econômica, profissional, legal, religiosa, moral e outros, para poder atingir, ou melhor, conquistar o status adulto.

Por exemplo, em nosso meio, possuir carro ou prestar vestibular, entre adolescentes da classe média, entre outras coisas, tem adquirido a característica de critério valorativo de passagem à vida adulta.

A dissociação entre o biológico e os diversos níveis de maturação psicossocial passa a ser um importante fator de tensão entre os jovens. Fisicamente eles podem estar aptos para exercer suas funções sexuais, mas encontram diante de si as forças da cultura, da sociedade e dos riscos que existem ante os desejos de plena liberação e desenvolvimento dessas funções.

Ou, dito de outra forma, não basta se liberar: torna-se necessário aprender a lidar com seu corpo, seus desejos, seus afetos e, principalmente, ter consciência das repercussões objetivas e subjetivas em sua vida. Frequentemente, o que ocorre em nossa cultura é se tomar consciência após os fatos estarem consumados. Daí a importância das campanhas de esclarecimento e da necessidade de educação preventiva.

Surgem questões relativas à possibilidade de gravidez, do uso indiscriminado de contraceptivos ou da prática do aborto, de contaminação por infecções sexualmente transmissíveis e, atualmente, o fantasma da aids. Toda uma série de pressões e repercussões que recaem sobre sua vida emocional.

Tais níveis de envolvimento emocional e cognitivo requerem maturidade e disponibilidade para funcionar dentro do princípio de realidade individual e social. Elementos que, por sua vez, vão sendo adquiridos a partir de vivências que contêm níveis de contradições e conflitos que o adolescente necessita atravessar e aprender a enfrentar.

As contradições existentes entre a vida biológica e as imposições da cultura desencadeiam conflitos que serão tanto mais intensos quanto maiores tiverem sido os pontos de fixação e as características regressivas durante a infância.

Observa-se que adolescentes cuja infância tenha sido regida por uma severidade moral, por critérios perfeccionistas, ou que tiveram suas experiências sexuais infantis gravemente reprimidas, estarão mais vulneráveis a conflitos internos em suas relações com o meio que os cerca.

Há certa expectativa por parte da sociedade de que o jovem se porte como um adulto, sabendo-se que ele não o é.

Parece-me que a mesma sociedade que deve assimilá-lo e que necessita do jovem não está muito preocupada com o vir a ser da juventude. Também não o aceita como ele é. Caso contrário, haveria movimentos mais atuantes e constantes no sentido de uma maior integração do adolescente à sociedade da qual ele faz parte, e sobre a qual ele interfere, positiva e negativamente, como qualquer outro membro dela.

O jovem, em parte, é fruto dessa sociedade que o formou e que, agora, o repele ou lhe dá pouca guarida ante suas necessidades afetivas e de valores. Seus "atos irresponsáveis" (dirigir sem habilitação, atos de vandalismo) não são nem mais nem menos perniciosos que aqueles modelos que lhe são apresentados diariamente por meio da violência da mídia, ou de mecanismos políticos repletos de corrupção.

A violência dos mais diferentes gêneros, em nossa sociedade, passa a ser o elemento de autoafirmação entre certos grupos sociais.

A própria máquina de propaganda de nosso sistema incentiva atitudes desse tipo. Estimula-se a legalidade, enquanto o poder instituído corrompe. Prega-se contra a fome a partir da caridade, da solidariedade, elementos fundamentais para a convivência social, mas são escassas as oportunidades para aprender a pescar.

Até bem pouco tempo atrás, a educação sexual nas escolas públicas, no Brasil, era proibida. Muitas discussões ocorreram sobre a validade e os aspectos morais dessa iniciativa. Entretanto, o uso de propagandas na mídia, por meio de mensagens com supervalorização do aspecto erótico, visando ao grande consumo, vinha sendo veiculado sem maiores restrições. Estou assinalando não uma questão moralista, mas um aspecto paradoxal na veiculação dos códigos sociais, em virtude de interesses e poderes dominantes.

Com a propagação geométrica da aids, os conceitos éticos referentes ao sexo se transformaram. Hoje, torna-se imperiosa e inquestionável a necessidade de levar a educação sexual às famílias, às escolas, a qualquer lugar, precocemente.

Na atualidade, inúmeros fatores, como o poder econômico e os avanços tecnológicos, participam desse processo contínuo de transformações sociais.

Existe, portanto, na sociedade, uma fisiologia em constante mutação, com seus fatores constantes e controláveis, por um lado, e, por outro, com seus valores variáveis e imprevisíveis. É um processo que, em sua essência, não difere fundamentalmente daquilo que se passa na evolução psicossocial do indivíduo. A psicanálise, com as proposições e conceitos propostos a partir de Freud, nos ajuda a compreender, por meio de seus conceitos metapsicológicos, os aspectos estruturais, dinâmicos e econômicos que compõem o funcionamento mental.

Outra característica contraditória de nossa sociedade está no fato de que o jovem é considerado suficientemente adulto aos 16 anos para votar, e aos 18 responde legalmente pelos seus atos. Porém, economicamente não o é, e dificilmente o será aos 21 anos, condição que dificulta sua real emancipação.

Desejoso de construir seu próprio núcleo familiar, vê-se tolhido pela dependência econômica, pois ainda não concluiu seus estudos. Se trabalha, o que ganha não é suficiente para formar e sustentar uma nova família. Muitos se casam e vivem numa relação de dependência da família original, a qual, por sua vez, se sente com certos direitos, interferindo sobre a vida do jovem casal.

Aqueles adolescentes que têm a possibilidade de frequentar uma escola, para depois alcançar uma faculdade, precisam definir aos 16 anos o que desejam ser no futuro. Definição imperiosa, imposta pelo sistema educacional vigente, que ocorre, justamente, no auge de sua crise de identidade.

A estrutura do segundo grau escolar e a universitária não estão suficientemente aparelhadas pessoal e tecnicamente para lidar com o tempo necessário e as vicissitudes do processo de maturação emocional dos jovens. São fatores imprescindíveis, a serem considerados, para uma adequada definição profissional.

Pode-se inferir que, quanto mais complexa for a sociedade, maiores serão os pré-requisitos necessários para que o jovem possa integrar a sociedade adulta. A consequência direta é o prolongamento do processo de transição.

Além dos fatores externos assinalados, outros participam na expressividade do processo de adolescência, como aspectos da personalidade do indivíduo, seu caráter, sua história biográfica, incluindo experiências traumáticas e prazerosas, que dão a configuração do quadro psicológico e comportamental.

Encontramos, em nossa sociedade, indivíduos que vivem o processo adolescente de forma extremamente curta, e outros que o protelam de maneira interminável.

Os primeiros, em decorrência de contingências basicamente socioeconômicas, veem-se muito cedo na vida adulta sem que tenham tido tempo suficiente para elaboração e amadurecimento de seus conflitos maturacionais. Essa passagem rápida pela adolescência limita-os em suas possibilidades vivenciais, desvinculadas do peso de certa responsabilidade. Coloca-os prontamente em contato com a realidade, e isso pode, por um lado, restringir o campo das experiências intelectuais e afetivas, e, por outro, os coloca na condição de terem de se adaptar à realidade. Assim, o jovem se vê na necessidade de assumir prontamente um nível de autonomia e responsabilidade que lhe permite menos as condições para errar, fracassar, reformular, questionar, duvidar. A preocupação básica passa a ser a sobrevivência. É uma situação de certa desvantagem em relação às possibilidades de escolha e oportunidades ante outros jovens da mesma faixa etária e em outras condições socioculturais.

No outro extremo encontram-se os "adolescentes profissionais". São indivíduos cronologicamente adultos, mas cujo processo adolescente se estende no tempo, mantendo-os num estado de dependência afetiva e econômica. O fator socioeconômico-cultural também está presente nessa situação. Podem ser jovens de famílias abastadas ou não. Alguns deles não se sentem gratificados em assumir suas responsabilidades pessoais e comunitárias. Não querem perder seus privilégios infantis e encontram respaldo na família, que se incumbirá de protegê-los, prolongando o estado de imaturidade.

Em nossa sociedade, os critérios que definem a inserção do indivíduo na sociedade adulta são: maturidade, independência, autodeterminação, responsabilidade e atividade sexual efetivamente adulta. Compreende-se este último aspecto como implicitamente ligado à possibilidade de procriação e a condições socioeconômicas para estabelecer uma família.

Como referi anteriormente, a velocidade e a difusão dos meios de comunicação vêm abalando os valores tradicionais das sociedades contemporâneas. Elas estão sendo invadidas por valores estranhos a elas, diluindo-as, descaracterizando-as, ocorrendo transformações na cultura original. Com frequência, sem que se tenha o tempo necessário para sua assimilação. Basta observar o que se passa em nosso meio com relação aos valores relacionados à sexualidade (quanto à virgindade, à liberdade sexual, à homossexualidade, à quebra do ideal de pureza e abstinência, à aparição de movimentos feministas), principalmente quando tais valores atingem populações provincianas, até então herméticas em seu sistema de valores.

Esse conjunto de transformações contribui para aumentar os conflitos e a complexidade do processo de adolescência.

O adolescente está à procura de sua identidade adulta. Busca novos modelos de identificação, e as possibilidades de fazê-lo numa sociedade urbana, industrializada, são relativamente ilimitadas. São infindáveis as alternativas que existem diante de si, por meio de seus colegas de escola, dos grupos a que pertence, do seu professor, técnico de esportes, um artista, um ídolo político ou religioso.

Com relação à definição da identidade sexual, o Comitê sobre Adolescência do Grupo para Adiantamento da Psiquiatria (Estados Unidos) assim se expressa: "Na sociedade atual há uma tendência para papéis definidos pelo sexo tornarem-se ambíguos, e a criança em vias de desenvolvimento talvez careça de pistas claras, além das anatômicas, para estabelecer a diferenciação dos sexos..." e acrescenta: "deixa o adolescente em luta com sua mais importante tarefa de identidade, a sexual, na ausência de papéis claramente definidos pelo sexo".

Antigamente, o filho de artesão era artesão e a menina era criada para ser dona de casa e mãe de família. Hoje as coisas são diferentes. A medicina moderna pesquisa a inoculação de óvulos de menina morta em mulheres desejosas de engravidar, e homens estão gestando bebês a partir de suas alças intestinais.

É a contradição entre a evolução do conhecimento *versus* a perda ou a necessidade de encontrar novos parâmetros. Ao escrever estas questões, provavelmente já estarei ultrapassado, e nem sei ao certo quais são minhas posições pessoais sobre elas.

O pensamento dialético é uma condição necessária e talvez seja o único meio que possibilite ao indivíduo a liberdade de opção. Em cada situação, é possível identificar tanto os aspectos positivos quanto os negativos, os construtivos e os destrutivos, os desejos a serem satisfeitos ou a serem frustrados. É dentro dessa dinâmica de tomada de consciência e de reflexão que, no meu entender, o homem pode alcançar um sentimento de "liberdade individual, de livre arbítrio".

Entretanto, diante da complexidade dos problemas originados a partir dos progressos científicos ligados à área da fertilização, sinto-me como um adolescente, quando não como um bebê, pela total ignorância em relação ao assunto. Aquilo que é conveniente para uns, em nível pessoal, pode não ser para a sociedade e vice-versa. São coisas do pensamento moderno, recentes como preocupação na mente humana, resultado das evoluções inerentes à progressão do conhecimento humano, fruto da expressão de uma pulsão epistemofílica.

Os impulsos para uma vida sexual ativa estão presentes, independentemente da cultura. As possibilidades de experimentação, que favorecem a identidade sexual, são restringidas pelas expectativas da cultura e decorrem do conflito edípico, fruto da interdição do incesto. Os alicerces da cultura encontram-se na resolução do complexo de Édipo, por meio dos processos de identificação, de sublimação e da organização do superego, com suas funções organizadoras e repressoras.

Espera-se que o jovem aprenda a controlar seus impulsos sexuais e agressivos num período em que ele se sente pouco habilitado para fazê-lo, levando-o a reprimi-los ou liberá-los. Não raro passam à ação, muitas vezes de forma impulsiva e inconsequente, constituindo o *acting out*. Isto é, agem por descarga, não usando devidamente sua capacidade para pensar com criatividade. O que se observa comumente é que, uma vez satisfeito o desejo imediato, ocorrida a descarga, surgem o conflito interno e a dor, decorrentes de sentimentos de culpa e da possibilidade de uma reconstrução reparadora.

As características do processo adolescente variam dentro de uma mesma sociedade, considerando-se, como já foi assinalado, os aspectos socioeconômicos da classe à qual o indivíduo pertence.

Exemplifico com o trabalho de Harari et al. (1974), que estudaram o desenvolvimento da identidade sexual em adolescentes mulheres oriundas de famílias marginalizadas da população da Grande Buenos Aires. Os autores verificaram que essas adolescentes desempenhavam, dentro da estrutura familiar, funções específicas e distintas daquelas exercidas por moças de mesma idade, mas de outra classe social. Evidenciaram que a primeira relação sexual, nesse grupo, surge abruptamente e costuma ocorrer no fim do período puberal.

Essa experiência corrobora dados nacionais (Organização Mundial da Saúde [OMS], 1990, p. 90) em relação ao que ocorre com meninas pobres de 12 anos ou menos, que muitas vezes são estimuladas à prostituição pela própria família, como forma de sustento.

Os adolescentes dos grandes centros urbanos, dentro de uma cultura de classe média, têm-se apresentado como jovens instáveis, inseguros, rebeldes, com grande oscilação do comportamento e do humor. Vão da expansividade à retração social. Vivem períodos ou momentos de energia e coragem desmedidas, cheios de luta e ideais quixotescos, sonhos e aventuras, que podem ser prontamente convertidos em sentimentos de depressão, incertezas, passividade e desânimo.

Anna Freud et al. (1972) chamam a atenção para três aspectos característicos de nossa sociedade que contribuem para o aumento de tensão entre os adolescentes:

a. Em primeiro lugar, salientam que, justamente num período em que todas as energias do adolescente estão voltadas para a solução dos problemas trazidos por seu crescimento somático e sexual, dele se exige que produza academicamente, faça escolha de uma profissão e assuma crescentes responsabilidades sociais e financeiras.

b. A óbvia preponderância dos problemas sexuais na adolescência obscurece o papel concomitante da agressão. A autora lembra países onde as energias agressivas do adolescente são empregadas em atividades bélicas, socialmente aprovadas, e nos quais há uma incidência menor de problemas com adolescentes. Acrescenta que certos países altamente politizados canalizam essa energia dos jovens para movimentos ideológicos, em que a luta intelectual e democrática é edificante.

c. O importante não é considerar como o adolescente se comporta em casa, na escola ou na sociedade, e sim que tipo de desenvolvimento é mais satisfatório para que ele atinja uma forma de vida adulta adequada.

O mundo adulto, enfim, não deixa de ser um mundo idealizado em suas normas e regras sociais. Tem-se de viver com suas contradições, o que contribui para incrementar os conflitos do adolescente, cujo processo, por si só, é rico em contradições.

Fala-se de amor e se faz a guerra, e, por meio da guerra, almeja-se a paz. Deseja-se liberdade, fala-se de confiança, mas usa-se da repressão, da violência e do suborno. Defende-se o sexo como expressão sublime do amor, e vende-se o corpo em anúncios de qualquer coisa que possa ser consumida. É nesse mundo de contradições que o adolescente precisa aprender a viver, com as suas ansiedades e com as do próximo, esperançoso e desejoso de encontrar-se.

Desenvolvimento psicológico do adolescente

Introdução às bases psicanalíticas da organização psíquica

Pretendo nesta seção recordar, de forma sucinta, alguns elementos que compõem as bases do pensamento psicanalítico, à guisa de introdução aos temas que advirão, aos quais dou um tratamento eminentemente psicanalítico.

O equilíbrio da vida afetiva está na dependência da integração entre as necessidades instintivas (de natureza endógena, hereditária ou genética) e o meio ambiente. O organismo, com seus recursos, procura satisfazer suas necessidades internas em busca de um estado de equilíbrio vital.

O aparelho psíquico, segundo a escola psicanalítica desenvolvida a partir de Freud (1895-1900/1973a), possui uma organização estrutural, dinâmica e econômica. A energia que o mobiliza tem origem nos impulsos instintivos e impele o organismo para a atividade, em busca de gratificação. A homeostase psíquica é alcançada por meio do equilíbrio pautado em dois princípios: do prazer e da realidade. Com a evolução neuropsíquica do indivíduo, a organização instintiva percorre etapas que se superpõem e se interatuam: oral, anal, fálica, genital e latência.

Os sistemas psíquicos funcionam em níveis inconsciente, pré-consciente e consciente, sendo que as ações expressas por ideias ou comportamentos sofrem as influências da vida inconsciente.

Do ponto de vista estrutural, o aparelho psíquico organiza-se em níveis funcionais representados pelo *id*, *ego* e *superego*. O *id* compreende as necessidades instintivas, sexuais e agressivas. O ego possui a função de integração das percepções do mundo interno e externo. Funciona como mediador e executor de uma ação, controlando os impulsos e adequando as respostas ante necessidades e desejos. As capacidades do ego desenvolvem-se gradualmente, adquirindo eficiência funcional durante a vida evolutiva. O superego é constituído pelos aspectos éticos, morais e valorativos, caracterizando o sistema normativo e censor.

Cabe ao ego harmonizar esse conjunto e adaptá-lo à realidade. Para se manter íntegro, o ego necessita excluir da consciência aqueles impulsos que sente não poder controlar e integrar. Para isso, utiliza-se de mecanismos de defesa, tal como a repressão, evitando a angústia proveniente de ideias carregadas de impulsos instintivos, vividos como perigosos, que tendem a chegar à consciência e expressar-se em ação.

O excesso de repressão compromete o ego, no sentido de que grande parte de sua energia estará voltada para essa função, prejudicando a integração das demais necessidades psíquicas. Outros mecanismos de defesa podem surgir, caso o ego esteja ameaçado por impulsos internos e diante de uma repressão insuficiente.

A resultante dessa organização dinâmica é o comportamento explícito manifestado pelo indivíduo, que pode ter um significado latente, motivado por fantasias e desejos inconscientes.

Quanto à organização da personalidade, esta vai se desenvolvendo progressivamente, na dependência de fatores constitucionais das forças pulsionais, das determinantes psíquicas, das influências do meio ambiente e da biografia (conjunto de experiências vivenciais), que ocorrem durante a evolução do indivíduo.

Por meio de um processo de trocas que se estabelece a partir das primeiras relações mãe-bebê, associadas à maturação neurobiológica, são criadas condições para o desenvolvimento do aparelho psíquico, da vida afetivo-emocional, simbólica, do pensamento e dos processos de identificação, cuja expressão definirá o perfil da identidade e da personalidade de cada indivíduo.

A adolescência é um marco fundamental na história do desenvolvimento vital. Há quem diga ser esse período um segundo nascimento, no sentido de que "primeiro se nasce, e na adolescência começa-se a viver".

Esta seria uma das consequências da evolução das espécies. O homem, diferentemente da maioria das espécies, adquire tardiamente a sua condição de maioridade quando comparado com outros animais da escala evolutiva.

É óbvio que a psicologia do desenvolvimento não termina na adolescência, mas é nesse período que o indivíduo se redefine como pessoa. A adolescência é a busca de si mesmo, numa transição da identidade infantil para a identidade adulta. A resultante dessa busca exerce papel fundamental na formação e na consolidação da estrutura básica da personalidade.

Nessa etapa da evolução psicossexual, o jovem revive, consciente ou inconscientemente, situações do passado. Essa transição será vivida com maior ou menor dificuldade, sendo que as características da passagem pela adolescência dependerão de suas experiências infantis, das relações afetivas primárias, das características de sua iniciação na vida social, do modo de resolução das relações triangulares por ocasião do conflito edipiano, de suas angústias e temores, os quais nessa ocasião poderão ser, de alguma forma, revividos por ele.

A vida afetiva encontra-se em reformulação. O equilíbrio emocional é instável, oscilante, e o processo é inevitável. A compreensão racional e afetiva desses movimentos de transição contribui, tornando esse período menos doloroso e mais edificante para o adolescente.

Evolução psicossexual

Por meio do estudo sobre a evolução social da criança e da família, sabe-se que "a atitude diante da sexualidade, e sem dúvida a própria sexualidade, variam de acordo com o meio, e, por conseguinte, segundo as épocas e as mentalidades" (Ariès, 1973/1981).

Por outro lado, a psicanálise tem mostrado que a evolução psicossexual ocorre a partir de uma sequência de etapas, até atingir a sexualidade adulta.

Entende-se por sexualidade, segundo o *Vocabulário de psicanálise (Laplanche & Pontalis, 1973)*, "toda série de excitações e de atividades presentes desde a infância e que procuram prazer irredutível na satisfação de uma necessidade fisiológica fundamental", como ocorre com a fome, a respiração, a excreção e o amor. É uma ampla função, cuja finalidade é o prazer, e, num outro plano, a procriação.

O recém-nascido apresenta intensa excitação ante o estímulo da fome, seguida de plena satisfação e relaxamento ao ter sua necessidade saciada.

Entre 2 e 3 anos de idade, a criança demonstra prazer em poder controlar partes de seu corpo, como os esfíncteres. Têm aqui início os primeiros passos para o desenvolvimento da capacidade de tomar decisões, de controlar sua vontade. Num processo concomitante, adquire a possibilidade de adequar seus impulsos agressivos e sexuais às condições de controle social impostas pelo meio.

A criança interessa-se pelo próprio corpo, compara-se e descobre diferenças entre ela e seus pais e irmãos. Indaga aos pais sobre seu corpo; a menina quer saber se terá seios e pelos como sua mãe, ou por que seu "pipi" não é como o do papai. O menino sente-se orgulhoso de seu pênis, mas teme vir a perdê-lo. Nessa idade, a criança vive certa excitação e desejo em manter um contato mais vivo com os pais do sexo oposto.

Pouco a pouco, a criança se dá conta de que faz parte de uma relação a três, na qual ela é um dos vértices do triângulo, e seus pais representam os outros dois. O menino apresenta sentimentos de intenso amor pela mãe. Identifica-se com o pai, mas os desejos de ocupar seu lugar junto à mãe originam sentimentos de culpa e de temor, receando que seu pênis ou qualquer outra parte de seu corpo possa vir a ser danificada.

Nesse período, normalmente, a criança vive sentimentos ambivalentes, de amor e de ódio, quando fantasias eróticas de caráter proibitivo estão presentes, levando-a a angústia e sentimentos de culpa. Situação semelhante ocorre com as meninas, cujo homólogo da castração é o desejo de ter um pênis (inveja por não possuí-lo). Essa triangulação constitui a base do conflito edipiano. Trata-se de um período fundamental na estruturação da personalidade do indivíduo, sendo a base da organização da identidade sexual.

Muito da qualidade das relações interpessoais e heterossexuais da vida adulta dependerá das características do relacionamento estabelecido com os pais nesse período. Eles são os primeiros modelos de relacionamento heterossexual. A resolução desse conflito se faz por identificação com o pai do mesmo sexo, sem que isso implique uma "cópia autenticada" do modelo apresentado, mas uma elaboração própria, a partir desse modelo considerado temporariamente como ideal. Esse processo permite à criança reconhecer-se e assumir-se perante seu sexo.

Na fase escolar, entre 7 e 10 anos, a sexualidade está em parte reprimida e deslocada para outros interesses: intelectuais, normativos e sociais.

A seguir, todo o organismo é invadido pela força das transformações biológicas e tomado por impulsos sexuais e agressivos, determinando o início da puberdade e do processo da adolescência.

Este último caracteriza-se pela reedição do conflito edipiano, que agora se lhe apresenta como muito mais perigoso. As possibilidades reais de atuação de desejos incestuosos são maiores, em virtude da sexualidade genital presente.

De início, sem bem saber o significado de sua sexualidade e de como dispor dela, pouco a pouco vai descobrindo os mistérios e os devaneios que essa situação atraente e angustiante lhe desperta. O corpo, a dinâmica psíquica, os interesses sofrem profundas alterações, dando novas conotações à personalidade do adolescente, que agora inicia a busca de sua própria identidade.

Início da adolescência

Quando se observa uma criança entre 9 e 11 anos de idade, no período pré-pubertário, vê-se que, nessa fase, geralmente ela se mostra adaptada à família, à escola e ao grupo de amigos. A criança acompanha seus pais em muitas atividades, e compartilha de suas ideias e valores. Ela é relativamente organizada e cuidadosa com suas coisas. Mesmo tendo atividade intensa, aceita tranquilamente a relação de dependência a seus pais.

À medida que as transformações biológicas vão ocorrendo, a personalidade da criança vai sofrendo alterações. É possível que, nos primeiros tempos, essas modificações não sejam perceptíveis no comportamento.

As modificações corporais, o aparecimento de pelos pubianos e axilares, o aumento da força muscular, a distribuição da gordura, a mudança da voz, o desenvolvimento dos seios ou do pênis e da bolsa escrotal, a menarca, as primeiras ejaculações, a polução noturna e a masturbação são elementos que exteriorizam as mudanças internas com seus reflexos sobre a vida afetivo-emocional do(a) jovem.

Sugiro a leitura dos livros: *Adolescência* (Setian et al., 1979), do qual sou um dos colaboradores, e *Puberdade e adolescência* (Chipkevitch, 1995), àqueles que se interessarem por um estudo pormenorizado a respeito das mudanças corporais, estruturais e fisiológicas, principalmente em seus aspectos morfo e endocrinológicos.

O adolescente, ao ser tomado por esse turbilhão de transformações, passa a sentir-se estranho. Não consegue compreender o que está ocorrendo consigo. Impulsos sexuais e agressivos, até então desconhecidos, chegam à sua percepção. A observação de si mesmo, o contato corpóreo com um companheiro, mesmo um simples roçar, causam sensações novas, prazerosas mas temidas, tidas como proibidas. O sexo oposto agora desperta interesse. Antes simples companheiros de brincadeiras que, com o início da adolescência, transformaram-se em parceiros de um jogo pueril, mas erotizado. Surgem as piadinhas, os cochichos, os bilhetinhos, "as passadas de mão", as fantasias e desejos dos primeiros flertes, das primeiras paqueras.

Rapazes e moças, apesar de certa timidez, vergonha e pudor diante de seu novo corpo, podem se orgulhar de sua força e do seu aspecto físico, ainda que de forma secreta.

Diante desses impulsos sexuais e agressivos, que tendem a extravasar-se em forma de ação, o jovem defende-se procurando negar a si mesmo as transformações que estão ocorrendo. Algumas meninas chegam a esconder o fato de estarem menstruando ou tentam disfarçar os seios que ora se desenvolvem, cobrindo-se com seus cadernos escolares, apesar de envaidecidas e orgulhosas de seu corpo de mulher. Contrasta-se nessa fase a coexistência da puerilidade com a sensualidade feminina.

Os meninos, ainda por algum tempo, permanecerão voltados para atividades de caráter agressivo, como lutas, ou se dedicarão a atividades esportivas. Um pouco mais tarde é que deixarão transparecer seus impulsos sexuais, mas não deixam também de negá-los, principalmente quando relacionados à masturbação. Eles temem ser algo perigoso, que os leve a consequências desastrosas como a perda da virilidade ou doenças. Tais sentimentos, muitas vezes, são exacerbados por crenças populares.

Assim, o jovem, rapaz ou moça, vive o início de sua adolescência tomado por um estado de certa confusão e incoerência, entre o que lhe era conhecido e familiar, por ocasião da infância, e as transformações pelas quais está passando. Apesar de desejar atingir a vida adulta, impelido que é pela força maturativa, teme o desconhecido que existe dentro de si.

Progressivamente sentirá seu corpo amadurecer, o peso da cultura e da sociedade exercerá sobre ele a repressão da livre expressão e experimento da genitalidade adulta. No princípio, a sexualidade genital lhe parecerá desprezível e sem significado, até descobrir o outro sexo, a intensa excitação e prazer que ele lhe desperta.

Ereção

A ereção peniana ocorre desde bebê e indica um estado de excitabilidade. As ereções espontâneas são mais frequentes na primeira fase da adolescência. De natureza diversa, erótica ou não, representam motivo de angústia para o jovem. Perante a impossibilidade de controlar esses impulsos, ele sente-se constrangido e envergonhado quando, numa situação qualquer, por tensão sexual ou agressiva ou sem causa aparente, é surpreendido pela ereção, que torna público algo de sua privacidade.

Os garotos vivem na sua solidão, ou no encontro com colegas, jogos sexuais que estão voltados mais para a descoberta do próprio corpo, das sensações e prazeres que este lhes oferece. Têm nessas situações a noção da real dimensão de seu pênis, e isso reassegura sua virilidade e sua identidade anatômica. São comuns as competições em relação ao tamanho do pênis, a distância de alcance do fluxo urinário como expressão de poder e força.

A ereção clitoriana, menos evidente, pode até passar despercebida inicialmente pela menina. Com a atividade masturbatória é que essa percepção pode ocorrer. Ela percebe também que seus seios são erógenos, se enrijecem e lhe dão prazer ao excitá-los sensorialmente.

Entretanto, deve-se salientar a importância das fantasias, principalmente as inconscientes, assinaladas por Klein (1932/1969) como a expressão psíquica dos impulsos, as quais possuem profunda ligação com a vida sexual do indivíduo. Essas fantasias têm um caráter masturbatório no sentido de serem autoeróticas, numa primeira fase, e posteriormente permitirem a aproximação do objeto do desejo amoroso.

Ejaculação

A ejaculação é outro momento de expectativa. O garoto espera ansioso por esse momento. Desde alguma pequena secreção até a ejaculação propriamente dita, atravessa cada fase de produção do líquido espermático, sua mudança de cor, de cheiro, de consistência, com o maior interesse. A ejaculação representa também um novo estímulo que o impele à definição sexual. Associada à ereção e à masturbação, dá a ele um novo sentimento de força e poder. A definição da sexualidade masculina e a aquisição da capacidade procriativa têm participação fundamental na organização da identidade e de toda a personalidade do jovem.

Menstruação

Com relação às moças, a menstruação exerce papel semelhante à ejaculação nos rapazes. As jovens aguardam ansiosamente pelo início desse fenômeno, a menarca. Entre os 11-12 anos, até mais cedo nas regiões de clima tropical, a menstruação introduz a jovem na sexualidade genital feminina, quase adulta. Ter filhos pode ser um desejo, o qual agora passa a ser uma condição real e, portanto, temida.

As moças que tiveram uma infância cuja feminilidade tenha sido desenvolvida sem grandes problemas em relação à sua identidade feminina e sua condição de mulher aceitarão a menstruação de forma tranquila e desejável. Porém, a menstruação representa para muitas jovens algo perigoso, angustiante, desagradável e até mesmo sujo.

A terminologia popular denomina esse período "incômodo", que não se limita a questões físicas. Muitas mulheres vivem o período pré-menstrual e menstrual, com seus equivalentes psíquicos, caracterizados por períodos de intensa agressividade expulsiva. As culturas são ricas em mitos e tabus em relação à menstruação e à atividade masturbatória.

Muitas jovens envergonham-se de sua nova condição, mas não deixam de sentir um orgulho íntimo. Outras moças receiam que, durante o período menstrual, seu estado possa ser percebido pelos circundantes ou que elas estejam exalando algum odor, e alteram então a espontaneidade de suas atitudes. Não raras vezes, o início do fenômeno menstrual se acompanha de depressão.

Diversas histórias e tabus populares são conhecidos em torno da menstruação. Eles ilustram o estado de angústia por que passam as jovens que carregam consigo um estigma educacional e cultural. Certos temores e cuidados que cercam o fenômeno menstrual estão relacionados a fantasias ligadas às impurezas do espírito. Talvez estejam relacionados, em suas origens bíblicas, a medos oriundos de fantasias masturbatórias ou à relação heterossexual. Esses medos podem evocar sentimentos infantis vividos como proibidos e relacionados ao coito, imaginado como algo violento e doloroso.

É importante salientar o aspecto educacional para auxiliar a(o) jovem a receber a menstruação (ejaculação, masturbação) e seu significado com naturalidade e orgulho pelo seu desenvolvimento.

A falta de orientação leva a estados de ansiedade, principalmente pela chegada inesperada, tardia, ou ante a irregularidade do ciclo menstrual. Os temores aumentam quando menstruação e prática masturbatória culposa se associam. Nessas circunstâncias, o fluxo menstrual, ou sua irregularidade, pode adquirir a função de punição.

Tenho observado que, na atualidade, rapazes e moças conversam entre si sobre suas novas funções com uma naturalidade que não era comum em minha adolescência.

Masturbação

Inicio esta subseção transcrevendo um belíssimo trecho de *As meninas*, de Lygia Fagundes Telles (1973), que expressa com realismo uma vivência juvenil:

> *A segunda vez também foi na fazenda, enquanto tomava banho. Ainda por acaso. Entrei na banheira vazia, deitei-me no fundo e abri a torneira. O jorro quente caiu no meu peito com tamanha violência que escorreguei e ofereci a barriga. Da barriga já pisoteada o jato passou para o ventre e quando abri as pernas e ele acertou em cheio, senti num susto a antiga exaltação artística, mais forte, embora dessa vez não tivesse o piano. Fechei os olhos quando Felipe cruzou e recruzou o meu corpo com sua moto vermelha, Felipe, o do blusão preto e moto. Escondi nas mãos a cara querendo fugir e ao mesmo tempo colada ao fundo da banheira com a água subindo destemperada, já me cobria inteira, as borbulhas rebentando no meu queixo, por que não abri o ralo? Saciada e insaciada ela*

> *(ou eu) pedia mais, a boca. Penetrou-me encachoeirada, tapou-me o nariz, pronto, vou morrer! pensei num salto. Fugi aos pulos. Era o amor? Era a morte? Uma coisa só, respondi num verso. Nesse tempo escrevia versos.*

A masturbação é um fenômeno psicofisiológico que acompanha o indivíduo durante o seu desenvolvimento. As manifestações autoeróticas do bebê são as primeiras atividades masturbatórias no sentido de alívio de tensão e, portanto, têm função reguladora do equilíbrio psíquico. O bebê, ao sugar o dedo ou ao usar a chupeta, busca preencher um vazio e evocar um estado de satisfação, provocado pela ausência do objeto gratificante das pulsões instintuais.

É sabido que qualquer zona do corpo, inclusive a mente, pode ser erotizada e transformada em atividade autoerótica gratificante. Os objetos de gratificação originam-se de vivências primitivas, como a evocação afetiva de relações a partir do contato com o corpo materno, até situações em que uma ideia, muitas vezes de caráter sádico, é investida, e em torno da qual se permanece ruminando. É a chamada "masturbação mental".

Na adolescência, a masturbação tem uma função maturativa e de desenvolvimento de novas zonas erógenas, encaminhando o(a) jovem para o prazer genital. Ela possibilita a associação entre sensações, fantasias e a imagem mental do objeto, em meio às quais se imiscuem resíduos de fantasias primitivas, com suas elaborações e distorções. "O êxito maior da masturbação adolescente reside na elaboração do prazer prévio", segundo Blos (1961/1975).

Por meio da masturbação, o adolescente realiza jogos e faz correlações mentais integrando as representações mentais do objeto gratificante. Essa condição é de fundamental importância na elaboração do processo de identificação sexual, contribui para o desenvolvimento do ego quanto à identificação do objeto interno e externo, favorece o trabalho mental de antecipação, com vistas à posterior aproximação do objeto real.

A imaginação do adolescente está povoada de sonhos e desejos, alguns maravilhosos ou terrificantes, conscientes ou inconscientes, que culminam numa eclosão orgástica repleta de sensações de prazer, mas também de temor, angústia, culpa, sentimentos de inferioridade. Quando integrada ao desenvolvimento, o(a) adolescente caminha para a descoberta da genitalidade. Favorece o controle e a integração de novos impulsos. Ela contribui para a elaboração das novas relações interpessoais e heterossexuais que estão sendo experimentadas pelos jovens. A masturbação tem também a função de atividade preparatória às relações heterossexuais ativas. Aos impulsos sexuais muitas vezes misturam-se impulsos agressivos, de tal sorte que a masturbação pode estar destituída de um caráter afetivo amoroso, sendo via de descarga da agressividade. Há ocasiões nas quais a atividade masturbatória funciona como válvula de escape diante de situações conflitantes. Por exemplo, em casos de desavenças com os pais ou fracassos escolares, a masturbação pode se constituir numa busca de prazer imediato, compensatório às frustrações.

Ela pode ainda liberar impulsos perversos, homossexuais, sádicos ou masoquistas. A masturbação, nessa fase da vida, é, portanto, algo normal e necessário para o desenvolvimento da sexualidade genital e para a integração de novas emoções e sentimentos que emergem na personalidade, que ora amadurece.

Entretanto, a prática masturbatória compulsiva ou sua ausência podem expressar bloqueios do desenvolvimento.

Sua ausência ou excesso indicará algum desvio no desenvolvimento emocional do jovem. Sua fixação ou a masturbação compulsiva podem estar ligadas a conflitos na relação com a figura autoritária, como subversão a ela, desvios educacionais, situações depressivas ou de carência, como sentimentos de abandono.

Pode-se dizer que a masturbação na adolescência é composta por duas fases. Na primeira delas, o objeto é o próprio indivíduo que se envolve emocionalmente com seus genitais e revela o caráter narcísico da relação. Na segunda fase, a atividade masturbatória contém relações e fantasias com a imagem do outro.

A masturbação na adolescência desfruta intensamente do espaço transicional quando ele está satisfatoriamente constituído. Nesse espaço virtual, seguindo o conceito de Winnicott (1971), no qual o objeto transicional não é só real e concreto, como também não é só imaginário e fantasioso, o adolescente desenvolve uma atividade lúdica com seu corpo, com o objeto do imaginário, e suas fantasias gratificantes. É por meio dessas relações que o adolescente vive consigo mesmo e com os objetos de sua fantasia, a partir dos quais ele poderá fazer as integrações necessárias entre sensação, afeto e ação no nível do ego. De um lado, como aproximação do objeto amoroso real e concreto, e de outro, por meio das sublimações que se fazem necessárias para a adaptação à realidade da vida civilizada.

A atividade masturbatória é acompanhada frequentemente de angústias originárias tanto de resíduos de fantasias primitivas, sádicas, onipotentes e nirvânicas em relação às figuras parentais, como de fantasias em relação ao objeto real atual.

Os pais sentem-se muito perturbados pela atividade masturbatória dos filhos, visto que é desencadeadora de evocações de seus conflitos infantis não resolvidos. Representa também um ataque à autoridade e à lei parental, motivos que podem levar os pais a atitudes repressivas.

Por outro lado, a ausência total de repressão (entenda-se ausência de limites) pode conduzir o jovem a permanecer na ilusão de um estado nirvânico interminável e, consequentemente, levá-lo a um estado de esterilidade mental. Portanto, a repressão passa a ser, em certa dose, um mecanismo necessário e essencial para a existência da cultura. É dentro dessa visão que a masturbação também sofre os efeitos da repressão. Muitos drogaditos buscam na relação com a droga a manutenção de um estado simbiótico ilusório, na preservação de uma relação idealizada com o seio materno. A masturbação pode, em certas circunstâncias, ocupar função similar, com consequente fixação ou compulsão a um estado masturbatório físico ou psíquico.

Nessas condições, a atividade masturbatória física ou psíquica se converte numa defesa à frustração. A frustração é uma condição inerente à realidade pela desilusão que a acompanha. Assim, o comportamento masturbatório pode ser, por exemplo, uma defesa à perda da bissexualidade infantil diante da heterossexualidade, ou defesa contra temores decorrentes de fantasias homossexuais.

Investimentos narcísicos intensos e prolongados são bloqueadores da ampliação do campo existencial. Eles dificultam o estabelecimento de relações cujo enriquecimento advém do intercâmbio de experiências afetivas.

A situação se agrava quando as manifestações autoeróticas da infância foram reprimidas ou punidas de tal forma que agora se complicam com conflitos atuais. Os sentimentos de culpa não são decorrentes apenas das intervenções externas, como erros educacionais ou repressão parental. É algo inerente à vida interior, ligado ao narcisismo, ao ideal de ego, aos mecanismos de defesa do ego, à história pessoal, na qual se incluem os conflitos edipianos.

O adolescente, diante de sua atividade masturbatória, pode reviver, inconscientemente, na atualidade, resíduos de seus conflitos infantis decorrentes de questões educacionais, relacionais e conflitivas entre suas estruturas psíquicas, levando-o a sentimentos de culpa, autopunição e de inferioridade. Segundo Blos (1969), "A masturbação assume traços patológicos sempre que consolida regressivamente fixações infantis".

Muitos jovens interpretam a masturbação como algo sujo, pecaminoso, que os levará a doenças físicas ou à fraqueza mental. As meninas podem sentir-se indignas ou mesmo prostituídas pela prática ou desejo masturbatório. As características de como a jovem encara a masturbação dependem do sistema educacional recebido, dos vínculos estabelecidos com seus pais e dos conhecimentos que possui a respeito do desenvolvimento psicossexual.

O conflito que se estabelece é decorrente da confrontação entre o superego, a sexualidade infantil e as necessidades atuais.

Tiba (1986), em seu livro *Puberdade e adolescência*, enumera vários tabus e mitos existentes em torno da sexualidade adolescente. Quanto à masturbação nos rapazes: provoca espinha, desenvolve o pênis, desenvolve o peito, acelera o crescimento dos pelos, desencadeia a ejaculação precoce, prejudica o cérebro, dá fraqueza e olheiras, faz crescer pelos nas mãos; nas garotas: é pecado, pode desvirginar, é anormal; se falhar nas primeiras relações heterossexuais, o(a) adolescente torna-se homossexual; pelo tamanho da mão pode-se saber o tamanho do pênis; pelo tamanho da boca pode-se saber o tamanho do genital feminino; não ocorre gravidez na primeira relação sexual da mulher se a relação for rápida, se ela não se movimentar etc.

Vemos assim que a colaboração ou o prejuízo para o desenvolvimento psicossexual do adolescente depende das fantasias com que ele ou ela alimentam os atos ou as ideias masturbatórias.

A masturbação pode estar integrada ao ego como elemento propulsor do desenvolvimento ou como defesa, como objeto narcísico e/ou como objeto intermediário para alcançar as relações heterossexuais e de intercâmbio com o objeto real amoroso.

O enamoramento torna-se um elemento importante, uma vez que favorece o abandono da masturbação pela possibilidade de junção das funções erótica e amorosa, dos sentimentos positivos e negativos em torno do objeto de real gratificação. Objeto com o qual pode estabelecer uma relação profunda e fecunda, física e afetiva.

Nas palavras de Erlich (1993), "o enamoramento é monógamo. Sinal seguro e inconfundível do amor é a apreciação da *especificidade e unicidade* da outra pessoa". Diferentemente da paixão, na qual o indivíduo é "arrebatado pelo inapreensível, e sua ação, qualquer que seja, será sempre passiva, pois não é o sujeito que a domina".

Os caminhos seguidos pela masturbação são diferentes no rapaz e na moça. A garota envolve-se mais intensa e diretamente na relação com seu parceiro e, assim, cria mais rapidamente condições para a vida sexual ativa. Graças à rivalidade vivida na relação com a mãe, afasta-se desta e busca afeto no parceiro. A resolução edípica parece ser mais direta. O rapaz teve como seu primeiro objeto amoroso a mãe. Precisa se desfazer dessa relação, sublimá-la, identificar-se sexualmente e encontrar um novo objeto amoroso. Nesse processo sinuoso, a masturbação entra como um elemento de transição mais prolongado do que nas moças. Mas tudo isso é muito dinâmico e próprio de cada relação, podendo-se incorrer em erros ao fazer generalizações.

O adolescente e sua relação com o corpo

Você sabe o que é acordar todos os dias, olhar-se no espelho e encontrar um homem diante de você!

(Ricardo, 16 anos)

Em meio às transformações hormonais, funcionais, afetivas e sociais, as alterações corporais adquirem importância fundamental para o adolescente. É por meio de seu corpo que o jovem pode melhor se aperceber e externalizar as alterações que está vivendo.

À medida que o corpo vai adquirindo nova configuração, a imagem mental que o adolescente tem de si vai se modificando. Porém, a velocidade com que ocorrem as transformações físicas difere daquela relativa às transformações da imagem corporal.

Há o crescimento ponderoestatural, o desenvolvimento dos caracteres sexuais primários e secundários, a força muscular (que praticamente se duplica).

Num período relativamente curto, em comparação com a duração do processo de adolescência, o corpo adulto estará formado. O jovem, rapaz ou moça, permanece demoradamente diante do espelho. Examina-se. É a barba que está crescendo, ou seus músculos que se desenvolvem. É a acne que aparece, os seios que crescem ou o pênis que se alonga.

Alguns sentem-se demasiadamente gordos ou magros, outros se estranham em relação à estatura ou às suas novas feições. A sensação de desproporcionalidade é relativamente frequente. Um rapaz de 16 anos, cujo crescimento estatural foi abrupto, atingindo 1,75m durante o período do estirão, disse-me certa vez: "não gosto de mim, sinto-me um monstro em cima destas pernas de pau".

Em casos mais extremos, o fenômeno faz lembrar um sintoma encontradiço na esquizofrenia, a esquizomorfia. O adolescente vive intensamente supostas desproporções, ou com estranheza a relação que mantém com o próprio corpo. Sente-se esquisito diante de sua imagem. Esse fenômeno, ainda que normal entre os jovens, pode merecer uma observação atenta, visto que pode ser um prenúncio de uma organização psicótica. Uma jovem de 17 anos, fisicamente bem desenvolvida, negava-se a usar óculos. Alegava ser naturalista e atribuía tal atitude negativista à defesa de seus princípios ideológicos. Tudo indicava que usava de uma capacidade de racionalização ante a necessidade de preservar uma imagem mental idealizada de si.

A imagem corporal é algo subjetivo e dependente de múltiplos aspectos: emocional, funcional e características sociológicas. Um jovem imberbe em uma comunidade em que habitualmente se usa barba sentir-se-á diferente. A pilosidade das pernas e axilas pode ser problema para moças de determinada comunidade, e ser um fator indiferente em outras culturas.

O mesmo pode-se dizer em relação ao conceito atual de beleza feminina: o ideal quanto ao aspecto ponderal de beleza feminina à época da pintura impressionista (refiro-me às gorduchinhas) choca qualquer modelo da atualidade. Enquanto nossa cultura se propõe a ser mais liberal e receptiva aos diferentes tipos de pessoa, ela tem se mostrado exigente em relação aos padrões da estética corporal.

Conclui-se que a imagem corporal frequentemente não reflete de modo especular a imagem real. A imagem corporal idealizada confronta-se com a imagem corporal vivida, a qual pode não corresponder à realidade objetiva, em virtude das fantasias e distorções que interferem na percepção da pessoa.

O adolescente é muito sensível à sua imagem corporal, reagindo com ansiedade e frustração diante da imagem idealizada, como excesso de peso, acne, pilosidade acentuada, uso de óculos etc. Essas circunstâncias podem ser vividas por ele(a) como fatores que o(a) desvalorizam e que contribuem para um estado depressivo. Provavelmente, o estado depressivo já existe em virtude das perdas inerentes ao processo adolescente, mas ele se materializa por meio da rejeição que o jovem faz de si mesmo.

Por outro lado, as transformações corporais aproximam o jovem do adulto. Sua força aumenta, os corpos e funções, como a capacidade reprodutora, assemelham-se. O campo de interesse do jovem amplia-se. Sua inteligência está apta a realizar operações superiores, de tal sorte que as diferenças entre o adolescente e seus pais diminuem. Essa similaridade de potenciais e de funções existente entre ambos, associada a fantasias eróticas, amorosas e agressivas, constitui-se em elemento perturbador a ser administrado pelo ego, deixando o adolescente temporariamente confuso em relação a si mesmo.

O adolescente vive suas primeiras emoções sexuais em seu próprio ambiente familiar. Surpreende-se ante suas reações a partir de jogos erotizados que realiza com irmãos, primos ou amigos próximos. Excita-se ao manipular roupas íntimas dos pais ou irmãos do sexo oposto. Esses sentimentos, carregados de prazer, curiosidade, ansiedade, culpa e vergonha, manifestam-se no comportamento, podendo levá-lo a um estado de inibição ou retraimento. Pouco a pouco, o jovem incorpora suas mudanças e dirige seus sentimentos afetivos e experiências sexuais para fora do núcleo familiar, com repercussões sobre toda a personalidade, particularmente no que se refere ao processo de identificação.

O desenvolvimento cognitivo do adolescente

A criança na fase escolar, entre 7 e 10 anos, apresenta inteligência de tipo lógico-concreto. Isso significa que ela é capaz de resolver problemas como estabelecer relações, classificar, comparar, desde que tenha a possibilidade de realizá-los de forma objetiva.

Acompanhando as transformações somáticas, afetivas e sociais, a vida cognitiva do adolescente também sofre alterações. A inteligência evolui do nível concreto para o formal, caracterizado pelo pensamento hipotético-dedutivo. Nesse nível, o jovem é capaz de raciocinar estabelecendo relações combinatórias independentemente de elementos perceptíveis e manipuláveis. Essa capacidade permite-lhe ampliar o campo de conhecimentos e participa do processo identificatório.

A inteligência formal é o ápice da evolução intelectual. Ela dá coerência interna ao processo de pensamento, cria a possibilidade de um raciocínio pautado em hipóteses e na reversibilidade dialética das proposições. Acrescenta ao seu mundo mental a possibilidade de pensar independentemente do apoio oferecido pela vida sensorial.

As repercussões dessa aptidão são observáveis em seu comportamento. O jovem gosta de indagar, questionar, investigar. Tem dúvidas e desconfia. Faz com seu pensamento uma espécie de jogo, em que hipóteses e ideias permitem-no desvendar um novo mundo, externo, e, principalmente, o próprio mundo interno. Amplia seu acervo cultural. Interessa-se por questões sociais, políticas, ideológicas, econômicas, arte. Indaga sobre o significado da vida, do sexo e do amor, enquanto busca encontrar sua autenticidade, autonomia e emancipação.

Seu pensamento, agora, aproxima-se muito do pensamento do adulto, salvo em sua carência de experiência emocional e funcional, perceptível por meio de sua subjetividade, falta de sistematização e às vezes de senso crítico.

O jovem compensa suas deficiências apegando-se veementemente às suas ideias, até com certo grau de fanatismo, sem se dar conta de que suas crenças podem ser mais por autoafirmação do que por posicionamento autêntico. Assim, a inteligência abstrata permite a ele fazer tentativas e experiências em busca de suas verdadeiras características e valores.

É o início da vida introspectiva. Aos poucos, vai penetrando no âmago de seu ser à procura de suas verdades. Não raro, nesse caminho, vê-se prevalecer a emoção à razão.

A evolução da inteligência a um nível superior dá qualidades fundamentais à organização da personalidade. Porém, nem todos os adolescentes têm a oportunidade de atingir tal nível evolutivo.

Populações de baixo nível socioeconômico-cultural não têm as mesmas oportunidades para realizar a passagem do raciocínio concreto para o hipotético-dedutivo. As perturbações precoces dos primeiros vínculos afetam a formação e o desenvolvimento da vida cognitiva e simbólica. O espaço lúdico, transicional, não se estabelece, ou, se ocorre, é de forma incipiente.

A criança miserável, abandonada, mal discrimina o real do imaginário. O temor da morte e a proximidade da morte confundem-se. O temor ao abandono e o abandono igualam-se como qualidades psíquicas. Haja vista o que se observa entre os jovens favelados, comidos pela miséria, pela fome e pelo abandono, cuja vida mental (cognitiva, afetiva e conativa) está quase que irremediavelmente comprometida.

Winnicott e Bion contribuem, entre outros, para a compreensão de como perturbações no desenvolvimento dos estados primitivos da mente interferem na organização do espaço transicional, espaço virtual no qual se desenvolverá a cultura, e no processo do pensamento e seus desvios. Muitos desses jovens não alcançarão o pensamento conceitual, filosófico-matemático; estarão mais próximos do pensamento primitivo, sensorial. A meu ver, esta é uma forma de violência social. Este tema é abordado com um pouco mais de profundidade no Capítulo 3.

Vale lembrar que as emoções atuam sobre a vida cognitiva e vice-versa. Assim, a ansiedade excessiva pode ser um fator bloqueador das aptidões intelectuais. Bloqueios emocionais ligados à inibição sexual e à curiosidade infantil podem afetar a busca de conhecimentos, com repercussões sobre a vida cognitiva.

A inteligência formal participa ativamente no processo de elaboração da crise da adolescência, levando subsídios que vão integrar operações que interferem na vida afetiva.

Nessa transição para a vida adulta, o mundo afetivo do jovem está tomado pela impulsividade sexual e agressiva. Seu aparelho psíquico é relativamente frágil para conter tal carga e adequar os impulsos às condições ambientais, principalmente em sociedades em que tais impulsos são fortemente reprimidos. Para defender-se desses impulsos, vividos como perigosos, parte da energia psíquica é destinada a outros interesses. Para essa tarefa, o ego utiliza-se de mecanismos de defesa, como a racionalização ou a intelectualização, entre outros.

Quando os mecanismos de defesa falham, o jovem tende a agir impulsivamente, diminuindo ou mesmo ficando sem a participação da capacidade de pensar de forma crítica, analítica. Passa a discriminar mal o real do imaginário, o subjetivo do objetivo, dando ao comportamento um aspecto funcional patológico. Nesses conflitos entre as forças impulsivas, o sistema normativo-censor e o coordenador-adaptativo pode haver um gasto de energia ou um desvio de energia, de tal forma que venha a inibir a livre expressão intelectual do adolescente, com baixa de seu rendimento cognitivo.

A crise normal da adolescência

Durante a infância, a criança encontra-se numa situação de dependência, na qual os pais sabem o que é bom e o que é mau, o que pode e o que não pode. Os caminhos a serem trilhados por ela geralmente são indicados pelos pais. O senso de responsabilidade está em desenvolvimento, e a criança conta com o apoio e a proteção parental em suas decisões e respectivas consequências.

Sua autonomia está em relação direta com suas possibilidades pessoais, e na dependência da permissividade parental. A criança percebe que, de suas transformações corporais, seu peso e altura estão aumentando. Ela se compara com os pais e deseja ardentemente alcançá-los. Está habituada ao seu corpinho que lentamente vai evoluindo. Chega a puberdade, e com ela um turbilhão de transformações incontroláveis e involuntárias que impulsionam a criança para a maturidade. Ela se vê na situação irremediável de perder a condição e os privilégios infantis para poder atingir, em toda a sua plenitude, o estado adulto.

Aberastury e Knobel (1971) relacionam os "lutos", as perdas, isto é, os aspectos infantis dos quais o jovem necessita se desfazer nessa progressão em direção à maturidade:

a. Luto pelo corpo infantil perdido: o corpo transforma-se, adquire nova configuração em consequência da revolução pubertária, incontrolável e independentemente de sua vontade. O jovem sente-se impotente diante do poder das alterações que vem sofrendo e, ao mesmo tempo, desejoso desse porvir.

b. Luto pelo papel e identidade infantis: a criança vive sentimentos de perda dos privilégios e da condição de criança, que darão lugar a novos aspectos, em cujos alicerces estão os impulsos sexuais e agressivos. A perspectiva de atingir a vida adulta é ambicionada pelos seus privilégios e prazeres, e temida pela aceitação de responsabilidades, as quais são, na maioria das vezes, desconhecidas.

c. Luto pelos pais da infância: o jovem procura reter os pais da infância em sua personalidade. Eles lhe servem de refúgio e proteção diante da temeridade pelo desconhecido que há em si, e que começa a aflorar em seu pensamento. O adolescente vai descobrindo que seus desejos e ideias não são concordantes com os de seus pais, sente remorso em assumi-los, pelo temor às consequências: entre elas, a perda dos pais da infância.

d. Luto pela bissexualidade infantil: a bissexualidade, noção introduzida na psicanálise por Freud, influenciado por Fliess, consiste no fato de que todo ser humano possui constitucionalmente potenciais sexuais tanto masculinos como femininos, independentemente do sexo anatômico, que se conflitam por ocasião do processo de definição da identidade sexual, segundo Laplanche e Pontalis (1973).

Aberastury e Knobel (1971) mostram que esse conflito é inerente ao processo de identificação do adolescente, no qual há a evidenciação de aspectos femininos no rapaz e masculinos na moça, como um processo de flutuação e de aprendizagem de ambos os papéis. Com o desenvolvimento do corpo, dos caracteres sexuais secundários, do aparecimento da menarca e das primeiras ejaculações, a definição da sexualidade adulta se impõe à bissexualidade.

O jovem revive experiências passadas durante o conflito edipiano da adolescência. Ocorre que, na atualidade, a energia impulsiva, sexual e agressiva é intensa. O ego, por sua vez, mostra-se insuficiente para conter esses impulsos, e faz uso de mecanismos de defesa. O sistema censor reforça seus mecanismos diante do aparecimento de fantasias agressivas e eróticas com relação aos pais do sexo oposto. O desenvolvimento corporal e a sexualidade genital evoluem a ponto de tornar muito próximo do real as possibilidades de as fantasias edipianas do adolescente se concretizarem. Essa situação é vivida pelo jovem de forma angustiante e temerosa.

Sabe-se que os primeiros modelos relacionais interpessoais e heterossexuais são estabelecidos com os pais durante a infância, e que por ocasião da adolescência eles são evocados. Quando há uma solução satisfatória do conflito edipiano na infância, maiores serão as oportunidades de melhor aceitação de sua identidade sexual, e a interdição diante dos desejos incestuosos. Os jovens sentir-se-ão mais aptos a estabelecerem um relacionamento heterossexual satisfatório e menos angustiante.

Por outro lado, jovens que tiveram em sua infância um contato muito erotizado com seus pais ou, o contrário, cuja sexualidade infantil tenha sido muito reprimida podem sofrer, na adolescência, intensa angústia e inibição por ocasião do relacionamento com outros jovens, principalmente do sexo oposto.

A revivescência inconsciente da situação edipiana deixa-o confuso. Surgem angústias do tipo persecutório, carregadas de remorso, de culpa, com crises depressivas e atitudes de autopunição pelos temores despertos por essas fantasias.

O ego, para defender-se desses sentimentos, arma-se de mecanismos de defesa maníacos como negação, onipotência, idealização e ataque ao objeto bom (ataque aos pais).

Surge aqui o que Kalina (1976) denominou "luto pela endogamia", isto é, o jovem, ante o tabu do incesto, desvia seus interesses sexuais para outras figuras substitutivas. A superação dessa perda permite a entrada no mundo dos adultos, por meio de relações afetivas fora do núcleo familiar (exogamia).

Nesse processo evolutivo há tanto uma desestruturação como uma reorganização estrutural da personalidade e da identidade, em direção à personalidade adulta. Os momentos de instabilidade, tão característicos dessa fase da vida, vão diminuindo à medida que o jovem encontra maior clareza e aceitação a respeito de si mesmo, ao elaborar suas perdas e ao sentir-se aceito e tolerado em seu ambiente.

Durante esses movimentos em que há a reestruturação da personalidade, o jovem, para se autoafirmar, agride e desvaloriza seus pais. Isso não significa que não goste mais deles, pelo contrário, necessita do carinho e interesse dos pais, por meio do sentimento de confiança, e da supervisão à distância que eles exercem.

Porém, é dessa forma que exteriorizam o "assassinato inconsciente" dos pais da infância que carregam em si. A agressão, a rebeldia, as reivindicações intrafamiliares são formas de manifestação desse fenômeno psíquico do adolescente. Fenômeno que ele também emprega contra a sociedade, a qual representa o papel controlador exercido pelos pais.

Nesse conflito, o jovem mostra-se ávido por novos modelos de identificação. Artistas, pensadores, religiosos, professores, líderes políticos, atletas ou seus próprios colegas são elementos a partir dos quais o jovem procura encontrar seus novos e próprios valores e características.

Há muito de imitação, de tentativas, de ensaios e erros. Porém, é por meio desses experimentos que ele poderá se encontrar e se edificar. Nessa busca de modelos identificatórios, o jovem procura se aproximar de seus "ídolos", acessíveis, geralmente, no mundo do imaginário, dos sonhos, mas vividos pelo adolescente como muito próximos de si, em suas ilusões e sentimentos.

A aproximação a um adulto, no mundo real, é em parte temida, pois o jovem receia perder a sua individualidade. Ele busca em seus novos modelos algo diferente. Tudo aquilo que for representativo dos modelos parentais fica abalado como valor pessoal, ainda que temporariamente.

Durante essa procura, formam-se os grupos de jovens, em que o que há de comum é o fato de todos eles estarem à procura de algo. Isto é, estão à procura de si mesmos. No grupo, há uniformidade. Vestem-se de forma parecida, usam a mesma linguagem, fumam, bebem ou chegam a fazer uso de alguma droga, geralmente a maconha. Outros se reúnem para atividades culturais ou sociais. No grupo, uns se parecem com os outros, e nisso se confortam. Um é modelo para o outro. Sofrem de angústias semelhantes, e na indefinição se encontram.

Dentro do grupo, cada um está em busca de si mesmo, e o grupo como unidade existe nesse sentido. O encontro visa, antes de mais nada, externalizar os próprios pensamentos e confrontá-los com os demais.

O adolescente sente-se muito só, sem os pais externos, que ele ataca, e sem os pais da infância, que ele está destruindo. É nessa solidão que o jovem se vê diante de si mesmo. O grupo, nessas circunstâncias, funciona como protetor e reassegurador ante as suas angústias e temores. Torna-se, em última instância, um substitutivo parental no sentido de exercer as funções de continente ante os anseios, os temores e as novas experiências.

No grupo, o jovem pode dar vazão aos impulsos sexuais e agressivos, e também expandir seu horizonte intelectual e social. Este pode ainda representar um meio intermediário pelo qual o jovem atingirá sua individuação. Dessa forma, o adolescente sente-se resguardado dos temores de uma eventual agressão do mundo externo e interno. Os sentimentos persecutórios estão muito aguçados nesse período, e por meio do grupo, a elaboração desses sentimentos é facilitada.

Por meio do seu comportamento, de sua atuação, o jovem expressa seu estado conflitivo. Ele se mostra suscetível, e seus mecanismos defensivos, intensificados, devido ao poderio da impulsividade sexual e agressiva, das repressões de seu superego e das violências e contradições do mundo interno e externo que o ameaçam. Suas atitudes tendem a ser impulsivas e se exacerbam com facilidade, quando adquirem conotação psicótica ou psicopática.

Essas condutas podem causar expectativas e preocupações entre seus familiares e na comunidade em que vive.

O diagnóstico diferencial entre a crise normal da adolescência, os quadros psicóticos ou psicopáticos pode se fazer necessário. Isso requer maior tempo de observação do adolescente para avaliação do quadro, sua constância, mobilidade, devendo-se considerar as condições do desenvolvimento evolutivo, os antecedentes pessoais e familiares, biológicos, relacionais, a situação socioeconômica e cultural.

À medida que o jovem se afasta de seus pais da infância, os valores que traz consigo são atualizados e/ou substituídos. O desenvolvimento intelectual atingiu, praticamente, sua máxima expansão, junto com o campo de interesse e a vida social e cultural.

A essa altura surgem os ideais e, com eles, o idealismo, que se reflete em seus interesses pelas causas sociais, políticas, econômicas, estudantis, religiosas ou amorosas. Participa de movimentos juvenis ou toma parte em grupos de encontro. O jovem vive esses momentos com intenso apego, chegando a certo fanatismo. Isso não significa que esta seja a sua verdade definitiva, pois poderá abandoná-la com o mesmo ímpeto com que a iniciou.

Menores oscilações tendem a ocorrer à medida que as perdas são elaboradas e suas experiências assimiladas. O adolescente investe calorosamente em tudo o que faz e não tolera falsidades, já que está em busca do seu eu autêntico.

Seu apego aos próprios ideais, além de representar aspectos de sua motivação intelectual, pode ter uma função substitutiva ou atenuadora ante temores originários em seus impulsos sexuais. Por exemplo, os decorrentes de uma ligação amorosa cuja progressão é vivida como ameaçadora. Ele pode apegar-se a objetos assexuados para ajudá-lo a dominar tais impulsos.

Em suas ligações amorosas, o jovem também se entrega. Seu companheiro(a) é idealizado(a) e perfeito(a). É a paixão juvenil que se irrompe e cega sua capacidade perceptiva, de análise, de crítica e pensamento.

O jovem, por meio de contestações e reivindicações, externaliza os conflitos de valores e de autonomia que carrega dentro de si. Alguns manifestam esse confronto por meio de agressões passivas aos hábitos e valores tradicionais da sociedade.

Os rapazes podem deixar a barba e o cabelo crescerem, cortam-no de uma forma extravagante, usam brincos. As moças usam roupas provocantes, cabelos em desalinho. Ambos podem usar roupas esdrúxulas, dar pouca importância ao asseio corporal ou, pelo contrário, demonstrar extremo apego à vaidade. É o que se pode observar nos grupos de hippies, playboys, punks, funks etc., que variam de acordo com cada época.

Nos hábitos e costumes atuais, em alguns grupos de jovens, a discriminação entre o feminino e o masculino tem-se atenuado pela semelhança como se vestem e como se comportam. São reveladoras de liberdade e igualdade, mas também contribuem na manutenção de um certo estado confusional na busca da identidade sexual.

Uma adolescente de 13 anos me contou que ouvia somente uma determinada estação de rádio, pois as demais eram "caretas". Indaguei-lhe se, caso as mesmas músicas fossem tocadas noutra rádio, ela as ouviria. Sua resposta foi um categórico não. Alegou que ninguém em seu grupo o fazia, e que seria ridículo se ela o fizesse. Mais adiante, contou-me que esta era a única rádio que seus pais não ouviam. Pode-se pensar que um de seus objetivos inconscientes era fazer algo que a diferenciasse de seus pais, talvez uma forma de contestação ou de agressão ao *status quo*. Assim, ela expressava sua contestação ao "velho" (em duplo sentido), aos pais da infância e aos pais reais.

Para a maioria dos jovens, a noção de tempo encontra-se deturpada. Para uns, o tempo existente é o momento, o presente, sem perspectiva. Negam o passado, e o futuro imediato é sentido como longínquo. Mas o distante pode parecer-lhes imediato. Essas flutuações temporais são constantes e dependem de sua motivação e estado de ânimo.

Há períodos em que o jovem se refugia na solidão, isola-se de tudo e de todos, ainda que esteja entre amigos ou numa turma. Vive o mundo em sua imaginação e tudo pode ser controlado, a partir dele, em suas fantasias e desejos. O presente, o passado e o futuro podem se aglutinar e se discriminar em seu pensamento, evidenciando o subjetivismo e a onipotência de seus sentimentos. Ou o fracasso, numa alternância que pode surpreender a ele e aos que o cercam.

Conta-me um rapaz de 18 anos que conheceu uma jovem de um país muitíssimo distante, durante suas férias no exterior. Diz ele ter passado dias maravilhosos, de intenso romantismo. Pela diferença de línguas, a comunicação entre ambos era não verbal.

O rapaz, ao retornar das férias, sentia-se estranho. Passava horas trancado em seu quarto. A produtividade escolar decaiu. A alimentação reduziu-se ao mínimo. Desligou-se de seus velhos companheiros. E, nos poucos contatos que mantinha com seus pais, revelava o desejo ardente e obstinado de se desfazer de todos os seus pertences, abandonar seus estudos, a família e sair em busca da jovem encantadora, que à distância o possuía. Fazia planos e planos para conseguir seu intento, mas, na prática, nada fazia para concretizá-lo, a não ser sonhar. Sua noção de realidade tornou-se prejudicada e mal discriminava as emoções vividas naquela situação circunstancial e agora, na realidade atual. Entretanto, o confronto com a realidade, dura e crua, contribuiu para que ele, pouco a pouco, se adaptasse às novas contingências da vida à qual se sentia vinculado.

Do ponto de vista da comunidade, a sociedade também se modifica. Ela assimila novos padrões de comportamento e de posicionamentos pleiteados pela juventude, de tal sorte que, progressivamente, ocorrem uma acomodação e integração entre o jovem e a sociedade, possibilitando transformações que caracterizam a evolução.

Muitas famílias, e a sociedade de modo geral, toleram e aceitam com dificuldade essas transformações progressistas e reagem de forma repressiva e punitiva. Estabelece-se uma luta na qual o temor em perder a autoridade se ressalta. Esse conflito que ocorre socialmente é semelhante ao que ocorre entre pais e filhos, quando os pais não aceitam a marcha de seus filhos para a independência e temem perder seu lugar ou sua imagem de autoridade perante si e a família.

Atitudes repressivas servem apenas para exaltar posições radicais de ambos os lados, e a possibilidade de diálogo torna-se prejudicada.

Não são só os jovens que temem a sua genitalidade adulta. Os pais também temem a genitalidade de seus filhos. O jovem agora se encontra numa situação quase igual, diferenciando-se apenas pela falta de experiência.

Muitos pais sentem inveja da condição de seus filhos e não toleram essa situação. Provavelmente esses pais revivem, de modo inconsciente, seus próprios conflitos da adolescência. Por outro lado, os pais também passam por lutos, uma vez que perdem seu filho criança, precisando agora encará-lo de outra forma.

A independência dos filhos, por sua vez, representa o envelhecimento dos pais, e a eminência da morte torna-se mais próxima e temida. Assim, muitos pais, apesar de desejarem o crescimento dos filhos, necessitam, ainda que inconscientemente, mantê-los crianças, a serviço de suas próprias necessidades.

Com o crescimento e amadurecimento do jovem, a sociedade passa a esperar e a cobrar dele uma série de obrigações e responsabilidades que contribuem para sua inserção na realidade e definição de seu papel dentro da comunidade.

Nessa época, a maioria dos jovens estará entrando para uma universidade ou dirigindo-se a um trabalho. Suas possibilidades de independência aumentam, agora com um afastamento real de seus pais. Muitos vão trabalhar ou estudar em outras cidades, ou viajam nas férias com seus amigos. Fazem programas próprios e independentes dos pais.

Aqueles que possuem certa independência econômica extravasam ainda mais sua autonomia numa sociedade de consumo como a nossa, formando a "juventude shopping". São jovens que se limitam a frequentar centros comerciais, cuja preocupação se restringe à aparência, ao exibicionismo, a matar o tempo e a uma pobreza de conteúdo. Sugiro que aqueles que se beneficiam dessa juventude também ajudam a formá-la, não só visando a seus interesses quanto ao consumo, mas assumindo responsabilidades e contribuindo para a formação de cidadãos cultos e úteis à sociedade.

Como já vimos, as características dessa marcha para a independência dependem do nível socioeconômico e das prerrogativas que definem o estado adulto dessa sociedade.

Uma parcela dos jovens passa por uma situação mais delicada e radical em termos de confrontação social. Eles integram grupos com características delinquentes, ou se reúnem para o consumo de drogas, nos quais os impulsos eróticos e agressivos confundem-se numa mistura de prazer e frustração, expressando o vazio e a falta de perspectivas em seu mundo interior.

A intensidade da crise existencial, quando o impulso para a independência confronta-se com a tendência a se manter ligado à infância, dependerá da história biográfica do indivíduo, das características do seu aparelho psíquico e de sua integração relacional com o meio.

Um certo número de jovens, por não conseguirem adaptar-se às condições do meio, alienam-se e são alienados pela sociedade. No princípio vivem numa situação de onipotência, e expressam esse sentimento quando dizem "o mundo que se lixe", pouco se interessando pelas coisas que os cercam. Talvez sintam, inconscientemente, ser este o caminho existente para se fazerem presentes, vivos. A via da delinquência pode ser um caminho quando não encontram recursos pessoais e sociais para saírem do anonimato. Dessa forma, tentam diminuir o sentimento de abandono e solidão, caindo com frequência em situações patológicas.

O término da adolescência ocorre, segundo o Comitê sobre Adolescência (Estados Unidos): 1) pelo atingimento da separação e da independência dos pais; 2) pelo estabelecimento da identidade sexual; 3) pela submissão ao trabalho; 4) pelo desenvolvimento de um sistema pessoal de valores morais; 5) pela capacidade de relações duradouras e de amor sexual, terno e genital, nas relações heterossexuais; e 6) pelo regresso aos pais numa nova relação baseada numa igualdade relativa.

Com o evolver do tempo, o jovem adquire elementos que o integram à sociedade adulta. Ele agora assume maiores responsabilidades e obrigações na comunidade, que também lhe dispensa maior significação. A vida escolar e profissional se define, e ele assume posicionamentos políticos e filosóficos.

Seu interesse afetivo torna-se duradouro, pensa na formação de família e filhos. É a estabilidade que vai chegando.

O adolescente e o sexo

Uma das características principais da adolescência é a evolução da sexualidade autoerótica para a sexualidade genital adulta.

A genitalidade adulta define-se pelo pleno exercício da capacidade libidinal genital, num interjogo com os elementos remanescentes das etapas anteriores do desenvolvimento psicossexual. Completa essa condição a aceitação implícita da capacidade de procriação, associada às condições socioeconômicas, integrando assim uma constelação familiar, com os papéis adultos correspondentes.

Na primeira fase da adolescência, no período que segue o início da puberdade, brota uma sexualidade genital caracterizada pelo autoerotismo. Os impulsos e as emoções sexuais ocorrem principalmente por meio de fantasias e devaneios. O jovem, nesse período, está muito voltado para si e para o próprio corpo. É na prática masturbatória que dá vazão a esses sentimentos.

A prática de jogos homossexuais durante a adolescência, principalmente em seu início, pode ser considerada como parte do processo de identificação. Pode estar ligada à necessidade de aprendizagem de ambos os papéis sexuais ou ser uma tentativa defensiva para manter a bissexualidade.

De outra parte, o sexo oposto, apesar de desejado, ainda é temido, por ser algo desconhecido. Dessa forma, a prática homossexual reveste-se de uma atividade lúdica de caráter erótico. Observa-se entre os adolescentes jovens a prática de certos hábitos reveladores dessa conduta; por exemplo, quando meninas andam de mãos dadas, ou rapazes e garotas dançam formando pares do mesmo sexo. Nos tempos atuais, essa liberdade é muito maior graças à atenuação dos preconceitos.

O estabelecimento de relações heterossexuais evolui para novas experiências e emoções sexuais por meio de atividades sociais, esportivas, escolares, flertes e namoros. Tais atividades permitem uma aproximação mais íntima e protegida dos verdadeiros perigos que representa para o jovem, nessa fase, o ato sexual.

O jovem não se sente ainda preparado emocionalmente para uma verdadeira relação sexual. Muitas vezes, seus sonhos românticos não vão além de sua imaginação, e o(a) amado(a) nem fica sabendo de sua condição de ter arrebatado corações. As relações interpessoais nessa época são superficiais, lábeis e transitórias.

Na segunda fase da adolescência, após determinada emancipação e melhor definição de sua identidade sexual, ele ou ela, por certo, já teve ou está desejoso(a) de ter um(a) namorado(a). Pode ter vivido emoções oriundas de estímulos sexuais mais íntimos, por meio de carícias, contatos ou bolinações. Está desejoso(a) de explorar, ainda que inconscientemente, novas emoções e sensações que a vida sexual pode lhe oferecer, pressionado que está pela vida pulsional.

Surgem aqui alguns imperativos próprios da nossa cultura. No passado recente, a sociedade restringia a vida sexual ativa pré-conjugal. Hoje ela está relativamente liberada em muitos meios.

A moratória social, no sentido de Erikson (1968, p. 68), está mais voltada para as questões socioeconômicas, que fazem com que o novo casal tenha dificuldades para se organizar e desenvolver sua própria família. Isso decorre das dificuldades para encontrar uma colocação profissional e ser remunerado condignamente, de modo a poder fazer frente às solicitações econômico-financeiras do novo núcleo familiar, ampliando o estado de dependência à família de origem.

Para conter a força dos impulsos sexuais e agressivos, o jovem necessita despender grande energia e utilizar uma censura bastante atuante. As restrições impostas pela sociedade à liberação sexual estavam relacionadas, num passado recente, a questões morais, aos riscos de uma gravidez indesejada e de infecções sexualmente transmissíveis. Hoje, a moral sexual é mais livre e compreensiva, o advento dos antibióticos e o aprimoramento dos métodos anticoncepcionais estimulam a liberação sexual. Em contrapartida, a grande restrição atual é consequente do peso da ameaça real ante a proliferação da aids.

Hoje, a mulher reivindica igualdade de direitos perante o homem e a sociedade como um todo. Valores como virgindade e castidade não têm a mesma validade de outrora, o que contribui para uma vida sexual mais livre e equitativa entre rapazes e moças.

A vida sexual ativa do rapaz, em muitas famílias, era e é estimulada pelo pai, que, com certo orgulho, inicia seu filho na prática sexual. A posição que as jovens reivindicam hoje, da sociedade, coloca essa "prática educacional" em xeque, visto que elas também lutam pela sua emancipação nesse sentido.

Houve época em que se defendiam a prática sexual livre e a possibilidade de múltiplas experiências relacionais, com diferentes parceiros, como possibilidade para o encontro de uma relação heterossexual afetiva e amadurecida. Pôde-se observar, durante um certo período, a propagação da ideia da "amizade colorida", em que todas as relações eram válidas, indiscriminadamente, como expressão de amor.

Entretanto, tais atitudes, a meu ver, refletem um estado de negação dos próprios sentimentos e da existência de afetos destrutivos dirigidos contra si mesmo ou contra o outro, compondo o psiquismo humano. Esses componentes destrutivos, em nome de um prazer imediato, apresentam-se muitas vezes de forma mascarada ou explícita, como são revelados na literatura, por exemplo, em *O inferno*, de Dante, ou *Fausto*, de Goethe.

Penso que a vida sexual ativa precoce ou as relações que se estabelecem a partir de um encontro estritamente sexual, pautado na negação dos afetos, tendem a desenvolver uma relação de natureza fugaz.

O psiquismo do adolescente caracteriza-se por uma tendência a funcionar dividido, numa luta para a integração de seus afetos contraditórios. Experiências como as mencionadas tornam-se extremamente ansiógenas quando resultantes de ações impulsivas. Como consequência, a integração entre o prazer erótico e a gratificação afetiva nem sempre ocorre no sentido de possibilitar uma relação terna e duradoura.

Em muitos grupos de jovens, a relação sexual integra o conjunto de relações interpessoais e afetivas. Passa a ser uma condição de status para pertencer ao grupo. Algo semelhante ocorre em relação ao uso da maconha. Aquele que não pratica o sexo ou não fuma maconha é considerado "careta", "quadrado", "mauricinho".

Contudo, para boa parcela da população, as restrições ainda vigoram, e muitos jovens iniciam uma prática sexual ativa quando se sentem mais aptos a lidarem com suas emoções e sentimentos. Por outro lado, amadurecem por meio da experiência e da percepção de suas consequências positivas e negativas.

Quando adquirem a capacidade para dizer não a impulsos que lhes são destrutivos ou que lhes causam medo, estão revelando a si mesmos a existência de uma maior capacidade maturativa, e menos sentimento de culpa.

Segundo Carneiro (1993),

> *o modelo atual de comportamento entre homens e mulheres de todas as idades, de jovens adolescentes a pessoas maduras, que apenas acabam de se conhecer e se envolvem numa relação sexual, pode ser muito vantajoso para os homens, mas a experiência tem mostrado ser causa de danos profundos ao narcisismo feminino. É uma imago distorcida que a cultura vem expondo, e na qual ela embarca, iludida pelo apelo de liberdade, prerrogativa dos homens até bem pouco tempo.*

Nos meios de baixo nível socioeconômico, o início na vida sexual ocorre próximo ao deflagrar da puberdade (OPS/OMS, 1989), e as consequências são funestas. "Como resultado da maior precocidade da atividade sexual, sem uso adequado de métodos de anticoncepção, observa-se atualmente crescente número de adolescentes grávidas. Quase 20% dos partos já são de mães adolescentes". Quando ocorre a gravidez, as jovens mães e os pais sentem-se despreparados e carentes para enfrentar as responsabilidades, visto que ainda não se encontram suficientemente habilitados de fato para lidar consigo mesmos, gerando novas fontes de conflito.

Quando prevalece o prazer sensorial, sexual ou agressivo à vida afetiva e simbólica, o investimento de outras áreas da vida afetiva e do conhecimento torna-se empobrecido.

Entre adolescentes maiores ou adultos jovens, o problema adquire outra dimensão, pois a possibilidade de serem mais responsáveis e estabelecerem relações afetivas duradouras aumenta.

Entretanto, alguns jovens são compelidos à vida sexual ativa por questão de autoafirmação perante o grupo que frequentam, ou se utilizam do sexo como meio de agressão a seus pais ou à sociedade. Esses fatos podem sugerir algum desvio no equilíbrio emocional e maturativo do indivíduo.

O relatório Simon (citado por Barandier, 1976), realizado na França, revela que, entre 2.625 homens e mulheres, a idade média da primeira experiência sexual foi de 18,2 anos para homens e 19,1 anos para as mulheres. A população de mulheres que mantiveram relações antes dos 21 anos foi de 59% por ocasião da pesquisa, e de 44% dez anos antes.

Pesquisa realizada em 1986 pela Bemfam (Bem-Estar Familiar no Brasil) e divulgada por Donas (1989) em relatório da OPS/OMS revela que, aos 13 anos de idade, 8,2% das meninas brasileiras tiveram sua primeira experiência sexual. Aos 16 anos, esse número eleva-se para 51,8%, e, aos 18 anos, para 77,1%.

A sociedade contemporânea é profundamente contraditória. Estimula precocemente a prática sexual por meio de filmes pornográficos, propagandas insinuantes, prevalecendo a mentalidade de consumo. Ela não oferece a educação necessária para que o indivíduo possa aprender a se defender do que lhe é bom e do que lhe é mau. A mentalidade preventiva ainda está muito longe de ser alcançada em nossa sociedade.

A escolha profissional

Por ocasião da adolescência, o jovem se vê na contingência de ter de escolher uma ocupação profissional. Muitos fatores intervêm nessa definição, quer ela se dirija, diretamente, para uma prática profissional, quer seja orientada para uma formação acadêmica. O jovem está às voltas consigo mesmo, pouco conhecendo de suas aptidões e tendências. Seu contato com os diferentes setores de trabalho ainda é restrito, bem como o são suas possibilidades práticas de desenvolvimento e de realização pessoal, social e econômica.

A opção para uns dependerá de suas condições socioeconômico-culturais, ou da tradição familiar.

Faço uma adaptação dos fatores propostos por Katzenstein (citado por Pfromm Netto, 1977) como os mais comuns e que levam o jovem a erros em sua escolha ocupacional:

a. A decisão é determinada por um único fator: o econômico ou o tradicional. O indivíduo segue a profissão dos pais por questão de facilidade ou por indução familiar.

b. A decisão é tomada por mero acaso ou numa fase circunstancial da vida.

c. O jovem desconhece a profissão escolhida ou a si mesmo e não se avalia ante sua escolha.

d. Quando não se analisam situações particulares em relação a adolescentes superdotados ou que apresentam limitações físicas ou mentais.

e. A existência de dificuldades na dinâmica familiar, imprimindo uma determinada direção na escolha profissional.

f. Ocorrências havidas na vida pregressa do jovem, sua identificação com os pais, características de sua personalidade e identidade sexual também influenciam na escolha profissional.

A escolha ocupacional depende ainda de elementos ligados a fantasias inconscientes e conscientes, à valorização intelectual, idealizações e status social.

Pfromm Netto situa a escolha ocupacional e o ajustamento ao trabalho como elementos constitutivos de um processo de diferenciação e integração sucessivo, e que se desenvolve ao longo da vida do indivíduo. Eles estão intimamente ligados ao processo de identificação.

Nesse período, caracterizado pela possibilidade de experimentações relativamente desprovidas de responsabilidade, o jovem vê-se pressionado a definições para as quais ainda não se sente apto. Escolher um caminho profissional ao redor dos 16 anos é muito angustiante. Não raro tomam decisões impulsivas, não por identificação, mas para se livrarem de uma situação ansiógena, e pela pressão da realidade de nosso sistema educacional. O resultado são decisões intensamente frustrantes, que acabam por comprometer o desenvolvimento do processo de identificação.

Surgem sentimentos depreciativos que afetam a autoestima. Quando prevalece a indefinição e sobrevém a pressão familiar, a situação emocional do adolescente pode se desequilibrar, com aumento de ansiedade e o surgimento de quadros patológicos como fobias, inibição intelectual, insegurança.

Torna-se, portanto, fundamental orientar o adolescente nesse sentido, dando-lhe possibilidades de se conhecer e de conhecer setores profissionais os mais diversos, para que possa vir a se definir de forma adequada ao conjunto de suas aptidões, necessidades e à realidade profissional, incluindo as condições do mercado de trabalho.

Referências

Aberastury, A. et al. (1976). *Adolescencia*. Kargieman, 1976.

Aberastury, A., & Knobel, M. (1971). *La adolescencia normal*. Paidós.

Ajuriaguerra, J. (1974). *Manuel de psychiatrie de l'enfant*. Masson.

Ariès, P. (1981). *História social da criança e da família*. Guanabara Koogan. (Trabalho original publicado em 1973).

Barandier, M. (1976). *O sexo e o adolescente*. Pallas.

Blos, P. (1975). *Psicoanalisis de la adolescencia*. Joaquin Mortiz. (Trabalho original publicado em 1961).

Chipkevitch, E. (1995). *Puberdade e adolescência*. Roca.

Comitê sobre Adolescência do Grupo para Adiantamento da Psiquiatria (EUA). (n.d.). *Dinâmica da adolescência: aspectos biológicos, culturais e psicológicos*.

Donas, S. (1989). *Epidemiologia de la salud del adolescente en Brasil* (Conferência realizada em setembro de 1989). OPS/OMS.

Enciclopédia judaica. (1967). Tradição.

Erikson, E. (1968). Identidade, juventude e crise. Guanabara.

Erikson, E. (1972). *Adolescence et crise: la quête de l'identité*. Flammarion.

Erikson, E. (1973). *Infancia y sociedad*. Paidós.

Erlich, S. R. (1993, 19 de setembro). *Conferência proferida durante o XII Congresso Brasileiro de Neurologia e Psiquiatria Infantil*.

Freud, A., Osterrieth, P. A., & Piaget, J. (1972). *El desarrollo del adolescente*. Paidós.

Freud, S. (1973a). Proyecto de una psicologia para neurólogos. In S. Freud, *Obras completas*. Biblioteca Nueva. (Trabalho original publicado em 1895-1900).

Freud, S. (1973b). La interpretación de los sueños. In S. Freud, *Obras completas*. Biblioteca Nueva. (Trabalho original publicado em 1899).

Freud, S. (1973c). Totem y tabu. In S. Freud, *Obras completas* (Vol. II). Biblioteca Nueva. (Trabalho original publicado em 1912-1913).

Freud, S. (1973d). El malestar en la cultura. In S. Freud, *Obras completas* (Vol. III). Biblioteca Nueva. (Trabalho original publicado em 1930).

Harari, R. et al. (1974). *Teoria y técnica psicológica de comunidades marginales*. Nueva Vision.

Kalina, E. (1976). *Psicoterapia de adolescentes*. Francisco Alves.

Klein, M. (1969). *Psicanálise da criança*. Mestre Jou. (Trabalho original publicado em 1932).

Laplanche, J., & Pontalis, J. B. (1973). *Vocabulaire de la psychanalyse*. Presses Universitaires de France.

Organização Mundial da Saúde (OMS). (1990, março). *Bibliografia número 3: adolescência*. OPS/OMS.

Osório, L. C. (1977). *Abordagens psicoterápicas do adolescente*. Movimento.

Pfromm Netto, S. (1977). *Psicologia da adolescência*. Pioneira.

Reymond-Rivier, B. (1974). *El desarrollo social del niño y del adolescente*. Herder. (Trabalho original publicado em 1965).

Setian, N., Colli, A. S., & Marcondes, E. (1979). *Adolescência*. Sarvier.

Telles, L. F. (1973). *As meninas*. José Olympio.

Tiba, I. (1986). *Puberdade e adolescência: desenvolvimento biopsicossocial*. Ágora.

Winnicott, D. (1975). *O brincar e a realidade*. Imago.

2. Aspectos psicanalíticos do processo de identificação na sociedade atual

O homem sempre buscou inspiração nos deuses e mestres para encontrar seus próprios caminhos. A psicologia nos tem ajudado a perceber que, desde muito cedo, necessitamos do outro para definir nossa própria existência e identidade.

O processo é complexo e dinâmico. Tem início, talvez, em nossos ancestrais, em nossos pais, quando projetam no filho que há de vir aspectos de si mesmos. Assim, ninguém é só aquilo que é. É-se sempre o resultado de uma interação entre os aspectos próprios e os aspectos da relação que se estabelece com o outro e com o meio.

O termo identificação tem um significado amplo na linguagem corrente. Do ponto de vista psicanalítico, ele ocupa posição central em relação ao desenvolvimento, à organização da personalidade e à constituição do ser como indivíduo. Esse processo decorre de um interjogo entre as diversas instâncias psíquicas, e também da inter-relação do sujeito com o objeto.

Na obra de Freud, o processo de identificação é fruto de uma evolução conceitual que se distingue de vários outros mecanismos intrapsíquicos. Nem sempre há entre os autores seguidores de Freud uma unicidade conceitual em torno de mecanismos como imitação, introjeção, incorporação, interiorização, identificação projetiva, empatia, os quais participam do próprio processo de identificação, muitas vezes confundindo-se com ele.

Laplanche e Pontalis (1967) conceituam identificação como "um processo psicológico por meio do qual um indivíduo assimila um aspecto, uma propriedade, um atributo do outro e o transforma, total ou parcialmente, a partir daquele modelo".

Freud (1895/1973a), em seu trabalho "Projeto para uma psicologia para neurólogos", assinalou a importância do primeiro objeto externo como fundamental para o desenvolvimento do aparelho psíquico e da atividade simbólica. Em seus estudos sobre os caminhos tomados pela libido na busca de um objeto, introduz as noções de narcisismo (1914) e, em *Totem e tabu* (1912), a busca de incorporação oral dos objetos.

Posteriormente, em 1915, em *Luto e melancolia*, caracteriza como o indivíduo identifica-se com o objeto perdido. Em *O ego e o id* (Freud, 1923/1973c), ao desenvolver a teoria estrutural ou a segunda tópica, como também é conhecida, afirma que "no princípio, durante a fase oral primitiva da existência do indivíduo, é difícil distinguir a catexia de objeto da identificação", e conclui que o superego "é na realidade o resíduo da primeira catexia de objeto do Id, o herdeiro do complexo de Édipo, após a dissolução deste último".

Melanie Klein (1932/1969) compreende o processo de identificação por um outro prisma. Ela enfatiza a importância dos impulsos pré-genitais. Dá destaque aos aspectos sádicos e à angústia que esses impulsos despertam na introjeção dos primeiros objetos e identificações. Afirma que "o que origina a formação do superego e rege seus primeiros estágios são os impulsos destrutivos e a angústia que despertam".

Ao salientar a importância dos impulsos e do objeto real externo na formação do superego e, portanto, das primeiras identificações, entende Klein (1932/1969) que "as primeiras identificações da criança refletem os objetos de maneira irreal e distorcida", em virtude das distorções perceptivas decorrentes das fantasias inconscientes que povoam a mente infantil.

Grinberg (1976) assinala que os "processos identificatórios produzem mudanças estruturais internas mais profundas que afetam a realidade interna do self e a organização interna do ego e do superego". Esse autor salienta com muita propriedade como a imitação é um passo normal do processo de desenvolvimento e pode tomar parte da identificação, ou ser um componente importante das primeiras identificações infantis, tanto em nível consciente como inconsciente.

Por meio desses autores podem-se observar alguns dos múltiplos vértices que interferem no processo de identificação e que podem ser assim sintetizados: 1) aspectos internos de natureza constitucional; 2) a vida pulsional, suas fantasias correlatas, a relação com o objeto interno; 3) o meio ambiente, por meio da vida de relação com os pais, acrescido da cultura, com seu conjunto de valores e conflitos.

Consequentemente, a identidade como um aspecto da personalidade pode ser compreendida como a resultante de uma multiplicidade de identidades parciais que, como num caleidoscópio, tem seu aspecto invariável e contribui para a formação de diferentes configurações, criando novas imagens à medida que ocorram movimentos no meio circundante ou no meio interno.

O processo de identificação, cuja resultante final é a identidade em seus múltiplos aspectos, será agente modificador da cultura, e sofrerá as consequências dessas mudanças.

Há culturas que favorecem a expressão de certos aspectos da vida pulsional, rejeitados por outra cultura. Assim, o canibalismo dos povos primitivos é hoje rejeitado pela cultura moderna. Entretanto, desenvolveram-se outras formas de canibalismo, como a miséria, ou os vários sistemas de poder que desconsideram as minorias, ou minorias economicamente poderosas que fazem um mau uso social desse poder. Na cultura brasileira está institucionalizada a "Lei de Gerson", de levar vantagem, com o aniquilamento do sentido de existência do próximo.

Pode-se dizer que a cultura moderna, em decorrência de fatores que assinalarei adiante, tem favorecido a liberação de impulsos agressivos e sexuais de maneira direta e nem sempre sublimada. Caminha-se da conquista da individuação para o individualismo. Torna-se necessário um esforço maior e consciente para equilibrar esse jogo de forças, cuja tendência espontânea parece ser caminhar para o caos.

Indago se, nessas circunstâncias, estaria ocorrendo uma tendência a prevalecer o instinto de morte sobre o instinto de vida. A balança estaria pendendo para Tânatos?

A história da humanidade nos tem mostrado que quando o homem caminha numa determinada direção, seja ela considerada positiva, seja negativa, de vida ou de morte, uma força contrária surge (provavelmente fruto do esforço inconsciente e consciente dos seres) para equilibrar os sistemas. Vejo no trabalho de Freud (1920/1973b) *Além do princípio do prazer* uma possível chave explicativa desses enigmas, por meio da teoria da dualidade instintual, entre instintos de vida e de morte.

Os processos de identificação da criança e do adolescente ocorrem a partir de movimentos psíquicos existentes na relação pais/filhos(as), com o(a) último(a) incorporando, desenvolvendo e transformando, buscando alcançar seus próprios modelos, seu modo de ser, pensar e viver. Nisso a cultura se faz presente, quer pelo modelo identificatório dos pais, quer pela ação direta da própria cultura sobre os indivíduos, e em especial sobre as crianças e adolescentes, por estarem num momento de construção das bases de suas identidades. Esse processo estabelece-se dentro de um clima determinado pelos valores impostos pela cultura vigente, que facilita ou inibe a expressão dos movimentos pulsionais de vida e de morte.

A partir desse ponto, pode-se prosseguir a análise do processo de identificação através de pelo menos dois caminhos. O primeiro, observando a relação do indivíduo com ele mesmo, entre seu consciente e o inconsciente. Constatar-se-á a existência de tendências nos indivíduos a usarem mecanismos de defesa como negar ou projetar (colocar no outro, fora de sua pessoa) aqueles afetos ou pensamentos considerados por ele como indesejáveis em sua pessoa, como certas fantasias sexuais e agressivas, de caráter perverso e destrutivo.

O segundo caminho refere-se às mudanças das características da sociedade contemporânea. Observam-se uma liberação dos impulsos tanto amorosos quanto destrutivos e uma dificuldade de encontrar os limites necessários para a existência e a preservação do grupo social.

Tais parâmetros são definidos pela cultura e expressam o ônus da civilização. Parece existir, na atualidade, entre a maioria dos indivíduos, homens e mulheres, um certo estado de perplexidade ante a velocidade das mudanças de valores e a impotência para, isoladamente, mobilizar ações sentidas como construtivas.

É necessário, a meu ver, que o homem aprenda a entrar, e entre, em contato com indicadores que revelem seus impulsos destrutivos inconscientes; caso contrário, a sociedade torna-se apenas o palco de expressão dessas manifestações.

Conferências de paz, campanhas preventivas em seus diversos âmbitos têm por finalidade atenuar o grau de ignorância e estimular a preservação. Porém, são pouco eficazes em ajudar o homem a perceber que a destruição primeira está dentro de si mesmo, como reflexo da pulsão de morte.

É interessante observar o fenômeno relativo à propaganda de cigarros, seguida do lembrete de que o cigarro faz mal à saúde. Não nego a importância da campanha, nem o princípio de igualdade de direitos. O curioso está, a meu ver, no fato de que é dada ênfase ao cigarro como elemento nocivo à saúde (a agressão vem de fora). Mas o que não se percebe ou procura-se negar é o fato de que o indivíduo, na ilusão de encontrar o prazer, acaba por dar vazão aos seus aspectos de morte (autodestruição).

Qualquer coisa pode ser destrutiva, pois depende de como a utilizamos. Amor demais sufoca, e sua falta é insuportável.

A tendência humana é lidar com a coisa (objeto externo), e não como o indivíduo vive a coisa (objeto interno). Isto é, os usos que seus impulsos conscientes e inconscientes fazem da coisa.

Estimula-se, em outras palavras, a busca do prazer, da virilidade, do charme, mas não se fala do impulso destrutivo, às vezes suicida, que o impele a buscar prazer e alívio imediato de tensões. Embora lembrem que o cigarro é nocivo à saúde, o homem busca concomitantemente a satisfação de seus desejos inconscientes e conscientes, carregados de agressividade contra si e contra os outros.

Veja o que ocorre com as campanhas de prevenção contra a aids. Todos somos conscientes do seu perigo, mas não se sabe quantos de nós somos conscientes de nossa autodestrutividade. É possível que, na hora H, dar-se-á preferência ao mais gostoso em prejuízo de uma atitude mais realista. Numa das campanhas publicitárias contra a aids, feita pelo rádio, um médico bastante conhecido entre os jovens do segundo grau em São Paulo assim se dirige a eles: "não seja burro, use camisinha". A comunicação é clara, objetiva e eficiente. Entretanto, o problema que estou focalizando não é de natureza intelectual, mas sim uma tendência humana a não querer enxergar o problema nem querer lidar realisticamente com ele.

As campanhas publicitárias para a venda de produtos tendem a se basear na ilusão, no princípio do prazer, na sedução, na onipotência, no *splitting* em relação à realidade. Prevalece uma relação de objeto parcial (o produto é o melhor, maravilhoso, o mais barato). São utilizadas técnicas que visam estimular mecanismos psíquicos predominantes nos estados primitivos da mente e, dessa forma, tendem a aniquilar a capacidade crítica dos indivíduos.

O conluio está no fato de que somos nós mesmos os realizadores desses propósitos. Somos cúmplices, muitas vezes ignorantes; até aí, o que se há de fazer? Mas, na maioria das vezes, nos deixamos encantar pela linda moça que apresenta o produto, ou pela popularidade representada por algum artista ou atleta, e "esquecemos" de utilizar a percepção, o julgamento, o senso crítico, elementos do processo secundário capazes de gerar frustrações ao nos colocarem diante da percepção da realidade interna e externa.

Pensando em termos do adolescente vivendo sua crise de identidade, portador de um ego com características específicas, ele possui um terreno fértil para sofrer induções, sugestões, pregações de toda natureza, podendo ser utilizado como um "cidadão de papel", na expressão de Dimenstein (1993).

O adolescente pode tornar-se marionete na satisfação de desejos de grupos, em detrimento de um desenvolvimento sadio. Na verdade, esse autor usa essa expressão para se referir ao conceito de cidadania, mais especificamente à "cidadania de papel", como é aquela garantida no papel à criança e ao adolescente em nossa constituição.

Mas a realidade está caracterizada pela "descoberta do desemprego, da falta de escola, da inflação, da migração, da desnutrição, do desrespeito sistemático aos direitos humanos". Diante dessa realidade, como fica o processo de identificação e a identidade de nossos jovens?

A nação, de certa forma, representa a mãe. E se o berço não é esplêndido, que pelo menos seja suficientemente bom; mas, quando a nação não é continente na satisfação das necessidades básicas de seus filhos, o cidadão sente-se como criança abandonada, e sua identidade tende ao caos.

Voltando ao primeiro caminho, a relação do indivíduo com ele mesmo, chamo a atenção para a tendência que existe em negar o apelo à inveja e à sedução, entre outros afetos, quando utilizados como expressões inconscientes da pulsão de morte.

Concordo com Werneck (1991) quando afirma que:

> *a pessoa sentir-se-á tanto mais viva quanto maior a quantidade de impulsos inconscientes com que tenha contato no seu consciente. A dificuldade em estabelecer contato com o sistema inconsciente é devido ao fato de o ódio ser sempre mais intenso que o amor, e, nesse caso, a pessoa ficaria sujeita a ser atacada pelo seu próprio ódio.*

Bion (1966) refere-se ao ódio ao pensamento, pois ele (o pensamento) leva o indivíduo à mudança psíquica. Propiciar a mudança psíquica implica lidar com a frustração, com a dor psíquica, fenômeno que desperta ódio à capacidade de ter pensamentos. Ou, dito de outra forma, significa ter de lidar com os impulsos destrutivos por meio da percepção e do uso das capacidades reparatórias.

Em relação ao segundo caminho proposto, a sociedade e a cultura também são processos dinâmicos e complexos, concomitantes e interatuantes nos processos internos da vida psíquica, marcados por características da evolução de cada época, como tem sido desde os primórdios da civilização, na Idade da Pedra, na Idade do Ferro e na era da Industrialização.

Hoje, as marcas fundamentais estão centradas na velocidade com que ocorrem o desenvolvimento científico-tecnológico e a massividade de informações. Esses dois fatores contribuem para mudanças no conjunto de valores éticos, sociais, morais, crenças e na qualidade das inter-relações.

Em nosso meio, contudo, isso é agravado pela grande discrepância sociocultural e econômica, com elevado índice de miserabilidade, mortalidade, violência, coabitado com a opulência.

Nas sociedades ocidentais complexas e industrializadas, há uma ausência de um conjunto de "símbolos comuns como crenças, valores, acontecimentos, assim como os rituais e mitos que são partilhados por toda a comunidade e ensinados a cada um de seus novos membros durante o processo de socialização", como ressalta Sérvulo Figueira (1991) ao analisar os sonhos nas sociedades primitivas. Esse autor atribui ao processo de complexificação das sociedades ocidentais modernas alguns fatores:

- Gradativa perda do poder político da Igreja.
- A emergência de uma configuração de valores modernos e do individualismo.
- O desenvolvimento de uma sociedade pluralista, que contenha diversos sistemas simbólicos concomitantemente.
- Mudanças das estruturas familiares.
- Progressivo isolamento da família em relação à vida pública, com consequente declínio da sociabilidade.

Acrescento a esses fatores as características do subdesenvolvimento, como a fome e os correlativos dos estados de miserabilidade física, mental, ética, moral, política e econômica, com destaque para a falta de controle da natalidade e a destruição do meio ambiente. Vivemos num estado de "carências múltiplas".

Na sociedade contemporânea, existem novas categorias e realidades complexas nas concepções e relações entre o que é público e o que é privado.

Como consequência desse conjunto de elementos, observa-se uma tendência "à produção de indivíduos progressivamente diferenciados". Há ainda o fato de que o "controle social da consciência na sociedade moderna é comparativamente menor e a definição da identidade é muito mais complexa", conforme nos demonstra Sérvulo Figueira (1991).

Agravam a complexidade do processo de identificação fatos como a rápida evolução dos conhecimentos e da tecnologia, não dando tempo para que a mente humana se familiarize e se adapte aos novos sistemas.

Concomitantemente, desenvolvem-se sistemas, como computadores e videogames, capazes de absorver intensamente as pessoas, sobretudo os jovens, criando situações que permitem uma eternização na relação com o fantástico, com a onipotência, com a violência, levando-os a um estado de alienação de si mesmos e da vida real.

A massividade da comunicação, a liberação indiscriminada do conhecimento, a mudança rápida de costumes e de valores éticos, morais e a interpenetração de culturas diferentes por intermédio de rápidos e eficientes meios de comunicação tendem a saturar o aparelho psíquico. Ante a saturação do aparelho psíquico, este "cede à tentação de um discernimento estético", como expressou Grimsom (1991).

Em outras palavras, cria-se para a mente um estado que tende à confusão, um estado de constante problematização ou, ao contrário, um estado de isolamento defensivo ante as angústias que tal clima pode despertar.

A constante repetição de fenômenos como a Guerra do Golfo, ao vivo pela TV, em que ficção e realidade confundem-se, cria um impacto emocional surpreendente, estarrecedor, que acaba por banalizar a relação vida e morte. Algo que se aproxima, talvez, do conceito de "processo de congelamento afetivo" decorrente da situação de fracasso ambiental referida por Winnicott (1976).

Os noticiários de TV são dessa natureza, capazes de nos levar a reações defensivas inconscientes como indiferença, insensibilidade, negação e perda da indignação. Outra consequência desses impactos emocionais pode ser "produzir um esgotamento afetivo, um borramento perceptual e uma superposição do impactante com o significado, tendendo a desestruturar o pensamento", como afirma Grimsom (1991).

Diante da conjuntura atual da sociedade moderna, o que afeta predominantemente os países subdesenvolvidos é a estrutura educacional. A escola fica defasada em seus recursos para acompanhar o processo de desenvolvimento no sentido formativo e informativo. A ideologia educacional está sujeita e submissa a um poder político e econômico que, consciente ou inconscientemente, leva a um estado de dependência, passividade e submissão.

A consequência é o comprometimento da capacidade de exercitar o pensamento crítico e autocrítico. A submissão e a falta de capacidade crítica, características do subdesenvolvimento, podem fazer parte de uma política preservacionista do *status quo*, na manutenção de uma relação desigual de poderes e de direitos, possíveis sinais de caos e de petrificação da mente humana.

Cassorla (1991) chama a atenção para os riscos que existem na sociedade contemporânea em relação a um predomínio da "Identificação Negativa", conceito empregado por Erikson para caracterizar o indivíduo que se identifica com o objeto caótico, contaminando a capacidade criativa e gerando a desesperança.

Esses fatos representam um perigo para a organização da identidade individual e suas repercussões na interação com a sociedade:

> *nesses casos, o indivíduo, o grupo, a sociedade, a nação podem perder a esperança na sua capacidade de conter esses elementos dentro de uma identidade positiva; desperta-se um ódio, uma angústia, pois perde-se a perspectiva de uma identidade garantida. Tal estado potencial é*

> *facilmente explorado por líderes psicóticos, que se tornam os modelos predestinados para uma súbita rendição ante doutrinas e dogmas totalitários, em que a identidade negativa torna-se dominante. (Erikson, 1968)*

Na cultura brasileira contemporânea, há ainda a marca da miséria, das atitudes psicotizantes dos governantes, do desrespeito aos direitos humanos, das crises econômico-político-institucionais, que contribuem para que o continente familiar e a nação, em suas funções continente e modelar no processo de identificação da sociedade e, principalmente, da juventude, fiquem comprometidos. Os próprios pais dos adolescentes sentem-se ambivalentes e inseguros, temerosos na orientação de seus filhos, mobilizados que estão mais pelo medo do que pela experiência.

Para Dimenstein (1991), boa parte do atraso brasileiro deve-se "à falta do exercício de cidadania", em que as pessoas "não estão acostumadas a reclamar seus direitos com a devida ira cívica", podendo essa falta tornar-se um traço característico da identidade nacional e individual, assim como o "jeitinho" brasileiro. O autor citado afirma que "o Brasil produz famintos não porque tenha faltado dinheiro para o investimento agrícola, mas porque as autoridades não são devidamente cobradas e punidas .... A acomodação é um dos traços mais marcantes do comportamento subdesenvolvido".

Coloco a seguir em evidência algumas notícias de jornal que retratam aspectos do cotidiano social em que vivemos e que, direta ou indiretamente, repercutem no processo de identificação de nossa juventude, gerando insegurança e perda do sentimento de esperança.

a. "Se não houver a reorganização e revalorização do ensino, haverá o caos social no país" (Ronca, 1991). Este prognóstico sinistro foi apresentado durante a Semana de Educação com vistas ao próximo milênio (*Folha de S.Paulo*, 24 de agosto de 1991). Em outubro de 1993, presenciamos os professores da rede pública em greve por dois meses, reivindicando não somente melhores condições salariais, mas também reconhecimento profissional. Não será preciso esperar até o próximo milênio para vivermos o caos. Qual será o futuro desses mestres? E, ainda mais, qual será o futuro de uma juventude com escolas só no papel, ou formada de prédios vazios? E a nação?

b. "Polícia prende 520 crianças em Minas Gerais" (*Folha de S.Paulo*, 24 de agosto de 1991). Esse foi o recurso utilizado por um *juiz* (autoridade representativa do Estado, portanto representante dos modelos identificatórios da nação) daquele estado, que se valeu de um aparato policial (defensores dos direitos de cidadania, representantes teóricos de um superego protetor) composto de *quinhentos homens*, para resolver "à la Rambo" alguns dos problemas cruciais da sociedade brasileira: miséria, elevado índice de natalidade, doenças, desvalorização da vida.

Há na atualidade uma ideologia circulante que advoga ser melhor matar um menino de rua hoje do que perturbar a sociedade com mais um marginal amanhã. O massacre dos meninos na Candelária, no Rio de Janeiro, em 1993, atesta a existência de novos adeptos dessa ideologia, numa cidade brasileira cuja "violência é endêmica" (*Folha de S.Paulo*, 26 de junho de 1991). São os grupos de extermínio de crianças, organizados para preservar o bem-estar da sociedade civilizada brasileira. É a hipocrisia, a desfaçatez social das autoridades constituídas servindo como modelo identificatório em uma sociedade em decadência.

O processo de identificação da criança e do adolescente na sociedade contemporânea é complexo, e provavelmente mais ansiógeno do que em outras épocas.

O adolescente, dentro de seu processo normal, passa por uma desidentificação de seus objetos e valores oriundos da infância, como também necessita se desidentificar do objeto cultural intrafamiliar para poder se reidentificar com novos objetos descobertos fora daquela cultura. Esse processo é concomitantemente doloroso, culposo e atraente. Observa-se no cotidiano, nos grupos de contestação, nas músicas, vestuários, hábitos, manifestações que podem ser equiparadas a uma destruição da cultura anterior para modernizá-la com novos valores.

Os pais, primeiros objetos identificatórios a serem introjetados, encontram-se desorientados, e até mesmo perplexos, ante as mudanças que a cultura atual oferece. Vivem momentos em que seu estado emocional assemelha-se ao do adolescente, facilitado pelas contradições oferecidas pela cultura. As notícias anteriormente referidas já passam a fazer parte da cultura, do cotidiano. As atitudes familiares tendem a ser defensivas, de identificação com o agressor, e não de transformação. Há um sentimento consciente e inconsciente de impotência, que contribui para exacerbar um egoísmo defensivo, o qual leva ao isolamento e ao individualismo, fragmentando a possibilidade de integração social.

Paralelamente, vive-se outra série de mudanças, decorrentes de transformações e evoluções da sociedade, caracterizadas pela mudança do papel da mulher na sociedade; transformações nas relações de autoridade, podendo a liberdade alcançar níveis de permissividade. Inúmeros outros fatores ligados à tecnologia e à massividade das informações, às transformações ideológicas e da geografia política dos povos têm repercutido sobre os sistemas de valores sociais e individuais.

A criança e o adolescente, ávidos de vida e de prazeres, enfrentam a realidade de seus mundos interno e externo. É a partir dessas relações que eles organizam suas experiências emocionais. Essas experiências contribuem na construção de suas identidades, por meio de múltiplas identificações parciais. Durante o processo específico de identificação do adolescente (a ser desenvolvido no próximo capítulo), período vulnerável do desenvolvimento evolutivo no qual a identidade do indivíduo encontra-se em crise, o adolescente é altamente suscetível à incorporação de novos objetos de investimento afetivo, incluindo-se a incorporação do objeto caótico.

Se a sociedade, por suas características, é pouco continente, instável em seus valores e pobre em alternativas a oferecer nessa busca de uma identidade mais madura, há grande risco de lesar e deixar profundas cicatrizes na personalidade desses jovens, com consequências para toda a sociedade, muitas delas de caráter irreversível.

Verifica-se na sociedade contemporânea que o diálogo nem sempre é eficiente, apesar de ser o melhor dos métodos disponíveis, e a tomada de decisões pode ser angustiante pela complexidade e contradição dos valores. Há um clima de maior liberdade na sociedade atual; entretanto, ele se acompanha de maiores incertezas e inseguranças.

É difícil prognosticar o futuro de nossa juventude, mas parece-me ser preciso acreditar que o homem tem dentro de si pulsões de vida e de morte. E que muitas vezes ele precisa chegar próximo ao caos, ou mesmo vivê-lo, para descobrir que sua destrutividade existe.

Surpreendentemente, na maioria das vezes, surgem mecanismos equilibradores, por meio do amor, da esperança ou da fé, seja lá qual for o vértice mental prevalente, religioso, político, social ou econômico. Dentro de uma visão metapsicológica do homem, há a possibilidade de emergirem mecanismos preservadores da vida, os quais tendem a equilibrar os sistemas. A possibilidade de uma vida criativa, construtiva, está na dependência do predomínio da pulsão de vida. Quando prevalece a pulsão de morte, predominam as ansiedades persecutórias, com a consequente estagnação e enfraquecimento do desenvolvimento egoico, favorecendo atuações liberadoras, ações de descarga e não de pensamento, expressando a supremacia dos processos primários sobre os secundários. Fenômenos que comprometem um pleno desenvolvimento do processo de identificação.

A psicologia oriental, por exemplo o *I Ching*, antes do surgimento de Freud, já mostrava a tendência espontânea do universo em buscar um sistema de equilíbrio, o qual pode ser reproduzido na compreensão da mente humana.

Pode-se tomar como exemplo o movimento mundial de proteção ecológica, que expressa muito mais do que um movimento de proteção ambiental. É um movimento de proteção à vida. Entretanto, é preciso encontrar o ponto de equilíbrio desejável para não cair num estado maníaco, de negação da realidade. Isto é, passar a preservar especialmente a natureza, em detrimento das necessidades básicas da pessoa humana. Hoje, matar um animal em extinção no Brasil é crime inafiançável, enquanto massacres (Carandiru, Candelária, Vigário Geral, CPI do Orçamento da União, todos em 1993) permanecem impunes. Pode-se dizer que a sociedade tem fortes manifestações de um estado maníaco, de negação da realidade, equiparando-se a certos estados psicóticos da personalidade. Não é difícil cairmos numa inversão de valores, a qual poderá ser interpretada, num de seus vértices, como uma nova manifestação da pulsão de morte.

Penso que Freud (1920/1973b) tinha razão quando apresentou sua teoria da dualidade instintual em *Além do princípio do prazer*. É possível que o homem, ao identificar, consciente ou inconscientemente, sua destrutividade, individual ou coletiva, projetada na sociedade ou em seu próprio corpo, dá a si e à sociedade uma oportunidade de perpetuar sua existência. A partir de sua tomada de consciência, ou inconscientemente, pode desenvolver mecanismos adaptativos que atenuem ou sublimem a ação dessas forças poderosas representadas por inveja, sedução, arrogância, onipotência, com as quais as religiões, os cientistas, os psicanalistas vêm tentando lidar. Talvez os artistas, como nos sonhos, sejam aqueles que, com suas produções, melhor conseguem manifestar essa dualidade, base fundamental do processo de identificação.

Referências

Bion, W. R. (1966). *Volviendo a pensar*. Paidós.

Cassorla, R. M. S. (1991, novembro). A identidade psicológica e a sociedade moderna: uma complicação? *Jornada da Sociedade de Psicoterapia Analítica de Grupo.*

Dimenstein, G. (1991, 6 de julho). Médicos, políticos e crimes. *Folha de S.Paulo* (caderno 1, p. 1).

Dimenstein, G. (1993). *O cidadão de papel: a infância, a adolescência e os direitos humanos*. Ática.

Erikson, E. (1968). *Identidade, juventude e crise*. Guanabara.

Figueira, S. A. (1991). *Nos bastidores da psicanálise: sobre política, história, estrutura e dinâmica do campo psicanalítico*. Imago.

Folha de S.Paulo. Notícias extraídas do jornal. 26/6/91 e 24/8/91.

Freud, S. (1973a). Proyecto de una psicologia para neurólogos. In S. Freud, *Obras completas* (Vol. 1). Biblioteca Nueva. (Trabalho original publicado em 1895).

Freud, S. (1973b). Mas alla del principio del placer. In S. Freud, *Obras completas* (Vol. 3). Biblioteca Nueva. (Original publicado em 1920).

Freud, S. (1973c). El yo y el ello. In S. Freud, *Obras completas* (Vol. 3). Biblioteca Nueva. (Trabalho original publicado em 1923).

Grimsom, W. R. (1991, 24-27 de julho). Educación y realidad social. *Encuentro Internacional de Psiquiatria de la Adolescencia, promovido pela FEPA.*

Grinberg, L. (1976). *Teoria de la identificación*. Paidós.

Klein, M. (1969). *Psicanálise da criança*. Mestre Jou. (Trabalho original publicado em 1932).

Knobel, M. (1962, janeiro-dezembro). Psicologia de la adolescencia. *Revista de la Universidad Nacional de La Plata.*

Laplanche, J., & Pontalis, J. B. (1967). *Vocabulaire de la psychanalyse*. Presses Universitaires de France.

Ronca, P. A. C. (1991, 24 de agosto). Entrevista. *Folha de S.Paulo* (caderno 4, p. 4).

Werneck, L. (1991, 30 de maio a 2 de junho). Mudança psíquica: instinto de vida e de morte. *XIII Congresso Brasileiro de Psicanálise*.

Winnicott, D. W. (1976). *The maturational process and the facilitating environment*. The Hogart Press/The Institute of Psychoanalysis.

3. O processo de identificação do adolescente à luz da psicanálise contemporânea

Não consigo enxergar saídas
Todas as portas parecem estar fechadas
Não consigo ficar encarcerada
Quero e quero muito estar num lugar como mar de rosas
Onde as rosas exalem um perfume agradável e
não fétido como o que sinto neste lugar.
Que a escuridão deste mundo seja substituída
por uma claridade pura nos meus olhos
Para que eu possa enxergar um local menos
podre, sujo, imundo como esse!
Que o meu ser encontre a liberdade, a paz que eu tanto procuro
Sei que Deus iluminará meus passos, concedendo-
me aquilo que tanto anseio: PAZ.

Alessandra (18 anos)

Quero ser médico, mas não gosto de estudar e não suporto biologia.

Fábio (17 anos)

Pensei em desenvolver este capítulo de forma clássica, conceituando adolescência, identidade, processo de identificação. Poderia descrever a compreensão psicanalítica desses fenômenos dentro do *continuum* evolutivo que a psicanálise possibilita compreender do desenvolvimento psicossexual, desde o final do período de latência à resolução da adolescência. Entretanto, optei por contar passagens da vida de alguns jovens como Cláudia, entre Alessandras, Fábios e Robertos, para caracterizar aspectos do processo de identificação do adolescente.

A poesia de Alessandra é reveladora de um estado mental depressivo pelo qual passam muitos adolescentes em momentos críticos do seu desenvolvimento. O diagnóstico diferencial entre a normalidade e a patologia pode ser difícil. A compreensão dos fenômenos clínicos emergentes depende da compreensão da estrutura, da dinâmica e da economia psíquica subjacentes. A transparência de sua sensibilidade poética é reveladora de uma realidade interna angustiante. O ego fragilizado sinaliza a desesperança capaz de resultar em atuações autodestrutivas.

Suas palavras expressam desejos conscientes e inconscientes de impotência e fuga de uma realidade vivenciada como insuportável diante de contínuas frustrações: "Todas as portas parecem estar fechadas". Alessandra está à beira do abismo. Referenciais internos idealizados e infantis – "Quero e quero muito estar num lugar como mar de rosas" – conduzem-na a atitudes radicais.

Encruzilhadas de desejos, mistérios, desafios e descobertas, carência de experiências, conflitos entre partes do seu mundo subjetivo e a realidade exterior, condições inerentes à adolescência levam-na a sentir que seu mundo é fétido e escuro. Anseia encontrar outro mundo idealizado refletido em suas palavras: "que a escuridão deste mundo seja substituída por uma claridade pura nos meus olhos". Esquece-se ou desconhece, porém, que a claridade pura, se for intensa, também pode cegar.

A essa situação complexa acrescem-se questões inerentes à dinâmica familiar que se transforma com a adolescência dos filhos, coincidindo com a segunda adolescência dos pais, a "envelhescência". Não raro, o jovem pode ser sujeito, objeto ou simplesmente o emergente de conflitos familiares que ampliam a complexidade do processo evolutivo.

Essa poesia, escrita num momento crucial da vida de Alessandra, é reveladora de um estado mental pouco flexível, determinista, autoritário. Impossibilitada de suportar o conjunto de sentimentos e desejos contraditórios, defende-se das angústias cindindo a percepção das realidades interna e externa. Em consequência, não consegue vislumbrar esperança, "não consigo enxergar saída". O elevado grau de radicalismo, de idealização, negação da realidade leva-a a querer "muito estar num lugar como mar de rosas", perfumado e isento de aspectos negativos e frustrantes. Seu mundo subjetivo está dominado por uma visão parcial do universo afetivo.

Ao buscar um mundo radicalmente idealizado, Alessandra não se dá conta de que está criando uma armadilha para si, não enxergando saídas. Esses são movimentos inconscientes. Provavelmente todas as saídas contêm algum elemento frustrante com o qual ela não quer lidar ou acredita não poder suportar.

Alessandra é muito inteligente e sensível para expressar aspectos parciais de seu mundo interior, mas está muito distante de poder estabelecer maior integração entre seus sentimentos antagônicos. Não encontra maneira de incorporá-los ao seu eu, transformá-los em afetos, em elementos simbólicos. Parece sentir-se inviabilizada para se aliviar da angústia e recuperar a autoestima. Só lhe resta como saída refugiar-se lá onde presume que haja paz.

Pressionada pela vida pulsional, desejos eróticos e agressivos mesclam-se nas redescobertas da vida objetiva e de suas potencialidades físicas, psicológicas, intelectuais, afetivas e sociais. Quer se libertar de si mesma, de sua dependência infantil, dos pais da infância, reestruturar seu mundo subjetivo.

É a luta entre o bem e o mal que a humanidade vive. No adolescente, ela emerge com o vigor da juventude e com a severidade de um superego ora protetor ora vingativo, ameaçado pela criatividade emergente. Winnicott (1975), em "A criatividade e suas origens", capítulo de *O brincar e a realidade*, afirma que é a criatividade que dá "o colorido de toda a atitude em relação à realidade externa", e que é por meio da "apercepção criativa" que o indivíduo sente que a vida é digna de ser vivida. A cisão na qual Alessandra está imersa impede-a de discriminar os elementos positivos e construtivos do seu ser, buscando pureza e paz num mundo idealizado que supõe encontrar na morte.

Alessandra queria conhecer a vida, mas temia seus impulsos sexuais, agressivos e as frustrações que acompanham as experiências emocionais.

Seus próprios versos, três e cinco anos mais tarde, revelam, novamente com transparência e autenticidade, a evolução estrutural, dinâmica e econômica de sua atividade mental profunda.

Integração, senso de realidade, predomínio da posição depressiva, maior percepção da realidade interna e exterior refletem o reencontro do eixo interior em torno do qual circundam e se mesclam seus afetos. Adquire consciência de seus limites pessoais sem que isso deturpe sua autoimagem e sem demolir a esperança, centelha da vida.

A passagem do tempo (aos 21 e 23 anos) revela a consistência das novas aquisições de Alessandra quanto à maneira de lidar com suas fantasias, aumento da capacidade para suportar frustrações, melhor manejo da agressividade, adequação dos mecanismos defensivos do ego, maior tolerância superegoica. É nítida sua disponibilidade para lidar com os próprios limites na manutenção de estados de equilíbrio e coerência internos entre seus aspectos construtivos, destrutivos e criativos.

Um dia eu acordei
desejando abraçar o mundo e seus problemas,
mas não consegui.
Um dia eu acordei
desejando eliminar todas as minhas dúvidas,
mas não consegui.
Um dia eu acordei
desejando que meu amor não partisse,
mas ele partiu.
Um dia eu acordei,
simplesmente acordei,
e consegui SER... FELIZ.
Alessandra (21 anos)

ESPERANÇA
A esperança é algo de mais maravilhoso
na vida de um homem.
Ter esperança é ter vida, é ter amor;
Ter esperança é querer esperar pelo amanhã,
é poder vislumbrar mil portas abertas;
é poder sonhar novamente com verdes campos,
com dias de sol e paixão.
É deixar-se irradiar interiormente pela
magnitude da vida;
é poder retirar das profundezas da alma
a força para a luta, conquista e, ao fim,
poder enxergar a vitória.
Alessandra, 23 anos

Cláudia é uma garota que acaba de completar 13 anos. Ela está vivendo a turbulência característica desse período. Cláudia não representa a maioria dos adolescentes brasileiros, pois tem o privilégio de pertencer socialmente à classe média, não passa fome, tem família, frequenta escola. Isto é, possui as mínimas condições necessárias para alcançar níveis adequados de desenvolvimento físico e mental.

Tive a oportunidade de conhecê-la logo após a morte de uma amiga e a sucessão de notas baixas na escola. Esse período culminou com a ingestão de comprimidos para dormir (usados ocasionalmente pela mãe) e bebida alcoólica. Cláudia acreditava não querer se matar. Estava confusa, com muito medo da reação de seus pais ante as suas notas. Estava sofrendo muito e queria paz. Não sabia por que agia assim: "eu queria simplesmente dormir, esquecer tudo".

Cláudia teve uma infância aparentemente feliz, dentro de uma família estável e bem estruturada. Os pais consideram-se liberais e abertos ao diálogo.

A mãe se define como pessoa de personalidade forte, marcante, objetiva. É muito bonita, ansiosa, competitiva com sua filha e está tolerando mal a luta de Cláudia por emancipação. Teme pelo comportamento arrojado e pouco consequente da filha, relacionado aos seus padrões de comportamento. Está perdendo o controle sobre a garota e sente que isso lhe faz muito mal.

O pai, de aspecto atlético, apresenta-se como mais tolerante. Ele sugere que talvez não estejam sendo capazes de acompanhar o ritmo de crescimento da filha. Ora tratam-na como criança; ora esperam dela "um comportamento mais adequado ao seu tamanho: pôr ordem no quarto, dormir na hora combinada, conversar com as amizades sugeridas pelos pais, não brigar com os irmãos, pois já é grande".

De fato, Cláudia é alta para seus 13 anos. Tem 1,70m de altura. Sua menarca ocorreu há um ano. É uma linda jovem, esbelta e sensual. Seu rosto confunde inocência e sedução. Ela se diz atrapalhada com seus comportamentos oscilantes entre o súbito desejo de brincar com bonecas e a força da paixão. Com as bonecas, brinca às escondidas. Receia não ser adequado para a sua idade. Entretanto, quando tomada pela paixão, sente-se excitada ao se imaginar ao lado de alguém.

Sua melhor amiga tem um namorado, e Cláudia está sempre junto deles. Ela se justifica: "gosto da minha amiga, mas talvez eu também goste dele. É tudo muito confuso".

Conta-me que há momentos nos quais "tem muita vontade de fazer coisas erradas". Sabe que se os pais souberem ficarão chateados, mas "há algo dentro de mim que basta meus pais me dizerem não que eu faço, e acho que não me arrependo".

Rivaliza frequentemente com a mãe: "ela pega muito no meu pé! Onde você foi, por que demorou?". Ao mesmo tempo que se mostra independente, autossuficiente, admite ser desordeira. Deixa tudo espalhado pela casa: o tênis fica na sala, as meias no meio do caminho, o agasalho jogado sobre uma cadeira e os livros na mesa da cozinha.

Vive momentos explosivos, às vezes sem motivo aparente, e outros muito carinhosos. As roupas da mãe são utilizadas como se fossem suas. Mas basta a mãe se arrumar para Cláudia ter de encontrar algum defeito ou algo para criticar.

As tentativas de diálogo no sentido convencional nem sempre são possíveis e tendem a se degenerar em discussões nas quais cada uma busca defender seus pontos de vista, esperando da outra algo que a outra não é. Nos últimos meses tem estado mais impulsiva, inquieta e instável quanto ao seu humor. Chora com mais facilidade, assim como dá boas risadas.

Cláudia é descontraída, de fácil contato. Tem senso crítico, mas age com aparente desprezo em relação a muitas de suas condutas. Diz ser indiferente a julgamentos que poderão fazer de si: "estou pouco me lixando se me pegarem cabulando aula", assim se expressa enquanto levanta os ombros em sinal de menosprezo.

Os pais de Cláudia descrevem suas próprias adolescências, como enfrentaram seus próprios pais para conquistar novos espaços e experiências. Enfatizam a intensidade das reações de Cláudia, tanto as hostis quanto a forma como luta e defende seus interesses, ou as artimanhas que faz para alcançar seus objetivos.

Não nos deteremos na análise das vicissitudes específicas do desenvolvimento dessa jovem, mas Cláudia nos dá a oportunidade de conhecermos muitos dos mecanismos pelos quais passam todos os que atravessam esse complexo e rico período da vida, pleno de transformações biológicas, psicológicas e sociais.

A história de Cláudia e a observação oriunda da relação psicanalítica permitem fazer considerações, a partir das manifestações relacionais, mais especificamente no nível transferencial-contratransferencial, a respeito da evolução dos movimentos pulsionais, das relações de objeto interno e mundo exterior, da organização estrutural que envolve o self e suas relações narcísicas, do ego e do superego.

Esse conjunto de fatores interage na organização, na formação e na expansão do sentimento de ser e de conhecer. Eles são elementos coparticipantes do processo de identificação.

Utilizando-se de uma expressão de Erikson (1960/1973), epigênese, pode-se dizer que a busca de uma identidade se faz por um processo contínuo, caracterizado por etapas críticas do desenvolvimento, que se organizam de forma dinâmica. Essas etapas servem de substrato para a organização de novos níveis de desenvolvimento e função.

Progressões e regressões ocorrem durante esse processo evolutivo, assim como períodos críticos que possibilitam a emergência de novas atitudes e relações inter e intrapsíquicas, as quais dão lugar a um processo mental dinâmico e criativo.

A experiência emocional vivida no desenrolar desse processo, quando incorporada à personalidade, fertiliza a expansão do ser e do conhecer. Abre as portas para a vida criativa, não só ligada ao sensorial, mas estimulada por este no encontro com o não sensorial, expandindo, assim, a capacidade de sentir, pensar, optar e agir.

O processo de identificação do adolescente está intimamente ligado à organização do aparelho psíquico primitivo e às suas etapas subsequentes, durante a infância, com ênfase à revivescência do conflito edipiano precoce, segundo a teoria kleiniana, e posterior, como descrito por Freud.

A crise de identidade do adolescente decorre, *grosso modo*, como duas forças que se antagonizam: uma impulsionando-o para a vida adulta, e outra atraindo-o para "os privilégios" ou características da vida infantil. Diz-se que o adolescente deseja manter os privilégios da vida infantil e adquirir os da vida adulta sem ter de arcar com as suas consequências.

Essa força que o impulsiona para a vida adulta está intimamente ligada à emergência da sexualidade adulta, associada à capacidade reprodutora, bem como à reorganização egoica e do sistema de valores. Nessa luta para ajustar-se às transformações originárias dessa revolução biopsicossocial, inerentes à puberdade e à fase inicial da adolescência, emerge um conjunto de mecanismos característicos da infância, e principalmente daqueles que representam os estados primitivos da mente.

Estou chamando de estados primitivos da mente o conjunto de manifestações psíquicas que caracterizam a estrutura do self primitivo quanto aos seus aspectos narcísicos e sua capacidade de integração no desenvolvimento dos núcleos egoicos.

Prevalecem, nesse período, as relações de objeto parcial, no qual self e objeto apresentam-se indiferenciados. Essa fase antecede o desenvolvimento da representação simbólica, quando as ansiedades de natureza catastrófica e defesas primitivas, como identificações adesivas e identificações projetivas, são intensas.

Não me estenderei no estudo das características da mente primitiva, mas desejo salientar alguns conceitos que contribuem para uma melhor compreensão do processo de identificação do adolescente, em suas várias etapas. Estas envolvem o estudo do narcisismo, da relação self/objeto primitiva e dos primórdios da organização egoica.

Inicialmente, abordarei as características emocionais do final do período de latência e entrada na adolescência, de modo a municiar-me de elementos que possam ser identificados clinicamente pelas manifestações apresentadas por Cláudia.

Posteriormente, tomarei como pontos de referência as ideias de Freud, Aberastury e Knobel, Mahler, Bleger e elementos da teoria do self (Kohut, Storolow, Kernberg, entre outros), que, a meu ver, oferecem importantes contribuições para a compreensão dos movimentos psíquicos dessa etapa do desenvolvimento emocional.

Final do período de latência – Puberdade – Início da adolescência

As diferenças psíquicas existentes entre o final do período de latência e a eclosão da puberdade representam um contraste extraordinário. Freud (1905/1973a), nos *Três ensaios sobre a teoria da sexualidade*, descreveu o período de latência, o qual se caracteriza por uma quase total cisão entre os interesses e as fantasias ligados à sexualidade e os interesses egoicos voltados para a vida social e intelectual.

Há nessa fase uma ampliação do campo de interesses ligados à vida de relação, como valores éticos, morais, sociais, questões técnicas e estéticas.

Uma discriminação bastante evidente ocorre entre as atividades e os interesses das meninas e dos meninos. Intensos mecanismos de recalque e defesas de caráter obsessivo emergem ante conflitos primitivos até então não suficientemente elaborados pelo ego. Graças a esses mecanismos de defesa do ego, produz-se um aumento da tolerância à tensão, com maior liberação do ego para o desenvolvimento da aprendizagem e organização da vida ante a realidade objetiva.

A superação satisfatória dos conflitos edipianos possibilita a sublimação dos impulsos sexuais, transformando as relações primitivas estabelecidas com os objetos externos e internos em aspectos de sua identidade. O ego e os ideais do ego trabalham em sintonia.

Amaral (1967) salienta que, durante a latência, ocorre elaboração de angústias persecutórias e depressivas, resultando dessas atividades psíquicas certo desenvolvimento do ego.

> *Os mecanismos reativos de vergonha, nojo, medo, escrúpulo excessivo e limpeza exagerada ativam-se no sentido da luta defensiva contra a masturbação e contra a sexualidade dos adultos, que é abominada. Nessa luta defensiva, a cisão é reforçada, consolidam-se as figuras idealizadas e as denegridas.*

Mais adiante: "O mecanismo obsessivo de controle onipotente não se exerce só em relação à sexualidade, mas atinge uma esfera mais ampla. Assim tudo o que implica diferença é profundamente acentuado, mediando um abismo quase intransponível, por exemplo, entre o real e o imaginário, o corpo e a mente, adulto e criança, feminino e masculino, idealizado e persecutório. Os aspectos diferentes são considerados antagônicos e rigidamente mantidos afastados."

Nesse clima, a vida psíquica do menino ou da menina fortalece-se nos seus aspectos racional e intelectual, e sofre alterações no sentido da fantasia. As fantasias ligadas aos pais como objeto de interesse são recalcadas, e o imaginário desenvolve-se em relação ao homem fantástico e ao homem máquina, às comunicações interplanetárias, aos acontecimentos extra-humanos; o homem admirado é o homem-tocha, o invencível, o invulnerável. Os sentimentos de ternura, de carinho, são substituídos pelo ideal de insensibilidade, de superação dos sentimentos que causam dor.

O interesse quase que exclusivo do menino ou da menina no período de latência pelos da mesma idade e pelas aventuras extraordinárias favorece o afastamento em relação ao adulto. O adulto é mantido a distância, sob reserva. Controlando a realidade externa, evita estímulos eróticos, e as possíveis frustrações são contornadas.

No mundo interno, os pais são mantidos separados e onipotentemente controlados. Recalcando a fantasia dos pais sadicamente unidos, surgem as fantasias dos pais dessexualizados, que são elemento perturbador, pois são concebidos como ultraexigentes e estão continuamente exigindo trabalho, aprendizado, realizações, apenas para o seu engrandecimento, sem a menor consideração para com os filhos. Esses pais internos devem ser aplacados, e são sentidos como verdadeiros monstros na sua insaciabilidade ilimitada.

Concomitantemente a esses processos intrínsecos da atividade psíquica ocorre um maior desenvolvimento das capacidades físicas e mentais. O ego, estando fortalecido, permite ao menino e à menina maior independência do ambiente e melhor desempenho das funções psíquicas reguladoras. É um período de maior estabilidade emocional.

No final do período de latência, manifestações psíquicas da puberdade muitas vezes já podem ser percebidas em nível pré-consciente e inconsciente, por meio de projeções observáveis nos desenhos, nas dramatizações, ou por meio de *acting outs* precedendo as transformações somáticas. Por exemplo, meninas de 9-10 anos que ainda não apresentam em nível clínico-orgânico nenhum sinal da puberdade e que em seus desenhos expressam ansiedades relacionadas à menstruação (sangramentos, ferimentos) permitem supor que há um conhecimento inconsciente ou pré-consciente de que a menarca está prestes a acontecer. Outras vezes dá-se o contrário: o desenvolvimento egoico é mais lento em relação ao súbito e intenso desenvolvimento corporal ponderoestatural e ao desenvolvimento dos caracteres sexuais primários e secundários.

O desenvolvimento egoico pode se caracterizar por um incremento das defesas obsessivas e do recalcamento como uma tentativa inconsciente de prolongar a permanência no período de latência. O ego também pode sofrer uma regressão defensiva ante as angústias emergentes dessas transformações abruptas e incontroláveis, decorrentes das pressões instintuais agressivas, destrutivas e sexuais.

Nesse período são frequentes jogos de natureza homossexual, ocorrendo uma separação espontânea nas atividades entre meninos e meninas, organizando os populares clubes "do Bolinha e da Luluzinha". Há nas atividades um sentido masturbatório e exibicionista, refletindo o início da aprendizagem de sua identidade genital.

Lebovici e Soulé (1972) afirmam que, no período pré-adolescente, os sonhos diurnos são frequentes, têm caráter masturbatório e se organizam em níveis pré-conscientes. A força da repressão, não do recalcamento, os impede de sua expressão mais direta. Tais sonhos diurnos caracterizam-se por serem muito elaborados e distantes da relação das pulsões que os organizam. Possuem um forte conteúdo sadomasoquista. São reveladores de um estado de interpenetração das pulsões agressivas, destrutivas e libidinais, à semelhança do que ocorre com as pulsões indiferenciadas do bebê.

Na puberdade, as pulsões emergem, invadem o ego, que é insuficiente para administrá-las, causando um transbordamento de afetos e atitudes comportamentais que serão mais ou menos controladas pela ação superegoica. O superego, por sua vez, ainda não introjetou novos modelos identificatórios, adultos, capazes de possibilitar um equilíbrio egoico satisfatório. O jovem quer ser adulto, mas ainda não sabe como sê-lo.

Durante o período de latência, "o ego e o superego estão perseguindo um fim comum: lograr uma adaptação ao ambiente, adotando ideais do ego pertencentes a esse ambiente" (Klein, 1969).

Na puberdade, essa harmonia entre ideais do ego e o ambiente é rompida. Surge um caráter de urgência instintual, que, por um lado, determina o fim do período de latência e, por outro, graças ao incremento das tensões pulsionais e em consequência às perturbações nas relações entre o ego e o superego, faz com que ressurjam aspectos da pré-genitalidade. A busca de uma identidade adulta – sexual, cognitiva e social – desorganiza o equilíbrio dessa relação entre o ego e o superego, criando uma extensa área de conflitos.

No início da adolescência, qualquer estímulo pode se transformar em sexual, no sentido de aumento da excitabilidade, sem que o estímulo esteja obrigatoriamente vinculado a uma erotização. Situações geradoras de ansiedade, expectativa, medo ou valentia podem elevar o nível de tensão e conduzir à ereção ou polução diurna, que se tornam meios de descarga de catexias. Nesse período, há uma fase de afastamento dos objetos amorosos da infância, até o surgimento de uma nova fase, na qual emerge a erotização. Há então o início de um período de fantasias masturbatórias e a busca de novos objetos de investimento amoroso e sexual.

Os primeiros novos objetos de investimento amoroso e sexual são geralmente os amigos do mesmo sexo. São os fiéis companheiros, com os quais mantém as mais íntimas confidências e relações. Tais companheiros(as) representam algo narcísico, mais próximo de um objeto idealizado de si mesmo e projetado no(a) companheiro(a). Não há nesse momento uma nítida definição da identidade sexual, como um sentimento de definição de gênero, isto é, de masculino ou de feminino, ainda que conscientemente não existam dúvidas quanto ao sexo anatômico.

É muito comum, ao redor dos 13-14 anos, o jovem temer ser considerado "bicha", homossexual, pelos seus companheiros, devido a uma ligação mais intensa com algum amigo do mesmo sexo. Teme deixar transparecer algum aspecto feminino de sua personalidade, como sua sensibilidade artística ou estética. As contrarreações machistas são habituais como mecanismos defensivos ante a escolha narcísica do objeto de investimento amoroso e sexual. Nessa fase, a fixação poderá levar a atitudes latentes ou manifestas da homossexualidade. Processos semelhantes também podem ser observados entre as garotas.

As garotas também elegem narcisicamente seu objeto de investimento amoroso em alguma companheira, concomitantemente ao surgimento de momentos agressivos, dando um colorido fálico a essas manifestações. Gostam de longas conversas entre si e desfrutam de imenso prazer em descobrir sua sensualidade e incrementar sua vaidade.

Seguindo o processo evolutivo, mobilizado pela "organização hierárquica dos impulsos e de seu caráter definitivo e irreversível" (Blos, 1975), vencidas as fantasias de castração e os temores ante o desconhecido que representa o sexo oposto, e ante as próprias manifestações genitais, inicia-se a busca do objeto heterossexual.

A maturação biológica, decorrente das transformações hormonais, significa um êxito biológico e possibilita novas metas em relação aos caminhos a serem percorridos pelas pulsões, no encontro de objetos que venham a gratificar os desejos agressivos e libidinais.

Esse movimento pulsional culminará com o desenvolvimento de uma identidade sexual adulta, por meio de uma relação egossintônica. Até que alcance tal nível de desenvolvimento, o jovem atravessa um conturbado processo de reestruturação egoica.

Nesse processo de reestruturação egoica, entram em jogo a biografia do indivíduo, as características qualitativas e quantitativas dos primeiros vínculos afetivos e a organização estrutural, dinâmica e econômica do aparelho mental.

Ao atingir a etapa da adolescência propriamente dita, as fantasias tornam-se nitidamente masturbatórias e são pouco elaboradas ao nível de sua expressão egoica. Um estado de maior discriminação ocorre com a evolução do processo de identificação.

Correlação teórico-clínica

Por meio da história clínica de Cláudia, pode-se correlacionar a clínica com a teoria, ou melhor, uma teoria extraída da clínica, a partir de certos conceitos psicanalíticos de um modelo de funcionamento mental.

Cláudia, durante a latência, foi uma garota estável, obediente, comportada, razoavelmente organizada em relação aos seus afazeres, cheia de amigas. Boa esportista, cordata no convívio com os pais, passando por momentos de eventuais conflitos com eles e com seus irmãos.

Agora, vive um período contrastante. Seu rápido desenvolvimento físico dá a ela um sentimento de estranheza, relacionado à nova conformação de seu corpo. Acha-se gorda. Os seios representam motivo de orgulho e altivez, mas provocam vergonha e uma sensação de volume, como se não fizessem parte de seu corpo, mas necessita incorporá-los em seu novo esquema corporal. Gosta de se olhar no espelho e parece nunca ficar satisfeita com o que vê. Pela sua estatura, muitos a tratam como adulta, e às vezes ela reivindica esse tratamento. Em contraste, manifesta reações impulsivas, irracionais, de birra, de onipotência, de desorganização, de negação perante situações que foi capaz de tolerar. Não sabe por que agride seus pais e irmãos, por motivos bobos, às vezes, ou mesmo sem causa aparente.

Nessa mesma linha de sentimentos, Cláudia não se compreende e pouco se controla diante do desejo de irritar seus pais, mesmo sabendo que depois poderá sofrer. Não quer pensar nisso; se está com vontade de fazer, faz e pronto. Não está preocupada com as consequências de seus atos, e sim com a mudança de conduta em relação ao que era.

Nos momentos de maior ansiedade, deseja livrar-se da situação, reproduzindo mais o funcionamento psíquico do bebê de descarregar um estado de tensão (prevalência do processo primário) em vez de transformá-lo num outro estado de mente, pela elaboração do pensamento (processo secundário).

Entretanto, ao perceber essas características, está pondo em prática sua capacidade de transformação mental, caracterizando a coexistência contrastante dos processos mais primitivos e atuais de funcionamento do aparelho psíquico.

Cláudia vive intensamente a dinâmica oscilante da passagem da posição esquizoparanoide para a depressiva, com predomínio da primeira nas situações de maior ansiedade, refletindo a grande vulnerabilidade egoica, própria desse movimento psíquico reestruturante.

Os estados reivindicatório e conflitivo são evidentes na relação com os pais. Tanto o que relata dessa relação quanto o que revive na relação transferencial, durante sua análise comigo, está carregado de ambiguidades e contradições. Num nível mais primitivo, o amar e o odiar estão fusionados, mal diferenciados. Noutros níveis, pode senti-los mais diferenciados.

Afetos antagônicos ante objetos de amor e de ódio são vividos de forma cindida e ansiógena. A situação ou pessoa é sentida como plenamente boa ou má, predominando uma relação de objeto parcial. Isto é, ora os pais são vividos dentro de um estado de confusão, como verdadeiros inimigos, fonte do maior desprezo, ora como merecedores de profundo amor. Qualquer frustração é suficiente para transformá-los em inteiramente maus.

Num outro momento, Cláudia é capaz de entrar em um estado de depressão reparadora. Nesse estado, identifica seus aspectos destrutivos e amorosos e reincorpora seus pais internos num nível de relação mais amadurecido. Diante dessas oscilações bruscas, Cláudia procura uma condição de continência afetiva. Às vezes sai de casa, e por longo tempo fica sentada sozinha na escada do prédio. Outras vezes tranca-se em seu quarto, em busca de um conforto regressivo, para reorganizar sua autoestima e reintegrar seu self. Há, nesses momentos, profundo sentimento de solidão e desamparo.

Esses mecanismos defensivos visam manter o equilíbrio egoico. Os pais já não representam o apoio ou continente para suas ansiedades, e a libido ainda não encontrou seu novo objeto de investimento.

Nessas circunstâncias, surgem os mecanismos defensivos, como isolamento, depressão e regressão. Cláudia queria simplesmente se afastar das tensões ao ingerir bebida alcoólica e tranquilizantes. O mesmo pode-se dizer quando se isola nas escadas do prédio. Essas atuações (*acting out*) são frequentes e podem adquirir um colorido delinquente.

Um outro jovem, também de 13 anos, quando se sentia carente, frustrado, realizava-se praticando atos de vandalismo: subia pelos telhados das casas, praticava pequenos furtos e hostilizava qualquer autoridade. Parecia ser esse o modo que encontrava para fazer despertar cuidados sobre si.

Levantei a hipótese de que a instância reguladora e mantenedora da autoestima (o superego) estava com sua capacidade diminuída pelo desinvestimento das figuras primárias (primeiros modelos identificatórios). As funções defensivas do ego encontravam-se debilitadas em consequência das pressões instintuais, gerando comportamentos cuja função era criar a oportunidade para estabelecer uma relação sádica de continência.

Esse movimento regressivo tinha também uma função econômica e temporal de dar ao ego condições para enfrentar as novas configurações internas e externas, intra e interpessoais que se criam devido à evolução dos conflitos. Era um tempo necessário para a elaboração, em consequência de um sentimento de desestruturação do ego e do self. A hipótese que se aventou foi de que esses sentimentos eram decorrentes da intensidade das manifestações pulsionais, dos mecanismos de ruptura em relação aos objetos primários de amor (pais da infância) e do desinvestimento dos pais atuais e os valores sublimados consequentes dessas relações.

Nessas circunstâncias de descargas e de instabilidade, predominam intensos mecanismos de identificação projetiva e outros, que antecedem essa fase do desenvolvimento mental, e que muitos autores contemporâneos englobam dentro dos "estados primitivos da mente", expressão utilizada pelos autores neokleinianos, como Meltzer (1979).

Múltiplos aspectos contraditórios da personalidade do adolescente emergem, como querer crescer e permanecer criança, ou então partes do self que são cindidas e projetadas fora dele. Ao mesmo tempo, observa-se a existência de ataques aos pais internos (pais da infância) e aos pais reais. Estes são tanto representantes dos pais da infância, aconchegantes, protetores e guias, como também se constituem nos mais terríveis dos inimigos a serem destruídos. Há momentos em que o real e o imaginário se confundem, podendo criar quadros de difícil distinção entre os limites do normal e do patológico.

Tais configurações psíquicas vão depender da estruturação das bases da personalidade primitiva, da sua biografia e do modo como a família e o ambiente lidam na atualidade com esse processo global de transformações.

Quadros clínicos de natureza neurótica, deficitária, psicótica, *borderline*, psicopáticos ou "estados confusionais" podem ser identificados, sendo necessário um tempo prolongado de observação (diagnóstico longitudinal) para que se possa avaliar a organização e a rigidez dessas estruturas, se transitórias ou estáveis na configuração da personalidade, com dificuldades evidentes da capacidade discriminatória.

Por exemplo, no caso de Cláudia, ela se refere ao fato de não saber se gosta do namorado da amiga pelas características dele ou se gosta dele por gostar da amiga, como se ele fosse uma espécie de prolongamento de sua amiga.

Há nessa situação uma certa confusão em relação à discriminação do objeto de afeto e também de sua identidade de gênero. Isto é, sente-se embaraçada ante um sentimento ambíguo relacionado à bissexualidade, pela natureza dos amores homo e heterossexual e a possibilidade de integração desses aspectos à sua personalidade. Sente-se atraída sexual e afetivamente por ambos, sem que possa fazer nítida discriminação em relação à natureza sexual e sublimada dos afetos.

Existiria também uma questão relacionada a inveja e admiração. Sua amiga possui algo que ela não tem. Pelo lado da inveja, não ter um namorado é frustrante (desejo de roubar o namorado da outra); por outro, é uma possibilidade de identificar-se com ela para ter o que ela tem (arranjar seu próprio namorado).

Um outro aspecto que Cláudia expressa com nitidez está relacionado às alterações na relação espaço-tempo. Ela se refere ao desejo de fazer coisas erradas, como voltar tarde, deixar suas coisas espalhadas pela casa, contrariar os pais, cabular aula, bebericar às escondidas.

Há nesses fatos uma questão nítida de confronto com a autoridade constituída ante o desejo de instituir sua própria autoridade. Para isso, realiza a subversão dos desejos e da autoridade, em busca de sua emancipação. Ao contrariar o sistema de valores instituídos, inicialmente no ambiente familiar, está criando novos espaços para suas experiências emocionais.

Denomino essa busca de novos espaços de "mudanças da geografia psíquica", na medida em que busca reestruturar, definindo novas configurações, a distribuição de seus afetos na relação de objeto e do self. É interessante observar que, com frequência, deixa rastros de suas atitudes subversivas, numa atitude um tanto pueril e exibicionista, mas simbolizando a quebra do monopólio parental na redefinição dos espaços privativo e comunitário, tanto no seu mundo interno como no mundo real.

Seu ego, em nível corporal e mental, está buscando definir novos contornos, em uma nova relação têmporo-espacial, impostos pelas transformações biológicas, psicológicas e sociais, com suas novas atribuições: sexualidade genital, capacidade reprodutora e aumento das potencialidades nos planos intelectual, social e afetivo.

Em sua rivalidade com os pais, predominantemente com a mãe, põe em evidência conflitos pré-edipianos e edipianos. Ao mesmo tempo que se identifica com a mãe-mulher, disputando o uso do guarda-roupa materno, precisa desprezá-la como figura rival e ameaçadora.

Em sua análise, na relação transferencial/contratransferencial, vive-se um misto de sensualidade, ingenuidade, pureza, malícia e sedução perversa. Deseja e repele. Quer sentir-se mulher e ser criança.

Os diálogos que mantêm são entremeados por momentos de contrariedade e explosões, reveladores de sua impulsividade e de um ego ainda pouco dialético, observado por meio da organização do seu pensamento e das características de sua comunicação verbal.

Comunica-se muito mais pelo seu corpo, por meio do não verbal, do clima, do intuitivo da relação, da mímica, da conduta, da dramatização, do que propriamente pelas palavras. Estas, por sua vez, como veremos no Capítulo 7, "O processo psicanalítico", são empregadas de forma pouco específica e com amplo significado, expressando elevado grau de condensação e de deslocamento: "tá legal", " fiquei", "numa boa", "transa", expressões comuns do vocabulário cotidiano do adolescente na atualidade.

Adolescência propriamente dita

Essas manifestações da adolescência podem adquirir um caráter tão intenso e desagregador do ego que levam autores como Aberastury e Knobel (1971) a considerarem as características desse período como uma "síndrome normal da adolescência".

Para esses autores, a síndrome normal da adolescência caracteriza-se por: 1) busca de si mesmo e da identidade; 2) tendência grupal; 3) necessidade de intelectualizar e fantasiar; 4) crises religiosas que podem ir desde o ateísmo mais intransigente até o misticismo mais fervoroso; 5) desorientação temporal quando o pensamento adquire as características de pensamento primário; 6) evolução sexual manifesta, que vai desde o autoerotismo até a heterossexualidade genital adulta; 7) atitude social reivindicatória, com tendências antissociais ou associais de diversas intensidades; 8) contradições excessivas em todas as manifestações da conduta, dominadas pela ação, que constitui a forma de expressão conceitual mais típica desse período da vida; 9) uma separação progressiva dos pais; 10) constantes flutuações do humor e do estado de ânimo.

Com certa frequência, o jovem pode apresentar alterações da conduta de tal magnitude que fica difícil discriminar o ponto de ruptura entre as variações da normalidade e o que se poderia considerar como uma organização psicopatológica.

Trata-se, na maioria das vezes, de uma questão funcional durante o processo de reestruturação da personalidade, e que poderá ou não deixar sequelas estruturais. O prognóstico dependerá de como ocorre, em cada caso, o desenrolar e a resolução do processo intrínseco de identificação, e sua interação com o meio ambiente. Dependerá também da flexibilidade dos mecanismos defensivos, do grau de fixação e regressão e da possibilidade de redistribuição das catexias.

A emergência de processos psíquicos primitivos, como cisão, negação da realidade, onipotência, identificação projetiva e adesiva, estados autísticos, momentos de indiscriminação entre realidades interna e externa, ataque às identificações primitivas, dificuldades na dissimbiotização em relação ao objeto primitivo, favorece a emergência de quadros clínicos. A psicopatologia desses quadros clínicos é equivalente aos transtornos psicóticos e caracteriais, porém de caráter transitório, como abordaremos no Capítulo 6, "A questão diagnóstica no trabalho com adolescentes".

Vale lembrar ser esse um período de extrema vulnerabilidade e propício para o desencadeamento de quadros clínicos que podem se tornar rigidamente estruturados.

Considerando-se que na adolescência há a emergência de processos psíquicos primitivos, não podemos deixar de salientar os recentes estudos sobre o psiquismo fetal e sobre os primeiros momentos da vida perinatal e suas possíveis repercussões sobre a adolescência. Saliento os trabalhos de Rascovsky (1960), Bick (1968), Verny e Kelly (1981), Stern (1992) e, em nosso meio, os trabalhos de Wilheim (1988, 1992) relacionados ao psiquismo fetal, e os de Mélega, por meio das publicações realizadas pelo Centro de Estudos das Relações Mãe-Bebê-Família, entre outros autores.

Esses trabalhos têm contribuído sobremaneira para uma melhor compreensão de muitas das manifestações dos adolescentes, abrindo novos campos de investigação.

Nessa linha de pensamento, também devem ser lembrados os trabalhos de Bowlby (1969) sobre o desenvolvimento dos primeiros vínculos que se estabelecem na relação mãe-bebê.

Os conceitos desenvolvidos por Winnicott (1975) referentes às condições de holding, de continente, de objeto e espaço transicionais, de "preocupação materna primária" e de "mãe suficientemente boa" possibilitam a compreensão da formação e organização do espaço mental destinado ao lúdico, à experiência por meio do imaginário, espaço este no qual se desenvolve a cultura. Esclarecem também as noções de falso e verdadeiro self, tão importantes na formação da personalidade, principalmente no que tange ao adolescente na busca de aspectos autênticos do seu eu.

Os estudos sobre a formação e integração do self permitem identificar a formação de personalidades "como se". Elas organizam-se na dependência de corresponderem às expectativas que fazem dela e em desarmonia com um sentimento de serem aquilo que realmente são, ou estabelecem relação com uma imagem idealizada de si, desconectada de suas reais possibilidades.

Bion (1962, 1963, 1965, 1967, 1970) trouxe profícua contribuição à psicanálise. Possibilitou melhor compreensão entre as formas normais e patológicas da identificação projetiva e suas relações com as partes psicóticas e não psicóticas da personalidade. Descreveu várias das características do aparelho psíquico quanto à capacidade de continência da vida pulsional, características do pensamento e suas relações com a vida afetiva, bem como as relações entre a experiência emocional e o conhecimento.

O conceito de "pele psíquica" desenvolvido por Bick (1968) refere-se a uma fase inicial do desenvolvimento psíquico, que antecede a noção de formação de espaços mentais internos e externos, prévia às condições descritas por Klein em relação à idealização do self e do objeto. Sobre estes vão incidir mecanismos de *splitting*, com consequente cisão do objeto (ou do self) em totalmente bom ou mau, característicos da posição esquizoparanoide.

O conceito de "pele psíquica" refere-se, sucintamente, à importância da qualidade do contato de pele existente entre a mãe e o bebê como fator preponderante para a organização do ego primitivo. A existência de um sincronismo nesse encontro epidérmico entre a mãe e o bebê, durante os diferentes momentos da relação entre ambos, dá ao bebê a possibilidade de vivenciar a existência de uma coerência entre suas diferentes partes e afetos.

Quando esse contato ocorre fora dessa condição de suficiente sincronismo, do aconchego desejável, da frustração suportável para o psiquismo do bebê, a manifestação da experiência emocional desagradável, desprazerosa, pode ser de tal monta que o bebê parece que vai se esparramar, se desconjuntar, perder seu eixo psíquico de sustentação, ou ser aniquilado.

Portanto, a função materna seria a de dar as condições necessárias para que o ego rudimentar ou os fragmentos self-objetos pudessem se integrar a partir de um contorno desenhado psiquicamente, a partir da experiência emocional introjetada, fruto da experiência vivida na relação com a mãe. Quer dizer, as forças de integração entre as diferentes partes do bebê são estimuladas a partir de algo que vem de fora. A pele funcionando como uma barreira que protege, contém e filtra os estímulos, compondo um modelo a ser introjetado pelo aparelho psíquico em formação, "a pele psíquica".

Novamente enfatizo a importância desses aspectos primitivos durante o processo de identificação do adolescente. Muitos, dentre eles, apresentam problemas na resolução de questões relativas a dependência e separação, por dificuldades ocorridas durante essas primeiras fases do desenvolvimento humano, e que se manifestam na relação transferencial, durante o processo psicanalítico.

Os estudos sobre os objetos e fenômenos autísticos descritos por Tustin (1981), característicos do autismo infantil precoce, podem ser encontrados como elementos primitivos residuais e defensivos em adolescentes que estão vivendo intenso estado regressivo, durante seu processo de separação-individuação.

Pinol-Douriez (1984) relata uma série de pesquisas neuropsicológicas e consequentes teorias demonstrando as variações somatopsíquicas da relação mãe-bebê na presença ou ausência de maior ou menor sincronismo entre as diferentes frequências existentes na relação entre ambos.

São reações indicadoras de prazer ou de desprazer, protótipos de reações afetivas mais complexas e elaboradas, representando os primórdios das reações egoicas e base de futuras representações mentais. A frequência dos batimentos cardíacos, da respiração, das mamadas, o ritmo e o estado de tensão no qual elas ocorrem reproduzem esses estados mentais primitivos.

Teorias como a do *imprinting* e os estudos etológicos integrados à psicanálise (Nathan,1983) têm contribuído também para a compreensão dos primórdios da vida mental, ainda que em caráter especulativo. Estudos comparativos entre o comportamento de certas espécies de insetos e algumas características do comportamento humano, como aproximação e afastamento, ataque e defesa, levam a supor que na relação analítica existam movimentos que podem ter por base padrões geneticamente definidos.

O conhecimento e a capacidade de apreensão desses estados primitivos da mente são fundamentais para a realização do trabalho psicanalítico com adolescentes, tanto em nível diagnóstico quanto terapêutico. Muito da comunicação que se estabelece entre o jovem e seu analista é feito por meio de um tipo de comunicação pré-verbal, inconsciente, por meio de mecanismos de identificação projetiva e contraidentificação projetiva, manifestados na relação transferencial/contratransferencial.

Costuma-se dizer que o "adolescer" equipara-se a um segundo nascimento, visto que as ansiedades e muitos dos movimentos psíquicos são inerentes ao início da vida psíquica e reeditados com grande intensidade durante a adolescência.

Na verdade, esses mecanismos primitivos da mente nunca deixaram ou deixarão totalmente de existir e de se expressar na conduta humana. Permanecem recalcados e submissos às forças de expressão dos mecanismos psíquicos mais atualizados. Os processos dinâmicos em relação à evolução da libido, ao desenvolvimento e à organização egoica sofrem movimentos de fixação e de regressão dentro de princípios da economia psíquica, segundo a metapsicologia freudiana.

O processo de identificação do adolescente implica, portanto, busca de uma identidade adulta que se caracteriza pelo desejo de conquistar a sua emancipação em diferentes níveis: sexual, psicológico e social. Emancipar vem do latim *emancipare*, que significa: eximir, livrar-se do pátrio poder ou da tutela, libertar-se (Holanda Ferreira, 1986).

O estudo desse processo de identificação, que envolve emancipação e autonomia, pode ser observado sob diversos prismas interdependentes.

No capítulo anterior pudemos ver alguns aspectos da interação existente entre as forças internas e externas que participam na edificação da identidade. Neste capítulo, será dada ênfase à estruturação e à dinâmica internas desse processo. Essa separação tem apenas finalidade didática, visto que o processo é complexo, simultâneo, sem que na realidade exista a separação aqui efetuada.

Feitas essas considerações, pode-se estudar o processo de identificação por meio de diferentes vértices: 1) a evolução da sexualidade na busca de novos objetos; 2) o processo de perdas (lutos); 3) narcisismo e organização egoica; 4) ruptura entre as partes não discriminada e discriminada; 5) o falso e o verdadeiro self; 6) transformações cognitivas e o aprender com a experiência.

A evolução da sexualidade

A pressão instintual impele o adolescente a buscar novos objetos gratificantes, tanto na realidade externa como no mundo interno. Essa busca em direção ao encontro do objeto heterossexual faz com que a expressão da sexualidade sofra transformações, interferindo na redefinição de sua identidade sexual.

Vimos que no início da adolescência havia um direcionamento da libido de natureza narcísica, isto é, voltado para o próprio indivíduo. Mesmo quando o adolescente se relaciona com o outro, nesse período, o outro representa uma projeção de aspectos de si mesmo. O outro é vivido de forma idealizada e ocupa o papel de depositário dessas idealizações. O objeto que ocupa esse papel visa reproduzir o próprio sujeito. Alguém que seja seu semelhante, geralmente do mesmo sexo, reproduzindo aspectos de sua própria pessoa. Com o decorrer do processo evolutivo, essa relação deixa de ser gratificante graças às pressões instintuais na busca do objeto heterossexual.

Esse novo objeto de investimento libidinal é inicialmente um objeto ambíguo (que possui mais de um sentido ou é incerto), mal discriminado, passando por um estado de ambivalência (impulsos e sentimentos contraditórios e opostos), até alcançar maior definição na escolha desse objeto, quando já existe maior grau de discriminação.

Essa ambiguidade é observada pela má discriminação entre desejos e temores despertos por uma excitação que não sabe bem o que é, do que se trata e o que fazer. Nessas circunstâncias, muitos adolescentes podem se defender do próprio crescimento por meio de regressões e fixações – por exemplo, por meio da persistência na fase narcísica, ou dando vazão a essa excitabilidade por meio da voracidade oral.

A ambiguidade também é observada em relação a outros fatores da personalidade, como aspectos do self primitivo, ainda mal integrados e definidos da relação self/objeto e que se conflitam com outros aspectos organizados e integrados de uma parte mais desenvolvida do ego.

Meltzer (1979) assinala que o principal transtorno da adolescência

> *é uma identidade confusa relacionada com o surgimento do severo* splitting *do self característico dos períodos pré--edípicos e pré-genitais da infância e da infância precoce. O* splitting *existente na puberdade seria uma forma de*

enfrentar melhor a onda de desejos genitais em todas as formas infantis, polimorfas e perversas, ainda pouco modificadas pelo self adulto e pela identificação introjetiva.

Haverá, portanto, uma cisão, cuja resultante será: parte da excitabilidade sexual estará dirigida para a heterossexualidade, e parte para os objetos idealizados representados pelos pais da infância. Esses objetos idealizados podem ser deslocados para o(a) companheiro(a) sem que o(a) jovem se dê conta de que o(a) parceiro(a) não corresponde ao que nele(a) está sendo projetado. Isto é, as percepções que podem ter do(a) companheiro(a) sofrem influências de recalcamentos, projeções, distorções e identificações primitivas, frutos das interferências narcísicas na relação com o objeto interno.

Num primeiro momento, essas relações ocorrem com frequência como fantasias, por meio de sonhos diurnos. Os sonhos diurnos não se limitam apenas à aproximação subjetiva do objeto sexual. Eles têm também a função de possibilitar novos investimentos afetivos e de se aproximar da realidade. Nos sonhos propriamente ditos, são evocadas situações atuais que se mesclam a outras de natureza edipiana. Reproduzem, ou com a "musa inspiradora" ou com o "príncipe galante", situações eróticas da organização genital e pré-genital. Período em que a polução noturna é frequente, deixando os rapazes bastante assustados com a ocorrência de um fenômeno em seu corpo, que torna público algo de sua intimidade sobre o qual não têm nenhum controle.

Tenho observado nas análises de adolescentes que aspectos da relação edipiana são bastante persistentes (tanto no sentido kleiniano do Édipo precoce como o caracterizado por Freud durante a segunda infância), mesmo quando já há uma definição maior na escolha do objeto heterossexual. Essas características só virão a desaparecer após um longo processo de maturação dessa nova capacidade de escolha objetal. As qualidades daquelas relações iniciais e consequentes introjeções, no que se refere ao processo de identificação e à identidade, servem de protótipo das relações posteriores e se transformam, sem deixar de se repetir nessa nova relação.

Cito o exemplo de um rapaz que mantinha uma relação de submissão à figura materna e que estabelecia com sua parceira, inconscientemente, uma relação semelhante à que mantinha com a mãe. Às vezes, é exatamente o contrário: o jovem busca alguém a quem possa subjugar, até mesmo com características de vingança de um passado mal elaborado. Noutras situações, o que se observa é a busca interminável dos pais idealizados, frutos também de projeções narcísicas.

À medida que o processo evolutivo prossegue, tanto o rapaz quanto a moça saem do campo do imaginário, do fantasioso, pressionados pelas forças do crescimento, pelos desejos de novas experiências, e realizam as primeiras aproximações com o objeto heterossexual. Inicialmente, as fantasias masturbatórias amenizam os temores à castração e revelam uma organização psíquica cujas pulsões ainda são pouco elaboradas no âmbito do ego e portadoras de elementos perversos. Ouvem-se histórias de grandes conquistas, recheadas de conteúdos sadomasoquistas, de posse e domínio total do objeto de prazer, que estimulam a atividade autoerótica e são carregadas de prazer e culpa.

Lebovici e Soulé (1972) salientam que os jovens tendem a sexualizar suas lembranças e a relacionar atividades banais às suas fantasias sexuais. Com o tempo, essas fantasias tornam-se insuficientes e frustrantes, pressionando-os à experiência real. São as "cantadas e paqueras", que variam de acordo com a época e a cultura, até a consumação da primeira experiência sexual plena. Experiência esta que nem sempre se realiza acompanhada de um sentimento de plenitude.

Com frequência, as experiências erótica, sensorial e afetiva não caminham juntas, e aquilo que pode ser prazeroso para um dos sistemas pode ser angustiante e culposo para o outro.

Somente com o tempo, e com o evoluir das experiências concretas, haverá a integração dessas diferentes partes no ego mais estruturado e capaz de conter tanto suas contradições como integrar afetos, até então mantidos cindidos e sentidos como ameaçadores. Tais sentimentos de ameaça e culpa resultam da fragilidade do ego e de sua dependência aos modelos identificatórios infantis.

Nessa trajetória, a identidade sexual vai se definindo com a escolha do objeto heterossexual, o qual, paulatinamente, se organiza no mundo interno, por caminhos diferentes no rapaz e na moça.

Na jovem, haveria uma orientação franca e decisiva em direção à heterossexualidade. A moça busca seu par heterossexual, sem perder as gratificações da relação com a mãe, identificando-se com ela como mulher e rival. Segundo Chodorow (1978/1990), "seu apego ao pai é mais idealizado e menos intenso do que o do rapaz à sua mãe". Entretanto, ela precisa encontrar seu próprio modelo, desvencilhando-se daquele estabelecido nas primeiras relações com a mãe, acrescido de suas experiências pessoais como mulher (descoberta de sua genitalidade e o sentido da menstruação) e como futura mãe. Ela precisa sublimar sua agressividade fálica para poder se sentir complementada por seu companheiro.

No rapaz, por sua vez, há a necessidade de enfrentar as ansiedades de castração, tendo de perder as gratificações oriundas das relações primitivas com a mãe, e encontrar seu novo objeto de amor. Ele mantém desde bebê um modelo heterossexual. Busca na companheira uma reprodução dos aspectos valorizados ou idealizados da relação com a mãe, associada às experiências que adquire em suas novas conquistas no campo amoroso.

Penso, entretanto, que o processo é muito complexo para ambos, visto que interferem nesse processo as fantasias inconscientes do passado e do presente, tanto na mente dos pais como na dos jovens. Dependerá primordialmente dos adolescentes a responsabilidade de romper essas dependências infantis, desinvestindo o primeiro objeto de amor, desfazendo a simbiose primária, no encontro de novos caminhos e de soluções a serem dadas à sua sexualidade e identidade sexual atuais.

Poderão surgir temores de retaliação e abandono, ou identificações defensivas de caráter homossexual na dependência de como rapazes e moças elaboram suas fantasias incestuosas e sublimam suas relações com os pais do mesmo sexo e do sexo oposto.

As moças parecem temer menos a retaliação materna do que o rapaz a retaliação paterna. Entretanto, é difícil generalizar essa proposição, visto que a configuração da identidade sexual é complexa e dependente de inúmeros fatores, inclusive daqueles relacionados à organização do self, além de aspectos da cultura dominante num determinado local e época.

Muitos jovens acreditam que a prática heterossexual precoce é uma demonstração de maturidade. O tipo "conquistador ou garota fácil" pode estar a serviço de um reasseguramento narcísico ante o esvaziamento e ameaça de fragmentação do self, como forma de elevarem sua autoestima.

Por outro lado, o trabalho será facilitado se os jovens encontrarem, no seio de suas famílias, pais que tenham resolvido de maneira satisfatória seus próprios conflitos edipianos e compreendam os conflitos da juventude, facilitando essa tarefa para seus filhos, sem, por outro lado, caírem na indiferença ou omissão.

Entretanto, ambos, rapazes e moças, necessitam renunciar de forma irreversível aos objetos incestuosos, objetos primários de amor, transformando-os, por meio da sublimação e reelaboração, em aspectos de sua identidade adulta. A evolução dessa busca de um objeto heterossexual, erótico e de amor, caminha em direção ao desejo de amar e de ser amado. E algo de narcísico sempre permanecerá na personalidade, tendo a função de manter a integridade do self e as bases do sentimento de autoestima.

Na linguagem atual de nossos jovens, pelo menos em São Paulo, as experiências concretas iniciam-se pelo "ficar". São as carícias e alguns contatos mais íntimos reveladores das primeiras sensações, emoções e sentimentos que deverão ser elaborados e incorporados à personalidade em desenvolvimento.

Nesse período, surgem muitas ansiedades em relação à identidade sexual, decorrentes de restos da bissexualidade ainda presentes, levando rapazes e moças a certo exibicionismo de seus predicados masculinos (o machão, o intelectual) e femininos (a gatinha, a professora) como formas de autoafirmação, de reasseguramento de suas identidades.

Por meio de experiências emocionais reais, de caráter heterossexual, o adolescente vai elaborando suas ansiedades referentes às identidades anatômica e de gênero, em seus aspectos feminino e masculino, ativo e passivo da personalidade. Concomitantemente, um conjunto de descobertas está se realizando, evidenciando as potencialidades do seu ego: capacidade intelectual, interesses culturais, ansiedades existenciais envolvendo questionamentos sociais, políticos, estéticos, entre outros.

Inicialmente, os vínculos heterossexuais tendem a ser instáveis. Podem ocorrer situações de verdadeira adesão um ao outro, fazendo mais lembrar uma relação primitiva na qual sujeito e objeto não se diferenciam. Deixam de ter vida própria, não saem do telefone. Cada um é capaz de viver o outro não como complemento de si, mas como prolongamento de sua própria pessoa, como projeção de suas partes idealizadas no outro.

Muitos jovens vivem essa situação como aprisionamento e não se dão conta de que estão aprisionados a si mesmos, identificados que estão às figuras parentais primitivas. Tais aprisionamentos têm como motivação inconsciente uma repetição de modelos primitivos estabelecidos nas relações parentais, dos quais ainda não conseguiram internamente se emancipar.

Esse é um período de muitas projeções, no qual podem atribuir aos que lhes são mais próximos afetivamente os aspectos indesejáveis ou perturbadores de sua pessoa. É o outro que invade seu espaço ou que o despreza, sem se dar conta de sua atitude pueril de posse e da necessidade inconsciente de considerar o outro não como um indivíduo, mas como um prolongamento de seu próprio eu. Esses mecanismos de adesão, de controle onipotente, de identificação projetiva são, pelo menos em parte, consequentes às inseguranças emergentes no ego, frutos dos processos de perdas (lutos) pelos quais os jovens estão passando.

Esses movimentos com intensas manifestações narcísicas e predomínio de mecanismos de defesa do ego, como os descritos anteriormente, associados a sentimentos de perda mais ou menos profundos e consequente depressão, tornam o ego fragilizado e propenso a quadros clínicos que se confundem com situações psicopatológicas.

Manifestações como isolamento, afastamento da realidade, despersonalização, atuações de tipo psicótico ou psicopático podem aparentar um transtorno estrutural, mas não estão rigidamente organizadas. São manifestações transitórias que tendem a se dissipar com o decorrer do processo evolutivo, e na dependência de como o ambiente familiar vive e lida com tais situações.

Atualmente, a juventude usa em sua gíria a expressão "fissurado" para se referir a um estado de mente que significa estar loucamente apaixonado. É não conseguir tirar o outro da cabeça, a ponto de terem comprometidas outras áreas de interesse, de investimento libidinal. Grande parte de sua energia de amor está vinculada nessa relação.

Fissurado, segundo o *Dicionário Aurélio*, significa: 1) fendido, rachado; 2) ansioso, sôfrego, ávido (Holanda Ferreira, 1986). Essa expressão traduz o *splitting*, a cisão que existe nesse estado de mente, no qual estão presentes intenso amor e sofrimento, que fazem estremecer e doer a alma. Estado que os poetas apaixonados ou que os jovens tão bem sabem confidenciar um no ouvido do outro, na intimidade dos seus diários ou na solidão das lágrimas.

A partir do desejo de querer estar ou de se sentir apaixonado, associado às experiências vividas nessa relação prazerosa e frustrante, acrescidas das solicitações da vida cotidiana, esse objeto interno, inicialmente com características de objeto parcial, sofre transformações graças à diminuição dos mecanismos de defesa primitivos, à maior integração do ego e à maior capacidade de elaboração da situação edípica, fruto da posição depressiva de Klein.

A evolução das experiências amorosas leva os jovens a abandonarem a bissexualidade, a ambivalência, a se desvencilharem das imagos parentais e ansiedades primitivas. O fato de terem adquirido a capacidade de procriação, associada à possibilidade de realização dos papéis parentais e a definição de não consumação do incesto, concretiza a individuação e conduz o adolescente para a definição de uma identidade adulta estável.

As garotas redescobrem a existência de um pênis interno, no sentido de possuírem um poder de penetração na relação com o objeto amoroso, e desenvolvem sua habilidade em lidar com a vida, enquanto aperfeiçoam a capacidade de continência.

Os rapazes, por sua vez, se reasseguram e aperfeiçoam o sentimento de penetração e redescobrem serem possuidores de um útero mental, que representa sua capacidade feminina de continência e de sensibilidade. É a integração dos opostos e o reencontro das partes perdidas, dentro de si e na complementariedade que o outro representa.

O processo de perdas (lutos)

O adolescente atravessa esse período da vida com muito sofrimento, turbulência e fases de depressão, em consequência das perdas sucessivas e abrangentes que ocorrem em seu corpo infantil, no seu mundo interno e na qualidade de suas relações consigo mesmo, com as pessoas, com o tempo e com o espaço. Até então vivia dentro de um universo que estava relativamente organizado, o qual se transforma de modo irregular, às vezes por surtos, em momentos caóticos.

A força do desenvolvimento faz com que haja uma reorganização, por meio da incorporação de novos objetos de investimento afetivo e da relação com novos aspectos identificatórios que se estabelecem concomitantemente e à medida que os lutos pelos objetos e partes perdidas da infância vão sendo elaborados.

As transformações corporais, a perda da bissexualidade, da identidade infantil e dos pais da infância constituem os elementos de um processo longo e instável de elaboração do luto que deverão ser trabalhados pelo ego.

Novas relações com o corpo vão se estabelecendo a partir de suas mudanças, impostas pelo início da puberdade e caracterizadas pelo desenvolvimento ponderoestatural e dos elementos sexuais primários e secundários. O surgimento da menarca e da ejaculação, associado às suas novas funções, desejos e temores conscientes e inconscientes, vai sendo trabalhado, tanto no âmbito egoico como superegoico, no sentido de reestruturação do novo esquema e identidade corporais.

As velocidades com que ocorrem as transformações corporais, a elaboração do luto pela perda do corpo infantil e a aquisição das funções adultas são diferentes, criando um estado de desarmonia interna, um aumento de tensão e o surgimento de forças antagônicas que se refletem na conduta, com atuações à semelhança de manifestações psicopáticas, cuja permanência nesse estado configurará uma condição psicopatológica.

A perda da bissexualidade, como já foi assinalada anteriormente, contribuirá para a resolução do conflito existente ante a possibilidade fantasiosa de se transformar em homem ou mulher. E introduz a busca de definição e integração das identidades de sexo anatômico e de gênero. Tais movimentos psíquicos implicam a sublimação e incorporação dos aspectos oriundos da identificação com o sexo oposto e do próprio, por meio da elaboração dos conflitos edipianos.

Uma jovem em análise contou-me que seu namorado havia rompido o namoro, pois a considerava muito competitiva e invasiva, ameaçando a virilidade dele. Num momento depressivo da análise, essa moça emite o seguinte pensamento: "posso ser boa amiga e companheira, mas sinto que não me permito me sentir mulher". Havia em sua mente uma questão de rivalidade não resolvida com a figura materna de inveja e ódio ante a capacidade reprodutora da mãe. Ciúme e inveja infantis faziam com que ela atacasse seu corpo feminino e o desejo de vir a ser mãe. Pode-se considerar esse último elemento como fundamental para a resolução da bissexualidade.

Juntamente com as mudanças corporais, surgem mudanças psíquicas, introduzindo-se assim um outro processo de perda em relação a identidade, papel e capacidades psíquicas infantis.

Ao mesmo tempo que surgem novas condições para a organização do pensamento, como maior capacidade de abstração, de reversibilidade, de atividade simbólica (cada vez necessita menos do objeto real concreto), há também um incremento da capacidade de racionalização.

O jovem perde pouco a pouco sua condição infantil de relativa dependência e submissão aos desejos parentais. A estabilidade egoica da latência é substituída pela instabilidade, oriunda das próprias transformações emocionais pelas quais está passando. Se até então era visto como criança, agora a expectativa social é de vê-lo(a) adulto(a), assumindo um outro nível de compromissos e responsabilidades. Ao mesmo tempo, esse jovem espera de si um desempenho mais avançado, e depara-se com pensamentos e ações discrepantes entre o que idealiza de si, por meio de racionalizações, e o resultado final dessas ações.

Lembro-me de Fernando, um rapaz de 15 anos que desejava transferir-se para outra escola. Constantemente sonhava com uma escola livre, que pudesse ouvi-lo e respeitá-lo em sua própria organização e modo de pensar. Durante o processo analítico, dialogamos sobre os prós e contras da situação, os medos em relação aos pais, a si mesmo, bem como sua capacidade para lidar com mudanças internas e externas.

Fernando tinha ampla consciência de seus desejos e possibilidades. Entretanto, não era consciente da necessidade de abandonar sua passividade. Essa era uma condição infantil à qual estava "acostumado", aderido, mantendo uma relação com um objeto idealizado, seus pais internos. Esperava que providências fossem tomadas para a realização de seus intentos, mas, na verdade, seus pais reais não haviam sequer sido comunicados de suas pretensões.

Na relação transferencial, sua atitude de espera despertava o sentimento de uma criança pequena, sonhando, impossibilitada de se mover em seu berço, à espera de uma solução mágica trazida por pais messiânicos.

Minha interpretação dessa vivência foi de Fernando estar vivendo um estado de dependência infantil, acrescido de temores devido a rivalidades em relação à figura paterna, idealizada e temida, associada a uma figura materna superprotetora. Na vida real, existe um pai afetivo, preocupado com o futuro e bem-estar de seu único filho homem, mas explosivo e repleto de expectativas, as quais contribuíam para que Fernando se mantivesse, inconscientemente, numa atitude passiva.

Passividade é uma questão interligada à temporalidade. É como se houvesse uma falta de relação entre a noção de tempo interno e tempo cronológico, entre o tempo psicológico e a imposição da realidade. É comum o jovem só se dar conta de uma prova escolar no último instante.

Fernando deixou para ligar para a escola que acreditava desejar cursar no último dia destinado a transferências, conhecedor que era dessa condição. Parecia esperar, até o último minuto, pela vinda de uma varinha da boa fada. Em contrapartida, quando precisava aguardar um minuto, podia ser tomado de tal ansiedade e urgência que parecia que o mundo iria acabar caso não fosse atendido no ato. Costumo brincar nessas situações dizendo que: esperar um minuto pode parecer uma eternidade, entretanto, a eternidade parece que vai se acabar num minuto.

Essa situação revela a existência de um conflito entre o tempo subjetivo e o objetivo, incluindo a limitada capacidade de avaliação da realidade concreta. As atuações *acting out* estão também relacionadas a essas condições de desorganização temporal, que são reveladoras de momentos de predominância do processo primário.

Durante sua análise, Fernando vem construindo um espaço em sua mente, verdadeiramente livre para sonhar, desejar e pensar diferentemente de seus pais. Essas possibilidades até então eram mantidas profundamente recalcadas e reprimidas em sua consciência. Isto é, estava submisso às suas condições infantis, em dificuldades para realizar o desejo de se libertar dos pais internos, aos quais inconscientemente mantinha-se dependente.

A resultante dessas discrepâncias expressa o imbricamento de múltiplas identidades, inscritas numa personalidade em transição, formando um mosaico conflitante, composto por aspectos de suas identidades infantil e, progressivamente, adulta.

No poema que se segue, pode-se apreciar o pensamento de um adolescente de 16 anos sobre o tempo:

O velho reflete tudo
tudo reflete vida
vida reflete luz
luz reflete amor
amor reflete prazer
prazer reflete tempo
tempo, tempo não reflete, só interrompe.

Outro vértice dentro desse processo de perdas refere-se à perda dos pais da infância, tanto como objeto real quanto como objeto interno. A dualidade entre as forças de crescimento *versus* as de manutenção na infância faz com que o jovem tenha de se desvencilhar de sua dependência em relação aos objetos infantis, fundamentalmente em relação às imagos parentais como primeiros modelos identificatórios.

Esses modelos identificatórios são atacados, mas, a meu ver, eles não deixam de existir. São transformados, novos modelos são incorporados, mas a matriz inicial, formada pelas primeiras experiências emocionais, deformadas pelas fantasias inconscientes, jamais deixam de existir.

Elas também podem ser observadas no adulto, em situações de crise emocional ou da vida cotidiana que levam a estados inevitáveis de regressão. A perda desses modelos identificatórios infantis é necessária para a evolução do processo de identificação na busca de individuação, emancipação e autonomia. Entretanto, essa perda progressiva e relativa cria um estado de insegurança e conflito, visto que o ego, fragilizado por todo esse processo, perde seus pontos organizacionais de referência.

Durante esse período de transição, surgem inúmeros mecanismos defensivos primitivos e atuais do ego, como negação da realidade, intelectualização, cisão na relação objetal com predomínio de identificações projetivas, recolhimento autístico decorrente de impulsos narcísicos. A dinâmica que se estabelece visa à preservação econômica da energia libidinal ante uma diminuição da autoestima. Essa regressão envolve períodos de depressão e elaboração, nos quais os jovens recolhem-se em si mesmos. São capazes de se isolarem por longas horas em seu quarto, ou "somem do mapa". Pode ser tanto uma tentativa de imobilizar o tempo, de torná-lo linear, como uma perspectiva de reorganização interna, uma pausa, como na música, que acaba por dar sentido aos sons.

Cláudia, citada no início deste capítulo, costuma se refugiar num canto da escada do prédio onde mora. É um momento de introspecção, por um lado, defensiva contra as agressões do mundo externo ante suas frustrações, e, por outro, um momento de reencontro consigo mesma, um momento de reelaboração de seus afetos e pensamentos, o que lhe possibilita uma reorganização na relação com seus objetos internos.

Não raro, os jovens atravessam essas circunstâncias vivendo um sentimento de profundo vazio. Esse estado de mente pode se organizar em consequência a sentimentos de culpa, medo ou outras manifestações destrutivas pela perda dos objetos primitivos.

A agressividade pode se voltar contra o self, dificultando a incorporação de novos objetos em seu mundo interno. Como consequência, podem organizar verdadeiros quadros melancólicos, com riscos de atuações que representam "microssuicídios" em vida, ou mesmo tentativas de suicídio.

Não são raras, por exemplo, aventuras sexuais, experimento com drogas, "rachas" de carro, atos delinquentes, aventuras esportivas que são resultantes de uma necessidade de aderirem a algum objeto mágico, poderoso e nirvânico de forma inconsequente, na ilusão de reencontrarem os objetos, primitivo e reassegurador, perdidos.

Sugiro aqui a releitura dos versos de Alessandra, na introdução deste capítulo, realçando suas dificuldades em preencher seu mundo interno com novos objetos amorosos: "Que a escuridão deste mundo seja substituída por uma claridade pura nos meus olhos".

Dentro desse mesmo prisma, de perdas, os ideais de ego infantil são paulatinamente substituídos por novos ideais, que se organizam como fruto de idealizações e do resultado de experiências vivenciais. Estas são adquiridas por meio das novas descobertas, conquistas e fracassos na vida real e mental, conduzindo-os a reelaborações internas na relação com as figuras parentais. Normalmente buscam novos modelos, objetos afetivos que serão investidos e introjetados nessa reorganização dos ideais de ego, estabelecendo novo nível de conflito em relação às descobertas das capacidades de seu ego ideal. O encontro de ideologias e líderes filosóficos, religiosos, políticos, artísticos, bem como o desenvolvimento de atividades grupais, possibilita o encaminhamento e a busca de resolução do conflito instalado entre as partes primitivas e atuais da personalidade.

Se considerarmos os mecanismos primitivos de funcionamento mental como os que caracterizam o funcionamento psicótico, entenderemos que o adolescente, na busca de sua identidade adulta, vive um fenômeno inevitável e independente de fatores externos, relativo à necessidade psíquica de se desprender de suas partes primitivas. Isto é, de seus núcleos psicóticos, de modo que eles possam ser suficientemente recalcados, reelaborados e reincorporados ao novo self que está se organizando. Veremos mais adiante como Bleger compreende esse fenômeno, no qual há um conflito entre as partes discriminada e não discriminada da personalidade.

Narcisismo e organização egoica

Temos visto que, no adolescente, no decorrer do processo de identificação, emergem no ego os aspectos primitivos e atuais da personalidade. A aquisição de novas identidades não suprime as anteriores, mas recalca as mais primitivas para as profundezas do inconsciente.

Em situações críticas do desenvolvimento humano, e não só nestas, observam-se movimentos regressivos, de tal forma que mecanismos do funcionamento psíquico primitivo, de natureza fusional, simbiótica, psicótica ou autística e do qual fazem parte as primeiras identificações, emergem no ego. Essas partes indiscriminadas permanecem apenas "adormecidas", vindo à tona em situações nas quais predominam ansiedades do tipo catastrófica, paranoide ou depressiva.

Na adolescência, esse fenômeno torna-se mais evidente pelo conjunto de fatores biológicos, psicológicos e sociais que caracterizam esse período crítico, de múltiplas transformações e pleno de ansiedades. O adolescente revive, inconscientemente, a intensidade das vivências da infância em frontal conflito com suas aquisições e experiências atuais, mobilizado que é pelas forças do crescimento, as quais o impelem para a conquista da identidade adulta.

Essa conquista caracteriza-se por uma ampliação do universo relacional, envolvendo aspectos sexuais, cognitivos, emocionais, ideológicos, políticos e sociais.

Vale a pena abrir um parêntese para dizer que o processo de identificação não termina na idade adulta. Ele prossegue por toda a vida, por meio de sucessivos períodos críticos de reorganização egoica, devido a novas redistribuições da libido e a transformações de valores e ideais. A percepção, consciente e inconsciente, da evolução e aproximação do irreversível, a morte, leva o indivíduo à busca de novas relações existenciais, num processo de sucessivas elaborações de perda em seu mundo interno.

A vivência de lutos é inerente à vida emocional, e são vários os períodos críticos durante o processo evolutivo sentidos como tal. O nascimento, o desmame, a entrada na vida escolar, a adolescência, o casamento, todos esses acontecimentos contêm um elemento de perda, o qual, por sua vez, abre espaço para novas aquisições.

Quando os filhos adolescentes partem para dar continuidade à sua vida, os pais vivem intensamente, assim como seus filhos, esses períodos de transformações como perda. Perda não só da condição de pais de crianças, mas de transformação de toda uma relação existencial, em que a perspectiva da relação têmporo-espacial torna-se diferente daquela vivida na infância ou adolescência.

Nesse processo contínuo de transformações, que caracteriza o processo de identificação, há aspectos que se tornam mais ou menos invariáveis, e outros que sofrem contínua evolução.

Assim, podemos dizer que algo da essência dos vínculos estabelecidos a partir da vida intrauterina e dos mecanismos psíquicos primitivos, de natureza fusional e simbiótica, perpetua-se e é reeditado na adolescência.

Esses elementos da vida primitiva evoluem a partir de investimentos objetais, de trocas afetivas iniciadas na relação dual mãe/filho, e sofrem as influências do meio.

Essas trocas representam os primeiros modelos identificatórios do bebê e a possibilidade de organização do ego primitivo.

Abrem-se aqui grandes discussões teóricas, especulativas, quanto à gênese do ego: a existência ou não de relação objetal nos primórdios da vida (incluindo a vida intrauterina), e as repercussões sobre a organização narcísica.

Não pretendo, neste trabalho, alongar-me nessas questões complexas, mas apenas situá-las, para obter subsídios para desenvolver a questão da relação existente entre narcisismo e organização egoica.

Vou mencionar apenas alguns nomes significativos de cada corrente, na certeza de que estou sendo injusto para com muitos autores. Infelizmente não posso me estender neste espaço, e não é minha intenção realizar um estudo teórico abrangente.

Cada analista, de acordo com sua biografia, traços de personalidade, capacidade de observação e conhecimentos teóricos adquiridos, realiza uma seleção, parcialmente consciente, quanto ao seu modo de apreensão dos fenômenos psíquicos. Creio que há muito de intuitivo e empático em relação às teorias que cada um seleciona para a apreensão do seu trabalho analítico, e na utilização de paradigmas que viabilizam a apreensão do mundo psíquico. O leitor perceberá, no decorrer de minhas exposições, que elas não são fiéis a um único e determinado grupo de pensamento. São frutos de sínteses que vão se formando em minha mente ao longo da experiência profissional.

Observamos na história da psicanálise que, como toda questão epistemológica, ela se desenvolve por meio de um sistema de redes associativas, à semelhança da rede descrita por Freud (1895). Parece-me que esta se assemelha ao que se estuda hoje em informática, da teoria das redes, com seus nós, pontos de convergência, divergência, e elementos que não se cruzam num determinado nível, mas que poderão se encontrar por meio de interligações em outros níveis.

Existe uma dicotomia entre escolas psicanalíticas. Uma a favor da existência de uma fase anobjetal, precedendo a formação de objetos internos. A outra defende a ideia de que o ego primitivo estabelece-se a partir de relações de objeto (parcial) desde o início da atividade psíquica, visto que a pulsão sempre procura algo para investir e se estabelece na mente como uma representação psíquica do objeto.

Nesse sentido, um dos ramos da psicanálise manteve-se mais próximo do pensamento freudiano. Após seu artigo de 1923, *O ego e o id* (Freud, 1923/1973d), surgiram novos autores e trabalhos relativos à formação do ego, suas funções e mecanismos de defesa.

Anna Freud, filha do criador da psicanálise, escreveu, em 1936, "O ego e seus mecanismos de defesa", dando início à escola que posteriormente veio a se chamar "psicologia do ego", a partir dos trabalhos de Hartmann (1939). Outros autores surgiram dentro dessa linha de pensamento, como Bowlby (1969), com extenso trabalho sobre a importância dos vínculos na relação dual mãe-bebê (*Attachment and loss*), e Spitz (1965, 1983), descrevendo os organizadores internos e o desenvolvimento da comunicação, principalmente em seus aspectos pré-verbais (1957).

Surgiram contribuições como as de Mahler (1968), relacionadas à individuação humana. Parte da ideia de que a vida mental evolui de um estado autístico, passa por uma relação de fusão e indiferenciação entre o eu e o não eu em direção à separação e individuação, com consequente discriminação entre sujeito e objeto.

A outra escola que veio enriquecer o conhecimento e a prática psicanalítica é representada pelos trabalhos de Klein (1932) e seus seguidores, como Segall, Isaacs, Milner, Meltzer, Bion, Bick, Pick, Rosenfeld.

Esses autores deram ênfase às fantasias inconscientes, às posições esquizoparanoide e maníaco-depressiva, aos mecanismos de defesa primitivos (como negação, cisão, controle onipotente, idealização) e suas consequências sobre as relações de objeto parcial e total, e ainda à presença do Édipo precoce.

Um terceiro grupo pode ser identificado nos trabalhos de Winnicott, Storolow, Kohut, Kernberg, com variações que levam em conta conhecimentos que foram se ramificando desses primeiros grupos.

No estudo dessas fases mais primitivas do desenvolvimento (pré-esquizoparanoide e esquizoparanoide), predominam ansiedades psicóticas, catastróficas, persecutórias e depressivas, associadas a processos narcísicos. Esses processos podem associar-se a fortes componentes autísticos, onipotência, arrogância, identificações projetivas maciças, levando à fragmentação dos objetos internos, do self, e inclusive em relação à percepção do próprio corpo, como se pode observar em certos quadros delirantes e alucinatórios da adolescência.

A intensidade e a permanência desses estados no adolescente trazem intensos transtornos adaptativos, de natureza psicótica e psicopática, diferentemente dos processos neuróticos, quando prevalecem os mecanismos de recalcamento. Em qualquer dos casos pode haver comprometimento do processo de identificação e de definição da identidade. Lembro que os processos psicóticos, psicopáticos ou neuróticos não se excluem no ego, podendo haver predominância de um sobre os demais.

Penso que uma das divergências entre a psicologia do ego e a corrente kleiniana estabeleceu-se a partir de questões em torno do conceito de "narcisismo" e das "relações objetais".

Freud (1913/1973b) caracterizou o narcisismo como um estado no qual "cada um dos componentes instintuais da sexualidade trabalha por sua conta em busca do prazer, sem se preocupar com os demais, e encontra sua satisfação no próprio corpo do indivíduo. É essa fase do autoerotismo, a qual é sucedida pela eleição de objeto".

Noutro trecho: "Os instintos sexuais até então dissociados aparecem fundidos em uma unidade e tomam como objeto o ego; não deixamos de pressentir que tal organização narcísica não haverá de desaparecer nunca por completo".

Klein parece ter discordado de Freud em relação à questão do narcisismo primário, no qual ela teria entendido que, para Freud, não haveria objeto, uma vez que o indivíduo investiria a libido sobre ele mesmo.

Para Klein, desde o princípio haveria uma relação de objeto (objetos parciais), o que definiria a existência de um ego precoce já no início da vida relacional.

Penso que, neste ponto, a discussão é acadêmica. Pode-se entender do texto anterior, em que Freud salienta o autoerotismo como elemento fundamental de prazer, que a relação autoerótica seria o equivalente da relação de objeto parcial, no sentido kleiniano do termo. O investimento do corpo (parte dele, ou de uma função) seria o objeto de localização da catexia.

Quando, no trecho seguinte, Freud diz: "os instintos sexuais até então dissociados aparecem fundidos em uma unidade", penso que daí surgiram as bases para a compreensão da estruturação e desenvolvimento do ego primitivo, bases para a compreensão da formação do self primitivo como resultante da integração de diferentes partes que o compõem, inicialmente não integradas, em que self e objeto confundem-se.

A denominação "narcisismo primário" talvez não seja adequada, pois entendo que a figura mitológica de Narciso, que dá origem ao conceito de narcisismo, pode representar a existência de uma capacidade de perceber por meio de uma figura discriminada, total, definida e gratificante.

Penso que a expressão self talvez se aproxime mais desse estado, no qual há esboços de uma percepção de si como representantes do que seja o "self primitivo" e as "relações de objetos parciais" da escola kleiniana, ou a relação self/objeto primitivo da escola de Kohut.

Podemos entender então que o narcisismo primário, nesse sentido, é uma etapa do desenvolvimento, e que o ego pode retornar a ela, por meio de fragmentações e relações de objetos parciais, ou por meio de estados de indiferenciação self–objeto.

Esse "estado narcísico" da personalidade pode fazer-se presente como uma fase do processo evolutivo, como uma perversão, ou por ocasião de ansiedades intensas e desestruturantes que atingem o ego fragilizado.

Durante a adolescência, as configurações narcísicas estão em evidência e tomam parte na organização do sentimento de autoestima, elemento que participa na reestruturação da identidade durante o processo de identificação.

É de fundamental importância para o adolescente a preservação da autoestima elevada. Pela sua fragilidade egoica, ele torna-se suscetível a situações que abalam esse sentimento. É função da atividade narcísica regular o sentimento de autoestima e "manter a coesão e a estabilidade da representação do self (o fundamento estrutural sobre o qual repousa a autoestima)", segundo Storolow e Lachmann (1983).

As ideias de Freud relativas ao narcisismo primário não são aceitas com unanimidade pelos autores, pois não explicariam de modo suficiente a complexidade das relações primitivas que podem ser mais bem apreciadas pelas teorias das relações objetais primitivas e as teorias do self.

Entendo, entretanto, que as satisfações autoeróticas estabelecidas com partes do corpo equiparam-se às satisfações oriundas de objetos parciais, e que essas relações equiparam-se às relações self/objetos inicialmente não discriminadas. Com a evolução, o bebê vai adquirindo a capacidade de discriminar as suas próprias sensações e os objetos que o estimulam, externos e internos, objetivos e subjetivos, dando um contorno ao seu self. Concomitante e progressivamente, estrutura-se um eixo central, em torno do qual se organizam as diferentes partes do self, que o compõem.

Um conceito que me parece muito interessante é o de "narcisismo funcional", proposto por Storolow e Lachmann (1983). Esses autores salientam que toda "atividade mental é narcísica no grau em que sua função é manter a coesão estrutural, a estabilidade temporal e a tonalidade afetiva positiva da representação do self". Entendo a importância desse conceito no sentido de que ele possibilita a compreensão de funcionamentos narcísicos, patológicos ou não, que emergem na adolescência em virtude de configurações arcaicas da relação self/objeto e dos mecanismos primitivos de defesa.

Vale lembrar que o bebê, por meio de suas experiências relacionais e investimentos agressivos e libidinais vividos na relação dual, desenvolve a capacidade de discriminação como consequência dos sentimentos de coesão e de continuidade.

Esses sentimentos estabelecem-se por meio de introjeções e projeções, identificações introjetivas e projetivas a partir de estados especulares e idealizações na relação com os objetos. A capacidade de integração e síntese também se estabelece com a evolução, dando lugar às representações das diferentes experiências afetivas.

Vemos que dificuldades precoces no relacionamento mãe/bebê, nos primeiros anos de vida, podem perturbar profundamente a organização do sentimento de continuidade e da autoestima, do sentimento subjetivo de identidade e dos sentimentos de constância do self e do objeto.

Penso que as ideias de Winnicott (1971), ainda que seguindo por outros caminhos, podem ser aqui inseridas, quanto à organização do falso e verdadeiro self. A mesma referência pode ser feita a Kernberg (1980/1989). Sua psicologia, uma tentativa de aproximação dos conceitos kleinianos (agressão pré-genital e mecanismos primitivos de defesa) e da psicologia do ego, contribui para a compreensão dos estados narcísicos e *borderline* da personalidade, frequentemente observáveis durante a crise da adolescência.

Hinshelwood (1991) esclarece-nos que, para Klein, as expressões self, ego e sujeito eram usadas de forma intercambiável e que "o termo ego (e também "sujeito") é empregado como complemento do objeto, enquanto self é usado para abranger a totalidade da personalidade, que não inclui apenas o ego, mas também a vida pulsional... já o ego é a parte organizada do self". Mais adiante, acrescenta que a psicologia do ego distingue as diferenças existentes entre ego e self. O ego é "uma organização mental objetivamente descrita, e o self é a representação que é investida no narcisismo".

A relação self-objeto primitivo, momento em que não há discriminação entre sujeito e objeto, evolui em sua trajetória para a diferenciação. O bebê, a partir da relação dual, abre caminho para a individuação, por meio das forças de coesão que agregam as partes do self (ou dos objetos parciais), oriundas de um estado narcísico primário que é, penso eu, o organizador do sentimento de ser, base do self primitivo, por meio das trocas realizadas com o objeto real externo, a mãe.

O objeto externo funciona como um espelho usado para desenvolver um retrato do self. A capacidade de holding e de *rêverie* do objeto torna esse objeto-espelho um modulador das características afetivas projetadas pelo bebê. Essas características afetivas, ao serem reincorporadas, sofrem as influências das fantasias existentes tanto no objeto-espelho como no bebê.

Concordo com Hinshelwood (1991), que vê semelhanças entre os pontos de vista de Klein, Kohut e Winnicott, de que a primeira preocupação do bebê é manter seu sentimento de self, o qual chamaria de sentimento de ser, contra o medo do aniquilamento.

Penso que hoje há uma tendência entre os autores em torno da afirmação de que o ego coeso é uma resultante das forças de integração dos múltiplos objetos parciais (bons e maus, construtivos e destrutivos), os quais correspondem às partes que compõem o self.

Há autores que comparam essas partes com os elementos de uma família. Dentro de uma família, cada elemento tem suas características individuais e dinâmicas próprias. Concomitantemente, age sobre os demais elementos e sofre a ação destes. Por exemplo, o adolescente sofre as pressões do crescimento com orgulho e desafio, como aspectos do seu self, e simultaneamente vive a inveja e a hostilidade em relação ao seu próprio crescimento. Parte de si não pode suportar essa condição, como um irmão menor que não aguenta as diferenças em relação ao irmão maior e, por isso, precisa destruí-lo.

Os ataques inconscientes ao crescimento são como uma defesa para não ter de se afastar da sua criança e admitir que, para alcançar em si o adulto que deseja ser, depende de muito trabalho mental: tempo, experiência, elaboração e dor.

As primeiras relações estabelecidas com o corpo materno deixam seus registros no ego primitivo de modo que, paulatinamente, tais registros efetuados nas memórias sensoriais, cognitivas e emocionais intercomunicam-se, formando sistemas cada vez mais complexos.

Das características dessa díade começa a se estruturar o psiquismo infantil, por meio do encontro entre "o narcisismo materno, que se estende à criança, e a criança, que tem sua mãe incluída em seu mundo interno", conforme expressa Erikson (1950).

O bebê, que vivia como ser associal em função de sua quase exclusiva vida instintiva e com predomínio do princípio do prazer, depara com o primeiro legislador e organizador externo, a mãe, que o conduz à adaptação e ao princípio da realidade (Spitz, 1965/1983). Isso significa aprender a discriminar e a tolerar frustrações ante impulsos e desejos. Repetidas situações dessa natureza possibilitam à criança desenvolver e organizar em seu ego mecanismos de defesa que contribuirão para sua capacidade adaptativa. Cria-se um espaço propício para as representações sensoriais e simbólicas, que são as bases da comunicação humana.

A díade mãe/bebê, inicialmente indiferenciada, fusionada, simbiótica, vai se modificando em direção à diferenciação entre o eu e o não eu, entre o self e o objeto, na busca da individuação, caminho para a conquista da própria identidade.

A organização das instâncias psíquicas, dos mecanismos de defesa, das relações de objeto parcial e total possibilita o desenvolvimento dos processos de identificação e da identidade, com diferentes características, segundo os momentos evolutivos em que se encontram. Os objetos introjetados vão sendo recriados no ego, e organiza-se o superego.

Esses objetos inicialmente estão relacionados com os corpos do bebê e da mãe. Refiro-me à percepção dos batimentos cardíacos maternos, ao contato de pele, à tensão corporal, ao olhar, à vibração emocional existente entre ambas, mãe e criança.

Gestos, atitudes e emoções vão sendo incorporados, deixando impressas suas experiências emocionais. São as primeiras identificações perceptuais, as quais possibilitarão o desenvolvimento conceitual entre semelhanças e diferenças, entre prazeroso e desprazeroso, entre sincronismo e assincronismo na relação, substrato para o desenvolvimento da empatia, do sentimento de confiança básica, da qualidade das relações objetais, bases das primeiras identificações.

Nas fases iniciais do desenvolvimento, a discriminação é inexistente ou tênue. Com a evolução, a discriminação caminha para um certo estado de percepção afetiva, de natureza confusional, até alcançar a capacidade de discriminação. O ego evolui da total indiscriminação, passando por um estado de ambiguidade, até alcançar um estado de ambivalência. Surgem a capacidade de ter dúvida e a possibilidade de elaborar o pensamento. Nesse ponto, o ego organizado tem a possibilidade de funcionar com predomínio do processo secundário.

Esse conjunto de elementos da vida mental primitiva, representados por mecanismos de defesa primitivos, características das relações self/objeto primitivo e ansiedades inerentes a esses estados psíquicos, configura o que chamamos de "estados primitivos da mente", e que, a meu ver, se aproximam dos conceitos de Bleger, de partes não discriminadas da personalidade.

Ruptura entre as partes não discriminadas e discriminadas

O conjunto dessas estruturas primitivas fusionadas, não discriminadas, indiferenciadas Bleger (1977) denominou "estrutura sincicial". Esse autor assinalou que a problemática do adolescente consiste em como "desconectar-se a partir dessa fusão primitiva e organizar outro tipo de conexão ou relação". Quero lembrar mais uma vez que essa organização primitiva contém o narcisismo primitivo. Essa condição é de fundamental importância para a compreensão de muitos dos fenômenos normais da adolescência. Dependendo de sua intensidade e duração (refiro-me ao narcisismo primitivo), poderá trazer sérias consequências para o processo de identificação e identidade do jovem.

Freud (1914/1973c), em "Introdução ao narcisismo", já havia alertado para o fato de que o hiperinvestimento do estigma narcísico na eleição do objeto traz inúmeras dificuldades no desenvolvimento das relações.

Portanto, a parte fusionada da personalidade acompanha o indivíduo ao longo de sua vida, e sua maior ou menor variabilidade interferirá na organização da identidade. Ela funciona como se fosse um "protótipo identificatório" (Bleger, 1977), com o qual a nova identidade em formação compara-se, desvincula-se e transforma-se, em grande parte, em elementos que comporão a identidade adulta.

Cito, por exemplo, a possibilidade de um rapaz fixar-se ou transformar suas primeiras experiências infantis, simbióticas na relação com a mãe, em capacidade de *maternagem* em relação à sua futura paternidade. Na primeira situação, poderá preservar o estado simbiótico e estabelecer uma relação de dependência infantil em sua vida amorosa, ou poderá transformar esse modelo relacional primitivo em algo funcional, como parte do seu self e de sua identidade masculina, tornando-se um pai maternal, presente e provedor.

Na adolescência, os investimentos narcísicos estão exacerbados. Dependerá dos mecanismos esquizoides ou dissociativos a possibilidade de diferenciação e discriminação desses núcleos aglutinados, de natureza narcísica, a partir da estrutura sincicial.

Concordo com Bleger quando afirma que parte dessa estrutura sincicial jamais alcançará um estado estrutural mais diferenciado. Somente parte dessa estrutura sofrerá transformações, sobre as quais se organizarão as partes mais evoluídas da personalidade.

Seguindo as ideias de Bleger, a identidade encontra-se estruturada em três níveis que se interatuam:

- estruturas mais evoluídas da personalidade que intervêm na sociabilidade, caracterizada pela relação interpessoal e baseada fundamentalmente sobre os mecanismos de projeção e introjeção;
- mecanismos de identificação projetiva-introjetiva; e
- persistência da estrutura sincicial primitiva.

Portanto, parte da identidade organiza-se sobre uma base que é pouco evoluída, que não é nem interna nem externa, pois ainda não houve essa discriminação em termos de individualização. Conclui o autor que esses aspectos são fundamentais em relação ao processo de identificação do adolescente, "porque a crise de identidade do adolescente é basicamente uma ruptura ou desorganização da estrutura sincicial, o que ocorre sempre que uma crise vital resulta profunda e total".

Outro ponto de vista em relação ao processo de identificação do adolescente é o de Mahler (1968). Ela caracteriza o processo adolescente por meio da evolução egoica e da relação de objeto. Para a autora, há um processo de fusão, seguido de dessimbiotização, que ocorre em duas fases durante a evolução: a primeira na infância e a segunda na adolescência.

Na infância, o bebê vive um estado autístico normal, de "desorientação alucinatória primária", e a satisfação de suas necessidades advém do seu próprio mundo autístico todo-poderoso. A etapa seguinte caracteriza-se pelo estabelecimento de uma relação simbiótica normal. Nesta, o bebê e sua mãe funcionam formando um sistema único, investido de modo onipotente, no qual não há discriminação entre o eu e o não eu.

A autora valoriza a ideia de narcisismo primário de Freud e o subdivide em duas fases: narcisismo absoluto, que corresponde a uma ausência de consciência em relação ao agente materno, e uma outra fase na qual surge a noção da existência do elemento gerador de gratificações.

Salienta que o conjunto de sensações internas constitui o "núcleo do self", ponto central, cuja cristalização em torno do sentimento de si favorecerá o desenvolvimento de um sentimento de identidade. Esse sentimento possibilita ao bebê delimitar seu próprio mundo, definindo os contornos do ego corporal, distinguindo-o daquele representado pelo mundo dos objetos. Com a evolução do ego primitivo, há o deslocamento da libido, de tal forma que o objeto investido é discriminado do próprio eu. Esse movimento dá condições para que o bebê caminhe em direção à autonomia e à individuação.

Na adolescência, ocorre a segunda fase do processo de "dessimbiotização", necessária para que se alcance um estado de autonomia e emancipação. Desvios poderão levar o adolescente a uma persistência ou abandono prematuro em relação ao objeto interno primitivo.

No primeiro caso, gerando um prolongamento na relação de dependência em relação a objetos idealizados, predominantemente por meio de processos primários, com baixa tolerância a frustrações e atuações. A predominância de identificações projetivas ocupa o espaço do pensar e torna o outro depositário de aspectos seus, agindo de modo controlador sobre o objeto das projeções.

Quando, pelo contrário, ocorre uma desconexão rápida dos objetos primitivos, podem surgir profundos sentimentos de "vazios". Cassorla (1991) mostra-nos a probabilidade de esses casos caminharem para suicídio, somatizações ou para a organização de uma pseudomaturidade representativa de um falso self.

Esse processo de desconexão pode ser observado também do ponto de vista da desidentificação. Aspectos das múltiplas identidades anteriores (ou múltiplas facetas da identidade anterior) são desinvestidos para que o indivíduo possa dar outro curso à sua história.

O indivíduo necessita desvencilhar-se das identidades mais primitivas e reidentificar-se a partir da escolha de novos objetos. Esse processo é carregado de dor e culpa, mas, por outro lado, libera-o ante as novas pulsões e possibilita-lhe construir uma nova identidade e modelo de vida.

Kancyper (1990) salienta que, nesse processo de desidentificação e reidentificação, há uma liberação da pulsão de morte, que pode sofrer diferentes destinos: estabelecer novas identificações, podendo caminhar para identidades negativas, ou tornar-se parte de um superego tirano e punitivo. As dificuldades na resolução dessas situações podem conduzir o adolescente a organizar-se em quadros graves de depressão, pânico, sentimentos de abandono, fuga da realidade, quadros obsessivos, os quais se confirmam em minha prática clínica.

Cito como exemplo o caso de uma jovem com quadro de bulimia, intercalado por períodos de anorexia. Essa adolescente definiu, conscientemente, que seu corpo deveria ter determinado peso, muito abaixo de suas necessidades vitais. Estabeleceu com ele uma relação tirânica e onipotente, de tal forma que elevações imaginárias ou reais de peso, ainda que mínimas, motivavam vômitos deliberados, chegando a tal perda de peso que ocasionou quadro de amenorreia.

Pude perceber em sua análise (há comentários a respeito desse caso no Capítulo 10) componentes narcísicos evidentes, por meio de uma imagem idealizada e narcísica de seu ego corporal. Estabeleceu com seu corpo uma relação de objeto parcial, uma vez que excluiu da mente funções e necessidades biológicas que o compõem, como: peso mínimo para um funcionamento corporal adequado, definição da identidade de gênero. Estabeleceu, por meio do corpo, uma relação tirânica e onipotente consigo mesma. Seu corpo transformara-se no depositário de vivências persecutórias, terroríficas, de caráter psicótico, como via de negação de sua sexualidade e fertilidade. Seu corpo devia se submeter a seus desejos idealizados de prazeres imediatos.

Kohut (1988) chama de "raiva narcísica" o ataque que o indivíduo realiza a si mesmo quando não corresponde à imagem idealizada de si, sendo esta uma condição para o surgimento de doenças psicossomáticas. No caso em questão, as manifestações bulímicas, anoréxicas e depressivas parecem conter esse componente. É possível que a amenorreia seja consequência não só das alterações hormonais, de natureza orgânica, decorrentes do baixo peso, mas esteja imbricada com conflitos emocionais, de expressão psicossomática.

Ao negar sua feminilidade, valorizava a erotização e o prazer imediatos oferecidos pelo seu corpo, mal discriminando as qualidades afetivas da relação. Estabeleceu com o analista uma relação transferencial erótica, cuja função parecia estar ligada a uma questão sensorial, de pele, como se dessa forma buscasse dar um contorno ao seu self. Dito de outra forma, era um meio de despertar no analista um estado de "preocupação materna primária", por meio de uma reação contratransferencial de continência, holding.

Dava ao seu corpo aparência masculina, perdendo as formas arredondadas e vestindo-se de forma ambígua, reveladoras de forte presença de aspectos da mente primitiva: presença da bissexualidade, da dificuldade de discriminação na escolha objetal, na discriminação self-objeto. O objeto era utilizado para satisfazer seus ideais narcísicos. Em certos momentos, esse objeto era considerado apenas um instrumento para a realização de seus desejos imediatos.

Havia ainda temores ante impulsos hetero e homossexuais incestuosos, carregados de sentimentos de culpa e inaceitáveis como integrantes do seu self. Não estava sendo capaz de transformá-los em aspectos de sua identidade adulta. As constantes atuações, à medida que puderam ocorrer dentro do *setting* analítico, deram margem a interpretações transferenciais a partir de intensas identificações projetivas. Predominava o processo primário, elemento da estrutura sincicial, cuja relação simbiótica à figura materna primitiva idealizada bloqueava o desenvolvimento de sua identidade adulta e a aceitação de sua sexualidade. Parecia caber ao analista a função de intervir nesse tipo de relação, por meio da interpretação, para que a paciente tivesse a oportunidade, por meio de seu insight, de romper o estado fusional self-objeto idealizado. A imago paterna representava uma figura passiva ou ausente.

Outros conflitos carregados de culpa e punição comprometiam sua trajetória identificatória. Com o decorrer da análise, foi possível identificar esses núcleos primitivos e, graças à parte mais desenvolvida de sua personalidade, pôde desvincular-se dessas relações primitivas, reelaborar sua condição de ser, e de ser mulher.

Pelo relato desse caso, pode-se caracterizar também a fantasia primordial, que Joyce McDougall chama de "um corpo para dois", e que está presente em todo ser humano. É o protótipo biológico da relação psicológica básica estabelecida na relação mãe/bebê. Para o bebê, qualquer situação de desprazer, descontinuidade, perda de sincronia, frustração, deverá ter seu equilíbrio restabelecido, na busca da homeostase, por meio da mãe, reproduzindo essa relação fundamental vivida na vida intrauterina. As capacidades de holding de Winnicott, por meio da preocupação materna primária, ou de *rêverie* de Bion, representam tendências na vida exterior, ao reproduzirem as qualidades vinculares daquela relação fundamental.

McDougall (1987) caracteriza essa situação de uma forma muito lúcida e bonita:

> *Tudo aquilo que ameaça destruir a ilusão de indistinção entre o corpo próprio e o corpo materno o impulsiona a procurar o meio intrauterino perdido, e induz a mãe a responder instintivamente a essa demanda, trazendo alívio e sono ao bebê, pelo ritmo de seu corpo e pela manutenção do contato corporal.*

O prolongamento imaginário dessa relação "um corpo para dois", no recém-nascido, é que rege o seu funcionamento somatopsíquico. É por meio das frustrações, adequadamente moduladas pela mãe "suficientemente boa", que o bebê progride do estado alucinatório (passando pela ilusão), até alcançar a relação com o objeto real. Progressivamente, a criança estabelece uma relação com o objeto real interno, elemento do equipamento mental, e o separa das reações do corpo.

Conforme sugere Winnicott, há um momento em que a criança alucina o seio como fazendo parte dela mesma, portanto, parte do seu narcisismo primário. Quando a mãe oferece o seio, o bebê transforma essa alucinação numa ilusão, como se o objeto tivesse sido criado por ele, criando a área da ilusão. Essa evolução possibilita que se organize na mente do bebê um espaço virtual e lúdico, que conterá as representações do self, do objeto, conjuntamente com a capacidade de pensar. A criança busca, dessa forma, recriar a ilusão da unidade básica, formada por corpo-mente-seio materno.

Penso que a relação que o adolescente mantém com o objeto idealizado visa reproduzir essa fantasia primordial, de um corpo para dois. Essa fantasia, representada pela ilusão da unidade básica, é quebrada quando o bebê abandona o útero materno e vive a experiência emocional que Meltzer (1985) denominou como a perda do objeto estético, a ser recuperado em cada relação, e ao longo da vida. Nos momentos depressivos e de regressão, busca-se retornar à ilusão da unidade básica e resgatar a vivência da relação com o objeto estético fundamental.

McDougall enfatiza que falhas nesse processo fundamental trazem repercussões sobre a capacidade de integração e de discriminação do seu corpo, pensamentos e afetos.

O adolescente, ainda que, em fases anteriores à adolescência, tenha vivido com um razoável equilíbrio e compensação falhas ou traumas, reais ou fantasiosos, ocorridos nos períodos iniciais da vida, terá grande probabilidade de reviver, na vida relacional atual, manifestações psíquicas que contêm características semelhantes às daquele período, concomitantemente às aptidões atuais.

O verdadeiro e o falso self

O adolescente, na definição de sua identidade, realiza uma luta interna e externa para descobrir e expressar o seu eu autêntico. O cantor e compositor Lobão reproduz na letra de sua música esse sentimento, ao dizer: "eu me amo".

Junto com os desejos, os medos e a coragem ante os desafios, o adolescente enfrenta o desconhecido que emerge dentro de si. Teme se desiludir consigo mesmo, em suas experiências, e com o mundo.

Porém, existe outro medo, o de ter o seu "eu verdadeiro" aniquilado pela imposição do desejo externo, pelo *establishment*, e, em consequência, pode sentir a necessidade de se defender adaptando-se, sendo aquilo que ele realmente não é.

A questão básica é a intensidade dessa submissão. A vida em sociedade requer certa dose de falso self para que ela possa se realizar. Simpatia, delicadeza, cordialidade, diplomacia são atributos que podem ser usados para mascarar externamente os verdadeiros sentimentos, assim como muitas reações agressivas podem ser defensivas ante o temor em externar a sensibilidade e o amor. Por exemplo, adolescentes do sexo masculino podem reprimir sua delicadeza e sensibilidade por se sentirem ameaçados em sua virilidade, devido a fantasias e questões culturais, tolhendo algo que lhes pode ser espontâneo e autêntico, aniquilando algo do seu ser.

O adolescente, em meio às suas inúmeras indefinições, necessita experimentar-se para se conhecer, e muitos se defendem, pois trazem em sua biografia e fantasias sequelas na formação do verdadeiro self. Quando a pessoa não se dá conta de seus sentimentos reais e deforma a sua capacidade criativa e espontânea de responder aos estímulos, acaba por se expressar por meio do falso self. Torna-se uma personalidade que se organiza "como se".

Costumo usar como analogia para caracterizar a personalidade "como se" a imagem de um fruto chamado "sabra", que existe no deserto do Negev, no Oriente Médio. É um tipo de cacto, pleno de espinhos por fora, casca grossa, e cuja polpa é doce e saborosa. Talvez sua aparência externa rude e agressiva tenha sido a forma defensiva encontrada na natureza para suportar a aridez do solo e as grandes variações de temperatura no deserto. No sertão brasileiro, há outro tipo de cacto, muito rugoso e espinhoso, do qual o nordestino retira a água para sobreviver. Se tomarmos a aparência desses cactos como verdade absoluta, a essência deles estará sendo aniquilada. É isso que o adolescente teme, e é contra essa ameaça, consciente ou inconscientemente, que ele luta, por meio de sua rebeldia.

A base do ser autêntico está nos primórdios da relação mãe/bebê. A mãe que temporariamente aceita submeter-se a viver sob um estado de dependência e de controle onipotente, e que, progressivamente, ajuda o bebê a lidar com frustrações, estará contribuindo para que se forme na mente dele um espaço virtual, no qual ele tem a ilusão de criá-la, ali onde a deseja, e assim estruturar o sentimento de ser, base do verdadeiro self.

Por meio de um estado psíquico que Winnicott (1971) denominou preocupação materna primária, a mãe, paulatinamente, pode ajudá-lo a lidar com suas frustrações, modulando-as de modo que o sofrimento inerente seja suportável, sem que se transforme em ameaça de pânico, de catástrofe ou de desorganização. Caso contrário, o bebê terá de se submeter ao outro, organizando-se em torno de um falso self, para sobreviver às fantasias de aniquilamento.

Quando o bebê, por falhas existentes nessas primeiras relações, tem de crescer mais rápido do que pode, suportar frustrações em demasia, comer quando não tem fome, ser acordado quando ainda quer dormir, controlar os esfíncteres antes do tempo, acaba adaptando-se para sobreviver.

Winnicott (1960, 1965, 1971) desenvolveu em profundidade suas teorias a respeito de como se formam o verdadeiro e o falso self. Reproduzo um trecho do livro *O ser e o viver*, de Júlio de Mello Filho (1989), a respeito do tema em questão: "A mãe suficientemente boa alimenta a onipotência do lactente, e o faz repetidamente. Um self verdadeiro começa a ter vida a partir da força dada ao ego fraco do lactente, pela complementação da mãe das expressões de onipotência do lactente".

Sobre o falso self, Júlio de Mello (1989) assinala:

> *A mãe que não é suficientemente boa não é capaz de complementar a onipotência do lactente, e assim falha, repetidamente, em satisfazer a manifestação do lactente; ao contrário, ela o substitui por sua própria manifestação, que deve ser validada pela submissão do lactente. Essa submissão por parte do lactente é o estágio inicial do falso self, e resulta na inabilidade da mãe em sentir as necessidades do lactente . . . Por meio desse falso self, o lactente constrói um conjunto de relacionamentos falsos, e, por meio de introjeções, pode chegar até uma aparência de ser real, de modo que a criança pode crescer tornando-se exatamente como a mãe, babá, tia ou irmã, ou quem quer que seja que, no momento, domine o cenário.*

Na busca de sua autenticidade, o adolescente pode viver uma condição de "falso self", ou, dito de outra maneira, surge um falso self adequado, pois ele necessita agrupar-se, pertencer a uma turma (visto que seus componentes usam as mesmas roupas, cortes de cabelo, ouvem as mesmas músicas, seguem as mesmas ideologias), graças a uma individualidade ainda não definida.

Em meio às suas dúvidas e confusões, identifica-se com o grupo, de modo a quebrar seus vínculos de dependência com o meio controlador, até poder resgatar o sentimento de que o que o ilumina em suas buscas é interno, vem de dentro, do fundo da alma.

Não raro, os pais sugerem algum caminho para o jovem, o qual ele nega frontalmente como opção. Tempos depois, quando a situação já parece estar esquecida, ou ter sido superada, eis que o jovem nos surpreende com sua decisão, muito semelhante à sugerida inicialmente. A grande e fundamental diferença é que a definição veio de dentro, como uma elaboração criativa e original dele.

Qualquer outro movimento é comumente sentido como pressão, imposição, ameaça, invasão do espaço próprio, levando-o a reagir defensivamente ante o que lhe parece ser uma ameaça de aniquilamento do seu próprio eu.

Voltando ao texto anterior, Mello Filho (1989) prossegue:

> *Como na base do falso self está a dificuldade do pleno uso da onipotência infantil, da qual derivam a ilusão, a imaginação e o brincar, isto é, a capacidade de usar símbolos, os pacientes com um grande falso self, nos adverte Winnicott, têm pobreza de vida cultural.*

Há uma hiperadaptação ao meio, que contrasta com uma pobreza de vida interior. O exibicionismo, a estereotipia de comportamento e o mimetismo são tendências reveladoras do falso self.

A busca do eu autêntico tem como resultado a possibilidade de viver com seus aspectos psíquicos antagônicos, como querer crescer sem abandonar os privilégios de sua criança. Tem de incorporar ao seu eu aqueles aspectos que considera indesejáveis; acredita ser apenas bondoso e não se dá conta de que também é o próprio lobo vestido de cordeiro. São sentimentos que podem ferir o desejo de manter o ideal narcísico imaculado, sem perceber que esses são componentes inerentes à sua personalidade. Isto é, o indivíduo é constituído, em seu ego, de aspectos de vida e de morte, de construção e de destruição, mesmo no âmbito narcísico, como partes do seu self.

O autêntico é o que não é falso. É o que é original e, portanto, é libertar-se da imposição do desejo do outro e do próprio superego censor. Assim, poderá conquistar a realização e controle dos próprios desejos para a sua satisfação. E conquistar a capacidade de estar só, diante da necessidade de opção ante um conjunto de desejos, e apesar do outro.

Transformações cognitivas e o aprender com a experiência

Do ponto de vista do desenvolvimento cognitivo, sabemos que o adolescente alcançou um nível de desenvolvimento que lhe permite utilizar o pensamento hipotético-dedutivo, estágio combinatório (reciprocidade, mutualidade afetiva e social) no qual prevalecem as operações formais, descritas por Piaget e Inhelder (1990).

O adolescente é capaz de propor enunciados verbais. Realiza experiências num momento da vida em que as condições de compromisso e responsabilidade são menores quanto às suas consequências, dando-lhe maiores possibilidades para trabalhar por meio de erros e acertos.

Sua capacidade intelectual dispõe de mecanismos para a efetuação de análise e síntese. Levanta hipóteses, avalia probabilidades, correlaciona. Lida com um conjunto de variáveis e movimenta-se do particular para o genérico e vice-versa. Estabelece conceitos. Analisa resultados e sugere novas hipóteses, ampliando sua cadeia associativa e o campo de conhecimentos nos âmbitos cognitivo, afetivo e social.

Contudo, o adolescente, como temos assinalado no decorrer deste livro, apresenta intensa carga de mecanismos de defesa primitivos, próprios do processo de identificação, que invadem o seu ego e interferem em suas funções cognitivas. Quando as identificações projetivas, a onipotência, a ambivalência são excessivas, ao lado de grande capacidade de racionalização, acabam por enfraquecer o ego. As capacidades perceptiva, elaborativa e associativa tornam-se comprometidas, empobrecendo o contato com o mundo objetivo e com as experiências emocionais.

Como consequência, prevalecem mecanismos próprios do pensamento primitivo, com funções de descarga por meio de atuações, negações, cisões, em prejuízo das funções intelectuais de análise, crítica, síntese e da atividade criativa.

Muitas atitudes delinquentes são decorrentes de "ações impensadas", pelas dificuldades de acesso ao pensamento formal, perturbado pelas distorções na apreensão das relações têmporo-espaciais e na integração entre o eu e o não eu.

Os conceitos de Klein (1923) sobre a relação entre a curiosidade sexual, o sadismo e o impulso epistemofílico contribuíram para a compreensão da interferência de fatores emocionais, ligados à curiosidade sexual, na formação de quadros de inibição intelectual e transtornos de aprendizagem.

Noutros trabalhos, Klein (1930, 1931) avaliou os transtornos intelectuais em pacientes psicóticos, pondo em evidência a existência de ataques agressivos ao objeto e consequente cisão dos objetos em totalmente bons ou maus, gerados pelo ódio e pela inveja deles. A consequência é uma percepção distorcida, com prejuízos na integração das diferentes partes que o compõem. Klein identificou que a atividade perceptual e intelectual do bebê era desenvolvida e precoce, sugerindo a existência de conhecimentos inatos. Talvez os conceitos de protorrepresentação, de Freud, e de pré-concepção, de Bion, aproximem-se dos conhecimentos inatos de Klein.

Ela contribuiu também com o conceito de fantasias inconscientes, mostrando que as capacidades de amar e odiar ampliam ou destroem as possibilidades do conhecer.

Por intermédio de Bion (1967), pode-se ampliar a compreensão de como o predomínio dos mecanismos psíquicos primitivos perturbam e interferem na livre utilização da capacidade de pensar. As atuações prevalecem em função de estados afetivos, como a inveja que perturba, por exemplo, a capacidade de incorporação e a compreensão.

Quando há a prevalência de identificações projetivas intensas, o aparelho de pensar é destruído. A impulsividade leva o indivíduo a usar o aparelho mental de modo primitivo, como elemento de descarga, prejudicando as possibilidades de trocas intelectuais, sociais e afetivas.

Em contrapartida, o adolescente pode hiperinvestir nas funções intelectuais como defesa ante os temores oriundos da sexualidade genital que tenta se impor em sua vida. Sentimentos de culpa e inibição intelectual, por sua vez, podem ser decorrentes de temores inconscientes ante as fantasias sexuais ligadas a conflitos infantis não resolvidos, carregados de aspectos perversos, em um ego enfraquecido e empobrecido pelos conflitos que o envolvem.

Portanto, há uma nítida relação de interdependência entre amor, ódio e conhecimento. Essa relação inicia-se a partir da qualidade do vínculo estabelecido na relação mãe/bebê. As capacidades de continência e de *rêverie* da mãe, de poder modular e filtrar as ansiedades que atingem o bebê, possibilitam-lhe, a partir do contato corporal gratificante, incorporá-la e conhecê-la vivencialmente, sendo essas as bases do aprendizado, do conhecimento e da formação do aparelho de pensar.

Na vida primitiva, os primórdios do conhecimento são corporais, somáticos, e estão atrelados às sensações físicas, que são transformadas de elementos sensoriais em conteúdos mentais, por meio da função alfa. Dependendo da qualidade do vínculo estabelecido entre ambos, o bebê pode transformar os elementos sensoriais (beta, na versão de Bion) em pensamentos, isto é, numa qualidade mental mais evoluída, por meio de conteúdos mentais utilizáveis para pensar e sonhar, e não somente como elementos de descarga.

Por exemplo, uma relação pautada na inveja e no ódio torna o objeto sobre o qual se projetam as fantasias destrutivas um objeto ameaçador, destruído ou ausente, e em consequência, surgem sentimentos persecutórios, de total desamparo, ou de aderência, prejudicando a incorporação adequada do objeto, com repercussões sobre a compreensão, o conhecimento e o aprendizado que podem advir da relação estabelecida com esse objeto.

O adolescente, pelas características já assinaladas, torna-se mais vulnerável a perturbações em sua capacidade de pensar e na plena utilização de seus potenciais cognitivos. Manifestações como baixo rendimento escolar, desinteresse pelo conhecimento, bloqueios na compreensão, estados de devaneio, manifestações psicóticas ou delinquentes podem ser expressões sintomáticas consequentes à ação da vida afetiva sobre a atividade cognitiva.

Uma criança que cresce em condições de abandono atinge a adolescência num estado de profunda desvantagem em relação a outros jovens criados dentro de um contexto familiar. Seus aspectos cognitivos, afetivos e conativos em suas relações com o mundo externo e interno, em termos de desenvolvimento, percepção e integração, sofrem falhas e distorções irreparáveis ao longo da vida. Observa-se que muitos desses jovens não chegam a alcançar o pensamento formal e combinatório, organizando-se dentro de quadros deficitários, melancólicos, delinquentes, psicóticos ou psicopáticos, com limitações em suas capacidades de sublimação dos aspectos pulsionais sádicos e libidinais em conhecimento e criatividade.

Apresento uma síntese proposta por Carvajal Corzo (1993), que inclui contribuições de vários autores, particularmente Freud e Bion, oferecendo uma visão objetiva e prática dos diferentes níveis que constituem a capacidade de pensar. Da mais complexa (sublimação) para a mais primitiva (ação):

- sublimação;
- ideação racional consciente;
- jogar;
- fantasiar;
- sonhar;
- sintoma psíquico (desde a angústia até o delírio);
- resposta corporal (psicossomático);
- ação.

O pensamento adulto oscila normalmente entre esses diferentes níveis, por meio dos quais o sistema psíquico busca aliviar-se de suas tensões. Como afirma Carvajal Corso (1993):

> *O mero desenvolvimento do sistema cognitivo não garante um manejo pensante do psíquico. O importante é a união entre o sistema simbólico e o mundo instintual. O divórcio desses sistemas só produzirá intelectualização com descargas dissociadas . . . A intelectualidade não vacina contra a irracionalidade. Somente um equilíbrio adequado entre aprendizagem intelectual e controle instintual pode formar um ser com uma repressão permeável e um manejo cultural adequado do seu psiquismo inconsciente.*

Isso significa a necessidade de um trabalho integrado entre cognição e vida afetiva, para que se alcance um equilíbrio adequado entre as diferentes forças que pressionam o ego.

Ilustro essa transitoriedade entre diferentes níveis de pensamento com um caso clínico.

Uma adolescente traz como recordação, em sessões de análise, a ideia de ter sido mal-amada por sua mãe. Tem a impressão de que viveu abandonada, aos cuidados de terceiros, enquanto sua mãe saía para trabalhar. Acredita que sua situação tenha se agravado a partir do nascimento da irmã, um ano mais nova do que ela. Sente muito ciúme dela e vê-se constantemente ameaçada em relações que envolvem triangulação e confrontação. Isso ocorre em relação não só a pessoas, mas também a ideias que ameacem a organização do seu pensamento original. Em situações dessa natureza, a ansiedade persecutória aumenta, e ela acaba por abandonar a pessoa, coisa (ou a si mesma) com a qual está emocionalmente envolvida. Seu desejo de controlar sadicamente o objeto *versus* a autonomia do objeto, que pode ser um aspecto do seu eu, como um determinado sentimento, leva-a a um estado de frustração e ódio, com consequente ataque ao objeto ou ao pensamento. Perde com isso a possibilidade de conhecer outras facetas do objeto, que inclusive pode ser ela mesma, esterilizando as relações e sua capacidade de alcançar um pensamento criativo. Em alguns momentos, sua mente funciona num estado de pseudodebilidade intelectual, como defesa ante angústias que lhe ocorrem ao usar sua capacidade de pensar, ou perde-se em devaneios ou tende à atuação. A expressão final é de um pensamento pobre, o qual tende à estereotipia. O ciúme ou a inveja que sente, inclusive de si mesma em relação aos seus aspectos desejosos de desenvolvimento, acaba por prejudicá-la em suas funções cognitivas, na compreensão dos fatos e nas possibilidades de criar e de aprender a partir da experiência emocional, resultando, nesses momentos, em uma ação que tem a função de descarga em vez de alcançar o equilíbrio interno pensando pensamentos.

Encerro este capítulo com uma síntese preciosa de Hinshelwood (1991), que diz: "o pensamento e a racionalidade dependem da vida emocional do tipo mais primitivo, e, em realidade, dela emergem".

Referências

Aberastury, A., & Knobel, M. (1971). *La adolescencia normal.* Paidós.

Amaral, L. A. (1967). Adolescência. *Revista Brasileira Psicanálise, 1*, 94.

Bick, E. (1968). The experience of the skin in early object-relations. *The International Journal of Psychoanalysis*, 49, 484.

Bion, W. R. (1962). *Aprendiendo de la experiencia.* Paidós.

Bion, W. R. (1966). *Elementos de psicoanálisis.* Hormé.

Bion, W. R. (1968). *Transformaciones.* Hormé.

Bion, W. R. (1967). *Volviendo a pensar.* Hormé.

Bion, W. R. (1974). *Atención e interpretación.* Paidós.

Bleger, J. et al. (1973). *La identidad en el adolescente.* Paidós-Asappia.

Blos, P. (1975). *Psicoanálisis de la adolescencia*. Joaquin Mortiz.

Bowlby, J. (1969). *Attachment and loss* (Vol. I-II). Basic Books.

Carvajal Corzo, G. (1993). *Adolecer: la aventura de una metamorfosis*. Tiresias.

Cassorla, R. M. S. (1991, 22 de maio). *Aspectos sobre o processo de dessimbiotização na adolescência* (Trabalho apresentado em reunião científica da Sociedade Brasileira de Psicanálise de São Paulo).

Chodorow, N. (1990). *Psicanálise da maternidade: uma crítica a Freud a partir da mulher*. Rosa dos Tempos. (Trabalho original publicado em 1978).

Erikson, E. (1972). *Adolescence et crise: la quête de l'identité*. Flammarion.

Erikson, E. (1973). *Infancia y sociedad*. Hormé. (Trabalho original publicado em 1960).

Freud, A. (1972). La adolescencia en quanto perturbación del desarrollo. In C. Caplan, & S. Lebovici (Orgs.), *Anna Freud y outros: el desarrollo del adolescente*. Paidós.

Freud, S. (1973a). Tres ensayos para una teoria sexual. In S. Freud, *Obras completas* (Vol. II). Biblioteca Nueva. (Trabalho original publicado em 1905).

Freud, S. (1973b). Totem y tabu. In S. Freud, *Obras completas* (Vol. II). Biblioteca Nueva. (Trabalho original publicado em 1913).

Freud, S. (1973c). Introducción al narcisismo. In S. Freud, *Obras completas* (Vol. II). Biblioteca Nueva. (Trabalho original publicado em 1914).

Freud, S. (1973d). El yo y el id. In S. Freud, *Obras completas* (Vol. III). Biblioteca Nueva. (Trabalho original publicado em 1923).

Hinshelwood, R. D. (1991). *Dicionário do pensamento kleiniano*. Artes Médicas/Persona.

Holanda Ferreira, A. B. (1986). *Novo dicionário da língua portuguesa*. Nova Fronteira.

Kancyper, L. (1990). Adolescencia y desidentificación. *Revista de Psicoanálisis*, *47*, 750-760.

Kernberg, O. (1989). *Mundo interior e realidade exterior*. Imago. (Trabalho original publicado em 1980).

Klein, M. (1930). The importance of symbol-formation in the development of the ego. *WMK*, *1*, 219-232.

Klein, M. (1931). A contribution to the theory of intellectual development. *WMK*, *1*, 236-247.

Klein, M. (1939). *Psicanálise da criança*. Mestre Jou.

Kohut, H. (1988). *Análise do self*. Imago.

Lebovici, S., & Soulé, M. (1972). *La connaissance de l'enfant par la psychanalyse*. PUF.

Mahler, M. (1973). *Symbiose humaine et individuation: psychose infantile*. Payot.

McDougall, J. (1987). *Conferências brasileiras*. Xenon.

Mello Filho, J. (1989). O *ser e o viver: uma visão da obra de Winnicott*. Artes Médicas.

Meltzer, D. (1979). *Estudos sexuais da mente*. Imago.

Meltzer, D. (1985). L'objet esthétique. *Revue Française de Psychanalyse*, *49*, 1385-1399.

Nathan, T. (1983). *Psychanalyse et copulation des insectes*. La Pensée Sauvage.

Piaget, J., & Inhelder, B. (1990). *A psicologia da criança*. Bertrand Brasil.

Pinol-Douriez, M. (1984). *Bébé agi, bébé actif: l'émergence du symbole dans l'économie interactionnelle*. PUF.

Spitz, R. (1983). *O primeiro ano de vida*. Martins Fontes. (Trabalho original publicado em 1965).

Stern, D. (1992). *O mundo interpessoal do bebê: uma visão a partir da psicanálise e da psicologia do desenvolvimento*. Artes Médicas.

Storolow, R. D., & Lachmann, F. M. (1983). *Psicanálise das paradas do desenvolvimento: teoria e tratamento*. Imago.

Tustin, F. (1981). *Autistic states in children*. Routledge and Kegan Paul.

Verny, T., & Kelly, J. (1981). *The secret life of the unborn child*. Delta Book.

Wilheim, J. (1988). *A caminho do nascimento: uma ponte entre o biológico e o psíquico*. Imago.

Wilheim, J. (1992). *O que é psicologia pré-natal*. Brasiliense.

Winnicott, D. (1975). *O brincar e a realidade*. Imago.

Winnicott, D. (1980). *A família e o desenvolvimento do indivíduo*. Interlivros.

Winnicott, D. (1982). *O ambiente e os processos de maturação*. Artes Médicas.

4. A crise dos pais na adolescência dos filhos

Enquanto ele está na subida, eu estou na descida,
entrando na menopausa . . . e o pai também.

Mãe de um adolescente de 15 anos

Vimos no capítulo anterior que, durante o processo de identificação, o adolescente atravessa um conjunto de transformações intrapsíquicas relativas à evolução da sexualidade na busca de novos objetos de investimento libidinal; atravessa a elaboração de inúmeras perdas; sofre a manifestação do narcisismo primitivo e de seus aspectos atuais; reorganiza o ego em seus aspectos dinâmicos e estruturais; rompe e modifica as relações entre as partes não discriminadas e discriminadas da personalidade; busca seu verdadeiro self e se conflita com o self social turvado pelas necessidades adaptativas; vive transformações cognitivas e realiza inúmeras conquistas no campo experiencial, redefinindo suas condições existenciais.

Esse conjunto de transformações, que caracterizam a crise normal da adolescência, tem repercussões diretas na vida relacional, fundamentalmente com os pais reais. Surgem confrontos que são acrescidos pelas ansiedades decorrentes de transformações pelas quais os pais também estão passando, por estarem atravessando a meia-idade. Período crítico, conturbado por redefinições de natureza existencial e que coloca a personalidade dos pais em questionamento.

A crise normal do adolescente caracteriza-se por um período no qual grandes transformações biológicas, psicológicas e sociais ocorrem.

Em meio a essas mudanças, há uma busca de uma nova identidade, autonomia, definição sexual, social, ideológica e profissional. Lutos são vividos, relacionados à perda do corpo infantil, dos pais da infância e da criança que até então o jovem vinha sendo e, às vezes, o é, sem perceber ou admitir que assim seja. Concomitantemente, inúmeras descobertas são realizadas, transformando as dimensões do seu horizonte existencial.

Uma série de mecanismos intrapsíquicos prevalece durante esse processo, como idealização, cisão, negação da realidade, onipotência, identificação projetiva, ambivalência, dando ao ego característica peculiar e de natureza esquizoide.

Períodos de revolta e determinismo alternam-se a outros de inibição, retração e intensa dependência. Esses aspectos, frequentemente com características contraditórias, dão um colorido próprio a essa fase do desenvolvimento, que se mescla a fatores sociais e culturais do meio no qual o jovem está inserido.

Paralelamente ao processo de separação/individuação em relação às figuras parentais, há um processo de separação em relação aos aspectos primitivos da personalidade que invadem e se conflitam com outra parte que está buscando autonomia, "independentização ", novas experiências em diversos setores do ego.

As características da crise do adolescente estão relacionadas à sua biografia, à qualidade do desenvolvimento das primeiras relações, dos primeiros vínculos, à organização do self primitivo, quanto aos seus aspectos narcísicos e à sua capacidade de integração, dos diferentes mecanismos de defesa e consequente capacidade para transitar da posição depressiva para a esquizoparanoide e vice-versa, bem como as características da elaboração da situação edipiana.

Esse conjunto de manifestações psíquicas ocorre num estado de interdependência com as relações intrafamiliares, com a sociedade e com a cultura.

Durante o período crítico, o comportamento do adolescente torna-se frequentemente impulsivo, agressivo, instável e contraditório. Arrogância, prepotência, turbulência, revolta, desafio à autoridade dos pais e à sociedade adulta e organizada também são manifestações presentes e consequentes à fragilidade do ego, à intensidade da vida pulsional, às reformulações do superego e do ideal de ego.

Os níveis de ansiedade, estado de humor, agressividade e sexualidade oscilam, muitas vezes, dentro de uma imprevisibilidade desconcertante para ele e para aqueles que estão à sua volta, com quem o adolescente se inter-relaciona. Ao mesmo tempo que reclama sua autonomia e individualidade, prossegue em sua dependência à família da infância.

Por mais que os pais tenham consciência das características desta fase do desenvolvimento de seus filhos, sejam tolerantes e compreensivos, atravessam esse processo com um sem-número de angústias, dúvidas, medos, incertezas, ciúmes, invejas e raivas ao lado de muito amor, admiração e orgulho por eles.

Muitas das características de sua própria adolescência vêm à tona nesse período, e não raro se confundem com aspectos psicológicos e ações semelhantes às do filho adolescente (ambivalência, onipotência, atuações).

As transformações corporais dos filhos fazem reavivar nos pais sentimentos de natureza edípica, os quais deverão ser sublimados ou reprimidos. Muitas atitudes fóbicas e contrafóbicas dos pais são decorrentes de projeções de suas fantasias em relação aos filhos, agora não mais vistos com o corpo de criança, mas vividos ora como criança e ora com expectativas de respostas adultomorfas.

Parte dos desejos sexuais incestuosos é transformada em afetos destituídos de erotização (sublimação). Dificilmente essa sublimação é total. Há sempre algum resíduo incestuoso presente, e, quando admitido pelos pais ou pelos filhos, de ambos os sexos, tem sua vazão por meio de pequenos jogos sexuais permitidos e aceitáveis, e na maioria das vezes isentos de sentimentos de culpa. Muitas vezes, carícias e atitudes manipuladoras, como massagens, camuflam prazeres dessa natureza. Entretanto, os casos de relações incestuosas entre pai e filha, mãe e filho, entre irmãos ou com os(as) tios(as) são mais frequentes do que se possa imaginar. Ocorre que, por vergonha ou por conivência das partes e de outros familiares, pode haver conluios que camuflam tais atitudes. Mesmo distante do ato sexual pleno, é difícil para pais e mães, filhos e filhas admitirem, em nível consciente, que sentem atração sexual entre si. Prevalece a negação da existência de desejos libidinais incestuosos, quando estes não são suficientemente sublimados por meio da admiração estética, afetiva ou intelectual.

Outro aspecto inerente às mudanças relacionais com os pais refere-se ao círculo de amizades. Pouco a pouco, os pais deixam de conhecer o círculo de amizades ou, mesmo que se conheçam, as possibilidades de exercerem controle sobre os programas e as convivências reduzem-se. Tentativas nesse sentido podem desencadear no jovem reações violentas e agressivas contra os pais.

Os especialistas propõem o diálogo. Porém, o diálogo não corresponde ao sistema convencional, no qual cada parte ouve a outra para tentar chegar a pontos convergentes ou não, com possibilidades de opções, respeitando-se a individualidade de cada um. Até alcançar esse nível de diálogo, é necessário muita paciência e tolerância. É preciso saber ouvir, e falar sem saber se está sendo escutado. Os pontos de vista, como também as posições afetivas ou princípios, são frequentemente confundidos com cobranças e pressões. Nessa mesma linha de pensamento, demonstrações de interesse dos pais pelas atividades e pensamentos dos filhos podem ser sentidas como invasões da privacidade, principalmente quando prevalecem mecanismos da posição esquizoparanoide.

Em consequência, o desenvolvimento do diálogo requer muita sensibilidade e arte. Às vezes, durante o diálogo, parece se tocar num cristal fino, cuja vibração pode produzir um som límpido ou fragmentá-lo. Um pensamento mal colocado ou uma atitude involuntária, quando do predomínio da posição esquizoparanoide, pode gerar ansiedades catastróficas, de fragmentação, com produção de intensas identificações projetivas e atuações. Reconstituir suas partes nem sempre é fácil e deixa cicatrizes, muitas vezes profundas, em cada um dos envolvidos na relação.

Porém, é desejável ou, mais do que isso, é necessário que os pais coloquem seus pontos de vista com clareza e autenticidade, o que nem sempre é possível, devido aos seus próprios conflitos conscientes e inconscientes. Também parece ser desejável que os pais acreditem que os elementos psíquicos transmitidos, adquiridos e desenvolvidos pelo jovem sejam suficientes para ajudá-lo a lidar, especialmente, com ele mesmo.

Escuta-se o jovem. Fala-se para ele o que se sente e o que se pensa. Há um silêncio, um período de latência silencioso, necessário e desejável, que permite ao jovem elaborar suas ideias e fantasias, bem como confrontá-las com as de seus pais. Movimento necessário para a afirmação de sua identidade, de modo a poder lidar com diferentes ideias e afetos antes de optar. Para os pais, viver esse período de silêncio, pleno de ambivalência e contradições, é difícil e desgastante, tornando-se necessário desenvolver uma capacidade de continência muito eficaz e abrir mão de seus sentimentos de controle sobre o jovem.

A questão da autoridade, concentrada principalmente na figura do pai como representante da lei, por meio de sua função superegoica, emerge nessas circunstâncias. De um lado, o desejo do jovem de conquistar sua emancipação, ainda que mesclada de inúmeros aspectos infantis, e, do outro, a ação protetora e controladora dos pais, estabelecendo um confronto de poderes.

Diante de um conflito dessa natureza, um pai disse para seu filho: "ah, você deveria ter agido assim". Ao que o filho respondeu: "é, mas eu não tenho os teus cabelos brancos". De qualquer forma, penso ser desejável que os pais manifestem claramente seus pontos de vista e princípios. Que eles se disponham a ouvir e a refletir sobre o ponto de vista do(a) filho(a), de modo que ambos tenham a oportunidade de crescer na relação.

Nos primeiros confrontos, ocorre um predomínio bilateral da posição esquizoparanoide, o qual poderá evoluir para a posição depressiva, caso as partes em questão não possam superar suas questões narcísicas e outras fantasias bloqueadoras do desenvolvimento.

A experiência tem mostrado que, quando o jovem é capaz de reivindicar, enfrentar e manter suas posições, ele já está apto para lidar ou disposto a tentar lidar com suas pulsões agressivas e libidinais. Essas condições sinalizam a existência de maior grau de nitidez em relação às suas redefinições superegoicas e no nível do ideal do ego.

Concomitantemente, os pais, ao assumirem sua autoridade expressando seus pontos de vista e valores, estão oferecendo aos filhos um referencial, um ponto de reparo que permitirá aos jovens metabolizar, selecionar e optar como fruto de algo que brotou de dentro de si, e não por submissão ao desejo da autoridade.

Os pais angustiam-se muito, tanto por suas inseguranças quanto por evocações conscientes e inconscientes de suas fantasias e/ou atitudes durante a própria adolescência. Lembro-me do pai de Jonas (17 anos), que se queixava da rebeldia de seu filho, considerando-o irresponsável por chegar tarde em casa e não avisar aonde ia ou com quem estava. No desenrolar da entrevista, por associação livre, começou a contar de sua adolescência e, sem se dar conta, relatou, até com certo orgulho, suas façanhas automobilísticas em avenidas da cidade de São Paulo, participando de corridas, "rachas" de carro, com os amigos. Os desejos de controle do pai sobre o filho estavam ligados a temores que esse pai sentia em decorrência de sua própria irresponsabilidade na adolescência, agora projetada sobre o filho.

Entretanto, a autoridade parental é necessária, nem que seja para ser contrariada, à custa de acertos e erros, desde que haja possibilidades de elaboração em cima deles. Em nossa cultura, enquanto no papel da mãe prevalece a função continente nos momentos de angústia dos filhos, a função paterna caracteriza-se mais por fazer prevalecer a coluna mestra, o eixo em torno do qual a personalidade irá se estruturar, em termos superegoicos e de ideal do ego.

Esse processo complexo é angustiante tanto para os jovens quanto para os pais, cada um em seu campo de ação, ambos tendo de trabalhar os conflitos existentes no seu espaço mental, ampliá-lo se possível, e nas suas inter-relações. A questão de espaço mental introduz novas questões relacionadas à geografia das relações. Surge a necessidade de redefinição dos limites desses espaços nos pais, nos filhos e no espaço inter-relacional. O que é privativo e o que é familiar? Até onde o interesse dos pais pelos filhos se choca com o fato de o filho sentir-se invadido? Ou quando o interesse camufla o desejo de controle de um sobre o outro?

Do ponto de vista prático, essas questões podem ser visualizadas, por exemplo, quando os filhos, ao desejarem preservar os privilégios da infância, acreditam que os pais devam estar à sua disposição na satisfação de seus desejos, sem se disporem a usar seus próprios recursos, não levando em conta os espaços emocional e físico dos pais.

Não é raro, nessas circunstâncias, que aquele (pai ou filho) que estiver se sentindo mais ameaçado em seu mundo interior acabe por fazer prevalecer mecanismos psíquicos primitivos, com consequente ataque ao vínculo relacional, distorção na capacidade perceptiva e na produção de pensamentos adequados. O oposto também pode ser observado quando, por exemplo, os pais não acompanham o crescimento dos filhos e invadem, consciente ou inconscientemente, o espaço físico e psíquico dos jovens, com atitudes controladoras. Por exemplo, pais que, com o pretexto de arrumar o quarto dos filhos, utilizam-se dessa artimanha para penetrar e vasculhar sua vida privada, muitas vezes como projeção de suas inseguranças, conflitos e fantasias.

Costumo dizer que é importante uma atitude de supervisão a distância. Entretanto, sei quão difícil é a arte de encontrar a distância adequada no espaço inter-relacional, sem que ela descambe para o controle indesejável ou caia na omissão. Talvez o conflito seja um mal necessário, que contribui positivamente para a delimitação dos espaços individuais e comuns. Essas posições são alcançadas a partir da intuição e de encontros e desencontros, adquirindo assim seu contorno próprio.

Taraciuk (1990) salienta que aspectos da personalidade dos pais (ansiosos, obsessivos, histéricos, narcísicos, superprotetores) são fatores determinantes na qualidade da relação entre pais e filhos.

Muitos pais, não suportando a desvinculação interna, isto é, não podendo lidar com a perda da função paterna da infância, ou por conflitos de outra natureza, desenvolvem um sistema, por exemplo, de dupla mensagem. Estimulam a emancipação e, concomitantemente, mantêm excessivo controle sobre o adolescente, como forma de resolver suas ansiedades.

Pais extremamente narcísicos podem entrar em confronto direto com o filho adolescente, que também está vivendo um franco estado narcísico. Enquanto nos jovens o estado narcísico é parte do momento evolutivo e estruturante da personalidade, nos pais, pode ser uma configuração característica, rigidamente estruturada. Quando o estado narcísico do adolescente é insuportável para os pais, estes tratam de reprimi-lo no jovem. Mães muito bonitas e sedutoras, cujo narcisismo corporal é fonte de gratificações importantes, podem entrar em franco estado de rivalidade inconsciente com suas filhas na disputa de atenções e capacidade de conquista. Basta lembrar o ódio da madrasta diante da resposta do espelho ao indagar a ele se a Branca de Neve era mais bonita do que ela.

Outras configurações de conflitos narcísicos entre pais e filhos podem ocorrer em consequência de questões inerentes às diferenças de idades de potência física ou intelectual, geradoras de inveja e ciúme, acrescidas ou não de projeções de conflitos neuróticos ou psicóticos.

Há, por outro lado, os aspectos positivos decorrentes desses estados narcísicos, que possibilitam a cada uma das partes preservar o seu próprio self e manter sua individualidade. Muitas projeções narcísicas também são estruturantes quando funcionam como modelos identificatórios bem incorporados ao ego (egossintônicos). Por exemplo, filhos atletas que realizam desejos narcísicos reprimidos dos pais; filhos que se espelham nos adultos ou ainda que realizam algum desejo compensatório ante frustrações, como não corresponder às expectativas escolares. Há pais que se espelham nos filhos e que, por exemplo, preservam sua jovialidade adolescente como uma forma de identificação narcísica.

Não estou entrando aqui na discussão das graves patologias narcísicas. Estou desejando apenas assinalar alguns movimentos, normalmente complexos, que ocorrem na dinâmica familiar durante o processo da adolescência.

Portanto, dependendo das características da personalidade dos pais, assim será a tonalidade de seus conflitos íntimos, ante a luta de seus filhos pela emancipação. Inclusive pelo fato de os filhos se identificarem com aspectos negativos e reprimidos dos pais, os quais os levam a querer "corrigir" nos filhos algo que não percebem e não admitem existir em sua própria pessoa.

Enfatizo o fato de que está na capacidade de percepção dos afetos e de transformação do pensamento, tanto nos pais como nos filhos, a possibilidade de ambas as partes reelaborarem seus conflitos, visando a um novo relacionamento. Essas transformações individuais e consequente dinâmica afetam e se interatuam nos pais, nos filhos, na relação conjugal e familiar.

Um dia, o(a) filho(a) comunica que não virá dormir em casa, que vai viajar, ou que chegará às 11 da noite e às 4 da manhã a cama está vazia, ou tem-se a surpresa de que a compartilha com uma agradável companhia. Que fazer? Como se colocar? Qual é o espaço e o limite de cada um? E os valores? E a moral? Talvez nessa hora os pais se perguntem: o que é ser pai ou mãe de um(a) adolescente? Qual é sua função e quais são seus posicionamentos? Penso que ninguém em nossa sociedade e cultura escapa desse processo, nem tem uma resposta pronta e universal.

Alguns pais vivem esse processo complexo de forma mais amena, outros em verdadeira crise de "envelhecência".

Nessas situações, os sentimentos narcísicos e onipotentes dos pais tendem a vir à tona, no sentido de manter um controle sobre os filhos ou de fazer prevalecer suas ideias e as projeções de seus desejos em relação a eles. Como disse anteriormente, desejos frequentemente de natureza narcísica ou fruto de suas projeções neuróticas e psicóticas.

As primeiras experiências sexuais dos jovens, sejam rapazes, sejam moças, despertam profundos sentimentos nos pais. Questões edipianas ligadas a ciúmes, invejas, disputas sexuais, explícitas ou mascaradas, emergem a partir de julgamentos realizados sobre o companheiro do filho ou da filha.

Um dia, um dos filhos traz para casa seu companheiro ou companheira, numa situação diante da qual os pais sentem a necessidade de buscar uma redefinição dos limites do seu espaço privativo emocional, físico e de valores sociais e morais. Esses movimentos psicológicos ocorrem dentro de uma sociedade que, concomitantemente, vem mudando seus referenciais éticos numa velocidade tão grande que não há tempo necessário para a realização da elaboração e incorporação dos novos valores.

Chamo a atenção para o fato de que todo esse processo é dialético, no sentido de encontros e desencontros, admiração e ódio. Entre o desejo de ver os filhos crescidos e independentes *versus* a perda dos filhos da infância. Entre a admiração e orgulho pelo corpo do(a) filho(a), suas habilidades físicas e mentais e a contraparte da inveja e ciúmes, associada à crua realidade da percepção de que se está sendo superado.

Esse conflito dialético estende-se aos ideais narcísicos projetados sobre os filhos e a experiência da realidade. Os pais vivem, também, um estado de intensa ambivalência. Apesar de sua maior experiência de vida, também são novatos, quem sabe adolescentes, no sentido de estarem atravessando uma nova fase de transição em suas vidas, dentro de um processo de identificação em contínuo movimento de transformação.

Um conflito existencial estabelece-se ante a liberação da função parental, associada à possibilidade de maior dedicação aos seus interesses pessoais e ao prenúncio da morte.

Essa nova conjuntura existencial remete os pais a uma reativação crítica do processo de identificação. Aspectos de sua identidade, que ocuparam um período significativo de suas vidas, passam por um processo de luto. É a perda da função parental infantil, do corpo adulto, enquanto a questão da temporalidade adquire outras dimensões.

A consciência do irreversível torna-se mais presente. Se antes podia-se imaginar que algo poderia ser realizado no próximo ano, cada vez mais tem-se a certeza de que há coisas que jamais serão realizadas. Em compensação, há o sabor das realizações e de certa sabedoria. A sabedoria da dimensão da ignorância.

A noção do tempo subjetivo muda. O inexorável parece estar mais próximo, principalmente porque, para muitos, seus próprios pais já morreram ou estão para morrer. Proximidade não mais da morte simbólica, cuja capacidade de transformação repara, reedita e estabelece uma relação em outro nível e qualidade. Mas uma proximidade que possui a força do fim.

Sensibilizados por esses sentimentos, os pais vivem momentos nos quais se sentem sendo assassinados pelo(a) filho(a) adolescente. Os jovens, em sua busca de autoafirmação, querendo mostrar que não necessitam mais dos pais da infância, simplesmente os "assassinam", por meio da negação e do desprezo às funções parentais.

Entretanto, o adolescente tem sempre a necessidade de ter um pai (mãe), com o qual possa se identificar ou contrastar e que lhe sirva de modelo para a vida adulta. São situações contraditórias, e comumente ouvem-se expressões do tipo: "não quero ser como meu pai; vou educar meus filhos de modo completamente diferente de minha mãe".

Elegem novos "pais", no sentido de novos modelos identificatórios, distintos de seus pais reais, dos quais desejam continuar recebendo afeto e admiração.

A crise do adolescente interfere na dinâmica familiar e conjugal. Ela pode contribuir no desencadeamento de conflitos até então latentes na relação entre os pais. A questão edípica faz-se novamente presente, mobiliza pressões e causa conflitos.

Podem ser observados, por exemplo, conluios entre pai e filha contra a mãe, mãe e filho contra o pai, ou uma luta de classe sexual em que mãe e filha, ou pai e filho, unem-se contra o outro sexo. Mistura-se aí uma multiplicidade de interesses e intenções, consciente e inconscientemente, refletindo velhos conflitos pessoais e da vida de relação do casal.

Nessa crise toda, nem sempre é fácil discriminar o que é fruto das fantasias e conflitos parentais daquilo que tem a ver com a realidade objetiva. Cito como exemplo as preocupações relacionadas à vida sexual dos jovens, à gravidez, ao perigo da aids, ao uso de drogas, questões relacionadas à segurança em função da violência existente nos grandes centros urbanos.

Não pretendo me estender na análise das contradições existentes na vida moderna (veja o Capítulo 2), mas desejo ressaltar algumas de suas características, as quais tornam ainda mais complexa a dinâmica das relações familiares.

A sociedade contemporânea, com sua perda de valores bem definidos, vem gerando conflitos em relação às questões éticas e morais, com a universalização de hábitos e costumes, com a velocidade das informações e das transformações tecnológicas.

Paira hoje uma perspectiva sombria sobre o futuro social, econômico, profissional dos jovens em nossa sociedade, repercutindo sobre as definições de sua identidade e personalidade. Esses são apenas alguns dos fatores que contribuem para que os pais convivam com um ponto de interrogação em relação ao futuro dos filhos, aumentando suas ansiedades e inseguranças, as quais, por sua vez, influenciam e complicam as relações intrafamiliares.

Realço, novamente, a necessidade que os pais têm de recorrerem à sua capacidade de continência, no sentido de Bion e de Winnicott, ao lidarem com as suas ansiedades e com as de seus filhos adolescentes, e, dessa forma, contribuírem para que o jovem desenvolva seu sentimento de confiança, de continuidade e de integração do seu self.

Muitas vezes, os pais descontrolam-se e passam a usar mecanismos semelhantes aos do adolescente em crise, nivelando-se ambos por meio de mecanismos psíquicos primitivos. Supõe-se que a maior experiência de vida dos pais, inclusive por vivência da própria adolescência, deve possibilitar-lhes maiores condições para passarem à posição depressiva. Assim, podem realizar a continência emocional necessária para a elaboração de seus sentimentos e pensamentos, dando o espaço e o tempo necessários para que o jovem também realize o seu processo elaborativo e cresça na relação.

A evolução desse movimento de ruptura do adolescente com sua infância está relacionada à sua história junto aos pais. Sua probabilidade de evoluir favoravelmente é maior quanto maiores forem os sentimentos de confiança e de autenticidade desenvolvidos na relação entre pais e filhos. Não se trata de serem pais ou filhos perfeitos, mas de poderem aceitar-se como pais, com qualidades e falhas, e aprenderem a lidar, tolerar e compreender as qualidades e falhas dos filhos. Condição que certamente não começa na adolescência, mas no estabelecimento das primeiras relações mãe/bebê/pai/família.

Por um lado, o processo de emancipação do jovem, para sua própria evolução, requer uma certa violência, não física mas afetiva, no sentido de se desvencilhar das forças que tendem a mantê-lo simbiótico à vida infantil. Por outro, tal violência atinge os pais de forma intensa, como uma morte. E, quanto mais narcísico(a) for esse(a) pai(mãe), maior será o seu sofrimento para conviver com tais perdas.

Durante a crise da meia-idade, os pais estão sensibilizados pelas feridas narcísicas decorrentes das perdas anteriormente assinaladas. Começam a sentir as mudanças físicas, fisionômicas, de vitalidade e atenuação da libido sexual. A menopausa aproxima-se e equivalentes tímicos e endócrinos surgem também no homem. Muitos se deprimem e se descompensam nessa fase, enquanto outros se sentem livres, tendo cumprido suas funções parentais, e passam a desfrutar dessa nova fase como uma possibilidade de novas realizações pessoais.

Há aqueles pais que se identificam com a adolescência dos filhos e vivem um estado simbiótico, tentando perpetuar as fantasias adolescentes. Transformam o tempo num movimento circular, e assim tentam negar a evolução para a morte. Entretanto, há aqueles que conservam o espírito adolescente de enfrentar o novo, de vitalidade criativa, percorrendo o tempo linear enquanto o fim não chega.

Penso que essa fase da vida conjugal é crítica, pois depende de uma boa interação e compreensão entre as partes, ante as necessidades individuais e da vida em comum, no sentido de saberem cultivar seus interesses; caso contrário, emerge o desinteresse pela relação e pela vida.

Levisky (1993) fez uma análise do filme *Shirley Valentine* e salientou a redescoberta da vida por uma mulher de meia-idade. Absorvida que estava pela vida monótona e pela ausência dos filhos, de significado na vida conjugal, resolve aceitar o convite feito por uma amiga para fazerem, as duas, uma viagem turística pelas ilhas gregas. Durante o passeio, acaba por realizar uma aventura amorosa. A partir desse incidente, aparentemente inconsciente, revive sensações e emoções adormecidas em seu espírito. Permite-se dar vazão aos seus sonhos, rompe velhos hábitos e costumes. Redescobre a vontade de viver e se dispõe a encontrar um novo sentido em sua vida. Tempos depois, o marido desesperado a descobre. Reencontram-se e se veem frente a frente, com a possibilidade de um diálogo, no sentido de darem a si e à vida conjugal a oportunidade de novas perspectivas.

O que se deseja caracterizar é o fato de que a crise da meia-idade coincide no tempo, ou está muito próxima daquela que ocorre com o adolescente. A partida dos filhos faz surgir no espaço existencial um vazio que deverá ser preenchido, adequadamente, com novos investimentos libidinais.

Esse quadro é mais comum entre aquelas mães que fizeram da criação dos seus filhos a sua fonte máxima de gratificação e de realização.

Assim, à semelhança do pós-parto, quando muitas parturientes entram em depressão pela perda da relação existente entre o seu corpo e o bebê, na meia-idade deverá ser resgatada, ou continuada, por meio de novas relações emocionais, a profilaxia do que muitos autores chamam de a "síndrome do ninho vazio". Posso estar dando a impressão de que essa seja uma condição que atinja preferencialmente as mulheres, o que não é verdade.

O "assassinato" que sofrem os pais é muitas vezes mascarado, dissimulado, quando mergulham nas atividades profissionais, encobrindo manifestações depressivas.

A busca de novos investimentos afetivos, a partir da capacidade de transformação, dentro de um sentido metapsicológico, abre um espaço compensatório aos aspectos narcísicos frustrados. Ampliam-se ou criam-se novos horizontes existenciais, de realização afetiva, intelectual e social.

Todos esses movimentos que estou tentando descrever fazem parte de um processo complexo, que acompanha o indivíduo ao longo de sua vida. Nesse período crítico, os pontos cegos ou mal elaborados da personalidade tendem a emergir, requerem intenso trabalho psicológico para sua transformação e readaptação interna, intrafamiliar e social.

Concluindo, e acompanhando as bases do pensamento freudiano em relação ao percurso seguido pelas catexias, a crise do adolescente, com suas consequentes repercussões, libera no psiquismo dos pais uma carga de energia livre que busca ligar-se a novos objetos, preenchendo o vazio interior criado com o término da função paterna da infância, para atingir outro nível de homeostase psíquica.

Referências

Aberastury, A., & Knobel, M. (1971). *La adolescencia normal*. Paidós.

Knobel, M. (1992). *Orientação familiar*. Papirus.

Levisky, D. L. (1979). Desenvolvimento psicossocial do adolescente. In N. Setian et al. *Adolescência*. Sarvier.

Levisky, F. (1993). *Psicologia do desenvolvimento: Shirley Valentine – A meia-idade*. [Apresentação de trabalho]. Curso de Graduação em Psicologia na PUC-SP, São Paulo, São Paulo.

Marcelli, D., & Braconnier, A. (1989). *Manual de psicopatologia do adolescente*. Artes Médicas-Masson.

Setian, N., Colli, A., & Marcondes, E. (1979). *Adolescência*. Sarvier.

Taraciuk, C. A. (1990). Adolescencia: vicisitudes del cambio. *Revista de Psicanálise*, *47*, 708-723.

5. Até quando adolescentes? Adolescência: uma invenção da modernidade?

"Até quando adolescentes?"

Esta ideia sugere que a adolescência é um fenômeno de início previsível, mas de evolução e término incertos. Há concordância entre os autores sobre a constante mutabilidade do comportamento social dos jovens na transição da infância para a vida adulta. Torna-se necessário compreender quais fatores interferem na mutabilidade do fenômeno. Sabe-se que ele começa com a puberdade, mas seu término pode não ocorrer mesmo na vida adulta. O prolongamento do fenômeno conduz ao questionamento seguinte: o adolescer é parte do desenvolvimento evolutivo do sujeito, ou trata-se de um estado mental que depende da cultura e dos processos socioeconômicos vigentes no contexto? Quais são as características da interface sujeito e cultura na construção da subjetividade individual, interpessoal e transcultural? Como isso se processa na fase de transição para a vida adulta?

A observação de interfaces como sujeito-cultura, psicanálise-história levam a questionar se a adolescência é uma invenção mais recente, do romantismo, por exemplo, ou um fenômeno complexo que acompanha a evolução do homem e cuja expressividade varia na dependência da interação dos diferentes níveis de subjetividade.

É possível levantar como hipótese que a adolescência não é fruto exclusivo da cultura, como acreditam muitos historiadores, sociólogos e psicanalistas de influência marxista. Não é, tampouco, um fenômeno exclusivamente biológico, restrito às transformações da puberdade. É um fenômeno que, para ser compreendido, depende da articulação e da integração de conhecimentos provenientes de várias fontes reveladoras das invariâncias e das mutabilidades do psiquismo humano.

Esse caleidoscópio de influências oferece ao observador um quadro típico e colorido dessa fase do desenvolvimento evolutivo humano cuja expressividade varia no decorrer dos processos históricos da civilização e da cultura. Percepção que depende do prisma pelo qual o fenômeno está sendo observado: se apenas pelos aspectos do comportamento manifesto ou considerando as manifestações profundas e inconscientes.

Na construção do psiquismo humano, é preciso considerar a presença do imaginário, da imaginação, da utopia, da mentalidade, elementos que configuram a atividade psíquica em determinada época e cultura, bem como suas repercussões nos processos comportamentais, cognitivos, afetivos e sociais. A estrutura, a dinâmica e as condições individuais e coletivas de equilíbrio psíquico variam de cultura para cultura e de época para época. Há sociedades mais racionalistas, e outras mais sensíveis.

Estudiosos da história social entendem a adolescência como um fenômeno social consequente aos movimentos burgueses, a partir do romantismo. Exemplo típico é Werther, de Goethe, um jovem apaixonado que se suicida por não ter seu amor correspondido. Com a revolução industrial e a ampliação da classe média, muitos jovens foram deslocados dos meios de produção para investir no desenvolvimento pessoal e em novas áreas do conhecimento e dos negócios. Tais solicitações impostas pela cultura ampliaram os pré-requisitos egoicos, o lapso de tempo entre a maturidade sexual e a aquisição de competências psicológicas, profissionais e econômicas, além de transformações no nível da ética e da moral vigente. Outras consequências foram os critérios e as expectativas para a entrada na vida adulta e a constituição de novas famílias. A moral sexual sempre esteve em jogo na adolescência diante de discrepâncias e conflitos entre a maturação sexual, a moral e os critérios para assumir a vida adulta impostos pela sociedade.

Se na Idade Média a Igreja reprimia a sexualidade e tolerava o casamento na flor da juventude ou até mesmo antes dela, surgiu depois a moratória sexual, levando os jovens a se conterem até poderem assumir uma vida sexualmente ativa e responsável em nível econômico, psicológico e social.

Com o surgimento, no século passado, de anticoncepcionais mais eficientes em meio a outras tantas evoluções tecnológicas, pôde-se desvincular o prazer sexual da função procriadora, condição que colaborou no prolongamento dessa fase de transição para a vida adulta, visto que era possível usufruir por mais tempo dos prazeres da vida juvenil sem ter que assumir, com rapidez, as responsabilidades do ser adulto.

A adolescência pode ser compreendida como parte do desenvolvimento humano cuja expressividade se transforma na dependência de aspectos constantes e intrínsecos de sua natureza e de outros, variáveis e dependentes da relação sujeito e cultura. As transformações egoicas e superegoicas decorrentes da adolescência possuem distintas velocidades e intensidades, na medida em que umas são rápidas e perceptíveis no comportamento explícito, como as mudanças de hábitos sociais e de moda. Outras, entretanto, sofrem transformações tão lentas que parecem constantes no longo tempo histórico, como o complexo de Édipo e de certas características inconscientes do superego e dos ideais de ego, como observados nos mitos e nas utopias.

O adolescer resulta de um processo complexo de redes e funções intra, inter e transpsíquicas geradas por inúmeras transformações biológicas, psicológicas, culturais, históricas e sociais iniciadas pelas transformações orgânicas por ocasião da maturação sexual e da capacidade procriadora. Tal revolução biopsicossociocultural e histórica gera desinvestimentos e reinvestimentos múltiplos. É um conjunto de transformações que se complementa com novas aquisições e descobertas de potencialidades egoicas e superegoicas, inclusive éticas e morais, decorrentes das novas experiências resultantes das pulsões que levam a investir a vida adulta em seus vários e complexos aspectos para inserir-se e sentir-se progressivamente integrados na sociedade adulta dentro das exigências e expectativas projetadas por esse segmento social sobre os jovens.

Graças a essa rede complexa de interações, o processo do adolescer tem um início mais ou menos definido. Porém, seu término varia em função de questões eminentemente culturais, sociais e históricas. Fenômeno cujo término, na atualidade, tende a se alargar devido ao esmaecimento dos fatores que definem a vida adulta. Na época romana, o término da adolescência era tardio, pois a posse da terra só se dava muito próximo à morte do pai, e a lei considerava o sujeito plenamente sênior ou *vir* (adulto, em latim) quando atingia a idade de 45 anos.

Portanto, o alargamento da adolescência não é novo, mas dependente das exigências da sociedade adulta para considerar o jovem plenamente responsável para lidar com seus bens, apesar de ter família, filhos, ir para a guerra. Aí, sim, prevalecem os fatores culturais e o consequente alargamento dessa fase de transição, observada pelo prisma exclusivamente social.

Pensadores que enfocam a observação do fenômeno adolescência apenas pelo vértice da história social têm suas razões, como foi o caso de Philippe Ariès, em *História social da criança e da família*. Ele afirma que, na Idade Média, passava-se diretamente da infância para a juventude, excluindo a existência da adolescência, e conclui que o homem medieval não tinha nem a percepção nem o conceito das diferentes idades da vida; aquela sociedade "via mal a criança, e pior ainda o adolescente". Ele entende que a duração da infância "era reduzida a seu período mais frágil", e que "de criancinha pequena, ela se transformava imediatamente em homem jovem, sem passar pelas etapas da juventude". Para esse autor, a família medieval "não tinha função afetiva", não socializava, não assegurava nem controlava a criança, e menos ainda o jovem (Ariès, 1973/1978, pp. 41, 10-11). Refere-se às primeiras relações afetivas entre os pais e o bebê de modo depreciativo.

Ariès não considera o contexto determinante das características vinculares e sociais na constituição do psiquismo do sujeito da sociedade medieval, apesar de reconhecer certa "paparicação" da criança por parte da família, mas nega que tal atitude possa ter função afetiva (Ariès, 1973/1978, p. 10).

Tais ideias surpreendem o psicanalista, pois levam a pensar que, no passado longínquo, crianças e jovens eram considerados meros objetos, frutos das necessidades de preservação da espécie. O autor não valoriza as qualidades dos vínculos afetivos dentro da mentalidade, do imaginário e da cultura da época na configuração estrutural, dinâmica e econômica do aparelho psíquico. Pode-se perguntar, diante dessa visão do comportamento humano e do adolescente: como a mente humana e a atividade simbólica teriam se estruturado na criança medieval e na de outras épocas e culturas, sem a existência de vínculos afetivos?

O fato de crianças na Idade Média se casarem ainda muito jovens, tão logo atingissem a maturidade sexual, não significa que estivessem prontas para enfrentar o conjunto de demandas da vida social. Havia interesses outros, como preservação de propriedades, de domínio de terras, que interferiam nessa decisão dos pais. E, mesmo hoje, muitos se casam, mas afetivamente continuam verdadeiras crianças ou adolescentes no que se refere à autonomia, à responsabilidade e ao sentido de compromisso.

É preciso reafirmar que o conjunto de demandas em cada sociedade para a entrada na vida adulta é variável. Enquanto o jovem indígena, uma vez atingida a maioridade sexual, precisava ter condições físicas, cognitivas e sociais para caçar, pescar e guerrear e, assim, prover sua família, os jovens urbanos necessitam de uma complexidade de aquisições para organizar a nova etapa da vida social e familiar.

Na Idade Média, a pressa em se fazer casar, principalmente a moça, ligava-se às questões predominantemente religiosas, pois a perda da virgindade antes do casamento ameaçava a expressão do amor a Deus, ato sagrado e ligado à procriação, e não ao prazer. Filhos bastardos eram problemas, apesar de tolerados; fazia-se "vista grossa" quando o filho era de mulher concubina ou cujo filho era fruto de relações fora do casamento, pois era difícil provar a origem, numa sociedade que muito valorizava as aparências. Havia correntes religiosas dentro do cristianismo que acreditavam que o verdadeiro amor a Deus estava na castidade absoluta e que os filhos eram elementos perturbadores na preservação desse amor. A partir dos séculos XII e XIII, tais conceitos eclesiásticos sofreram mudanças ao definir a procriação como uma graça divina.

Essas observações têm por finalidade salientar que o fenômeno adolescência sofre a participação de elementos constitucionais e de outros, de natureza psicossocio-histórico-culturais, conjunto de interações que definem as condições para o tempo de duração e de término do fenômeno adolescer em cada cultura.

A análise do adolescer implica estudá-la dentro de cada contexto cultural para que seja possível apreender suas múltiplas facetas. Há um denominador comum em qualquer época e sociedade, que é o processo de identificação e a busca de autonomia. Tais fenômenos, observados pelo prisma da psicanálise, revelam a existência de motivações profundas e de movimentos inconscientes em relação à atividade pulsional, desinvestimentos e reinvestimentos objetais, potencialidades egoicas, reconstrução dos valores superegoicos e ideais de ego. Evidencia-se a presença de conflitos e de processos defensivos entre aspectos primitivos e atuais da mente, inerentes a essa fase do desenvolvimento.

O processo de construção do sujeito psíquico quanto à personalidade e à identidade depende de relações recíprocas entre o novo ser e o contexto. Relação que se estabelece precocemente entre a mãe – ou substitutos – e o bebê. Essa relação tem início antes mesmo do nascimento, pelo imaginário dos pais e da sociedade em relação ao bebê; aspectos que irão contribuir para modelar a expressão da vida pulsional do novo ser que, por sua vez, interferirá na atividade psíquica e na subjetividade do seu entorno.

Se tomarmos por base que o processo de identificação é um fenômeno universal e presente no homem civilizado, poderemos, por meio da análise desse fenômeno e dentro de uma dada cultura, observar suas características de desenvolvimento e tentar acompanhar possíveis transformações históricas de seus elementos constituintes.

Vernant diz ser possível compreender a cultura grega, pois de lá viemos. O encontro de um documento medieval da Europa Ocidental, a autobiografia de Guibert de Nogent, monge francês que viveu de 1055 a 1125, possibilitou-nos confrontar o adolescer de uma outra época e cultura com o adolescer da contemporaneidade. Os resultados dessa pesquisa estão publicados no livro *Um monge no divã: a trajetória de um adolescer na Idade Média Central* (Levisky, 2007).[1]

1 Texto reelaborado a partir da tese de doutorado defendida em 2004 no Departamento de História Social da Faculdade de Filosofia, Letras e Ciências Humanas da Universidade de São Paulo (FFLCH-USP).

Nesse raciocínio, estabelecemos um projeto de pesquisa que dependia do encontro de tal documento, e também do desenvolvimento de uma metodologia que permitisse, diferentemente da história social da infância e da família, estudar o fenômeno de transição da infância para a vida adulta visto sob o ângulo da construção da subjetividade do sujeito em relação ao seu processo de identificação.

Entendemos que a adolescência é um fenômeno universal que acompanha o homem civilizado no processo de elaboração edípica. Entretanto, a expressividade e o tempo de duração do adolescer variam com a cultura. Na Idade Média Central, entre os séculos X e XII, o tempo de transição era curto, pois, ao redor dos 16 anos (para as moças) e 18 anos (para os rapazes), os jovens adquiriam o conjunto de capacidades necessárias para enfrentar as exigências de entrada na vida adulta. Na sociedade contemporânea, globalizada, marcada pelas incertezas, por transformações tecnológicas e éticas rápidas e intensas, o conjunto de atributos necessários para entrar na vida adulta é muito maior e requer mais tempo para ser adquirido. Por outro lado, há, nessa mesma sociedade, mais tolerância e aceitação das diversidades, individualidades e singularidades quanto às características dos sujeitos que a compõem. São fatores que contribuem para o prolongamento e até mesmo a permanência de muitos dentro de um processo que caracteriza o funcionamento mental adolescente.

Ambivalência, onipotência, irreverência, humor oscilante, busca de desafios, indefinições ou busca de definições afetivas, profissionais, econômicas, de gênero estão relacionadas ao processo de identificação e à resolução dos conflitos edípicos e fraternos. Dependências a núcleos infantis não ou insuficientemente resolvidos, tendência à passagem ao ato, a prevalência de mecanismos de idealização e de cisão fazem parte desse estado de funcionamento mental, esperado dentro do adolescer contemporâneo. Porém, protelado entre aqueles que se "acomodam", que vivem um estado mental passivo ou inerte ou que não encontram em seus processos inconscientes recursos suficientes para se desvencilhar de tais dependências e se estruturam mantendo parte, maior ou menor, de sua personalidade fixada ou regredida a esses núcleos primitivos, com a tolerância ou anuência da sociedade.

Se, por um lado, vivemos numa sociedade tolerante, que aceita melhor as diversidades e as singularidades, por outro lado, sentimos as dificuldades em estabelecer e exercer limites nítidos entre o público e o privado, entre o individual, o coletivo, o particular e o singular, entre a criança, o jovem e o adulto, devido às variações de valores éticos e morais e ao consequente esmaecimento dos limites e perda das capacidades de discriminação perceptual. Esses fenômenos contribuem para as transformações que ocorrem nos processos de identificação, favorecendo que muitos prolonguem o adolescer, que passa então a ser um modo ou um estado duradouro de funcionamento mental do mundo globalizado.

Referências

Ariès, P. H. (1978). *História social da criança e da família*. Guanabara Koogan. (Trabalho original publicado em 1973).

Levisky, D. L. (2007). *Um monge no divã: a trajetória de um adolescer na Idade Média Central*. Casa do Psicólogo.

PARTE II

Casos clínicos: reflexões

6. A questão diagnóstica no trabalho com adolescentes

Neste capítulo, pretendo discutir aspectos diagnósticos da psicopatologia psicanalítica do adolescente. Darei ênfase à maneira como utilizo os elementos semiológicos e metapsicológicos (estruturais, dinâmicos e econômicos) oferecidos pelas diferentes correntes psicanalíticas, na tentativa de conseguir uma compreensão, o mais ampla possível, do paciente.

A elaboração diagnóstica implica reunir um conjunto de elementos que nos permita avaliar a natureza do processo em questão, em seus múltiplos aspectos. Na expressão de Krynski (1977), "diagnóstico é o conhecimento integral do paciente". Ela é descritiva e psicodinâmica.

Isso significa ponderar em torno de elementos biológicos, psicológicos, sociais e culturais, em seus aspectos específicos e na maneira como se interatuam. A tarefa é complexa, árdua, e sua realização requer experiência clínica, espírito investigativo e criatividade para alcançar os elementos necessários para a elaboração diagnóstica.

Existem muitas técnicas, e elas dependem da formação acadêmica e pós-acadêmica do profissional (se médico, psicólogo, psicopedagogo etc.), do desenvolvimento de sua identidade profissional, dos referenciais teóricos e de sua experiência clínica.

Julgo fundamental o conhecimento da psicopatologia psiquiátrica e psicanalítica, para melhor compreensão do funcionamento psíquico.

A possibilidade de congregar conhecimentos médicos e psicanalíticos facilita o diagnóstico diferencial e amplia a compreensão da estrutura psíquica e sua funcionalidade.

A participação de uma equipe interdisciplinar pode se fazer necessária para o esclarecimento e planejamento terapêutico de diferentes áreas comprometidas.

Em se tratando de crianças e adolescentes, acrescenta-se à questão o fato de serem indivíduos em desenvolvimento. Isso significa que muitas manifestações são transitórias. Algumas, próprias do momento evolutivo; outras, marcadas por fenômenos que compõem a história pregressa do paciente, incluindo as vicissitudes que ocorrem na dinâmica familiar.

Essas manifestações podem ter repercussões amplas sobre a aquisição e o desenvolvimento de funções psíquicas específicas, como a linguagem, o aprendizado, a sociabilidade, a atividade afetiva, motora, cognitiva, com consequências sobre o pragmatismo, a vida acadêmica, afetiva, social e a profissionalização. Certos sintomas atingem e expressam perturbações de esferas maiores ou menores da personalidade.

Na prática clínica, a mesma sintomatologia pode significar comprometimentos estruturais e funcionais distintos, enquanto sintomas diversos podem refletir estrutura e dinâmica similares.

Não se podem esquecer as influências diretas e indiretas que a criança e o adolescente sofrem como consequência de questões de natureza social: miséria, violência, ignorância, desemprego, fome, migrações, abandono, falta de modelos identificatórios, bem como os elementos inibidores e facilitadores da vida pulsional, inerentes à cultura a que pertencem o jovem e sua família.

As avaliações sintomáticas, fenomenológicas, de natureza epidemiológica e estatística são importantes. Entretanto, elas são pouco reveladoras da dinâmica inter e intrapsíquica de cada caso, observado em sua individualidade. Em se tratando de crianças e adolescentes, a fenomenologia emergente é pouco consistente e definida, devido à plasticidade do psiquismo infantojuvenil, não podendo ser esquecidas as características inerentes a cada fase do desenvolvimento.

Não vou me deter no estudo dos sintomas e quadros clínicos. Há tratados extraordinários de psiquiatria infantil e da adolescência que podem orientar o leitor: Ajuriaguerra (1974); Krynski (1977); Marcelli e Braconnier (1984); Leboviciet al. (1985), Knobel (1977).

Os estudos nosográficos são pouco eficientes e até mesmo confusos, pelas discrepâncias de critérios conceituais e de avaliação.

Como ilustração, relatarei sucintamente um trabalho que apresentei em 1974, na Faculdade de Medicina da Universidade de Paris, intitulado "Estudo e discussão nosográfica sobre as psicoses infantis" (Levisky, n.d.). Procurei caracterizar as diferenças diagnósticas existentes entre uma avaliação estritamente fenomenológica e uma avaliação de natureza metapsicológica.

Foram levantadas amostras em dois serviços de psiquiatria infantil, que utilizavam orientações doutrinárias distintas. Eram pacientes da mesma faixa etária e diagnóstico clínico: por exemplo, autismo infantil precoce e psicose infantil precoce.

Constatou-se que, em ambos os serviços, entre aqueles casos graves de sintomatologia explícita, rigidamente estruturados, não havia diferença conceitual, nem de quadro clínico. A avaliação foi feita por meio do levantamento de sintomas e da observação psicanalítica.

Havia correspondência entre os achados clínicos e a denominação diagnóstica.

Entretanto, não existia concordância clínica, metodológica e conceitual entre os casos tidos como "mais leves". Muitos casos com diagnóstico de "autismo infantil" efetuado pelo serviço de orientação psicanalítica eram tidos como "transtornos neuróticos" na clínica de orientação fenomenológica, pois, do ponto de vista dos sintomas, estes últimos ainda não apresentavam o comprometimento clássico daquela entidade nosológica.

No serviço de orientação psicanalítica, a ênfase era dada aos mecanismos intrapsíquicos, sendo menos valorizados os achados clínicos. Pesquisava-se, predominantemente, uma fenomenologia microscópica.

A consequência era o encontro, nessa amostra, de crianças com diagnóstico de autismo devido às suas características intrapsíquicas quanto à relação objetal e mecanismos de defesa predominantes, e não quanto à sintomatologia clínica. Eram crianças que dificilmente se enquadrariam entre os inúmeros critérios de avaliação clínica existentes para o diagnóstico da síndrome de autismo infantil.

As divergências decorriam de diferenças conceituais, dos métodos de investigação e dos critérios de avaliação.

A conclusão a que se chegou foi a inexistência de correspondência entre a terminologia diagnóstica e os quadros clínicos encontrados nos casos menos específicos.

O serviço de orientação psicanalítica denominava certos casos "autismo infantil espontaneamente curável", empregando uma terminologia inaceitável para o outro serviço, que considerava o autismo infantil um quadro grave, sem nenhuma possibilidade de ser espontaneamente curável.

Essa discussão é longa, e não é o objeto de estudo neste momento. O que desejo é me posicionar, dizendo que me sinto mais à vontade e identificado com a possibilidade de integração de uma avaliação clínica descritiva, acrescida de um perfil metapsicológico, preconizado também por Lebovici e Soulé (1970). Acredito que, dessa forma, se obtenha uma reprodução mais fidedigna da intimidade do funcionamento psíquico do indivíduo, visto globalmente, e de sua inserção familiar.

Não se pode esquecer que existe uma integração corpo/mente. Faz parte da atividade investigatória diagnóstica tentar discriminar as partes e delimitar, se possível, o espaço virtual e funcional das interações existentes entre elas.

A psicanálise tem possibilitado, por meio de vivências clínicas, formular teorias que permitem uma melhor compreensão da organização egoica e suas funções, do pensamento e das características da personalidade.

Ela abre espaço para aprender a observar e tentar detectar as influências do inconsciente sobre o consciente, as características da organização dinâmica, estrutural e econômica dos investimentos afetivos em seus aspectos libidinais e destrutivos.

Por meio da relação transferencial, detectam-se os tipos de ansiedade emergentes, os mecanismos de defesa do ego, os níveis de organização e da infraestrutura egoica, as características das relações objetais, os aspectos narcísicos primitivos e atuais integradores e destrutivos, o limiar para suportar frustrações e as características do pensamento.

Avalia-se a capacidade de discriminação entre o real e o imaginário, os processos utilizados no controle da agressividade, o nível e o conteúdo das fantasias conscientes e inconscientes, a capacidade de transformação do pensamento e a atividade criativa. Possibilita o estudo das regressões, fixações e inibições do desenvolvimento.

A partir dos trabalhos *Estudos sobre a histeria* (1895/1973a), "Projeto para uma psicologia científica" (1895/1973b), e *A interpretação dos sonhos*" (1900/1973c), entre outros trabalhos metapsicológicos de Freud (1914/1973d, 1917/1973e, 1920/1973f, 1921/1973g, 1923/1973h) e seus seguidores, temos evidenciado as manifestações de fenômenos psíquicos inconscientes, suas influências sobre a atividade consciente e a interferência do material latente sobre o comportamento manifesto.

Em *Inibição, sintoma e ansiedade*, Freud (1926/1973i) explicita as vias pelas quais conflitos psíquicos expressam-se por meio dos sintomas, como reveladores de um sofrimento mental. Tais conflitos podem ser resultantes da interação do indivíduo com seu meio e/ou da relação com aspectos de si mesmo.

A teoria psicanalítica, embasada nos recursos metapsicológicos (estruturais, dinâmicos e econômicos), fornece um modelo de funcionamento mental e o estudo dos seus desvios.

Cito os elementos fundamentais desse corpo teórico, constituído por princípios como: homeostase psíquica, princípio do prazer e da realidade, interpretação dos sonhos, as teorias das pulsões e os caminhos seguidos por elas na busca de eferência por meio da relação de objetos, instintos de vida e de morte, o narcisismo, a dualidade afetiva, as instâncias psíquicas (consciente-inconsciente, id, ego e superego) compondo as teorias topográfica e estrutural, as noções de mundo externo e interno, os mecanismos defensivos contra a ansiedade, realidade psíquica e realidade objetiva, a teoria da sexualidade, do passado reprimido, da vida simbólica, a organização fantasmática e a evolução da capacidade de pensar.

Esse corpo teórico e clínico tem aberto caminhos para novas investigações sobre as leis e os modelos que regem as atividades psíquicas e sua integração na cultura.

Todos temos a experiência de como nossa capacidade de concentração, de trabalho, de reflexão, de organização se altera na dependência de nossos estados emocionais. Quando se consegue uma modulação adequada do nível de ansiedade, a capacidade criativa, o pensar, o perceber, o viver experiências e o transformar ampliam-se.

O adolescente, dentro do processo de identificação, portanto passando por um período crítico intenso, é suscetível a uma série de transtornos patologicamente normais, como vimos no Capítulo 3, referentes ao processo de identificação.

Mas é no decorrer desse processo crítico que muitas patologias latentes emergem ou se instalam. Por ser um período vulnerável, podem ocorrer descompensações em relação ao frágil equilíbrio egoico que vinha sendo mantido.

Observam-se jovens que, não tendo a menor percepção dos caminhos seguidos pela sua destrutividade (fusionada muitas vezes a aspectos amorosos), estruturam, inconscientemente, situações comportamentais ou psicossomáticas (gastrites, anorexia nervosa, bulimia etc.) de auto e heteroagressão.

Relato uma experiência na qual jovens de um grupo de teatro entraram num certo estado confusional. Mal discriminavam o imaginário representado daquilo que eram ou buscavam ser na vida real. Não puderam antecipar e avaliar as consequências dos rumos tomados pelas experiências realizadas. Eram encenações de amor que se degeneraram em promiscuidade, gerando certo estado de pânico e confusão de identidade entre os participantes do grupo.

O conhecimento desses fatos pelas famílias veio concretizar fantasias que até então estavam mascaradas pelo jogo da dramatização.

Uma análise mais profunda dessa situação pode identificar aspectos de uma rede muito complexa de motivações conscientes e inconscientes. Foi necessária a intervenção de um profissional para auxiliar na percepção de que a "brincadeira" estava perdendo o senso de discriminação realidade/imaginário, tornando-se perigosa, com possíveis reflexos sobre a saúde mental dos participantes, num momento crítico de suas vidas, quando o processo de identificação está se desenrolando.

Entretanto, o adolescente, para alcançar maior capacidade discriminatória, ou o grupo no qual ele está inserido, tem a necessidade de se aproximar ou mesmo viver a experiência do caos. Se possível de forma lúdica, para dela poder sair ileso de consequências reais imprevisíveis e dramáticas.

Os adolescentes precisam viver, identificar e transformar os mitos a partir da apreensão da realidade interna e externa, para poderem refletir sobre os destinos que desejavam dar a si, a partir da apreensão do seu mundo mental fantástico, misterioso e criativo.

Para muitos jovens, é como se ainda não houvesse ocorrido o nascimento psicológico, utilizando a expressão de Margareth Mahler. É a não percepção da existência de um mundo mental, regido por leis próprias, com sua especificidade de funcionamento e distinto daquele que obedece às leis da racionalidade.

É fundamental que o adolescente tenha condições para o aumento da percepção de si mesmo, dos fatores geradores de angústia, subsidiados que são pelas fantasias primitivas e atuais que invadem sua mente.

Na vida cotidiana, ou por meio de processos psicoterápicos, o jovem cria, consciente ou inconscientemente, por meio do "sintoma", a necessidade para "*re*descobrir" o seu mundo interior.

Pode, assim, melhor direcionar suas pulsões e utilizar os novos recursos egoicos à sua disposição. Com frequência, ele não sabe que já os possui. As "trombadas" (reza-se para que elas sejam suaves e reparáveis) na vida irão ajudá-lo a se descobrir.

A psicanálise, como processo terapêutico, pode contribuir para amenizar os impactos emocionais, redistribuir as catexias, ampliar o campo de percepção, atenuar o risco das experiências quando o ato de pensar encontra espaço e se interpõe ao ato de agir.

As atuações, os momentos depressivos, as experiências homo e heterossexuais, as violações, a aproximação do perigo, as auto e heteroagressões, situações conflitivas de natureza neurótica, mecanismos psicóticos e momentos de má integração de partes de si mesmo, geradores de certo estado confusional, constituem-se em modos de o jovem viver a experiência, no caminho do seu próprio descobrimento.

Talvez seja mais preocupante aquele jovem bem adequado e adaptado, manifestando um falso modo de ser, do que aquele que subverte, conflita consigo mesmo, com os pais e com a sociedade. Essa é a via que ele utiliza para introduzir mudanças, passando por momentos de caos, abrindo caminhos para o processo criativo e o encontro com o ser autêntico.

Diria que, em certo sentido, a turbulência e outros sintomas são expressões de vida. São manifestações reveladoras de uma mente em franco processo de transformações. É sofrido e incômodo para ele e para os que estão ao seu redor, mas isso também faz parte da vida. É construtivo e ajuda a conquistar a maturidade.

A partir das experiências, com "trombadas", erros e acertos, o adolescente encontrará seus novos conteúdos e desenvolverá os contornos de sua nova personalidade. Portanto, a avaliação do momento atual depende do acompanhamento longitudinal e também da compreensão da vida atual e infantil, do imaginário infantil e contemporâneo inscritos em sua mente.

A partir dessa visão, saliento a importância do estudo dos primeiros anos de vida. Principalmente do primeiro ano, para intuir algo a respeito dos primeiros vínculos, da integração do self primitivo, da relação simbiótica e sua dissolução em direção à individuação (conflitos edipianos primitivos) e dos mecanismos primitivos da mente.

Estou relembrando esses movimentos, visto que, durante a crise da adolescência, o jovem revivencia, inconsciente e intensamente, experiências emocionais da vida mental primitiva, concomitantes às suas experiências atuais.

Quero dizer com isso que, se a criança teve um bom vínculo inicial com sua mãe, o pai foi participante, como prolongamento das funções maternas, e assumiu o papel que lhe coube de participar do processo de separação e individuação, criam-se condições para o desenvolvimento de um sentimento de confiança básica e definições adequadas de papéis, de espaços individuais e comuns.

A triangulação adequada possibilitará terreno fértil para o bom desenvolvimento egoico e das demais funções psíquicas.

No decorrer desse processo, a estrutura egoica organiza-se, e, à medida que a criança retém em sua memória um acervo de experiências positivas e negativas, gratificantes ou não, associadas ao desenvolvimento de sua capacidade para suportar certa dose de frustrações, vai se criando um espaço mental virtual, no qual se estabelecem as funções simbólicas. Estas são resultantes de suas fantasias conscientes e inconscientes e de sua relação com o meio que a cerca.

Se o ambiente for continente, acolhedor, ele propiciará à criança melhores condições para lidar com seus impulsos agressivos e amorosos. Nesse percurso, ela integrará, pouco a pouco, aspectos de si mesma, desenvolvidos a partir da relação com o outro, por meio das características de sua personalidade (das do outro e das inerentes à própria personalidade que está se estruturando).

Esse é um processo constante e contínuo. Dualístico, no sentido de que sentimentos contraditórios em relação a si e ao outro fazem parte de sua estrutura psicológica.

Por meio do brincar, a criança sente, vive e revive as experiências de sua relação com o mundo exterior e com ela mesma. Cria-se o espaço do imaginário e, dessa forma, ela pode discriminar, elaborar sobre "o mundo do faz de conta" (mundo das fantasias) e sobre a sua pertinência na relação com o mundo exterior.

É nesse espaço que vai se inserir o desenvolvimento do conhecimento e da cultura (Winnicott, 1975). O brincar é cheio de perigos, medos, aventuras, ameaças e prazeres que conduzem a gratificações, pelas realizações no âmbito do simbólico, de fatos ocorridos na vida real, e de outros cujas realizações só podem ocorrer no imaginário, no sonho, no sonho diurno, como Freud (1900/1973c) magistralmente nos transmitiu.

O brincar possibilita à criança dar vazão à sua fome de conhecimento. É uma atração pelo desconhecido, pelo descobrimento. Há um desejo de querer ser como os adultos, o qual Melanie Klein (1969, p. 32) denominou "impulso epistemofílico", impulso este que a autora associou à curiosidade infantil em relação à sexualidade dos pais.

Klein (1970) demonstrou existir uma estreita ligação entre o sadismo (impulso agressivo-destrutivo) e o desejo de conhecer (impulso incorporativo). Mostrou-nos como muitos transtornos de aprendizagem, ou intelectuais, de natureza psicótica, na infância, são decorrentes de conflitos primitivos em relação às figuras parentais.

Segundo sua teoria, a mente oscila entre posições nas quais predominam ansiedades persecutórias e depressivas. Quando prevalece a posição esquizoparanoide, a tendência é colocar os aspectos ruins, sentidos como negativos, fora do *self* ou do ego, por meio de mecanismos de cisão, identificação projetiva, negação, onipotência, idealização.

Tais aspectos indesejáveis são colocados no outro e, em consequência, o outro passa a ser percebido de forma fragmentada ou indiscriminada, formando o que Klein chamou de figura combinada, ou organizando o objeto de maneira bizarra. Todas essas condições expressam uma vivência de tipo psicótico.

Dito de outra forma, uma pessoa ou situação é percebida como totalmente boa ou má, estabelecendo uma relação de objeto parcial e, em consequência, não ocorre a integração das diferentes partes que formam o objeto e o self, deturpando a percepção e o conhecimento.

Na posição depressiva, existe a percepção dos aspectos bons e maus que compõem o objeto e o self, estabelecendo uma relação de objeto total. Desse modo, o indivíduo, ao projetar sua agressividade sobre o outro, pode percebê-la, bem como os estragos causados. Surgem os sentimentos de culpa e a possibilidade de reparação. Isto é, o indivíduo percebe que o outro não é somente mau como poderia parecer, e que o agressor não é tão santo quanto gostaria de acreditar que fosse.

Quando há um desequilíbrio entre essas forças, entre os diferentes estados de mente, com prevalência dos aspectos destrutivos e projetivos, tornam-se difíceis a percepção e a incorporação de novas experiência emocionais. Reduzem-se a apreensão emocional do mundo e a capacidade de pensar com criatividade.

À guisa de ilustração, um indivíduo tomado por um sentimento de inveja pode atacar o objeto do seu desejo, fonte de enriquecimento, cujo efeito será destruir a possibilidade de apreensão do objeto e, consequentemente, do aprendizado.

O adolescente, em pleno estado crítico, envolto em suas idealizações na luta contra a perda do estado simbiótico, pode se perder em suas fantasias inconscientes e devaneios, com consequente distanciamento da avaliação da realidade objetiva.

Falhas na condição de *rêverie* (Bion, 1966, 1969) ou de holding (Winnicott, 1975) ocorridas durante a relação mãe/bebê podem ser geradoras de dificuldades posteriores, na adolescência, na integração do ego, na delimitação dos contornos da relação eu/não eu, ou na capacidade do pensamento de transitar de uma situação sensório-motora para uma conceitual.

Vimos no Capítulo 3 que o jovem passa por transformações que atingem diferentes vértices de sua personalidade, a saber:

- a evolução da sexualidade na busca de novos objetos de investimento afetivo;
- o processo de perdas;
- o narcisismo e a organização egoica;

- a ruptura entre as partes não discriminada e discriminada da personalidade;
- o falso e o verdadeiro self;
- as transformações cognitivas e o aprender com a experiência.

A partir de cada um desses vértices, podemos identificar desvios normais do desenvolvimento do adolescente, a cronificação de estados transitórios, que adquirem a condição de um quadro psicopatológico estruturado, ou a eclosão de quadros subjacentes anteriores, e que se descompensam por ocasião da adolescência.

Para avaliar esse vértices assinalados, exponho uma adaptação do perfil metapsicológico, inicialmente proposto por Anna Freud (1976), que serve não como um roteiro de avaliação, mas como lembrete dos elementos a serem observados nas diferentes fases do processo diagnóstico e terapêutico:

a. Desenvolvimento das pulsões agressivas e libidinais. Pontos de evolução, fixação e regressão.

b. Caminhos seguidos pelas pulsões no estabelecimento das relações objetais, das relações narcísicas. Aspectos positivos e negativos do narcisismo (estudo do self primitivo). Relações edípicas e pré-edípicas (pré-genitais). Presença do processo primário. Características das atuações.

c. Desenvolvimento e qualidade do ego e do superego: relação entre características do superego e a agressividade (aspectos protetores e repressores). Integridade do ego e relação com suas funções (memória, percepção, atenção, compreensão, inteligência, integração psicomotora, linguagem, aprendizagem, senso crítico, capacidade de análise e síntese). Capacidade de tolerância às frustrações. Harmonia ou desarmonia na aquisição das funções egoicas. Relação entre o self primitivo e o atual.

d. Estudo dos mecanismos de defesa prevalecentes: neuróticos e psicóticos. Características das ansiedades emergentes: catastrófica, persecutória, difusa, localizada.

e. Características da identidade sexual e global. Aspectos masculinos × femininos da personalidade. Capacidade de sublimação.

f. Nível e conteúdo das fantasias conscientes e inconscientes. Capacidade de trânsito entre as posições esquizoparanoide e maníaco-depressiva. Relações de objeto total e parcial.

g. Características do aparelho de pensar.

A microscopia intrapsíquica, apreendida pela metapsicologia psicanalítica, é revelada pela instrumentação da relação transferencial/contratransferencial. Aproxima-se, por esse meio, da complexidade das inter-relações que compõem a rede psíquica em suas diferentes instâncias.

Esse processo difere da metodologia clássica, médica, em cuja ponderação prevalecem os aspectos objetivos. Mas, mesmo nessa situação, o médico necessita usar sua intuição. Inúmeros fatores subjetivos, como experiência clínica e percepção dos próprios conflitos emocionais, interferem na qualidade de apreensão dos dados objetivos e na apuração diagnóstica.

Quantos erros são cometidos em decorrência de fatores emocionais do profissional! Não me refiro a erros causados por ignorância. Refiro-me àqueles devidos a fatores emocionais, como onipotência, prevalência de aspectos narcísicos da personalidade, envolvimento afetivo, componentes sadomasoquistas ou negligência, que cegam a capacidade perceptual, interferindo na relação profissional/paciente.

Em contrapartida, um profissional identificado com seu paciente é capaz de conservar a distância necessária para preservar sua capacidade de observação. Dessa forma, terá maiores oportunidades para viabilizar as investigações necessárias em relação ao paciente, com maior isenção de ânimo.

O que se observa mais comumente, durante a avaliação clínica de crianças e adolescentes, são sintomas reveladores das ansiedades emergentes e o imbricamento de componentes oriundos da participação de múltiplos mecanismos defensivos. O predomínio de uns sobre os outros é variável e depende de quão estruturados eles estejam.

Na adolescência, e mais ainda na infância, os quadros clínicos, com frequência, são pouco definidos. Podem apresentar componentes de natureza histérica, fóbica, ansiosa, depressiva, persecutória, psicótica, deficitária ou psicopática compondo a estrutura da personalidade, com predomínios variáveis dos mecanismos e fantasias envolvidos.

Costumo caracterizar a plasticidade dos sintomas e o polimorfismo da personalidade pela imagem de um caleidoscópio, cuja configuração transforma-se quando se imprime movimento. A estrutura psíquica, incluindo a fisiopatologia dos sintomas, tem seus aspectos constantes e variáveis, compondo-se numa multiplicidade de configurações, cada uma delas com suas próprias características e similitudes em relação a outras configurações. São paradigmas, por meio dos quais se busca alcançar uma representação do mundo mental e seus processos.

No adolescente, o estudo de sua personalidade corre paralelamente a um mundo de transformações e descobertas. As mudanças decorrentes do processo de identificação estimulam novas configurações e transformações em sua personalidade, num processo continuamente oscilante, instável e impaciente. Como se costuma brincar, "o denominador comum do paciente adolescente é ser um paciente impaciente".

Nesse período do desenvolvimento, as possibilidades de encontrarmos organizações psicopatológicas mais estruturadas são maiores do que em relação às encontradas na infância, aproximando-as da nosografia da psiquiatria geral.

Em sua grande maioria, porém, são transtornos comportamentais e afetivos ainda pouco estruturados do ponto de vista psicopatológico, num período de vida suscetível a remanejamentos, por um lado, e, por outro, vulnerável e sujeito a desorganizações psicoafetivas. Em contrapartida, as estruturas rigidamente organizadas refletem gravidade e cronicidade.

Lembro que Aberastury e Knobel (1971) chamam de "síndrome normal da adolescência" as manifestações comumente encontradas nesse período, as quais podem, por inadvertência, ser confundidas com quadros psicopatológicos. Apesar da "normalidade" dessa "síndrome", esses pacientes, em função do seu sofrimento e das manifestações clínicas que apresentam, podem necessitar de acompanhamento em áreas específicas.

Entretanto, núcleos profundos depressivos, psicóticos, neuróticos e psicopáticos (caracteriais) podem estar mascarados pelas manifestações comuns da adolescência. Não raro eclodem psicoses e psicopatias devido à grande fragilidade egoica.

Masterson (1970), com sua publicação *El dilema psiquiátrico del adolescente*, sinaliza as dificuldades de elaboração diagnóstica, caracterizando a existência de confusões entre o que é um transtorno psiquiátrico e o que se configura como crise da adolescência. Mostra um estudo prospectivo no qual um certo número de casos tidos como psiquiátricos não evoluiu como tal.

Esse autor assinala, por outro lado, que em casos de transtornos graves, como a síndrome *borderline*, a crise da adolescência tem pouca participação. Enfatiza que a questão está relacionada a falhas ocorridas precocemente, no período de separação-individuação.

No meu modo de entender, tanto a crise da adolescência como os transtornos graves de personalidade estão vinculados às experiências emocionais ocorridas durante os primeiros anos de vida. Procurei descrever alguns desses aspectos no Capítulo 3.

Pacientes que tiveram falhas estruturais ou funcionais na organização da personalidade podem compensar essas falhas durante a infância e descompensá-las por ocasião da adolescência. Nesse sentido, encontramos pacientes cujas manifestações *borderline* (Brandt et al., 1989; Outeiral, 1993), psicóticas ou psicopáticas, estavam contrabalançadas pela tolerância e níveis de solicitação do meio ambiente e, por outro lado, pelo maior controle do ego sobre a vida pulsional.

Durante a crise de adolescência, há uma revivescência de aspectos primitivos relacionados ao período de separação-individuação, que evolui no sentido de haver a separação dos aspectos primitivos que invadem o ego, e de poder incorporá-los como uma parte atuante, identificável e capaz de ser mantida sob certo controle em relação à parte adulta da personalidade.

Caso ocorram falhas, estruturais ou funcionais, no processo primitivo de estabelecimento dos primeiros vínculos afetivos, na organização do self primitivo (organização narcísica primária), na discriminação entre self e objeto, na eletividade dos mecanismos de defesa contra as diferentes angústias primitivas, elas poderão conduzir o jovem a graves transtornos da personalidade.

Essas condições vão interferir na evolução adequada do processo de identificação, causando transtornos que tendem a se cronificar ou a deixar sequelas na reestruturação da personalidade.

Portanto, além da avaliação sintomatológica, faz-se necessária a avaliação das características do investimento objetal, das etapas de desenvolvimento da libido, dos pontos de fixação e de regressão, da maior ou menor integração do ego, dos níveis de fantasias conscientes e inconscientes, das relações entre o self primitivo e atual, do falso e do verdadeiro self, das correlações existentes entre a vida afetiva e o pensamento.

Em virtude do dilema existente para definir a natureza das manifestações psíquicas da adolescência, a observação longitudinal faz-se necessária. Às vezes, é conveniente propor uma série de encontros que possibilitem o tempo necessário para identificar as primeiras resistências, fantasias e conflitos, dando tempo tanto ao paciente e sua família quanto ao profissional para lidarem com as persecutoriedades inerentes desse encontro com o desconhecido, que é a relação profissional paciente/família.

A partir dessas elaborações, e no decorrer desse processo de investigação, poder-se-á também avaliar os objetivos, as indicações e as motivações em relação às ações terapêuticas (psicoterapia, psicanálise, terapia familiar, psicopedagogia, acompanhante terapêutico etc.).

As entrevistas diagnósticas confundem-se muitas vezes com o início de um processo psicoterápico ou psicanalítico. De qualquer forma, o que há de comum nessa fase inicial são a observação e a modulação das ansiedades, para que se possa alcançar uma compreensão mais profunda dos transtornos em questão.

Por meio de uma relação continente, acolhedora, não invasiva e interessada na pessoa do adolescente, cria-se um vínculo que abre espaço para o lúdico, para o imaginário, facilitando o acesso ao mundo afetivo.

A observação longitudinal, periódica ou contínua, permite constatar se tal ou qual sintoma ou movimento psíquico é isolado ou está integrado a estruturas e sistemas mais complexos, dentro de uma organização psicopatológica mais definida. Sabe-se que atuações, momentos depressivos, desinteresse acadêmico, crises de agressividade, euforia ou períodos transitórios de turbulência são frequentes entre os adolescentes.

As repetições, a intensidade, a duração e a amplitude dessas manifestações são reveladoras do maior ou menor grau de integração egoica. Concomitantemente, podem-se observar a capacidade de transitar entre a posição esquizoparanoide e a maníaco-depressiva, a capacidade de discriminar o real e o imaginário, bem como a capacidade egoica de transformação do pensamento.

Esse conjunto de elementos contribui para a ponderação e construção de uma imagem sobre a constância ou transitoriedade das manifestações e sobre a rigidez ou flexibilidade das estruturas psíquicas envolvidas.

Para o exercício dessa função, o profissional deve ter internalizado um conjunto de conhecimentos clínicos e doutrinários sobre o funcionamento psíquico, suas bases orgânicas e psicológicas.

É fundamental que o profissional tenha sido analisado e supervisionado profundamente em seus aspectos mais primitivos, de natureza narcísica e psicótica. Poderá, com esse instrumental, e em colaboração com colegas de outras áreas, compor e complementar os elementos necessários para a realização da avaliação diagnóstica, em termos preventivo, terapêutico e, se possível, prognóstico, da forma o mais precoce possível.

Não se pode esquecer que na criança, principalmente, e também no adolescente, por estarem em pleno desenvolvimento, seu equipamento e funções psíquicas estão em fase de aquisição e maturação. Portanto, quanto mais precoces forem a detecção e as providências profiláticas ou terapêuticas, maiores serão os benefícios para o paciente.

Como é sabido, as bases estruturais e funcionais da personalidade estabelecem-se durante os primeiros anos de vida. Seu desenvolvimento e qualidade dependem da vida relacional. Ela pode estar comprometida por dificuldades orgânicas ou não. Seu desenvolvimento, qualidade e expressão final dependem das influências oriundas da vida relacional. O equipamento biológico disponível interfere e sofre as influências dos investimentos libidinais e agressivos a partir da relação com o objeto real externo.

Quer exista predominância de transtornos orgânicos, quer funcionais ou psicogênicos, sempre haverá a possibilidade de cada um desses transtornos contribuir com uma dose de frustração em relação aos aspectos idealizados que o paciente tem de si, gerando ansiedades.

Outras frustrações ocorrem, originárias da vida relacional com os pais, quando estes se veem frustrados em relação às imagens que criam do filho idealizado, sobre o qual projetam seus próprios ideais. Esses conflitos também interferem na organização estrutural, dinâmica e econômica do aparelho mental.

Devemos ter em mente que o debate sobre a etiopatogenia dos transtornos mentais, funcionais ou estruturais, psico ou organogenéticos, está ultrapassado. Ele é de natureza multifatorial, podendo o elemento orgânico ser um elemento a mais na composição dos transtornos, causando frustrações e dificuldades específicas na integração do ego.

Deve-se levar em conta o conjunto de aspectos biológicos, históricos, relacionais e culturais. Saliento que as manifestações somáticas devem ser atentamente avaliadas, se primárias ou secundárias a processos psicogenéticos.

Com relativa frequência, observam-se adolescentes com queixas psicossomáticas: complicações gástricas, cefaleias, alterações menstruais, transtornos alimentares ou queixas vagas e generalizadas, como cansaço, alterações do sono, rubores, calores.

Não se pode esquecer que existem manifestações de processos orgânicos que se iniciam por transtornos de conduta social, ou por transtornos sensoperceptivos, como certos quadros epilépticos, e enganosamente podem ser atribuídos a questões exclusivamente psicogenéticas.

Cito o exemplo de uma adolescente de 16 anos, encaminhada pelo neurocirurgião para tratamento psicanalítico, devido a manifestações fortemente histriônicas após cirurgia de tumor benigno da hipófise. Transcorridas algumas sessões, fiquei impressionado com as reações da paciente diante de situações de grande impacto emocional. Apresentava contorções corporais intensas, lembrando as grandes crises histéricas descritas por Charcot.

Num de seus retornos, conversamos sobre a validade de ser reavaliada pelo neurologista. Por coincidência, a paciente já havia marcado retorno, por recomendação anterior do próprio profissional. Na reavaliação, ficou constatada a recidiva tumoral, que contribuía para explicar as manifestações comportamentais da paciente.

Recordo-me de outro caso, de uma adolescente portadora de retocolite ulcerativa, que me levou a pensar no cuidado e na delicadeza que os casos de natureza psicossomática requerem. Uma interpretação mais contundente pode ser suficiente para desencadear um quadro de sangramento intenso, pela fragilidade da estrutura egoica em questão, acrescida da fragilidade inerente ao período da adolescência.

Há casos, por outro lado, cuja sintomatologia requer maior atenção, pelo perigo que representam ao indivíduo, como tentativas de suicídio, ou certas atuações, inclusive colocando terceiros em risco, mesmo que essa não seja sua real intenção consciente ou inconsciente. Muitas vezes, em nome de uma pseudoautonomia e liberdade, usam o próprio corpo como um brinquedo. Dispõem-se a experimentar drogas, praticar sexo ou atos violentos, sem se darem conta da auto e heteroagressividade. São verdadeiros núcleos psicopáticos em ação. Knobel (1992) demonstra a emergência desses núcleos durante o processo adolescente.

Alguns, ante situações de frustração, de estresse, desejam dormir ou fugir daquele momento angustiante, de dúvida e medo, para, num passe de mágica, acordar com tudo pronto e realizado. Algo que se assemelha à história da "Bela Adormecida", que atravessa a adolescência adormecida pela poção venenosa e é acordada por um beijo de um belo príncipe galante ajoelhado ao seu lado.

Deixando a brincadeira de lado (certa dose de ironia humorística faz parte da relação lúdica com o adolescente), esses jovens, em situações de angústia, regridem para um estado de pensamento mágico. Desligam-se afetivamente de si e do mundo. Desejam a solução pronta, à semelhança da satisfação onipotente do desejo infantil. É a prevalência dos aspectos primitivos da mente, dos quais ainda não conseguiram separar-se.

Funcionam, nessas situações, sob o predomínio do processo primário, e não sob a égide do trabalho mental (experiência emocional, percepção, elaboração, pensamento, opção, ação).

O que estou relatando é diferente de uma estrutura psíquica na qual predominam aspectos perversos, sadomasoquistas, em que tentam se matar, na intenção, por exemplo, de punir alguém, ou na ilusão de tripudiar sobre o agressor, geralmente os pais.

Há ainda aqueles jovens que buscam o suicídio ante um sentimento de falta de perspectiva, de profunda solidão interna, diante de um superego extremamente exigente e/ou fruto da ação de estados narcísicos primitivos destrutivos.

Tomei como exemplo a questão do suicídio, mas reflexões semelhantes podem ser feitas em relação à maneira como são vividos pelo jovem a sexualidade, seu corpo, a relação social ou cognitiva.

Alguns jovens não conseguem desfrutar do conhecimento adquirido de experiências anteriores, por fenômenos de negação, ataque à percepção da realidade ou por funcionarem organizados, rigidamente, dentro de mitos. Nos tempos atuais, é muito presente a ideia de que liberdade é fazer tudo o que vem à mente. Não usam ou não desenvolveram a percepção de que a liberdade também pode ser vista por outro ângulo, no qual renunciar a certos desejos também é uma forma de liberdade.

Necessitam crescer com a experiência, e com ela se enriquecer. Isso não começa na adolescência. Começa nos primórdios da vida, com a elaboração das projeções idealizadas dos pais em relação aos filhos, e vice-versa. Esse processo prossegue no decorrer da vida, quando prevalece a capacidade de elaboração, inerente à posição depressiva.

Uma agravante a ser considerada na avaliação diagnóstica dos transtornos da adolescência são as características da sociedade contemporânea. A liberalidade existente na cultura, a velocidade das mudanças tecnológicas, de valores éticos, morais e sociais, a massificação de informações veiculadas pela mídia, a falta de perspectiva profissional, a desorientação dos pais em função dos fatores já assinalados (vide Capítulo 2) contribuem para prolongar e perturbar o já conturbado período de adolescência.

A sociedade atual, em meu ponto de vista, é altamente liberalizante, facilitadora e destrutiva, ampliando a exposição do jovem a situações que levam a prolongar o estado de ambivalência, de dúvidas, incertezas e contradições, normalmente presentes nesse período do desenvolvimento, dificultando e alargando a definição de uma identidade adulta.

Outra questão bastante atual refere-se à definição da identidade sexual. Assim como na questão anterior, as indefinições quanto à identidade sexual também têm se alargado, parecendo aumentar o estado de ambiguidade em que permanecem rapazes e moças. A maior liberdade e liberalidade social e a emergência de movimentos em defesa da homossexualidade assumida contribuem para prolongar o estado de dúvida e indefinição. Em algumas circunstâncias, é colocada apenas como uma questão de opção racional. Por outro lado, também é verdade que se está muito mais livre para dar vazão ao que há de masculino e feminino em cada um, por meio de um estado sublimado.

Restringir a definição sexual a uma questão de opção puramente racional é reduzir algo extremamente complexo, que envolve a biografia do indivíduo, suas relações familiares, aspectos primitivos e atuais do processo de identificação, em níveis inconsciente e consciente, sua capacidade de sublimação das pulsões de vida e morte, a vida de fantasia, além de eventuais bases constitucionais. Entretanto, a cultura atual tem sido bastante tolerante de uma parte, e ambígua de outra, em defesa da liberdade individual.

O uso de drogas entre adolescentes é outro evento preocupante. Surge a questão sobre até onde o consumo é algo patológico do jovem, da família, ou é reflexo dos modelos sociais de autoafirmação, curiosidade e modismo aceitos entre grupos sociais de adolescentes. Ele reflete a existência de um profundo vazio, dentro de uma sociedade consumista, que muito oferece e pouco dá aos jovens em termos de continente afetivo e qualidade cultural.

Quero fazer uma referência àqueles casos que necessitam do trabalho de vários profissionais, de áreas interdisciplinares, realizado na clínica privada ou em instituição. Geralmente são casos complexos (psicóticos, *borderline*, atuadores, deficitários), que requerem, por parte da equipe profissional, uma integração coerente e coordenação eficiente.

O êxito das ações terapêuticas integradas depende do aspecto relacional da equipe com o adolescente, a família e, em casos mais específicos, a instituição. É importante o conhecimento da dinâmica grupal e seus mecanismos defensivos, que tendem a se repetir na relação equipe/paciente/família. Há casos em que a equipe, por falha de integração e de comunicação, acaba por reproduzir as características dissociadas de um ego mal integrado. Não raro, a equipe ou o conjunto de profissionais acaba por reproduzir algo da patologia do paciente ou do núcleo familiar. O inverso também é verdadeiro, quando uma equipe dissociada contribui para desestabilizar o paciente, ou o grupo familiar, já fragilizado.

Por exemplo, no caso de pacientes psicóticos, a equipe profissional pode fragmentar-se ou contratuar quando os núcleos psicopáticos ou psicóticos, por identificação projetiva, são incorporados pela equipe, que passa a agir por contraidentificação projetiva.

Entendo que tanto o paciente quanto o núcleo familiar podem necessitar de uma estrutura continente para lidar com suas ansiedades, requerendo essa função do grupo de profissionais. Quando isso não ocorre, há uma tendência à volatilização das mensagens, dando margem a ansiedades desnecessárias, a sentimentos de abandono ou de comunicações dissociadas, perturbando o paciente e sua família.

Estou sinalizando que, na prática clínica com adolescentes e crianças, a ortodoxia psicanalítica, isto é, manter-se isento de contato com a família, com a escola ou com outros profissionais, traz mais dificuldades do que benefícios.

Certos casos de anorexia mental, ou de pacientes *borderline*, por exemplo, podem beneficiar-se do encontro entre o paciente, a família, profissionais das áreas envolvidas e o psicoterapeuta ou psicanalista, tanto na fase diagnóstica quanto em momentos específicos do processo terapêutico.

A compreensão, pelos pais, dos movimentos que ocorrem na adolescência normal ou patológica é um fator importante de colaboração para a evolução do processo terapêutico. Nos momentos de maior resistência ou atuações, eles (os pais) podem estimular o jovem a trazer suas angústias para a relação analítica, amenizando os riscos de ruptura precoce do vínculo terapêutico.

A impaciência do adolescente e sua necessidade de expansão tornam os métodos tradicionais de análise mal tolerados pelo adolescente. Osório (1977) sintetiza muito bem essa situação quando afirma: "O adolescente tem pressa, por isso tolera mal a lenta elaboração do processo analítico, assim como precisa de espaço tanto para liberar seu corpo físico como para mobilizar seus conteúdos mentais, daí as contingências do *setting* analítico o sufocarem".

Para trabalhar analiticamente com pacientes adolescentes, sobretudo se forem grandes atuadores, é necessário que o profissional tenha disponibilidade e criatividade para lidar com situações imprevisíveis. O psicanalista ou psicoterapeuta necessita preservar mais as condições do *setting* mental, para a realização do trabalho diagnóstico ou psicoterápico, do que se refugiar no *setting* geográfico.

Essa quebra temporária do *setting* analítico, em momentos específicos, visa criar condições para preservar a continuidade do trabalho dentro de condições adequadas. Tanto durante uma sessão de análise (por exemplo, manifestações de extrema impulsividade, presença de drogas ou armas) quanto em outras situações extra-analíticas (como acidentes, a eclosão de uma moléstia, atuações com repercussões na vida escolar e social, ou graves intercorrências na vida familiar) podem-se solicitar do analista mobilidade física (ida ao hospital, à clínica ou à casa do paciente), flexibilidade mental e habilidade para enfrentar a situação inusitada, contorná-la e preservar as condições que poderão dar continuidade ao processo psicanalítico.

Estou frisando com isso que o *setting* é fundamentalmente uma questão mental, e não física. O importante é ter bom senso, mas o difícil mesmo é saber o que é o bom senso.

Finalizando, para a elaboração diagnóstica, utilizo os elementos anamnésticos, obtidos dos pais e do paciente, e as semiologias clínica e psicanalítica, obtidas da observação direta, dos elementos projetivos, do material emergente oriundo da relação profissional/paciente.

Entretanto, esse conjunto de dados pode não ser suficiente para uma aproximação diagnóstica. Serão solicitados exames complementares (testes psicológicos ou de outras áreas envolvidas), acrescidos da observação longitudinal.

A partir desse conjunto de elementos, são formuladas hipóteses que serão discutidas com o adolescente. Dependendo da idade cronológica, do grau de dependência, do nível de problemas presentes, proponho ao jovem um encontro conjunto com seus pais sobre os achados e as ações terapêuticas.

Abordarei no capítulo seguinte os procedimentos técnicos do processo psicanalítico, efetuados a partir da marcação da primeira consulta, ainda pelo telefone, e a evolução do processo.

Referências

Aberastury, A., & Knobel, M. (1971). *Adolescencia normal.* Paidós.

Ajuriaguerra, J. de. (1974). *Manuel de psychiatrie de l'enfant.* Masson et Cia.

Bion, W. (1966). *Aprendiendo da experiencia.* Paidós.

Bion, W. (1969). *Volviendo a pensar.* Paidós.

Brandt, L. et al. (1989). *Adolescentes borderline* (Org. E. Kalina). Nueva Visión.

Freud, S. (1973a). Estudios sobre la histeria. In S. Freud, *Obras completas.* Biblioteca Nueva. (Trabalho original publicado em 1895).

Freud, S. (1973b). Proyecto de una psicología científica. In S. Freud, *Obras completas.* Biblioteca Nueva. (Trabalho original publicado em 1895).

Freud, S. (1973c). La interpretación de los sueños. In S. Freud, *Obras completas.* Biblioteca Nueva. (Trabalho original publicado em 1900).

Freud, S. (1973d). Introducción al narcisismo. In S. Freud, *Obras completas.* Biblioteca Nueva. (Trabalho original publicado em 1914).

Freud, S. (1973e). Duelo y melancolia. In S. Freud, *Obras completas.* Biblioteca Nueva. (Trabalho original publicado em 1917).

Freud, S. (1973f). Más allá del principio del placer. In S. Freud, *Obras completas.* Biblioteca Nueva. (Trabalho original publicado em 1920).

Freud, S. (1973g). Psicologia de las masas y analisis del yo. In S. Freud, *Obras completas*. Biblioteca Nueva. (Trabalho original publicado em 1921).

Freud, S. (1973h). El yo y el ello. In S. Freud, *Obras completas*. Biblioteca Nueva. (Trabalho original publicado em 1923).

Freud, S. (1973i). Inibición, sintoma y angustia. In S. Freud, *Obras completas*. Biblioteca Nueva. (Trabalho original publicado em 1926).

Freud, A. (1976). *Infância normal e patológica*. Zahar.

Klein, M. (1969). *Psicanálise da criança*. Mestre Jou.

Klein, M. (1970). *Contribuições à psicanálise*. Mestre Jou.

Knobel, M. (1977). *Psiquiatria infantil psicodinâmica*. Paidós.

Knobel, M. (1992). *Consideraciones sobre el "núcleo psicopático" en la estructuración adolescente y el tratamiento psicoanalítico*. [Apresentação de trabalho]. 50º aniversário da Associação Psicanalítica Argentina, Buenos Aires.

Krynski, S. (1977). *Temas de psiquiatria infantil*. Guanabara-Koogan.

Lebovici, S., Diatkine, R., & Soulé, M. (1985). *Traité de psychiatrie de l'enfant et de l'adolescent*. Presses Universitaires de France.

Lebovici, S., & Soulé, M. (1970). *La connaissance de l'enfant par la psychanalyse*. Presses Universitaires de France.

Levisky, D. L. (n.d.). *Étude et discussion nosographique des psychoses infantiles* (Memória para obtenção do título de assistente estrangeiro da Faculdade de Medicina de Paris V).

Levisky, D. L. (1992). Algumas contribuições da psicanálise à psicopedagogia. In B. J. L. Scoz et al., *Psicopedagogia: contextualização, formação e atualização profissional*. Artes Médicas.

Marcelli, D., & Braconnier, A. (1989). *Manual de psicopatologia do adolescente*. Artes Médicas-Masson.

Masterson, J. F. (1970). *El dilema psiquiátrico del adolescente*. Paidós-Asappia.

Osório, L. C. (1977). *Abordagens psicoterápicas do adolescente*. Movimento.

Outeiral, J. O. (Org.). (1993). *O adolescente borderline*. Artes Médicas.

Piaget, J. (1983). *Psicologia da inteligência*. Zahar.

Winnicott, D. (1975). *O brincar e a realidade*. Imago.

7. O processo psicanalítico

Vimos no capítulo anterior questões que envolvem o diagnóstico das dificuldades psicológicas do adolescente e algumas reflexões sobre o encaminhamento terapêutico necessário e conveniente a cada caso.

Esse encaminhamento depende das particularidades inerentes ao processo psicopatológico em questão, da formação do profissional, da disponibilidade das partes envolvidas e dos recursos objetivos à disposição.

Abordo neste capítulo aspectos do processo psicanalítico, ou de psicoterapia de base analítica.

Aqui inicia-se uma questão doutrinária, sobre o que é a psicanálise, e outra relativa às possibilidades práticas convenientes e existentes, dentro de cada realidade, para a efetivação do trabalho terapêutico.

Para muitos psicanalistas, a análise de adolescentes foi e tem sido considerada como impossível. Kestemberg (1971) afirma que "muitos analistas (e analistas muito experimentados) continuam a considerar a psicanálise de adolescentes como um empreendimento difícil, que só deve ser levado avante com indivíduos privilegiados". Devo dizer que, em minha experiência, a psicanálise de adolescentes é viável e gratificante.

Hoje em dia, devido a uma compreensão maior das características do processo adolescente, associada ao fato de que, nas análises de formação (análises didáticas), podem-se alcançar núcleos mais primitivos, narcísicos, psicóticos e caracteriais dos analistas, e devido também a adaptações técnicas na relação com o adolescente, tem-se viabilizado e ampliado a abrangência da psicanálise de adolescentes.

Assim como foram criadas técnicas para o desenvolvimento da análise de crianças, adaptações foram realizadas para o atendimento de adolescentes. Essas mudanças técnicas, que contêm elementos da análise de crianças e de adultos mas que não se equiparam a elas, envolvem as seguintes esferas: da relação transferencial (movimento recíproco transferencial/contratransferencial), das características do *setting*, da comunicação (verbal, não verbal, pré-verbal) e das aptidões pessoais do analista.

O psicanalista, além de gostar de adolescentes e ter interesse pelas questões inerentes a essa fase do desenvolvimento, necessita implementar, em sua personalidade, condições de flexibilidade e adaptabilidade, para enfrentar as condições psíquicas da adolescência (vide Capítulo 11).

Osório (1977), referindo-se a essas características na análise de adolescentes, afirma que:

> *As coordenadas de tempo e espaço dentro das quais funciona (o adolescente) são muito elásticas e igualmente flexíveis; precisam ser os limites do enquadramento analítico, para que nele o adolescente sinta-se cômodo. Igualmente a interpretação, ferramenta básica do trabalho psicanalítico, deverá ser diferentemente manejada para mobilizar os instintos epistemofílicos do adolescente e instrumentar adequadamente o acesso à sua realidade intrapsíquica.*

Isso posto, surgem questões quanto aos limites do que é um trabalho efetivamente psicanalítico e do que é uma psicoterapia de base analítica.

Uma das questões refere-se à formação do profissional. Nem todos os profissionais têm acesso à formação analítica clássica. Uns têm conhecimento psicanalítico, submetem-se a análise e supervisão, adquirindo uma formação psicanalítica não regulamentada. Outros profissionais, graças à difusão dos conhecimentos psicanalíticos, foram influenciados pela psicologia dinâmica, a qual deu margem a inúmeros procedimentos psicoterápicos, como o psicodrama psicanalítico, a psicoterapia analítica de grupo, psicoterapia breve de inspiração psicanalítica.

Outros, ainda, utilizam-se de um conjunto de procedimentos psicológicos incomuns à psicanálise e intitulam-se psicanalistas, podendo gerar repercussões positivas e iatrogênicas, compondo uma realidade de trabalho na qual o setor das psicoterapias acaba por pertencer à terra de todos, e não à terra de ninguém.

Outro vértice dessa questão complexa está vinculado a aspectos inerentes a cada caso. Profissionais com sólida formação desenvolvem um trabalho psicanalítico por meio de variantes técnicas. Realizam entrevistas periódicas, ou sessões sistemáticas duas vezes por semana, ou trabalham dentro dos padrões habituais da análise atual (três a quatro vezes por semana).

A definição pelo número de sessões depende de um conjunto de fatores, que vão desde questões objetivas e materiais (distância, custo, dependência de transporte, outros interesses do adolescente) até questões de estratégia, de trabalho das resistências iniciais que viabilizam o estabelecimento de uma relação empática, de aliança terapêutica, de modulação das ansiedades, como fase preparatória para a proposição de um contrato de trabalho de psicanálise.

Aliança terapêutica, segundo Sandler (1980),

> *é um produto do desejo consciente ou inconsciente da criança (acrescento, do adolescente) em cooperar, e de sua rapidez em aceitar a ajuda do terapeuta para superar dificuldades e resistências internas. Envolve uma aceitação da necessidade de enfrentar os problemas internos e de fazer um trabalho analítico em face da resistência interna ou da resistência externa, como a da família. Representa uma reconciliação de vários elementos.*

Essa mobilização ocorre graças à participação das partes sadias e independentes do ego.

Esses trabalhos preliminares de entrevistas, em relação a uma prática sistemática, contínua e de longa duração, não devem ser desprezados como modalidade terapêutica. Eles abrem caminhos para remanejamentos intrapsíquicos, nos quais há transformações reais nos investimentos econômico, dinâmico e estrutural. Porém, lidam basicamente com questões atuais, estando distantes de movimentos regressivos, pouco atingindo os núcleos primitivos.

A flexibilidade do analista e a existência de empatia na relação transferencial/contratransferencial estimulam os interesses do adolescente em direção ao conhecimento da vida intrapsíquica. A experiência do insight, da continência afetiva, da compreensão e da elaboração, pelo jovem, podem ser estimulantes e direcioná-lo à psicanálise. Uma relação que parte da imposição, da rivalidade, do braço de ferro, dificilmente se estabelecerá como processo analítico. O adolescente até poderá aceitar certas imposições, mas isso poderá estar a serviço da manutenção ou incremento de resistências, e dos aspectos passivos de sua personalidade.

Em virtude da grande variabilidade e oscilação de estados mentais que caracterizam a mente do adolescente, ora psicótico, neurótico, psicopático, deficitário ou psicossomático, a habilidade do psicanalista, quanto à sua técnica de trabalho, deve se adaptar aos diversos momentos de uma organização extremamente flutuante, conforme assinala Kestemberg (1971).

As expectativas do psicanalista poderão ser frustradas quanto à realização de um trabalho vinculado a um elevado número de sessões. Sua irredutibilidade pode fazer parte não só de uma metodologia de trabalho, mas de sua própria resistência à compreensão da dinâmica dos fenômenos da adolescência.

Em minha prática clínica, quando sinto que houve um amadurecimento na relação, a partir das entrevistas iniciais, ocasionais ou periódicas, sugiro a possibilidade de efetuar o trabalho de análise. Nessa oportunidade, conversamos sobre as características da experiência que se pode efetuar, a partir das queixas e do sofrimento que o afligem. Surgem questões sobre a própria experiência analítica, sobre o nosso relacionamento, o seu significado e possibilidades em relação a queixas e ansiedades presentes. Fala-se sobre o contrato (número e tempo de duração das sessões, a privacidade da relação, o segredo profissional, férias, preço, faltas, sistema de pagamento), componentes da nossa experiência. Costumo propor três sessões semanais, com abertura para dialogar em virtude das especificidades e contingências de cada caso.

Definido com o adolescente quais são suas prioridades e disponibilidades para a efetivação de um contrato, discute-se com ele a melhor maneira de fazer esse encaminhamento. Abordam-se a oportunidade e a necessidade de conversarmos (ou não) com os pais, em que momento, como fazê-lo e quais aspectos serão abordados.

Relembro, aqui, a importância de preservar o sigilo ético do conteúdo das entrevistas com o adolescente. Existem riscos de, inconscientemente, por ocasião do encontro com os pais, efetuar conluios, tanto com eles como com o adolescente, e assim minar a confiabilidade da relação profissional.

Em algum momento, no decorrer das entrevistas iniciais, pode surgir o interesse em reunir toda a família para evidenciar áreas de conflito externo que estejam interferindo na dinâmica do paciente, colocando-o ou não como ponto de emergência de conflitos que transcendem à sua pessoa.

Concordo com as afirmações de Kestemberg (1971) quando salienta que "mesmo as entrevistas psicoterápicas (bastante distantes do que poderia ser uma cura analítica clássica) sendo bastante espaçadas, podem levar a resultados favoráveis, ao menos quanto ao comportamento dos adolescentes e às suas vivências atuais".

O receber e o encaminhar para tratamento, no caso de adolescentes, seguem procedimentos distintos dependendo da etapa em que os pacientes se encontram: puberal, nuclear ou juvenil. Essas etapas cronológicas, na prática, podem interpor-se umas às outras.

Porém, para efeito de procedimento técnico, entre pacientes da etapa puberal e nuclear, a primeira entrevista costuma ser marcada por intermédio dos pais. A entrevista, no imaginário dos pais e do adolescente, tem início antes mesmo de acontecer, a partir da escolha do profissional. Por iniciativa dos pais, raramente do próprio adolescente, ou por sugestão da escola, de profissionais de outras áreas ou colegas, o profissional é procurado devido às manifestações e comportamentos denunciadores de sofrimento do paciente, ou do núcleo familiar.

Diante de um telefonema, costumo eu mesmo marcar o primeiro encontro. Se não me perguntam nada, simplesmente marco a consulta e aguardo para observar de que forma irão se apresentar. Não raro, quando são os pais que me procuram, já nesse primeiro contato telefônico me é dada, espontaneamente, alguma informação sobre o caso. Diria que aí já está em andamento uma interação profissional/paciente concreta. No mínimo, uma função continente tem início, podendo atenuar as fantasias persecutórias do primeiro encontro.

Muitos me perguntam se é ou não para trazer o(a) filho(a) nessa primeira entrevista. Procuro, basicamente, ouvir, e se possível intuir o grau de ansiedade, a urgência, o nível de persecutoriedade. Nada sugiro ou decido. Deixo-os à vontade para virem à consulta como julgarem mais confortável ou conveniente.

Em relação aos adolescentes maiores, quando são os pais que me procuram, após o procedimento telefônico descrito anteriormente, indago a eles sobre o interesse do(a) jovem em entrar em contato comigo para que marquemos, pessoalmente, a entrevista. Esse procedimento tem sido útil. O jovem sente-se reconhecido, respeitado como entidade autônoma, pensante e desejante. Algo de empático pode se estabelecer nesse momento.

Feitas as entrevistas necessárias, discutimos a conveniência e a necessidade de termos algum encontro conjunto com os pais, em relação à problemática existente e quanto à efetivação do contrato de trabalho.

Com adolescentes maiores (basicamente do ponto de vista de maioridade legal), o envolvimento ou não dos pais na efetivação do contrato de trabalho geralmente passa a fazer parte do material analítico. Quando são identificadas autonomia e disponibilidade suficientes para assumir decisões, o próprio adolescente dialoga com seus pais a respeito das características do contrato analítico, e o processo segue sem a intervenção dos pais. O mesmo não ocorre com os menores de idade, que, em virtude de sua condição legal, dependem de uma autorização dos responsáveis, com os quais estabeleço contato para a obtenção de sua autorização.

Quando pais e adolescente vêm juntos à primeira entrevista, o atendimento tem início conjuntamente. Dependendo da dinâmica da relação, oriento-me sobre a conveniência de prosseguir por meio de entrevista conjunta ou isolada com o adolescente, e posterior reencontro com todos no final da entrevista.

Podem ser necessárias uma ou várias entrevistas com finalidade diagnóstica para que haja um amadurecimento da ideia e disponibilidade do adolescente quanto às suas expectativas relacionadas ao processo terapêutico. O mesmo se aplica aos pais.

Essas fases iniciais do processo são fundamentais. Requerem cautela, autenticidade, compreensão, respeito ao sofrimento das pessoas envolvidas e apego à verdade psíquica. Fatores que contribuem para o desenvolvimento de um sentimento de confiança.

Tanto nas entrevistas iniciais quanto a partir do estabelecimento do processo terapêutico, em virtude das peculiaridades do processo analítico com adolescentes, algumas cautelas adicionais precisam ser tomadas.

Refiro-me ao fato de que podemos nos enganar com a aparência física do adolescente, super ou subestimando suas potencialidades e habilidades.

Com os adolescentes jovens, por ocasião do "estirão" de desenvolvimento, é sempre uma surpresa a avaliação do seu grau de maturidade psíquica. Por um julgamento precipitado, decorrente de discrepâncias existentes entre a aparência física, o nível de maturidade intelectual e emocional, podemos oferecer jogos ou estabelecer um diálogo inadequado com um adolescente ainda pouco desenvolvido fisicamente, mas apto para o diálogo verbal. Ou o contrário: estimula-se uma comunicação verbal adulta, graças ao avantajado desenvolvimento físico, com um jovem que ainda prefere comunicar-se por meios lúdicos. Corremos o risco de, por má inferência, atingirmos a autoestima sensibilizada e frequentemente em baixa. Isso será um elemento diagnóstico, mas a falta de cautela do profissional poderá estragar o início de uma trajetória analítica.

Sempre com respeito e descontração, se percebo que a comunicação verbal lhe é difícil, pergunto se gostaria de fazer algo como desenhar ou jogar, pois talvez lhe seja mais fácil expor o que está pensando.

Algo semelhante ocorre no início do processo terapêutico, relacionado à escolha do espaço físico onde vamos trabalhar. Como trabalho em salas contíguas que se comunicam, apresento-lhe ambas, a de adultos, com divã, poltronas e almofadas, e a de crianças, mais simples, com mesa, almofadas, torneira, "facilmente lavável". Indago em qual delas prefere ficar. Busco intuir o tipo de material a ser utilizado, que deixo disponível, à sua disposição.

No momento oportuno, conversamos livremente sobre o material e o espaço físico. O que observo é que o próprio jovem opta pelo ambiente e meio de comunicação nos quais se sente mais seguro e desinibido para iniciar o trabalho.

Observo que, durante a evolução do processo terapêutico, há uma tendência entre os adolescentes das etapas puberal e nuclear a transitarem tanto de uma sala para outra quanto no uso de material lúdico, reproduzindo as oscilações do seu mundo interno, comunicando-se intensamente por meio da conduta, até alcançarem maior estabilização emocional.

Alguns vão diretamente para a sala de adultos e carregam consigo uma pasta com material gráfico e regressivo. O tempo de uso desse material costuma ser curto. Mas demoram a se desfazer da pasta, como se ela fosse um objeto tranquilizador ante as transformações internas por que estão passando. Usam esse material como um talismã, um objeto transicional que carregam durante o processo de elaboração dos lutos.

Outros pacientes, que iniciam pela sala de adultos, podem pedir, após algum tempo, para trabalhar na sala de crianças, como se precisassem de mais tempo para crescer, até poder, com menor ansiedade e economia psíquica, retornar para a sala de adultos.

De qualquer forma, o analista necessita estar atento à liberdade e à expressividade desses movimentos comportamentais, que falam mais do que palavras, sobre a vida de fantasia.

Aos adolescentes maiores (cronologicamente pertencentes à etapa juvenil), ou que possuem parte do ego mais desenvolvida, o processo terapêutico tende a se aproximar daquele da análise de adultos.

Com o decorrer do processo, e na velocidade muito particular de cada caso, moduladas as primeiras ansiedades persecutórias e criado o vínculo terapêutico, emergem, por meio da transferência, relatos sobre o atual e o imaginário, questões externas ou da relação dual analista/analisado. Presente, futuro, passado atual e primitivo mesclam-se. Surgem resistências que reproduzem ansiedades atuais da adolescência (temores diante do novo, questões existenciais, edipianas, refletindo as tendências que o impulsionam para o desenvolvimento adulto). Ansiedades mais profundas, primitivas, misturam-se às anteriores. Pouco a pouco, emergem conflitos relacionados aos estados simbióticos, ao desinvestimento das figuras parentais primitivas, aos ideais de ego primitivos e atuais, aspectos narcísicos da personalidade, percepção da existência de um aparelho psíquico, e outros conflitos específicos de cada caso.

O uso do divã pelo adolescente é variável, oscilante, instável, devido às suas próprias características comportamentais. O divã adquire maior função dependendo da idade cronológica do paciente. Os mais jovens, próximos ao período de latência, podem preferir jogar, desenhar, conversar, movimentando-se pela sala sem se aterem ao uso do divã. Os maiores encostam-se na parede, sentam ou deitam, mudando constantemente de posição. O divã ou as almofadas estão à sua disposição. Uns perguntam espontaneamente para que servem e vão logo se deitando; outros não querem nem chegar perto, e talvez nunca se deitem nele. Há aqueles que logo se deitam, e rapidamente o rejeitam ao se sentirem invadidos e ameaçados pelas fantasias.

Com a maior presença da posição depressiva, dos momentos de elaboração dos lutos, da elaboração das situações edipianas, de maior integração do self, o jovem passa a se comunicar menos pela conduta e mais pela palavra. A partir daí, descobre a utilidade do divã, como facilitador da capacidade associativa e de penetração no mundo do imaginário, por meio da capacidade de sonhar.

Muitos adolescentes buscam, pelo olhar direto, não apenas exercer controle sobre o analista, mas reproduzir uma relação primitiva de incorporação, inicialmente apoiada em aspectos sensoriais, dos novos modelos identificatórios. O olhar direto também está relacionado às angústias ligadas a fantasias primitivas de abandono, geradas pela destruição das imagos parentais infantis, próprias do processo adolescente. Há momentos em que necessitam, concretamente, de um referencial, tamanho o estado de indiscriminação.

O estabelecimento de elementos internos protetores e reasseguradores lhes dá maior segurança, atenuando ou dispensando, espontaneamente, a necessidade de manter um apoio concreto.

Analistas que trabalham apenas com adultos podem sentir dificuldades ao realizarem análise de adolescentes e crianças, pois não estão acostumados a essa liberdade na relação. Sentem-se muitas vezes inibidos, ou sob controle. Creio, entretanto, que o analista que trabalha com esses pacientes desenvolve maiores recursos para trabalhar com adultos e pacientes graves. Ele aprende a analisar em estados de maior tensão, num encontro franco e direto, às vistas do paciente, sem temor (ou não negando o temor) de perder sua capacidade de *rêverie*, de holding, de pensar, amenizando os riscos de perder o autocontrole, de ter desorganizado seu *setting* mental.

O contato com o adolescente é franco e direto. O psicanalista precisa ser espontâneo, autêntico e não temer a transparência de suas características.

Quero reforçar o óbvio. Quanto mais sólida for a formação do profissional, incluindo análise pessoal, supervisões e seminários teóricos, acrescidos de sua disponibilidade afetiva para trabalhar com adolescentes, maiores serão as oportunidades de promoção dos remanejamentos egoicos atuais e primitivos, que contribuirão para uma melhor identificação do adolescente.

Penso que, na análise de adolescentes e crianças, há certo componente pedagógico, visto que esses pacientes estão em busca de modelos identificatórios reais, dependem deles para sua formação. Podem encontrá-los fora ou na personalidade de seus analistas. Nisso existem aspectos positivos e negativos.

O negativo é que o analista pode ocupar o ideal de ego desses pacientes. Se o analista for muito narcísico, ocupará o lugar de modelo ideal para o seu paciente, dificultando a tarefa do jovem de investir em suas próprias imagos. O positivo está no fato de que o adolescente pode, por meio da pessoa do analista, identificar seus próprios ideais de ego, projetados sobre o analista, e reintrojetá-los como partes das imagos que compõem sua estrutura psíquica em edificação. O analista poderá ser não só um espelho refletor, mas um coordenador auxiliar na avaliação e na seleção das opções que o jovem fará diante dos caminhos que lhe são oferecidos.

Há situações muito delicadas, em que o analista pode, inconscientemente ou conscientemente, vir a ocupar o lugar dos pais. Exemplifico com o caso de uma adolescente de 16 anos que, após três meses de análise, trouxe a suspeita de estar grávida. Temia falar com seus pais. Em sua fantasia, eles iriam expulsá-la de casa. O namorado já se fora. Dinheiro para ir a um médico ela não possuía. Havia a intenção de se submeter a um aborto, e estava sob a pressão do tempo. A situação era de total desamparo. A tendência contratransferencial era de ocupar o espaço de um pai compreensivo e acolhedor. Que fazer? Interpretar as fantasias destrutivas? Acolhê-la num gesto de solidariedade humana, ou interpretar a busca inconsciente de figuras compreensivas e protetoras? Ocupar o papel parental? Dar vazão às fantasias incestuosas do analista? Deixo a solução do problema para a experiência de cada leitor.

Em qualquer análise, e, principalmente, na análise de adolescentes, a percepção do timing do paciente é fundamental. A vulnerabilidade egoica desses pacientes, com alto predomínio de sensibilidades narcísicas, e o elevado grau de ansiedades persecutórias são fatores que levam o terapeuta a ser cauteloso, hábil na modulação das ansiedades, facilitando a aliança terapêutica por meio de uma relação empática. Cria-se um clima, sem seduzi-lo, que favoreça a oportunidade de armazenar crédito em sua economia interna, atenuando os conflitos narcísicos e elevando a autoestima. O fato de ouvi-lo, respeitar suas ideias e preservar a privacidade do seu espaço contribui para isso.

Os jovens são muito sensíveis a atitudes que possam representar uma invasão ao seu espaço privativo. Lutam interna e externamente para conquistar essa condição. O analista deve ser sensível para não se transformar num intruso, repetindo a ação controladora dos pais do adolescente, de seus próprios pais da infância, ou do pai (mãe) que é. Um desvio nesse sentido certamente se traduzirá em aumento das defesas, podendo favorecer o estabelecimento de transferência negativa. Se esta surge no início do trabalho analítico, pode até inviabilizá-lo. Durante o processo, armazenadas experiências positivas, torna-se mais fácil e útil trabalhar com a emergência dessa transferência.

É importante termos em mente que não se deve fazer nenhum julgamento sobre o adolescente ou seus pais, mesmo que o adolescente os critique. Não podemos nos esquecer, ou cair numa armadilha inconsciente, que essas pessoas criticadas por ele podem corresponder a aspectos dos seus objetos internos; assim, se criticarmos esses objetos, estaremos criticando o próprio adolescente.

Esses procedimentos descritos abrem caminho, ao longo do tempo, para interpretações e insights que remanejam as defesas patológicas, permitem a identificação dos mitos e fantasias inconscientes predominantes, contribuem na redistribuição mais adequada dos investimentos afetivos, resultando em transformações nos afetos, no pensamento e nas relações. Por meio dessa trajetória, poder-se-á alcançar condições para a elaboração dos conflitos edipianos e para aqueles oriundos das pressões do ego primitivo.

Durante o processo analítico, o adolescente pode sentir-se numa condição de "leva e traz", de "pombo-correio" das mensagens a serem trocadas com os pais. Frequentemente são questões que envolvem preço, número e horário das sessões, férias, sistema de pagamento, visto que existe uma série de dependências reais e fantasiosas relacionadas aos pais a serem discriminadas.

Alguns jovens reclamam dessa condição de pombo-correio, mas preferem enfrentá-la a permitir a invasão do seu espaço privativo (muitas vezes o único em sua vida) pelos pais. Outros não querem ou não conseguem enfrentar seus pais, acreditam que não serão ouvidos ou que a reação será agressiva e que não irão suportá-la. Nessas eventualidades, outros veem uma oportunidade para realizar um encontro conjunto com os pais, a fim de dizer a eles o que desejam, sentindo-se reassegurados de fazê-lo na presença moduladora de tensões em que colocam o analista. Quando se opta pelo encontro, ele é sempre realizado em conjunto, na presença do adolescente.

Na análise ou psicoterapia de base analítica com adolescentes, há muito movimento físico. Eles andam pela sala, deitam, sentam, mexem-se no divã, reproduzindo no concreto algo da dinâmica mental. Às vezes, o analista precisa acompanhá-los nesse movimento, fazendo parte da comunicação não verbal, dramatizada ou condutual. A maior presença da posição depressiva, no sentido kleiniano do termo, contribui para a diminuição da atividade motora, com predomínio da comunicação verbal e simbólica.

Há jovens que são tão sensíveis ao processo analítico que, mesmo durante as entrevistas iniciais, a relação transferencial torna-se intensa. Prontamente observam-se remanejamentos em suas defesas, no relacionamento interno e com os demais. No processo analítico de curta duração, o efeito dos remanejamentos internos pode ser superficial, restrito a estruturações ou reestruturações de sua organização atual.

Nem sempre é necessário ou desejável realizar grandes movimentos regressivos para a reorganização egoica. Assinalamentos, uma reflexão conjunta ou a "simples" escuta analítica podem contribuir para evitar a ocorrência de fixações, possibilitando a retomada do desenvolvimento evolutivo. São atitudes terapêuticas que têm um caráter mobilizador, preventivo e sensibilizador para um eventual e posterior trabalho profundo de psicanálise, posição também adotada por Kestemberg (1971).

A indicação de uma análise depende do desejo do paciente, em primeiro lugar, de tomar consciência da natureza inconsciente dos conflitos, além de contar com um mínimo de incentivo por parte dos pais, dando-lhe condições para efetivar o trabalho. É preciso que ele queira se conhecer e praticar essa experiência relacional a dois. O denominador comum para a indicação de uma análise está na disponibilidade afetiva do jovem para realizá-la, com um certo prazer em falar de si, de se compreender, e uma sensibilidade para trabalhar com os fenômenos psíquicos. Para Kestemberg (1971), a possibilidade de efetivar uma análise está no somatório dessa vivência narcísica da inteligência e do saber. Satisfação que ele já conhece. A autora considera que "em uma Psicanálise corretamente indicada, bem aceita e instaurada, as dificuldades são sensivelmente pequenas em relação à psicoterapia de base analítica". Ainda segundo essa autora:

> *O que preocupa o adolescente não é geralmente aquilo que preocupa as autoridades a quem ele está ligado (pais, responsáveis, diretor da escola). Nossa ótica diverge daquela dos adultos que nos encaminharam o caso. O adolescente pode vir passivamente à análise, por longo tempo, e poderemos reforçar essa passividade consciente e inconsciente. (Kestemberg, 1971)*

Há casos em que o adolescente não aceita a indicação terapêutica. Nessas circunstâncias, os pais aceitam mal quando se diz a eles que o adolescente virá quando ele assim o desejar. Angustiam-se, não só em virtude da perspectiva do jovem, mas pela pressão de outros conflitos que tendem a emergir. Nessas circunstâncias, sugiro um trabalho com os pais, que poderá no mínimo ajudá-los a lidar com suas ansiedades imediatas e tornar o clima relacional menos tenso e agressivo. Em várias oportunidades pude constatar que o adolescente estava sendo usado como "bode expiatório" de conflitos familiares mascarados.

No desenrolar do trabalho analítico, poderão se identificar a mobilidade ou rigidez das estruturas, bem como a qualidade do mundo interior (se árido, inerte ou pobre), devido a inibições mobilizáveis ou não. Avaliam-se a fertilidade do terreno psíquico, sua capacidade imaginativa e de transformação, a intensidade e a persistência das atuações, as possibilidades de mentalização dos processos psíquicos em relação a tendências à somatização compondo alguns dos elementos que contribuem para a inferência sobre as perspectivas do trabalho com o adolescente. Esses elementos nem sempre são identificáveis de início. Com a evolução do processo analítico é que se terá uma resposta quanto à possibilidade de analisar ou não o paciente. Na adolescência, é surpreendente a mobilidade dos comportamentos e das estruturas, podendo-se incorrer em erro ao definir precipitadamente que tal ou qual paciente não é analisável.

A escuta analítica é muito importante. Vivenciar o discurso do adolescente comunicado pela conduta ou proferido pela palavra, compreender seu pensamento, apreender sua perspectiva de vida e do mundo é fundamental. Isso não significa ter de concordar com ele, nem mesmo ter de fazer um julgamento sobre o que ele está trazendo. O fato de ser ouvido, de existir um interlocutor, dá ao jovem condições para que ele busque significados da sua existência, em meio a uma série de lutos e vazios que está carregando.

A comunicação na psicanálise de adolescentes sofre as vicissitudes do processo de identificação e, em consequência, atinge a simbolização. Devido à intensa participação de mecanismos psíquicos primitivos na mente do adolescente, e graças aos fenômenos regressivos que ocorrem durante o processo analítico, a análise de adolescentes, quanto à comunicação, apresenta aspectos particulares.

A comunicação analítica com os jovens pode ser verbal, dramatizada e condutual, levando o analista a responder também em diferentes níveis. A seletividade dos meios de comunicação não é exclusivamente racional. É um processo complexo, o qual coloca em jogo a sensibilidade do analista e se processa simultaneamente em diferentes níveis de apreensão inconsciente e consciente.

Osório (1976) chama de "linguagem condutual" a linguagem de ação que contém aspectos conativos e práxicos. O terapeuta precisa ter a capacidade de captar essa linguagem, que na sessão analítica corresponde a uma interpretação condutual. Isso difere da "interpretação lúdico-adolescente" de Knobel, que consiste em jogar ou dramatizar a comunicação verbal do paciente seguindo-se da interpretação verbal convencional. A "interpretação condutual" corresponde ao conteúdo não verbal que acompanha ou está no lugar da interpretação convencional.

Esse tipo de comunicação aproxima-se daquela que se observa entre os psicóticos, pela sua concretude, mecanismos de condensação, pouca discriminação, elementos conceituais vagos e imprecisos. A comunicação que expressa, por meio da conduta, os mecanismos psíquicos primitivos é considerada de natureza pré-verbal. Ela manifesta-se também pela conduta (como a dramatização), mas antecede o significado simbólico e encontra-se próxima da comunicação sensorial inconsciente, no âmbito da transição biopsicológica da percepção dos afetos e dos pensamentos.

Nos capítulos que se seguem, procuro desenvolver algumas das características desses processos comunicativos intensamente presentes na análise de adolescentes.

Tal nível de comunicação, por estar centrado em intensos mecanismos de identificação projetiva, mobilizam no analista reações contratransferenciais negativas e complementares à comunicação do conteúdo latente. São expressões dos núcleos primitivos, aglutinados e indiscriminados da personalidade tanto do paciente quanto do analista.

Kestemberg (1971) afirma que: "A contratransferência é maciçamente solicitada desde o início, levando o terapeuta a mostrar quem ele é. Um segundo aspecto é que os adolescentes realizam investimentos intensamente narcísicos e que eles investem o terapeuta dessa maneira, nessa primeira manifestação identificatória".

A presença desses núcleos aglutinados, acrescidos dos processos de perda, manifesta-se na comunicação do adolescente.

Osório (1976) correlaciona as dificuldades de linguagem aos processos de luto ante as depressões:

> *A concretização defensiva do pensamento do adolescente... o bloqueio de sua comunicação verbal corresponde à expressão semântica do luto pela perda da condição infantil. O comprometimento significativo da expressão verbal por esse processo de luto torna-se então de enorme importância para a compreensão dos aspectos não verbais na comunicação do paciente adolescente.*

Com a predominância dos núcleos primitivos e a amplificação do universo psíquico, surgem discrepâncias entre um mundo emocional presente e sua necessidade de ser nomeado.

A linguagem verbal do adolescente é bastante peculiar e varia de grupo para grupo social, acompanhando as transformações sociais, políticas, econômicas e culturais de cada época.

Os adolescentes possuem certa limitação quanto à capacidade de expressão verbal, revelando dificuldades para discriminar e denominar conceitos, afetos, sentimentos, pensamentos e emoções. Parece faltar o vocábulo significante capaz de representar o que estão vivendo, sentindo ou pensando.

Entretanto, entre grupos de adolescentes, o uso da gíria (gíria é a língua de grupos sociais) é comum e preenche plenamente suas necessidades comunicativas grupais.

Eu diria que, de certa forma, essa linguagem traduz a crise de identidade do adolescente. Ela é plena de condensações, com múltiplos significados conceituais, vaga, mal definida e pouco discriminada. Aproxima-se muitas vezes da comunicação dos psicóticos, conforme assinala Osório (1976).

A linguagem verbal e não verbal é invadida pelos núcleos primitivos, não diferenciados. Os aspectos mutantes da linguagem por meio da gíria, com neologismos e conotações simbólicas, sofrem constantes atualizações. O analista precisa atualizar-se, com cada paciente, para apreender o significado manifesto e latente de cada expressão, dentro do contexto em que ela está sendo usada naquele momento da relação.

Para ilustrar essa situação, apresento algumas expressões de uso cotidiano entre adolescentes paulistas pré-universitários de classe média:

- vai remar = não enche o saco, vai encher o outro
- falô, malandro = e aí, como vai, colega?
- que boitola = que gostosa
- que caldo = onda muito grande
- ô laranja = pessoa fora de moda
- pisou na bola; quebrou a mão; bacaneou; furou = não cumpriu a palavra
- canhão = mulher feia
- filão = que come o lanche do outro
- craca = pessoa porca
- cocó = menina muito atirada
- só na manha = sem problemas; tudo bem
- zé; xexel; mongo; pudim; chirumelas = pessoa boba
- dois palitos = rápido

A gíria corresponde a uma identidade linguística. Nessa busca de identidade, podem assumir pseudoidentidades transitórias que se manifestam por modismos linguísticos, próprios do grupo a que pertencem. A gíria faz parte de um esquema hermético de comunicação, incompreensível para os adultos, que está a serviço de defesas contra invasão em seu território.

O jovem não aceita intromissão em seu espaço. Reage com hostilidade quando o analista quer usar o mesmo vocabulário. O adolescente precisa manter o adulto em sua posição, e espera que este permaneça no seu devido lugar. O uso da linguagem adolescente pelo adulto é vivido como uma invasão do universo alheio. Para o adolescente, é muito importante ser reconhecido dentro dessa realidade. É seu desejo discriminar-se do analista, representante do mundo adulto, por meio da linguagem. Essa é uma situação paradoxal, visto que a parte primitiva pode confundir-se e ser indiscriminada com o analista, por meio de idealizações. O jovem pode esperar que o analista adivinhe o que ele está sentindo ou pensando. Por outro lado, o analista necessita entendê-lo para alcançar melhor compreensão e, simultaneamente, deve comunicar-se com esse paciente com os recursos do universo adulto. O adolescente, por meio da linguagem conjugada à vivência emocional, terá a oportunidade de confrontar seu universo linguístico e emocional, nomear aquilo que está sentindo e ampliar a discriminação em seu universo interno, a partir da relação com o analista. Nesse intercâmbio, existem movimentos transferenciais/contratransferenciais, e outros não transferenciais, ligados à realidade atual. Essas trocas dão ao adolescente as conotações de sua identidade e autenticidade.

Com a evolução do processo psicanalítico e da própria maturação, o uso da gíria atenua-se. O jovem pode conceituar melhor seus sentimentos e o conteúdo de suas fantasias tanto pela diminuição das resistências como pela ampliação do campo perceptual. Haverá maior discriminação dos afetos, maior capacidade de conceituação dos sentimentos e, consequentemente, aprimoramento da capacidade de verbalização.

Concordo com a proposição de Osório (1976) de que as interpretações não sejam feitas dentro de um nível de abstração que o adolescente ainda não atingiu evolutivamente. Ele pode estar defensivamente fixado ou regredido no âmbito lógico-concreto (intelectualização). "O essencial é compreender o idioma adolescente, ou 'adolescentes', como chama Kuznetzoff, que, mais do que um código linguístico peculiar, é todo um sistema verbal e paraverbal de sinais semânticos."

Quero dizer ainda algumas palavras sobre o *setting* psicanalítico no trabalho com adolescentes. Ele é fundamentalmente mental e dinâmico, fruto da relação entre duas personalidades que deverão encontrar e construir seu espaço comum. O adolescente terá a oportunidade de descobrir e aprender, a partir da experiência emocional, a preservar os limites próprios e identificar os contornos alheios.

O *setting* geográfico é importante, pois por meio dele tem-se a percepção concreta de elementos comuns à dupla, criando pontos de referência, favorecendo o encontro de limites e a possibilidade de identificar objetivamente os contornos psicológicos da relação. Entretanto, existe um aparente paradoxo, pois, quanto mais bem definido e incorporado estiver o *setting* mental na personalidade do analista, menor será a importância do *setting* geográfico.

No Capítulo 10, ilustro essa afirmação com nitidez.

Referências

Kestemberg, E. (1971). Les psychothérapies des adolescents. *Confrontations Psychiatriques*, *7*, 181-197.

Osório, L. C. (1976). A comunicação em psicanálise de adolescentes. *Revista Brasileira de Psicanálise*, *10*, 431.

Osório, L. C. (1977). *Abordagens psicoterápicas do adolescente*. Movimento.

8. Trauma e adolescência

A metapsicologia psicanalítica nos permite compreender grande parte dos traumas psíquicos detectados na atualidade por meio de diferentes correntes de pensamento: freudianas, kleinianas, bionianas, winnicottianas, kohutianas, lacanianas e outras complementares ou que agregam conceitos e percepções que ampliam e aprofundam vértices de compreensão de diferentes formas de sofrimento mental ao ferir ou desequilibrar a economia, a estrutura e a dinâmica psíquica do sujeito em determinada cultura.

Fatores múltiplos e complexos, endógenos e exógenos, participam como agentes organizacionais e traumáticos do funcionamento mental consciente e, principalmente, inconsciente, em que o biológico, o psicológico, o social e o cultural se encontram.

Situações estressantes, conflitos exacerbados entre instâncias psíquicas, perturbações narcísicas, autoestima comprometida, fragmentações, dissociações, não integrações de componentes do self são traumáticas na medida em que interferem na homeostase psíquica – conceito difícil de ser explicitado, quando se pensa que a dor psíquica também pode fazer parte do acervo mental como valor de penitência e de amor a Deus.

O trauma psíquico está num sentimento de algo insuportável e não sincrônico que se estabelece nas relações inconscientes do sujeito com ele mesmo e com sua cultura. Na atualidade, o trauma e a dor mental estão presentes quando o insuportável afeta a espontaneidade e a autonomia do sujeito, condições muito valorizadas no mundo da pós-modernidade. As manifestações da dor psíquica e de seus efeitos traumáticos inconscientes são mutáveis e dependem das construções das subjetividades (Mezan, 2002).

Se olharmos pelo prisma da mentalidade de cada época, poderemos dizer que a adolescência é uma manifestação do desenvolvimento humano que reflete características da mentalidade de dado período, mas ela, a adolescência, por si só, corresponde a um tipo de mentalidade, quando se observa o desenvolvimento do sujeito em uma sociedade.

O que estamos chamando de mentalidade? Tomando por base o conceito proposto por Franco Júnior (2001), entendemos mentalidade como:

> *O primado psicológico nos seus aspectos mais profundos e permanentes, mas sempre manifestados historicamente, dentro e em função de um determinado contexto social, que por sua vez passa a agir no longo prazo sobre aquele conjunto de elementos psíquicos coletivos. (pp. 149-150)*

Condição que engloba os significantes (palavras, símbolos, representações) que, sob a influência coletiva do imaginário, configuram os conteúdos essenciais dando-lhes significados. Os elementos básicos da mentalidade são: interseção entre o biológico e o social; relação entre emoções primitivas e uma forma específica de racionalidade como o predomínio do pensamento analógico na Idade Média; e abrangência caracterizada pelo conjunto de automatismos, de comportamentos espontâneos, de heranças culturais profundamente enraizadas, incluindo sentimentos e formas de pensamento comuns a todos os indivíduos, independentemente de suas condições sociais, políticas, econômicas e culturais (Franco Jr., 2001, 2003). Ela expressa as conjunturas provenientes do imaginário de cada cultura e de seus subgrupos e representa o conjunto de elementos psíquicos inconscientes e conscientes que caracterizam o sentir, o pensar e o agir. A mentalidade é observável pelos tipos de raciocínio, do manejo da sexualidade, dos conceitos das palavras, dos signos, dos significados das relações temporais e espaciais, que se preservam no longo tempo da história, tão longo que podem parecer características permanentes da mente. A mentalidade adolescente caracteriza-se por um conjunto de expectativas, ideais e valores, e pelo enfrentamento de desafios por meio de ritos de passagem evidentes ou diluídos na cultura.

O imaginário, por sua vez, sofre transformações variáveis e progressivas na sua transmissibilidade resultantes de ações recíprocas existentes entre sujeito, grupo social, tecnologia e cultura.

Como psicanalistas, conhecemos as características psicológicas e comportamentais constantes e mutáveis na busca de novos modelos identificatórios que os adolescentes incorporam a partir da realidade objetiva e externa para expressar sua realidade interior.

Sabemos que nessa fase do desenvolvimento a vulnerabilidade egoica do adolescente decorre dos desinvestimentos do corpo, das imagos pessoais e parentais da infância e reinvestimentos de novos objetos e potencialidades. Durante esses processos, emergem mecanismos e vivências primitivas inconscientes que entram em conflito com as novas aquisições provenientes das experiências e transformações biológicas integradas ao meio psicológico, social e cultural. Tais conflitos envolvem o self, o ego e o superego durante a reelaboração dos vínculos e das questões edípicas nessa que é a segunda grande oportunidade na vida para estruturar e reestruturar aspectos centrais da personalidade e da identidade. Partimos da ideia de que o ego, o superego e o self são inicialmente indiscriminados ou mal discriminados, sendo que a diferenciação ocorre durante o processo de desenvolvimento evolutivo do bebê e é reelaborado por ocasião da adolescência, envolvendo fundamentalmente o narcisismo e a autoestima (Storolow & Lachmann, 1983).

Na adolescência, mecanismos de defesa como onipotência, ambivalência, negação da realidade, cisão, descargas não elaboradas na busca do prazer imediato e concreto estão presentes e são mobilizados pela sexualidade emergente, concomitante à fragilidade do ego. Nessas condições, as experiências emocionais e potencialidades geradas pelas fantasias são moldadas por imaginários conscientes e inconscientes que permeiam a cultura na qual o jovem está inserido. A cultura, por sua vez, reflete as projeções inconscientes de seus integrantes, num fluxo contínuo e recíproco de interferências e transformações que ocorrem em diferentes níveis e profundidades inconscientes. Esse conjunto de processos do aparelho psíquico contém inscrições linguísticas incorporadas e plenas de heranças de memórias históricas pessoais e do contexto relacional.

Nessa fase da vida, o processo de identificação está em plena reestruturação e os conteúdos internalizados são metabolizados e reconstroem a "matriz identificatória". Na concepção de Grinberg (1976), a identificação é um conceito

> *central e básico para a compreensão do desenvolvimento e organização da personalidade. Intervém como processo fundamental do ego, do superego e do ideal de ego, do caráter e da identidade, sendo, por sua vez, uma constante no contínuo interjogo da relação entre o sujeito e os objetos. Tal como o sustentou Freud, constitui a forma mais primitiva de ligação afetiva com outra pessoa. O primeiro comportamento da criança em relação a um objeto*

> *desejado é querer incorporá-lo, isto é, consumi-lo e recriá-lo no ego, mediante seleção, inclusão, eliminação, identificação projetiva, projeção, adesão, negação de elementos provenientes dos objetos externos, dos objetos internos e de partes do próprio self. (p. 7)*

Cabe à sociedade oferecer condições de continência, de holding para que as atividades da vida pulsional durante o adolescer, período tenso e turbulento, ocorram dentro dos recursos e critérios oferecidos por essa sociedade. Uma sociedade ausente, carente de pai e mãe, isto é, de figuras que possam sinalizar limites e valores, que não tem claras as definições de papéis, de funções e uma tendência à perda da hierarquia das prioridades. Uma sociedade nessas condições deixa de cumprir sua função organizadora e geradora de esperança e de perspectivas, contribuindo para um estado de desilusão, depressão, vazios que se preenchem pela mania, drogas e sexo carente de afetos. Os jovens tornam-se agentes e vítimas desses processos. Indo ao extremo, os sentimentos da tolerância necessária para a conquista de processos de realização não se organizam e os jovens ficam à mercê e na busca de prazeres imediatos, com perda da autoestima e invadidos por sentimentos de impotência, em contraposição aos sentimentos de ser e de pertencer a uma sociedade que cuida e que oferece oportunidades de existir.

Winnicott (1989) já havia alertado que:

> *Quando ocorre uma privação, em termos de um rompimento do lar, especialmente se houver uma desavença entre os pais, ocorre uma coisa muito séria na organização mental da criança. A tendência antissocial faz com que o menino se redescubra sempre que sinta alguma esperança de retorno da segurança, o que significa uma redescoberta da própria agressividade. (p. 74)*

O mesmo pode-se dizer quando a sociedade impotente acaba por repudiar suas crianças e juventude.

Temos vivido um mar de "globarbaridades",[1] como o erotismo exagerado, tudo por dinheiro, a corrupção explícita e impune, estimuladas, muitas vezes, por setores da mídia e dos poderes econômicos carentes de responsabilidade psicossocial. Paralelamente, e em consequência de tais fatos, parte da sociedade assiste, inerte e impotente, ao desenrolar da tragicomédia. Vem aumentando a incidência de jovens violentos, delinquentes, prostituídos, drogados, deprimidos, desesperançados, suicidas, angustiados, anoréxicos, obesos, adoecidos, independentemente da classe social.

Ódio, amor, coragem, medo, sexualidade, conflito edipiano e vincular estão sempre presentes nos sentimentos humanos, mas a forma de senti-los e de expressá-los varia de acordo com os sistemas repressores desenvolvidos pelos controles sociais ao significar e ressignificar as manifestações pulsionais.

A expressividade dessas manifestações varia nas culturas e de época para época, na dependência das mentalidades e dos imaginários representativos de suas utopias, crenças, ideologias, formas de pensamentos, anseios, temores e mecanismos defensivos coletivos e singulares predominantes. São significados e significantes simbólicos que impregnam o contexto, presentes nas entrelinhas dos textos, como ícones culturais que se manifestam por meio da linguagem das instituições representativas da cultura. Linguagem que se faz representar nas formas de estruturação e exercício do poder, no conteúdo dos valores éticos e morais, influenciados pelas tecnologias, transmitidos pela memória histórica de curta, longa e longuíssima duração. Enquanto em dada cultura certos aspectos pulsionais são liberados, em outra, eles podem ser reprimidos ou recalcados no inconsciente individual e/ou coletivo daquele contexto (Foucault, 1998; Guirado, 1995).

1 Expressão utilizada pelo compositor Tom Zé em seu CD *Pagode*.

Se o desrespeito aos pais já foi considerado pecado e motivo de penitências em outras culturas, denunciá-los também foi motivo de enaltecimento e prova de amor a Deus na Europa durante a Idade Média Central, ou de amor ao povo, durante o regime comunista na ex-União Soviética, dependendo, portanto, da ideologia dominante. No mundo das "globarbaridades", onde se colocar? Eis a questão! As barbáries dos genocídios humanos se repetem nas guerras, nas fomes, nas lutas religiosas, nas injustiças sociais que pipocam pelo mundo. Enquanto no imaginário de uma coletividade certa ação representa o bem, no de outra, ação ou pensamento similares expressam o mal.

A ética possui uma vulnerabilidade cuja velocidade de transformação varia na dependência de um conjunto cada vez maior de fatores que se interatuam, num movimento dinâmico, intenso e por vezes traumático, na medida em que aumentam de tensões, geram frustrações, fragmentações e dissociações psíquicas insuportáveis para o sujeito e/ou coletividade. Os fatores externos não são os únicos responsáveis pelos desequilíbrios individuais ou coletivos. Há fatores que dependem do psiquismo, da subjetividade individual, particular e singular de cada sujeito psíquico em suas capacidades adaptativas ao meio. Tolera-se melhor, hoje, a vazão mais livre da atividade pulsional, podendo expressar aspectos privativos e singulares do self. Mas, em contrapartida, há mais insegurança e incerteza com a liberalização da capacidade expressiva do self ao liberar e ter fomentados seus aspectos mais primitivos narcísicos, psicopáticos, perversos, psicóticos, neuróticos e deficitários dos sujeitos que em outras sociedades sofreriam um recalcamento mais efetivo por parte do ego e do superego. Este processo interno pode ser incrementado por pressões externas (ou vice-versa), altamente conflitantes e geradoras de dissociações capazes de perturbar ou quebrar o equilíbrio egoico.

O adolescente, sensibilizado pela fragilidade egoica e pelas pressões primitivas que invadem o ego em conflito e na busca de novos modelos identificatórios, vive suas experiências afetivas e potencialidades construtivas, destrutivas, reparadora e de autoafirmação pressionado por forças internas e externas que acabam por gerar cicatrizes profundas na autoestima quanto mais grave e perturbada tiver sido sua primeira infância.

Os mecanismos defensivos durante a adolescência sofrem transformações adaptativas em cada cultura, com exacerbações, distorções, fragmentações como formas protetoras do ego que nos adolescentes é normalmente frágil.

A violência dos agentes traumáticos está na força que transgride os limites dos seres humanos, na sua realidade física e psíquica, e no campo de suas realizações sociais, éticas, estéticas, políticas e religiosas. É uma força que desrespeita os direitos fundamentais do ser humano, sem os quais o homem deixa de ser considerado sujeito de direitos e de deveres, e passa a ser olhado como um puro e simples objeto, em todas as suas formas de manifestação (Rocha, 1996).

Esse conceito de violência está diretamente relacionado à compreensão das relações complexas entre os agentes traumáticos internos e externos geradores de pressão sobre o funcionamento mental, diminuindo sua capacidade de continência e de elaboração secundária, paralelas à homogeneização psíquica decorrente da difusão midiática. Esta age sobre a estruturação e a funcionalidade das atividades simbólicas e operacionais inconscientes do ego e do superego, de forma mitigada e contínua ou abrupta e avassaladora, de modo a interferir no desenvolvimento dos vários níveis de subjetividade.

Essas forças psíquicas intoleráveis ferem os princípios de constância e de realidade e podem exacerbar mecanismos defensivos que impedem a expressão espontânea e criativa do sujeito em plena busca de meios de expressão de suas potencialidades. Podem gerar descargas direcionadas contra o próprio sujeito por meio de autoagressões, somatizações, exacerbação e regressões dos mecanismos defensivos do ego e das paradas do desenvolvimento libidinal, regidas pelo princípio do prazer.

Quando o jovem encontra um ambiente acolhedor, aberto e continente de suas experiências e transformações criativas, e que o valorize, o processo de identificação tende a caminhar nessa direção. Se os valores dominantes forem solidariedade, cidadania, consideração e valorização da pessoa, seu caminho tenderá a ser integrativo e participativo como sujeito e cidadão. Caso contrário, portas se abrem para a criminalidade, ilegalidade, drogas, violências que incluem suicídio e doenças psicossomáticas.

É nesse mundo da contemporaneidade que os adolescentes têm que desenvolver e construir mecanismos defensivos e condutas adaptativas que possibilitem a autoafirmação do self projetado na sociedade. Numa sociedade carente de pai e mãe, faltam limites e critérios norteadores, continentes das ansiedades cotidianas que se exacerbam. Pretende-se a liberdade edificante e, ao mesmo tempo, produz-se a liberalidade frustrante. Fatos que levam a sugerir que o analista e seu paciente precisam tornar-se cônscios não somente do mundo interno, mas também da biografia, do contexto histórico pessoal e cultural de cada um para que possam melhor alcançar as linguagens e os códigos internos conflitantes entre si e com o meio exterior na constituição de suas subjetividades.

Na Idade Média Central, início do pensamento ocidental moderno, acreditou-se ser possível controlar a vida pulsional com a autoridade da Igreja, dos valores e temores que ela impunha aos fiéis. Naquele imaginário, acreditavam que a paz e a felicidade estavam na submissão às palavras de Deus e que o destino da alma dependia do julgamento na hora do Juízo Final. Violências, a prova do ordálio, inquisições, massacres foram cometidos por homens que, em nome de Deus, da fé e da Igreja controlavam e propagavam o encontro da felicidade e da paz no Além. A Igreja submetia o sujeito a suas filosofias maniqueístas, manipuladoras, repletas de simonias e de interferências na vida social em suas diversas formas, no intuito de preservar os poderes, terreno e celestial, numa visão imperialista de universalização de seus princípios.

O adolescer medieval era carregado e conflituoso, porém os agentes traumáticos internos e externos tinham características próprias do medievo, ainda que o processo de transição para a vida adulta fosse essencialmente o mesmo. Os recursos egoicos e superegoicos eram outros, a predominância dos mecanismos defensivos também, mas o conflito entre o primitivo e o atual decorrente dos desinvestimentos infantis e reinvestimentos da vida adulta estavam lá (Levisky, 2004).

Esse passado-presente equivale ou pouco difere em sua essência do que se observa na atualidade: religiosos fanáticos ou países que se intitulam defensores da democracia e que empregam formas de propaganda, de submissão, de manipulação e de convencimento em suas tentativas de impor controles, valores e princípios, como forma de sobrevivência ou de expansão das áreas de influência. Vive-se uma revolução ética.

Acompanhamos as constantes ameaças dos perigos atômicos, da volatilidade econômica que interferem direta e indiretamente nos contextos, nas mentalidades, nos imaginários, nas construções dos vários níveis de subjetividade.

A construção do sujeito psíquico sofre interferências conscientes e inconscientes nas configurações das várias linguagens que nele se inscrevem e que escrevem os direcionamentos da vida inconsciente, do mais primitivo e remoto às suas memórias mais recentes.

Há, principalmente entre os jovens, sentimentos generalizados de impotência, desesperança, descrença, desconfiança que tendem a se cronificar e se tornar um valor da cultura, como é a banalização do crime, do sexo, da violência. São estados mentais que ferem a autoestima individual e coletiva, condições geradoras de insegurança e de incerteza.

Não se podem negar a presença e a expansão dos movimentos sociais, comunitários, das ONG que, por intermédio de suas redes, incentivam o protagonismo juvenil e tendem a amenizar os aspectos destrutivos do contexto e gerar esperança na busca de novos rumos.

Em nosso meio, na América Latina, em países da África e outros da Ásia e do Oriente, crianças e adolescentes sofrem um verdadeiro "genocídio de almas". As relações afetivas primárias correm riscos profundos de deturpação e má qualidade dos vínculos primários resultantes de conflitos étnicos, religiosos, econômicos que comprometem e deixam feridas profundas na autoestima, no desenvolvimento das potencialidades afetivas, cognitivas, conativas, criativas e reparadoras. Nesses jovens, há um comprometimento do objeto e do espaço transicional, das funções simbólicas, dos processos perceptivos e discriminatórios, da organização das relações self-objeto primitivo. É só acompanhar de perto o ensino público e a maneira como são tratados os jovens. Muitos deles são apenas depositários de um saber, sem que tenham a oportunidade de desenvolver a criatividade e a capacidade de um pensamento crítico-analítico essencial para a vida cotidiana de nossa civilização. Vivem verdadeiros estados de abandono, salvo alguns diretores abnegados que conseguem se envolver e levantar bandeiras de conquista da cidadania e atenuar as dificuldades, que são enormes.

Adolescentes e crianças, em plena fase de desenvolvimento, são vulneráveis às influências do meio na construção e no desenvolvimento do aparelho psíquico e suas potencialidades. Eles necessitam encontrar, na realidade exterior, nutrientes identificatórios afetivos, cognitivos e vivências que, incorporadas, constituirão o universo das subjetividades. A psicanálise possui uma série de teorias do desenvolvimento da vida inconsciente e não pode se furtar de participar dessa luta contra traumas precoces que tendem a aniquilar as capacidades de desenvolvimento do sujeito psíquico. A experiência mostra que, em sua maioria, quando crianças e jovens encontram carinho, consideração, continuidade nas relações e nas comunicações, ressurgem a esperança e a vitalidade. Caso contrário, saem para a vida aprimorados no crime, uma vez que já foram violentados em sua dignidade.

Winnicott (1989) afirma que "tudo começa em casa". Se a considerarmos a primeira célula representativa da sociedade, constataremos que a casa de muitos é a rua; outros têm suas casas na perversidade social do alcoolismo, da desestruturação familiar ou social. São almas sem vida ou que precocemente serão deturpadas pelo meio do qual se nutrem. São crianças e jovens que não têm a oportunidade de viver suas potencialidades criativas, voltadas para sua integração pessoal e social.

Falhas da vida relacional primitiva comprometem capacidades básicas como a "busca de objeto" expressa no ato de roubar, bem como a capacidade de "experimentar pesar e desesperança" (Winnicott, 1989). Comprometem a organização do self primitivo e o descobrimento dos potenciais e das relações entre construtividade, destrutividade e criatividade, a noção dos limites internos e sociais. Portanto, da própria liberdade. Submissão e apatia, estados mentais que podem anteceder as manifestações antissociais. Os fracassos sucessivos das relações iniciais podem deixar marcas profundas que afetam o desenvolvimento estrutural e funcional dos aspectos egoicos primitivos, baixa autoestima e narcisismo destrutivo em sua evolução posterior (Levisky, 1997).

Quando a sociedade e o Estado pouco se envolvem para atenuar a quantidade de problemas que se avolumam, contribuem direta e indiretamente para a geração da delinquência juvenil. É, provavelmente, uma das últimas tentativas, ainda que inconsciente, de os jovens serem ouvidos e gritarem por socorro, mesmo por meio da criminalidade.

Poucos são os jovens delinquentes cuja perturbação mental tem origem em doenças mentais irreversíveis, principalmente se atendidos precocemente e de forma adequada. Em geral, elas se cronificam pelo abandono e omissão, com cristalização das estruturas psíquicas, das vivências e dos imaginários de caráter primitivo auto e heterodestrutivos que se tornam valores de suas culturas. Há muitas situações de desagregação familiar com maus-tratos, abusos físicos e psicológicos, alcoolismo, drogas, prostituição infantil, exploração do menor e abandono, situações que atingem pobres e ricos sem exceção.

Winnicott já havia salientado que a delinquência pode conter, em meio ao ódio, um grito, um clamor, uma esperança de o adolescente ser ouvido e poder sentir que, de alguma maneira, ele existe, que é alguém e não um mero objeto, uma coisa.

O jovem infrator busca pelo ato delinquencial a presença dos pais, da família, da lei, de substitutos institucionais equivalentes, que lhe deem a possibilidade de aprender a modular a vida pulsional e a incorporar valores para ressignificar a vida.

Frustrados pela cronicidade da exclusão, sem perspectivas, os jovens aprimoram-se no crime, na violência, na indiferença, como um câncer que se alastra na malha social. Sofrem com o fato de que o pai simbólico não está internalizado e a função materna, representada pela capacidade de continência institucional ou da sociedade, está ausente.

Quando a sociedade oferece instituições substitutas adequadas para crianças e adolescentes (abrigos adequados, vara da infância e da adolescência, estatutos adequados, escola para todos), surge uma esperança do encontro de pais substitutos, pois a instituição que o acolhe representa sua nova família. A aplicação da lei se constitui na criação de um espaço simbólico dinâmico e aceitável pela sociedade, semelhante ao que ocorre em casa, nas relações familiares, onde encontram limites e preocupações, que, apesar do confronto, são reveladoras da presença e do amor. Do confronto tolerante existente na relação entre pais e filhos, nascem possibilidades de relações estruturantes. Sua ausência é uma sentença de morte do sujeito e da cidadania.

Quando amados, considerados e tratados com dignidade, em sua maioria recuperam a autoestima e retornam à sociedade de forma participativa e generosa. Os sentimentos de gratidão e reparação renascem de uma relação que se sustenta em vínculos de confiança, capazes de suportar descargas agressivas e amorosas, até se transformarem em sentimentos mais elaborados e pensamentos. Caso contrário, a repressão e o confinamento como meios educacionais apenas incrementam o ódio, a desconfiança e o desejo de vingança.

É necessário oferecer aos jovens condições que limitem e modulem a vazão de sua impulsividade, mas que, ao mesmo tempo, lhes ofereçam meios alternativos e estruturantes para transformar seus impulsos agressivos, libidinais e criativos em ações sociais suportáveis. As práticas esportivas, artísticas, comunitárias, educativas e profissionalizantes são fundamentais para a construção do jovem e sua integração psicossocial. A *paidéa* já demonstrou isso há muitos séculos.

A psicanálise, com suas teorias sobre o desenvolvimento humano e formação das subjetividades, tem o dever e a responsabilidade de intervir nas práticas sociais e contribuir para a reconstrução de novos parâmetros éticos que possibilitem a convivência entre as diferenças, particularidades e singularidades em meio a semelhanças.

Ao Estado – com a colaboração da sociedade – compete construir, organizar, gerenciar, preservar e fiscalizar condições de bem-estar para o desenvolvimento de suas crianças e seus jovens.

Birman (1994, pp. 33-34) salienta que o discurso freudiano se articula de maneira indissolúvel com a categoria de sujeito, com os registros da significação e da história, e considera impossível a separação entre sujeito, sentido e historicidade. Concepções que possibilitam a construção do conceito de inconsciente, cujos sentidos inscritos nos sintomas e na vida simbólica precisam ser decodificados, uma vez que está fora do campo da consciência.

A compreensão histórico-psicanalítica da relação trauma-adolescência na cultura atual impõe que a comunidade global se posicione diante dos maus-tratos, das ações traumáticas decorrentes das "globarbaridades", dos "genocídios de mentes" que se expandem pelo mundo. O espectro do juízo final da modernidade nos ameaça com a desconstrução ética, arma das guerras pós-modernas, que atinge tanto os pobres quanto os ricos. A psicanálise, em conjunto com outras áreas do conhecimento, precisa estar presente nas práticas sociais para contribuir com suas teorias e técnicas na reconstrução da esperança e de novos rumos. Assim, nossos jovens, filhos e netos, poderão se orgulhar de si e também de seus pais e avós.

Referências

Birman, J. (1994). Os impasses da cientificidade no discurso freudiano. In *Psicanálise, Ciência e Cultura* (pp. 33-34). Jorge Zahar.

Foucault, M. (1998). *A ordem do discurso*. Loyola.

Franco Jr., H. (2001). *A Idade Média – Nascimento do Ocidente*. Brasiliense.

Franco Jr., H. (2003). O fogo de Prometeu e o escudo de Perseu. Reflexões sobre mentalidade e imaginário. *Revista Signum*, (5), 73-116.

Grinberg, L. (1976). *Teoria de la identificacion*. Paidós.

Guirado, M. (1995). *Psicanálise e análise do discurso*. Summus.

Levisky, D. L. (1997). *Moral, superego, delinqüência e democracia*. 40º Congresso da IPA, Barcelona.

Levisky, D. L. (2004). *Um monge no divã – O adolescer de Guibert de Nogent (1055-1125?): uma análise histórico-psicanalítica*. [Tese de Doutorado]. Universidade de São Paulo.

Mezan, R. (2002). *Interfaces da psicanálise*. Companhia das Letras.

Rocha, Z. (1996). *Paixão, violência e solidão: o drama de Abelardo e Heloísa no contexto cultural do século XII*. Edição Universitária da UFPE.

Storolow, R. D., & Lachmann, F. M. (1983). *Psicanálise das paradas do desenvolvimento: teoria e tratamento*. Imago.

Winnicott, D. W. (1989). A delinquência como sinal de esperança. In *Tudo começa em casa*. Martins Fontes.

9. *Acting out*: um meio de comunicação na análise de adolescentes e crianças

A fisionomia do processo psicanalítico na adolescência varia de acordo com o momento de desenvolvimento cronológico. Jovens que estão na primeira fase da adolescência, próximos ao final do período de latência, caracterizam-se pelo aspecto misto como apresentam o conteúdo do seu mundo interno. A comunicação durante as sessões caminha para o predomínio de elementos verbais, mas ainda necessitam do apoio lúdico, por meio dos quais realizam projeções do conteúdo inconsciente, por meio de desenhos, jogos, sonhos dramatizações e atuações *acting out.* Adolescentes maiores comunicam-se com linguagem verbal e não verbal. A comunicação não verbal engloba as dramatizações, que possuem um conteúdo simbólico, e manifestações por meio da conduta, que contêm elementos de comunicação pré-verbal. Entre elas está o *acting out* (atuação). Muitas vezes, tais manifestações são de caráter defensivo, mas não se pode tomar isso como regra.

Vale lembrar que qualquer mecanismo psíquico pode tornar-se um elemento defensivo, dependendo da função e da intensidade com que ele se manifesta na relação.

Uma ação pode ser defensiva para um sistema, e estar a serviço da comunicação de outro sistema ou nível de estrutura egoica. Uma ação que expresse um ataque ao pensamento do analista, enquanto capacidade de formular pensamentos, pode ser reveladora de uma busca desesperada de "apego", de formação de vínculo, de pavor do espaço vazio. O controle onipotente do objeto externo, em vez de ter um caráter exclusivamente destrutivo, é também uma via de expressão da importância do relacionamento com o objeto real externo na organização do mundo interior.

À medida que o adolescente evolui cronologicamente, o material lúdico torna-se menos necessário, pelo desenvolvimento de novas aptidões cognitivas e comunicativas. O uso de jogos pode ainda persistir como uma forma de transição, o qual às vezes adquire o papel de objeto intermediário, transicional, entre a verbalização simbólica e uma comunicação apoiada em elementos concretos.

As atuações, independentemente da idade, prosseguem e constituem-se numa modalidade de comunicação. Elas atenuam-se com o desenvolvimento de uma capacidade maior de transformar a liberação direta da pulsão em pensamento.

As características do mundo mental do adolescente referentes ao processo de identificação estão descritas no Capítulo 3. Como já foi assinalado, as atuações são manifestações frequentes da vida mental dessa faixa etária, e identificáveis pela conduta dos jovens.

Na análise de adolescentes e crianças, é frequente o analista viver situações de grande impacto emocional, impulsivas, violentas, que atingem diretamente sua pessoa. Podem ser manifestações verbais, mas geralmente são atitudes motoras que colocam analista e analisando numa relação tão direta que pode chegar ao contato corporal.

Esses comportamentos podem ter múltiplas funções dentro da relação transferencial: controle onipotente da relação, temor à perda do objeto libidinal, tentativa de perturbar a capacidade de pensar do analista etc.

Em quaisquer dessas condições, considero que existe sempre uma comunicação. Alguma mensagem inconsciente está presente, mesmo que a atitude manifesta tenha um caráter voluntário e intencional.

A esse fenômeno, presente em todas as análises, em especial na análise de crianças e de adolescentes, dá-se o nome de *acting out*. O emprego dessa expressão inglesa está consagrado no meio psicanalítico brasileiro.

No presente trabalho, restringirei o uso do termo às manifestações que se passam dentro do *setting* analítico. Esse fenômeno, frequente na criança pequena, tende a diminuir com a evolução da idade, para recrudescer na adolescência. Em casos de maior gravidade, nas psicoses, caracteropatias, *borderline*, o impacto do *acting out* faz-se sentir.

Entretanto, em crianças pequenas e lactentes, não é um atributo indicador de gravidade, pois o encontramos em pacientes razoavelmente equilibrados. Na adolescência, devido à emergência maciça dos núcleos primitivos durante o processo de identificação, essas manifestações são frequentes. Quando o *acting out* faz-se de forma intensa e repetida, pode servir como um alerta ante uma personalidade com alto risco de se estruturar de forma psicopatológica.

Autores como Etchegoyen (1989) consideram o *acting out* como uma patologia que bloqueia o processo psicanalítico. O insight e a elaboração representam, para esse autor, os propulsores do processo. Eu prefiro compreender o *acting out* como uma manifestação do processo primário, quer ocupando uma função defensiva, quer como meio de comunicação de estados primitivos da mente, cuja compreensão possibilitará alcançar o insight e a elaboração.

São situações muito difíceis de serem trabalhadas, mas ricas em significados, nem sempre traduzíveis em palavras, por expressarem situações pré-simbólicas ou em início de representação da vida afetivo-emocional, em que self e objeto encontram-se insuficientemente discriminados.

Tentarei expor aqui algo sobre minha experiência e ideias a respeito do *acting out* como forma de comunicação pré-verbal. A expressão pré-verbal refere-se a uma forma de comunicação não verbal, que antecede a forma verbal dentro do processo evolutivo de desenvolvimento. A comunicação não verbal, como a dramatização, contém uma linguagem interior simbólica.

O *acting out* é um fenômeno psicológico que surge na transferência, como defesa ou na emergência de sentimentos muito primitivos. São pacientes cuja capacidade simbólica encontra-se pouco desenvolvida, ou regredida a estados mentais nos quais a via motora torna-se o meio de expressão dos afetos e do pensamento.

Cabe recordar que Piaget (Piaget & Inhelder, 1990) refere-se ao pensamento sensório-motor como a primeira fase do desenvolvimento das capacidades cognitivo-afetivas. Entendo que, nessa fase, a atividade motora participa intensamente na expressão dos afetos, da vida intelectiva, e antecede a comunicação simbólica.

Klein e Debray (1976) referem-se ao *acting out* como sendo atos impulsivos que traduzem a emergência do reprimido sem elaboração secundária.

Silverberg (1955) entende o *acting out* como uma forma de resistência, um ataque ao processo de pensar e uma dramatização manifesta de uma transferência.

Klein (1932) assinala que a "inibição das tendências epistemofílicas, a repressão da vida imaginativa, a incapacidade para tolerar frustrações e a adaptação excessiva às exigências educativas favorecem o *acting out*".

Para Laplanche e Pontalis (1973), "é no surgimento do *acting out* que o analista vê a marca da emergência do reprimido", e acrescentam que "se por um lado essas ações contêm uma tentativa de ruptura da relação analítica, é por meio da compreensão do seu conteúdo afetivo que se pode dar prosseguimento ao processo analítico".

Anna Freud (1968) afirma que o conceito de *acting out* na criança perde muito de seu significado, principalmente nas crianças pequenas, que não cooperam com a livre associação, e raramente com a interpretação dos sonhos, fatores importantes no processo que permitem recordar as experiências passadas. Essas crianças, antes do período de latência, são incapazes de guardar os impulsos dentro da esfera psíquica. Ao contrário, não pensam, não falam, mas agem motoricamente; essas são suas legítimas formas de expressão e comunicação.

A autora considera essas características adequadas ao comportamento da criança e as classifica, antes do período de latência, como *acting out pacients*. Nesses casos, o fenômeno é determinado pelo desenvolvimento e não carrega o mesmo significado que possui em épocas posteriores da vida.

Eu estendo essa condição aos adolescentes, principalmente quando se encontram no auge da crise de identidade. Nessa oportunidade, o primitivo emerge, imbricando com os aspectos atuais da personalidade.

Para ilustrar essas ideias, sugiro a leitura do caso de um adolescente apresentado no Capítulo 10.

Exemplifico também relatando trechos de sessões da análise de Alberto, um menino de 8 anos de idade cujo caso ficou conhecido como "o caso das bolachinhas", apresentado no XXXV Congresso Internacional de Psicanálise da IPA, em Montreal, 1987.

Caso clínico

Esse paciente permaneceu em análise durante aproximadamente quatro anos, de início com quatro sessões semanais, depois reduzidas para três.

Alberto foi trazido ao analista por apresentar transtornos de comportamento de caráter antissocial: insubordinação, rebeldia incontrolável, não aceitação de regras habituais de convivência, voraz, obeso, agitado, autoritário, violento e ansioso.

Entretanto, mostrava-se carinhoso, meigo, afável, educado, sedutor e obediente, até alcançar seu objetivo. Passou durante os últimos anos por várias escolas, das quais havia sido expulso devido às dificuldades em se adaptar às normas. Reagia violentamente quando contrariado. Era o primogênito de uma prole de dois. Seu irmão, quatro anos mais novo, nasceu após três abortos de três, quatro e cinco meses, respectivamente. Foi o primeiro neto das famílias materna e paterna.

Alberto começou a preocupar os pais por volta dos 2 anos de idade, em decorrência de sua agitação, coincidindo com o início da vida escolar. Era rebelde, isolava-se das crianças, não partilhava suas coisas com os companheiros.

Seu irmão nasceu prematuro de sete meses e requereu cuidados especiais. Após o nascimento do irmão, sua agitação e desobediência pioraram. Regrediu em seu comportamento, perdendo o controle urinário noturno.

Alberto ressentiu-se dessa situação. A ansiedade aumentou. Comia excessivamente, tornando-se obeso. O rendimento escolar decaiu, dando início a uma peregrinação por várias escolas. Os pais procuraram um atendimento especializado, de curta duração, recorrendo em seguida a mim.

Em nossa primeira entrevista, eles manifestaram-se alarmados com o fato de Alberto demonstrar prazer em desprezar crianças e adultos, principalmente quando percebia que sua atitude perturbava o outro.

Era muito apegado à mãe. Estava em constante conflito com ela, por meio de demandas e desafios. Com o pai, severo e autoritário, seu comportamento era mais adequado.

Na tentativa de adaptá-lo ao convívio social, os pais usavam diferentes métodos corretivos e educacionais. Parecia não sentir culpa ou arrependimento pelos transtornos que ocasionava. Chorava com frequência. Agia com violência física, roubos, fugas e mentiras. Muito agressivo com o irmão, o qual sentia como preferido dos pais. Inteligente, tinha razoável aproveitamento escolar, apesar de seus transtornos. Seus pais são religiosos, não ortodoxos. Nas aulas de religião, sua adaptação era melhor.

Durante as primeiras sessões, trazia sua mãe para a sala de análise. Mostrava-se uma criança indefesa, dependente, não podendo suportar a separação. Havia um jogo entre mãe e filho, no qual ela insistia para que ele me contasse o que havia dito a ela fora da sessão, e ele, por sua vez, pedia que ela o fizesse.

O clima entre ambos era de aparente enamoramento ante o temor pelo estranho ali presente, camuflando um aspecto mais profundo, de grande tensão.

Vencida essa primeira etapa da análise, moduladas as primeiras ansiedades, outros aspectos de Alberto foram surgindo: agressivo, despótico, tirano, sedutor, competitivo, insaciável.

Pouco desenhava e pouco brincava. Permanecia longos períodos diante de sua caixa sem saber o que fazer. Pedia-me insistentemente sugestões, as quais eu interpretava como o desejo de corresponder àquilo que ele julgava serem minhas expectativas sobre ele. Algo como reproduzir comigo as expectativas de ser o primeiro filho, o primeiro neto.

Passou a entremear situações hostis, como atirar objetos pela janela, ora em resposta a alguma frustração, ora pela aproximação do término da sessão. As angústias ante a perspectiva de separação eram evidentes. Ceder seu lugar para outro paciente, por coincidência outra criança, a qual já havia encontrado na sala de espera, representava uma grande ameaça para ele.

Gostava de brincar com água e não aceitava limites. Queria inundar a sala, afogar a todos. Eram situações ligadas a nascimento e morte, provavelmente associadas aos abortos da mãe, ao nascimento do irmão e à falta de continência. A excitação e os ataques eram crescentes e dirigidos diretamente contra mim, manifestando claramente suas defesas maníacas.

Parecia sentir um prazer sádico em me mobilizar para contê-lo fisicamente e transformar a relação numa luta entre gato e rato. As interpretações nesse sentido envolviam fantasias ligadas a sentimentos de incorporar-se e incorporar o corpo materno, de inveja e destruição do pênis poderoso do pai, de destruição dos bebês ameaçadores. Havia ainda o desejo de controlar meus sentimentos, meu corpo, o prazer de penetrar em mim, não só representados pelas tentativas de inundação da sala, mas pelas cuspidas, chutes, interrogatórios e insultos.

Na relação transferencial, evidenciava-se o desejo de receber toda a atenção, bem como seu temor de perder o objeto amoroso. As reações eram violentas e furiosas. Os *acting out* pareciam possuir a intenção de me perturbar, de me distrair, de interromper meu fluxo associativo, enfim, atacar minha capacidade de pensar. Talvez se tratasse de uma reação defensiva contra a percepção de seu mundo mental primitivo.

Era também um meio pelo qual podia expressar angústias primitivas de caráter oral e anal sádicas.

A atividade lúdica dentro da sessão era intensamente dramatizada. Diante das atitudes concretas de agressão, por exemplo, quando ele dramatizava ser um super-herói cruel, eu procurava dissimular o caráter hostil introduzindo uma cantiga suave, envolvendo-o com meus braços, firme e carinhoso, como se estivesse aconchegando um bebê desamparado.

Essas atitudes acompanhadas de verbalização (quando era possível, quando havia em mim espaço mental para elaborar e transmitir a compreensão ocorrida) permitiram a Alberto dramatizar situações muito regredidas, nas quais ele encenava ser um bebê insaciável.

Parecia buscar uma aderência constante em termos de encontrar, concretamente, um continente, um analista-mãe que pudesse receber e modular suas angústias, para poder construir, por meio da relação analítica, novas relações com seus objetos internos. O temor à perda dessa condição desencadeava reações de extrema violência, as quais, acredito eu, eram sentimentos ou emoções ligadas a fantasias inconscientes muito primitivas e que só podiam ser expressas por meio do *acting out*.

A primitividade desses conteúdos, bem como a baixa capacidade de simbolização para vivências ocorridas em momentos precoces do desenvolvimento evolutivo, não encontrava outros meios de expressão.

Miller de Paiva (1968), em seu trabalho "Atuação transferencial ou *acting out*", afirma que

> *a criança, à medida que amadurece, reduz sua atividade motora, pois ganha insight e sentido de realidade. Para restringir a atividade motora, o indivíduo utiliza-se do desenvolvimento da ideação. A atuação, por vezes, funcionaria simplesmente como a repetição de uma fase do desenvolvimento ontogenético, na qual o inconsciente só teria como forma de expressão o ato.*

Esses fatos confirmam-se, integralmente, em minha experiência analítica.

A partir da fase em que Alberto pôde dramatizar o bebê frágil e ameaçado existente dentro de si, houve uma exacerbação em frequência e intensidade na produção do *acting out*.

A angústia vivida na relação transferencial, bem como as reações contratransferenciais, refletia, por meio de poderosas identificações projetivas maciças (Bion, 1965), o intenso caos interior.

Alguns aspectos do paciente pareciam favorecer a produção do *acting out*: temor à perda do controle onipotente, baixa tolerância à frustração, temor à perda do objeto amoroso, confronto com a realidade de não encontrar no analista a realização de seus desejos e a impossibilidade de resgatar, em algum canto do seu universo, os pais idealizados.

Tais situações, carregadas de intenso ódio e prazer sádico, invadiam-me, tentando me colocar em dificuldades reais. Alberto, ao término das sessões, desenvolveu um ritual de espalhar pela sala o conteúdo de sua caixa, ou sujava-me com tinta, ou pegava algum pertence da sala e saía correndo do consultório. Qualquer tentativa de interpretação ou de interdição só produzia efeito contrário, incrementando as atuações.

Por mais que me controlasse, no sentido de não deixar transparecer meus sentimentos, ele os percebia, e esse era seu trunfo.

Em algumas ocasiões, não havia discriminação entre analista e analisando. As identificações projetivas eram tão intensas que não se discriminavam os aspectos psicóticos de um e de outro.

Ficam dúvidas se eram aspectos de Alberto colocados em mim e vividos contratransferencialmente, ou se eram aspectos meus detonados pelas atuações do paciente. Eram momentos nos quais parecia não existir uma diferenciação entre dois indivíduos, entre um universo e outro, entre mundo interior e exterior.

Por meio dessas externalizações, julgo que a criança pode entrar em contato com seu mundo interno primitivo e mais evoluído. Nos momentos regressivos, de maior ansiedade, torna-se difícil para ela discriminar o que é interno e externo, mundo de fantasia e mundo real, primitivo e evoluído vivenciando na transferência, concretamente, sentimentos e fantasias que nutre pelo self, objeto e self-objeto indiscriminados.

Nessas situações, o paciente pode tomar consciência e discriminar o interno do externo, as diferentes partes que compõem o seu universo mental naquela circunstância, o que abrirá condições para melhor integração de sua personalidade.

Meltzer (1971) afirma, em *O processo psicanalítico da criança ao adulto*, ao se referir à organização do espaço vital da criança, que "as suas relações internas estão em fluxo constante, mas a diferenciação entre interno e externo é constantemente mascarada pela externalização da situação interna e pela sua transformação em *acting out*". Mais adiante, acrescenta: "O fluxo em relações internas e a fluidez de transição para o *acting out* são a ordem do dia nas crianças, e justamente esse fluxo e essa fluidez são as principais facetas de sua disponibilidade para a aproximação analítica".

A incapacidade de Alberto para fazer essas discriminações era transitória e momentânea. Com a diminuição das ansiedades persecutórias e a recuperação da capacidade de pensar, podiam-se interpretar as fantasias inconscientes. Seus sentimentos de triunfo eram evidentes tanto quanto eram evidentes suas projeções no sentido de que o vazio, o fracasso e a dor ficassem com o analista.

Com a regressão e o *splitting*, vinham perturbações do senso crítico e de discriminação da realidade, dando a impressão de grave perturbação mental, confirmando as observações de Greenacre (1971). Em minha experiência analítica com crianças pequenas, em período de latência e adolescentes, esses aspectos podem ser transitórios até que eles possam representar seus conflitos por meio da atividade lúdica e verbal.

Em relação à transitoriedade das atuações, Koch & Blay Neto (1967) afirmam que "o *acting out* é uma atuação temporária e desarmônica, na qual há uma regressão parcial da personalidade", o que, a meu ver, na criança e no adolescente não são sinais patognomônicos de gravidade estrutural da personalidade.

Quero dizer que, apesar da intensidade e da violência do comportamento manifesto, tais expressões podem ser frutos de um ego frágil, regredido, ou a ação de um superego rígido e exigente, mas isso não implica rigidez estrutural. A confirmação dessa hipótese está na observação da facilidade com que crianças e adolescentes entram e saem desse estado, bem como pelas transformações que ocorrem por meio das interpretações e do insight.

Também pude observar que os *acting out* possuíam um significado defensivo, decorrente de angústias persecutórias surgidas diante do encontro com o novo, sugerindo que as mudanças de estado mental, quando acompanhadas de grande impacto emocional, favorecem o surgimento de atuações.

A aproximação do término da sessão e o fato de o seu espaço vir a ser ocupado por "um seu irmão" de análise, acrescidos do fato de ter de sentir a impotência de não poder impedir meu desejo de encerrar a sessão, despertavam em Alberto intenso ódio. Nesses momentos, seu comportamento parecia expressar o desejo de deixar algum resto seu em mim, ou de levar algo meu com ele. Era como se, antes de partir, tratasse de ocupar, concretamente, algum espaço em minha mente, mediante a destruição, o roubo e a fuga.

Com o *acting out*, Alberto estava exteriorizando aspectos da dinâmica de seu mundo interior, bem como tentando, objetivamente, ampliar seu espaço mental e experienciar aspectos de sua identidade.

Esses elementos emocionais com os quais procurava impregnar a mente do analista pareciam conter intensos componentes sádicos e coprofílicos, associados a desejos amorosos de poder colar-se a mim, numa fusão, como se um fosse parte do corpo do outro.

Talvez seja esse estado mental que Meltzer (1971) chamou de "identificação adesiva". A concretude de tais ações tendia a ocupar um espaço real em minha mente. Ainda que eu interpretasse ou tentasse colocar limites, ou lhe explicasse as vantagens que poderia usufruir buscando outras vias de expressão e modo de relação por meio do brincar, do desenhar, do falar, meus esforços não colaboravam para a diminuição do *acting out*.

Pude perceber que minha atitude mental de continência, de transformar a agressão em algo suportável, descaracterizando-a como agressão por meio da transformação numa atividade lúdica e amorosa, não me deixando contaminar com o ritmo acelerado que ele tentava imprimir à sessão, tinha um efeito interpretativo. Minha resposta inconsciente funcionava como um meio de comunicação e expressão de minha contraidentificação projetiva.

Esses *acting out* continham também mecanismos defensivos maníacos, por meio dos quais Alberto lutava contra os sentimentos de perda, de castração e outros que lhe despertavam intensa dor. Alberto fazia-me sentir na pele tais sofrimentos.

Considero que as vivências desses conflitos intensamente regressivos, ligados às figuras parentais, à dinâmica das relações de objetos parciais, aos mecanismos de defesa e inter-relações precoces do ego entre as diferentes instâncias psíquicas, exteriorizavam-se, denunciando pontos de não aquisição ou diminuição da capacidade discriminatória entre mundo interno e externo.

A expressão dessas manifestações só podia ocorrer por meio de atuações transferenciais. Isto é, nem tudo o que se passava na transferência era revivescência do passado reprimido. Muitas manifestações transferenciais, inclusive o *acting out*, podem ser fruto da experiência do aqui e agora da sessão analítica.

Por outro lado, creio que o paciente, para elaborar seus conflitos e atuações, precisava encontrar um analista que tivesse desenvolvido condições pessoais para lidar com situações tão primitivas: disponibilidade interna para lidar com crianças e adolescentes em situações intensamente regressivas, relacionadas a sentimentos de aderência, fusão, vazio, abandono, penetrar, destroçar, angústias persecutórias, de despedaçamento, de ex ou implosão, que requerem uma importante capacidade negativa para suportar descargas emocionais intensas.

Atribuo um valor importante à análise dos conflitos primitivos do analista como elemento de desenvolvimento na habilidade em lidar com o *acting out*.

Os analistas que trabalham com crianças e adolescentes, que são poucos, acabam tendo maior facilidade de acesso às camadas mais profundas do inconsciente quando comparados àqueles profissionais que se restringem a trabalhar com pacientes adultos pouco comprometidos.

Outro aspecto que desejo assinalar refere-se à velocidade e ao tempo de processamento dos fenômenos psíquicos durante o *acting out*. Em análise de adolescentes, mas principalmente na de crianças, há momentos em que os movimentos mentais do paciente são muito rápidos e carregados de condensações. Durante os *acting out*, a intensidade das identificações projetivas e cisões faz com que a noção de tempo interno e a capacidade de elaboração do analista tornem-se perturbadas e, por vezes, contaminadas pelos impulsos e fantasias do paciente.

Decorrido um espaço de tempo, é como se a poeira levantada no ar por um *pé de vento* se assentasse. Com a diminuição das ansiedades, analista e analisando retornam a um estado mental menos regredido, e o processo secundário se recupera. Ambos tornam-se mais aptos a pensar, a ouvir e a falar. As elaborações, consequentemente, tornam-se mais viáveis e produtivas.

Às vezes, apenas a capacidade de conter, de receber e assimilar os impulsos já possui em si o valor de uma interpretação verbal, a qual poderá vir a ser complementada em outro momento, quando a oportunidade aparecer. Talvez seja algo semelhante ao que pode uma mãe tranquila fazer ao aconchegar ternamente seu bebê em crise de desespero, decorrente de algum mal interno e desconhecido que o ataca.

Penso que essa capacidade criativa do analista, de encontrar em seu inconsciente um caminho que lhe permita penetrar no mundo inconsciente de seu paciente, corresponde ao aspecto criador do artista. O lidar com o *acting out* é, a meu ver, uma dessas artes. O analista requer habilidade, plasticidade mental, inventividade, precisa de uma boa dose de "bom humor", jogo de cintura e saber lidar, razoavelmente, com seus aspectos narcísicos para usufruir dos aspectos comunicativos e construtivos do *acting out*.

Durante a análise de Alberto e em outros casos em que o *acting out* fez-se presente, pude, em algumas dessas situações, utilizar-me de "artefatos técnicos" que talvez possam ser considerados como "não analíticos", mas que colaboraram para o andamento da análise e, principalmente, para a manutenção do vínculo, favorecendo a transferência positiva. Nesse sentido, foi tolerado que Alberto, vez por outra, levasse para sua casa algo de sua caixa ou da sala de trabalho.

Em uma ocasião, Alberto descobriu que havia, num armário próximo daquele onde guardava sua caixa, uma lata de bolachas. Por vezes manifestou o desejo de recebê-las ou tentou apanhá-las à força. Foi impedido, e a sua ação interpretada. A ação repetiu-se durante certo tempo, acompanhada de fortes crises explosivas e múltiplas agressões.

Numa dessas oportunidades, resolvi dar-lhe algumas bolachas, sem nenhuma interpretação. Alberto saiu tranquilo. A situação se repetiu e, dessa vez, interpretei sua necessidade de poder sentir concretamente que era querido, e também de poder levar consigo algo meu de bom, que pudesse sentir, palpar, colocar dentro de si, como o leite que sai de um "pênis-seio" e que alimenta o bebê.

Outras interpretações foram feitas com o desenrolar das sessões, ligadas a fantasias com os pais e irmãos (vivos e mortos) que tanto o ameaçavam. Essas atuações tornaram-se menos frequentes até que lhe disse que já não precisava mais insistir para ganhar as bolachas, pois já podia sentir o afeto de outra maneira.

Assinalei que ele também estava podendo demonstrar o que sentia por mim, por meio do que me falava, e que se sentia alimentado por outros modos, que não só as bolachas. Alimentava-se do nosso encontro e do conhecimento que estava tendo de si. Era outra forma de se sentir querido. Uma ou outra vez ainda me pediu bolacha, mas agora já era um jogo para me colocar à prova ou me seduzir.

Creio que tais procedimentos "não ortodoxos" em análise, quando espontâneos, podem contribuir para fortalecer o ego primitivo do paciente até que haja condições para que se façam interpretações verbais, sem que estas sejam vividas como intensamente agressivas. É a vivência concreta, na transferência, de algo muito primitivo da relação mãe/bebê, no sentido de caracterizar o sentimento de existir, de desejar, de controlar e, portanto, de ser desejado e amado.

A atitude de dar as bolachas, ainda que contenha um aspecto defensivo contratransferencial, é uma comunicação pré-verbal compreensível para o paciente, num momento em que a mente encontra-se regredida a estágios primitivos, nos quais a verbalização ainda não adquiriu o seu significado simbólico.

Acrescento que isso se passa tanto no analisando quanto no analista. É o gesto espontâneo que surpreende e comunica algo inalcançável pela palavra. O inefável da relação analítica. No Capítulo 10, "Inscrição Mental Pré-verbal e Contratransferência", ilustro mais uma vez outras manifestações que confirmam essas ideias.

Volto a chamar a atenção para os aspectos contratransferenciais, pois, a meu ver, eles podem ajudar a nortear os caminhos para a compreensão e a seleção da melhor maneira de se lidar com os *acting out*. Dou muita importância à consciência que o analista deve ter de si, de sua disponibilidade afetiva para ser continente, bem como suas oscilações, suscitadas pelo paciente e/ou decorrentes de sua própria vida emocional.

Ocorreram momentos, durante a análise de Alberto, em que foi necessária a interrupção da sessão, pela dificuldade do analista em poder suportar a intensidade das manifestações do paciente. Essa atitude, que, por um lado, me frustrou, contribuiu para que Alberto entrasse em contato com a realidade dos limites do analista, e o analista também pôde, por meio de reflexões, troca de ideias com colegas, em sua própria análise e supervisão, identificar indicadores de seus próprios limites.

Alberto tentava, frequentemente, ampliar o espaço físico do *setting* analítico. As atuações dessa natureza foram interpretadas como fruto de fantasias ligadas a incorporação, rivalidade e destruição das figuras parentais, projetadas no analista-pai, sem sinais evidentes de transformação. Posteriormente, pôde ser identificado que esses *acting out* tinham outros significados, relacionados aos desejos de ampliar seu espaço mental.

Alberto utilizava esse espaço, inicialmente físico, no qual podia representar seus conflitos interiores, até alcançar maior desenvolvimento e representá-los de modo simbólico, em um espaço mental virtual.

Dessa forma, ao abrir mão do controle onipotente do objeto, pôde discernir melhor, a partir da experiência concreta, as diferenças entre o objeto imaginário e o real. Com o desenvolvimento de um espaço mental, pouco a pouco descobriu as vantagens ou a necessidade de transformação do ato motor em ato simbólico, por meio da comunicação verbal. Para o lado perverso da personalidade, isso representava uma perda, mas, para o lado que o impulsionava para o desenvolvimento, sentir-se aceito e respeitado representava gratificação, inclusive quanto à possibilidade de preservar o vínculo e os objetos reais.

Diante da minha percepção das dificuldades e sofrimentos que vivia com Alberto, durante os momentos de atuação e contra-atuação, muitas vezes só discriminados *a posteriori*, pude captar os sofrimentos do paciente depositados em mim. Pude perceber meus sofrimentos, por meio de sentimentos de impotência diante da violência e crueldade dos seus atos, da força do seu superego, e por meio de minhas frustrações, devidos aos contrastes súbitos de comportamento e de estado mental do paciente dentro da sessão.

Isso me levava, por vezes, à condição de ter de me resignar diante de tal realidade externa e interna, dele e minha. Creio que tais sentimentos, projetados e vividos sensorialmente por mim, traduziam o mundo interior do paciente, que ressoava em algo também existente em mim e que, agora, eu podia transformar em pensamentos verbais. Abria-se, assim, para Alberto, a possibilidade de optar entre permanecer no seu padrão habitual de relação ou buscar e ampliar novas vias de comunicação, com meios mais elaborados e simbólicos, por meio da linguagem verbal, dos desenhos, do teatro e dos jogos que pouco a pouco fomos construindo.

Progressivamente, Alberto pôde brincar e dramatizar, de maneira mais simbólica, fantasias de poder, de dependência, de subserviência e de autonomia, por meio de um jogo dramatizado de rei e escravo.

A crueldade dos impulsos, a rigidez do superego e a fragilidade do ego estavam sofrendo transformações. As regressões passaram a ser menos intensas. Alberto podia falar, desenhar e associar mais livremente. Os *acting out* não se encerraram, mas tornaram-se menos frequentes. Sua flexibilidade mental e a capacidade de representação simbólica estavam se ampliando. A vida social e escolar tornou-se mais estável e produtiva.

Na relação objetiva com os pais, ainda persistiam muitos modelos primitivos de relação. Os pais, por outro lado, negavam-se a receber qualquer orientação sistemática. Iniciaram uma terapia de casal e a interromperam, com medo de que esta pudesse levá-los a uma desintegração familiar.

As características da dinâmica familiar levavam-me a pensar que um dos aspectos do *acting out* de Alberto na relação com os pais tinha a finalidade de uma rebelião positiva. Era a forma como ele podia manifestar seus protestos, no sentido de "alertar as autoridades constituídas", os pais, de que algo estava perturbado na relação entre eles.

Os *acting out* sinalizavam também a existência de uma busca de autonomia, de uma luta, ainda que com armas inadequadas, pela conquista de um espaço vital e mental próprios. Representavam algo de vida, impulsionado por aspectos narcísicos de preservação. Não de vida física, mas da possibilidade de se sentir um ser pensante e desejante, respeitado em sua autenticidade de sentimentos.

Concordo com Greenacre (1971) quando salienta que a desproporção entre a verbalização e a atividade motora constitui-se num problema à intervenção psicanalítica. Existe a necessidade de colocar limites. Não são desejáveis, para a análise, intensas regressões antes que o ego esteja mais estruturado. O *acting out* não deve ser provocado. Penso ser construtivo oferecer à criança um parâmetro objetivo da realidade. Entretanto, não posso concordar que o *acting out* seja uma "patologia do processo" psicanalítico, conforme defendem outros autores, de acordo com Etchegoyen (1989).

Quando o *acting out* se manifesta, é importante diferenciar, quanto à sua função na relação, entre aquele no qual o terapeuta não pode elaborar o significado do conflito transferencial/contratransferencial e aquele cuja atuação permite comunicar e integrar-se terapeuticamente, como assinalam Blay Neto (1977) e Knobel (1980).

Feita essa distinção entre o *acting out* útil e o desintegrativo, quero salientar que as interpretações intempestivas também podem favorecer o *acting out*. Segundo Lebovici et al. (1963), "quando o terapeuta fala para interpretar, ele corre o risco de atravessar depressa demais o sistema de defesa, de mobilizar representações inconscientes", ante as quais o paciente ainda não possui um ego suficientemente organizado para poder expressar o conteúdo de sua vida inconsciente por outras vias que não o *acting out*.

As interpretações intempestivas podem ser manifestações contratransferenciais, como defesa ante as angústias despertas pelas respostas motoras do paciente, como nos mostra Greenacre (1971), agindo na gênese do *acting out*.

Alberto, nos momentos que antecediam o término da sessão, tornava-se agitado. As angústias e fantasias que surgiam pela ameaça de separação incrementavam as manifestações motoras; virava o conteúdo de sua caixa no chão, cuspia em mim, jogava os móveis, tentava agredir-me fisicamente, negava-se a sair da sala. Essa situação despertava em mim forte angústia, levando-me, por vezes, a desencadear um fluxo interpretativo com o intuito de livrar-me do sofrimento, ou brecá-lo, formando-se um círculo vicioso de atuações e contra-atuações.

Noutra ocasião, durante uma sessão de análise de uma adolescente, após uma separação prolongada, a paciente falou ininterruptamente durante mais de trinta minutos. Fui me sentindo angustiado, entupido, com náuseas. Subitamente interrompi-a, e, como num refluxo, interpretei o acúmulo de restos emocionais não ou mal elaborados durante a separação. A paciente, de pronto, retrucou furiosa: "venho aqui descarregar meu caminhão de melancias e você quer que eu as engula, como meu próprio vômito".

A esse respeito, Diatkine e Simon (1973) referem-se a "uma soma de identificações, que permite uma emergência pulsional que leva ao prazer e à angústia do *acting out* durante a qual o ego da criança regride", o que leva a uma extinção das trocas verbais. E acrescentam: "Essa regressão não é durável, uma vez que a criança se acalma", quando então recupera sua capacidade de comunicação por meio da atividade lúdica e verbal.

É provável que, no caso dessa adolescente, após eu ter suportado, por certo tempo, a condição de depositário, ou de "seio latrina", na expressão de Meltzer (1971), tive a necessidade de "vomitar" sobre a paciente, tanto para me aliviar como para encontrar uma forma involuntária de ter acesso às camadas mais profundas do meu inconsciente. A percepção do meu mal-estar, e consequente contra-atuação, permitiram-me pensar que minha reação foi uma contraidentificação projetiva, ante alguma vivência de minha criança sufocada pelo leite continuamente imposto.

O momento da interpretação é outro aspecto importante. Com frequência, a interpretação durante o *acting out* é ineficaz. Nesse período, a capacidade de pensar fica reduzida, e o *insight* comprometido.

Em Levisky (1984), apresento o caso intitulado "O leão e o domador". Trata-se de N., uma criança de 8 anos. Ela gritava insistentemente pela janela da sala de análise pedindo socorro. Dizia que um homem queria matá-la. Conseguiu criar tamanho pânico a ponto de, no prédio em frente, luzes acenderem-se e uma pessoa vir à janela para saber o que estava acontecendo.

Desenvolveu-se um diálogo tenso entre essa pessoa e o paciente, a ponto de eu intervir. Após alguma insistência para que N. se restringisse à sala de trabalho, e efetuadas interpretações infrutíferas, desisti de minhas tentativas de intervenção. Sentei-me numa cadeira, resignado, e disse-lhe sorrindo: "penso que o que você quer é me estrepar, me colocar em dificuldades". Após alguns instantes, N. pôde voltar-se para mim, sorrindo com ar de triunfo, e retomar a sessão em nível lúdico e verbal.

Ainda abordando fatores que podem favorecer o desencadeamento do *acting out*, cabe recordar a importância das condições físicas do ambiente e do material de trabalho. Na análise de crianças e adolescentes na fase pubertária, a sala deve ser adequada para as atividades infantis (infantojuvenis), de tal sorte que possa ser facilmente limpa, que a quantidade de água possa ser regulável, que haja condições de escoamento de água, eventualmente um tanque, uma roupa sobressalente, e que os vidros da sala estejam protegidos.

Os jovens, no período de transição entre o final da latência e o início da adolescência, podem solicitar algum tipo de material lúdico ou expressivo (desenho, pintura, modelagem, carpintaria), preferindo um ambiente no qual possam sentir-se mais descontraídos. Transitam entre esse ambiente e a sala de adultos. Assim, vivem no aqui e agora da relação analítica, as oscilações internas, fruto das pressões regressivas e das que o impulsionam para o desenvolvimento. O material escolhido para fazer parte da caixa deve possibilitar que o analista se sinta à vontade ao manuseá-lo.

No trabalho com adolescentes maiores, as características da sala de análise não são tão fundamentais como no trabalho com crianças. Mais importante é a pessoa do psicanalista, pois, se houver falta de flexibilidade e de compreensão às características do processo adolescente, isso certamente será um fator facilitador para a emergência de atuações desintegradoras. No Capítulo 7, "O processo psicanalítico", abordo outros aspectos do trabalho de análise com os adolescentes.

Pode-se dizer, em meu entender, que o *acting out* é um "aprender com a experiência", por meio do qual vivências concretas de fantasias inconscientes podem, a partir do encontro com a função continente e interpretativa do analista, transformar-se em pensamento simbólico.

Considero, como Kay (1965), que, no *acting out*, a dramatização é concreta e realista em suas ações numa tentativa de controlar a realidade imediata e proporcionar gratificação. Na dramatização simbólica, a gratificação real é postergada, e uma gratificação substitutiva é experimentada.

Freud (1920/1973), em *Além do princípio do prazer*, já havia feito referência ao fato de que, na relação transferencial, o "inconsciente, isto é, o reprimido, não apresenta resistência alguma ao trabalho curativo, busca por si mesmo abrir caminho até a consciência ou achar um exutório por meio do ato real". Mais adiante, acrescenta: "por meio do jogo infantil, a criança elabora aspectos de vida que lhe causam intensa emoção". Por meio da atividade lúdica, ela procura dar vazão a essas emoções e, assim, tornar-se dona da situação. Durante o jogo, a criança pode mudar sua posição em relação ao fato emocional. Deixa de ser vítima para tornar-se agente e, assim, fazer o outro sofrer aquilo que ela experimentou, vingando-se numa terceira pessoa do sofrimento que lhe foi imposto.

É dentro dessa visão que penso que o *acting out* pode ser compreendido, na relação analítica, como parte da atividade lúdica vivida concretamente durante o processo elaborativo.

O estudo do desenvolvimento da comunicação e da linguagem na infância permite-nos compreender aspectos da comunicação primitiva na relação mãe/filho, os quais se repetem na relação transferencial.

Spitz (1965/1983), em seu livro *O primeiro ano de vida*, entende por comunicação qualquer mudança perceptível do comportamento, seja ela intencional ou não, dirigida ou não, com a ajuda da qual uma ou várias pessoas podem influenciar a percepção, os sentimentos ou as ações de uma ou várias pessoas, seja a influência voluntária ou não.

Dentro desse conceito, entendo que as identificações projetivas agem como meios de comunicação pelas influências que causam sobre o analista. É aqui que se insere o *acting out* como comunicação primitiva, reproduzindo as manifestações da vida afetiva do recém-nascido, predominantemente motóricas, decorrentes de estímulos externos ou internos.

Em situações de tensão, o recém-nascido descarrega-as por meio de manifestações emocionais difusas: motores, gritos, choros e reações neurovegetativas. Essa vazão não pode liberar permanentemente a tensão. O estímulo só pode ser removido por uma intervenção específica, advinda de fora, tal como dar alimento ao bebê, aconchegá-lo, sentindo o calor e afeto maternos. A ajuda externa é necessária. Ela é obtida despertando a atenção de alguém que eventualmente esteja por perto, por meio de manifestações não específicas e ocasionais, por meio de gritos ou de atividade muscular difusa.

Transcrevo a seguinte citação de Spitz (1965/1983): "Segundo Freud, essa via de descarga adquire, assim, uma função secundária extremamente importante, isto é, a de ocasionar um entendimento com outras pessoas".

O *acting out*, como manifestação de identificações projetivas maciças, insere-se no conceito de comunicação primitiva. A etologia tem permitido estudar e confrontar o comportamento do homem com o de inúmeros animais que se comunicam por meio do comportamento, a partir de sinais posturais, sons, movimentos com características gestálticas (Nathan, 1983).

Esses padrões de comportamento não contêm uma mensagem do sujeito dirigida especificamente a um outro indivíduo. Os padrões de comportamento expressam o que Spitz (1965/1983) chama de "um estado de mente, um humor, uma atitude afetiva que reflete a experiência imediata do sujeito". A reação de um segundo sujeito à percepção desse padrão de comportamento pode dar a impressão de que ele compreendeu tal comportamento como uma mensagem dirigida a ele.

Entretanto, essa aparência é enganadora. Na realidade, o segundo sujeito animal também reage somente à percepção de um estímulo, e não à mensagem.

Cito este trecho da obra de Spitz para fundamentar a ideia de que, nas manifestações transferenciais e contratransferenciais provocadas pelo *acting out*, ocorrem reações impulsivas, sem conteúdo específico, em resposta aos estímulos oriundos do paciente, para depois, num segundo momento, poder-se dar um significado ao estímulo recebido e comunicá-lo mediante uma interpretação verbal ou pré-verbal.

Creio que o estudo do *acting out* merece ser aprofundado, visto ser um fenômeno psicológico de grande valia para a compreensão do funcionamento mental primitivo, em suas manifestações, na relação *transferencial/contratransferencial*.

Referências

Bion, W. R. (1965). *Aprendiendo de la experiencia*. Paidós.

Blay Neto, B. (1977). Estudo de uma atuação no desenvolvimento da análise. *Revista Brasileira de Psicanálise, 11*, 129.

Diatkine, R., & Simon, J. (1973). *Psychanalyse précoce*. Presses Universitaires de France.

Etchegoyen, R. H. (1989). *Fundamentos da técnica psicanalítica*. Artes Médicas.

Freud, A. (1968). Acting out. *International Journal of Psychoanalysis, 49*, 165.

Freud, S. (1973). Más allá del principio del placer. In S. Freud, *Obras completas*. Biblioteca Nueva. (Trabalho original publicado em 1920).

Greenacre, P. (1971). *Traumatisme, Croissance et Personnalité*. PUF.

Kay, P. (1965). The acting out child. In L. E. Abt, & S. L. Waissman (eds.), *Acting out: theoretical and clinical aspects*. Grune & Stratton.

Klein, F., & Debray, R. (1976). *Psicoterapia analítica da criança*. Zahar.

Klein, M. (1932). *Psicanálise da criança*. Mestre Jou.

Knobel, M. (1980). A inclusão do *acting out* terapêutico na interpretação durante a análise de adolescentes. *Revista Brasileira de Psicanálise, 14*, 47.

Koch, A., & Blay Neto, B. (1967). *O acting out como expressão da personalidade cindida. Estudo comparativo individual e grupal.* V Congresso Latino-Americano de Psicoterapia de Grupo, São Paulo.

Laplanche, J., & Pontalis, J. B. (1973). *Vocabulaire de la psychanalyse*. Presses Universitaires de France.

Lebovici, S., Diatkine, R., Klein, F., & Diatkine-Kalimanson, D. (1963). Mutisme et les silences de l'enfant. *Psychiatrie Enfant, 6*, 43.

Levisky, D. L. (1984). O leão e o domador. *Jornal de Psicanálise, 17*, 24.

Meltzer, D. (1971). *O processo psicanalítico da criança ao adulto*. Imago.

Meltzer, D. (1986). Identificação adesiva. *Contemporary Psychoanalysis*, *11*, 289; *Jornal de Psicanálise*, *19*, 40.

Miller de Paiva, L. (1968). Atuação transferencial ou *acting out*. *Revista Brasileira de Psicanálise*, *2*, 62.

Nathan, T. (1983). *Psychanalyse et copulation des insects*. La Pensée Sauvage.

Piaget, J., & Inhelder, B. (1990). *A psicologia da criança*. Bertrand Brasil.

Silverberg, W. V. (1955). Acting out versus insight. *Psychoanalytic Quarterly*, *4*, 527.

Spitz, R. A. (1983). *O primeiro ano de vida*. Martins Fontes. (Trabalho original publicado em 1965).

10. Inscrição mental pré-verbal e contratransferência

Desenvolvo neste capítulo a hipótese de que, no transcorrer da sessão analítica, o *acting out* e outras manifestações comportamentais e psicossomáticas podem ter a função de elemento da linguagem pré-verbal. Elas são utilizadas como vias de expressão de afetos primitivos e das primeiras representações mentais.

Esses fenômenos, evidentes nas análises de adolescentes e crianças, estão presentes em quaisquer análises, e também nas manifestações da vida cotidiana. A relação transferencial possibilita a emergência desses aspectos precocíssimos da vida mental, reprimidos nas profundezas do inconsciente e revividos na transferência, ou vividos no aqui e agora da relação transferencial/contratransferencial. Essa comunicação se dá de inconsciente para inconsciente, e corresponde ao nível sensório-motor do pensamento e da vida afetiva.

Por meio de reflexos percebidos pelo analista, a partir das emergências de suas reações contratransferenciais, ele tem a oportunidade, por identificação em si mesmo, de alcançar ou suspeitar do conteúdo fantasmático do paciente presente na relação.

Entendo que, para a captação desses aspectos da vida mental primitiva precocíssima, a percepção de reflexos das manifestações contratransferenciais são de grande valia como instrumento auxiliar do analista. Instrumento que abre espaço para uma aproximação afetiva, pré-consciente ou consciente, de processos que estão ocorrendo no paciente, e que ainda não possuem elementos simbólicos para sua expressão.

As manifestações são geralmente corporais, motoras, comportamentais ou somáticas, muitas vezes sutis, e expressam concretamente os precursores das representações inscritas no arquivo mental do paciente. São rudimentos da formação dos símbolos, que se expressam por esses meios assinalados.

Sugiro que alguns aspectos relativos à evolução da linguagem corporal primitiva participam na estruturação da linguagem simbólica. É o passado no presente. O campo inter-relacional criado durante a relação analítica torna-se o palco dessas vivências.

Essa linguagem pré-verbal é composta por um conjunto de elementos comunicativos, muitos deles herdados onto e filogeneticamente como padrões de atitude psíquica. Por exemplo, a relação existente entre a tranquilização do bebê e a audição dos batimentos cardíacos maternos. Assemelha-se, na relação analítica, à modulação de voz do analista ante certo estado emocional do analisando, reproduzindo inconscientemente algo vivido ou desejado de ser vivido na relação dual mãe/bebê.

A evolução da comunicação e, consequentemente, da linguagem se dá a partir dos estímulos oriundos das interações e integrações sociais, biológicas e psicológicas.

Para que essa exposição torne-se mais clara, explicito o conceito de contratransferência que estou utilizando. Parto do conceito clássico que considera a contratransferência como "um conjunto de reações inconscientes do analista à pessoa do analisando, mais particularmente à transferência deste", como caracterizam Laplanche e Pontalis (1973) e Bicudo (1968). Para os que seguem essa corrente de pensamento, assim como a transferência, fenômeno inconsciente, a contratransferência é inalcançável à percepção do analista.

Porém, com a evolução da psicanálise, à medida que o trabalho psicanalítico tende a ser compreendido dentro do campo relacional, as reações do analista passam a intervir e a serem consideradas no processo terapêutico. Dessa forma, a neutralidade e a abstinência do analista são questionadas.

Entendo que as reações contratransferenciais sejam inconscientes, mas o analista não está impossibilitado de perceber seus reflexos e repercussões. Com sua capacidade de *rêverie*, seus conhecimentos vivenciais e teóricos, o analista pode intuir e formular hipóteses. Estas servem de guia para um processo de elaboração pré-consciente ou consciente.

Com os trabalhos de Racker (1953) e de Paula Heimann (1950), teve início uma nova compreensão do significado das reações do analista ante o material transferencial, não mais como um perigo para a análise, mas como um "instrumento sensível", expressão utilizada por Etchegoyen (1989), a qual pode ser muito útil para o processo psicanalítico.

Os estudos de Racker foram aprofundados por Grinberg em 1958, que diferenciou as reações contratransferenciais concordantes e complementares descritas pelo primeiro autor, introduzindo o conceito de contraidentificação projetiva.

Aceito a proposição de Racker quando diz que o analista reage identificando-se com os objetos do paciente. A meu ver, esse conceito aproxima-se do proposto por Money-Kyrle (1956) ao descrever a "contratransferência normal".

Segundo Racker, na contratransferência o analista "assume um papel parental, complementar ao do paciente, a partir de uma vivência na qual se sente o pai ou a mãe do paciente", uma vez que esses são os objetos comuns na revivescência dos conflitos infantis, citado por

Etchegoyen (1989). Nesse caso, o analista desenvolve uma capacidade de dupla visão. Uma que o permite perceber tanto a criança do analista como a do seu paciente, e outra que o permite perceber as figuras parentais que o paciente projeta sobre o analista e que o remetem às suas próprias figuras parentais, fantasias, ansiedades e conflitos.

A contraidentificação projetiva de Grinberg

> *produz-se especificamente como resultado de uma excessiva identificação projetiva do analisando, que não é percebida conscientemente pelo analista e que, como consequência, se vê levado passivamente a desempenhar o papel que, de forma ativa – ainda que inconsciente – o analisando forçou dentro de si (do analista).*

Para esse autor, a contraidentificação projetiva distingue-se da contratransferência, pois "a reação do analista é em grande parte independente de seus próprios conflitos e corresponde de forma predominante ou exclusiva a intensidade e qualidade de identificação projetiva do analisando" (Grinberg, 1963).

Em minha experiência, percebo a existência de diferenças conceituais entre as proposições de Racker e de Grinberg. Entretanto, sinto ser difícil aceitar que algo do paciente foi colocado em mim, como se eu fosse apenas a expressão de um aspecto que pertence a ele. Isto é, que o analista seja um espelho, no sentido de uma superfície refletora fria, inorgânica. Mesmo num espelho, a qualidade dos materiais que o compõem e as características da superfície interferem na formação da imagem refletida.

Minha tendência é pensar que algo do meu inconsciente pode ser mobilizado pela estimulação do paciente. No caso Alberto (Capítulo 9), deixo evidentes minhas dificuldades em discriminar o que é meu e o que pertence ao paciente. É um estado mental *sui generis*. Para quem o experimenta, é inesquecível.

Penso que a essência da comunicação pré-verbal está nesse fenômeno, que transmite a ideia de fusão, de não diferenciação entre o paciente e o analista, ou entre o *self* e o objeto. A base desse processo parece estar calcada no mecanismo de identificação projetiva. Essa vivência de indiscriminação corresponde a um estado de mente tão primitivo que antecede a linguagem simbólica. Ela expressa um momento da relação *self*/objeto, dentro da visão kohutiana (Kohut, 1981), em que um e outro encontram-se indiferenciados.

A vivência motora e dramática dessa situação pode ser, por um momento, a única via de expressão de uma vivência tão primitiva, profunda e primordial.

Essa manifestação transferencial/contratransferencial é inconsciente. O analista pode, num dado momento, ter a percepção desse estado fusional. Essa percepção pré ou consciente ocorre num momento posterior à ação. O analista pode vir a alcançar, voluntária ou involuntariamente, por meio de sucessivas identificações projetivas recíprocas, associações, análise e autoanálise, supervisão e outras leituras, os significados latentes dessas manifestações.

Na contratransferência, o analista, com sua experiência e conhecimentos, por ressonância, similitude ou confrontação, tem maiores possibilidades de atingir, a partir da percepção de reflexos de sua reação inconsciente, níveis mais profundos de percepção de suas vivências e fantasias.

Essas condições permitem-lhe formular hipóteses sobre o inconsciente primitivo de seu paciente. São vivências de estados fusionais, catastróficos, de intenso desamparo, de separação, de nascimento, de um sentimento de amálgama de aspectos contraditórios do self, que expressam os primórdios da formação e organização do self primitivo. É aí que se insere o alcance do significado de inscrição mental pré-verbal e a contratransferência.

Não vejo como considerar a reação do analista independente de seus próprios conflitos e/ou das características do seu arquivo psíquico primitivo. Entendo que o analista pode percebê-los e discriminá-los, mas não impedi-los de se manifestar. Mesmo assim, isso não garante imparcialidade plena em virtude do ilimitável do inconsciente ante as limitações da consciência.

Creio, por exemplo, que o estado de humor do analista, se depressivo ou alegre, pode interferir em sua capacidade perceptiva e de elaboração. Ao imaginarmos a mente do analista como um espaço no qual o paciente efetua suas projeções, estas poderão sofrer influências da qualidade do conteúdo existente nesse espaço. Um feixe de luz que atravessa um espaço que contenha um gás sofrerá a interferência desse gás sobre ele. A mente do analista não é um vácuo ou gás inerte.

Por outro lado, a qualidade da reação do analista tem a ver com a intensidade da identificação projetiva do paciente, e também com algo profundamente reprimido em seu ser, que pode vir à tona mobilizado pelos conflitos do paciente, ou jamais vivido pelo analista até ambos se descobrirem.

Ilustro essas ideias com dois casos clínicos (um adolescente e um adulto), e retomo alguns aspectos do "caso das bolachinhas" apresentado no capítulo anterior.

Caso clínico 1

A.P., jovem de 12 anos e 6 meses. Em análise há dois anos, quatro sessões semanais. Primogênito de uma prole de dois, sendo sua irmã seis anos mais nova. Antes da gestação de A.P. e depois dele ocorreram dois abortos espontâneos, todos aos três meses.

O paciente foi trazido à análise por apresentar comportamento agitado, impulsivo e elevado nível de ansiedade. Apresenta períodos de gagueira, tiques faciais, respiratórios e de tronco, múltiplos e migratórios, entremeados de avalanches de tosse psicogênica. Causas orgânicas foram excluídas. É uma criança triste, infeliz e sem amigos. Pouco tolerante às frustrações, com reações explosivas e violentas. O rendimento escolar é satisfatório.

A.P. estava sentado, lendo, na sala de espera. Havia chegado mais cedo e cruzara com a paciente que o antecedeu. Convidei-o a entrar e ele não me acompanhou. Respondeu-me: "já vou". Aguardei por algum tempo e disse-lhe que estaria à sua espera em nossa sala de trabalho.

Prosseguiu sua leitura aparentemente indiferente a mim. Passados cinco minutos, entrou batendo a porta, agitando seu guarda-chuva como um guerreiro bramindo com sua espada para o inimigo imaginário. Tal era a intensidade que me deixou surpreso e um tanto paralisado. Fiquei num canto da sala. Sua ansiedade era contaminante. Decorrido certo tempo, que me pareceu enorme, senti-me aliviado e fiz a seguinte observação: "parece-me que você está lutando contra alguém".

A.P. urrou violentamente como se eu o tivesse esfaqueado. Passou pelo meu corpo um arrepio de pavor. Parecia o grito primal. Abandonou seu guarda-chuva e abruptamente dirigiu-se a um armário onde guardo coisas de uso comum. Pegou uma coisa, e outra, mas voltou para a anterior. Tudo era muito rápido e intenso. A dramatização contagiante vibrava em meu corpo. Em seguida, dava-me ordens para pegar isso e aquilo. Disse-lhe algo sobre o desespero da batalha que ele podia estar vivendo. Nova crise de agitação, urros, xingamentos, contorções corporais.

Na sequência dessa sessão, a tempestade de A.P. foi se amainando, ainda com a produção de algumas contorções, tiques esporádicos, até se acalmar e poder se reorganizar. Como se nada tivesse ocorrido, convidou-me a jogar pega-varetas. O clima da sessão tornou-se suave e amistoso. Fazia lembrar a suavidade do ar após uma tempestade.

Vivi em meu corpo algo do seu ódio e pavor. Eu não sabia o que lhe dizer. Posteriormente pensei em vivências terríveis de desagregação, de nascimento, de fim do mundo. Correlacionei, em minha intimidade, com pavores que ele poderia estar revivendo ante uma memória sem-nome, diante dos sucessivos abortos, anteriores e posteriores ao seu nascimento. Em dado momento, percebi que eu estava num estado de intensa apreensão psíquica e motora. Tive medo, mas não sabia do quê. Quando a sessão terminou, meu corpo estava doído; porém, senti-me aliviado.

Esse material clínico levou-me a pensar na fragilidade e sensibilidade desse jovem que estava vivendo intenso sofrimento. Os urros, a violência das emoções de A.P., o modo como espontaneamente reagi, meu corpo e psiquismo tendo sido impregnados pelas ações e emoções de meu paciente. Isso me levou, posteriormente, a pensar no primitivismo daquela situação relacional. Minhas reações emocionais e corporais foram involuntárias a qualquer desejo de autocontrole.

O elemento mobilizador, disparador, pode ter sido algo atual do seu inconsciente, como ter cruzado com a outra paciente na sala de espera, despertando ciúmes ou qualquer outro afeto, que por sistemas associativos inconscientes e regressivos alcançaram estados primitivos da mente.

Pensei também que, como A.P. estava lendo na sala de espera, pode ter se sentido contrariado, arrancado de uma situação prazerosa, diante do meu convite para iniciarmos a sessão. Minha reflexão posterior, embasada na intensidade das minhas emoções, conduziram-me a pensar em algo muito primitivo, alguma situação uterina, que estaria impressa em minha memória. Alguma experiência de terror, de ameaça de morte, cuja origem eu mesmo não era capaz de identificar, mas que me levava a pensar no primitivo ou até mesmo ancestral, inscrita em algum lugar do meu inconsciente primitivo.

As associações que fiz de suas contorções relacionavam-se ao trajeto pelo canal do parto, cólicas violentas, um sentimento de estar sendo invadido por sensações ruins. Creio ter vivido algo que se assemelha ao pânico do desabrigado, a ameaça de morte, de fim do mundo, de caos. Algo que suspeito ter vivido em algum momento de minha vida, mas que não sabia nomear.

Entretanto, houve uma reação empática, sintônica, um estado de ressonância em relação à vivência do paciente a partir da percepção de meu estado de paralisia, de algo inscrito no inconsciente de minha mente, que me levou a reagir contratransferencialmente daquela forma, levantando a suspeita da emergência de afetos primitivos.

Caso clínico 2

A.M., 45 anos. Antepenúltima filha de uma longa prole. Procurou-me para análise por apresentar um quadro de angústia intensa, componentes fóbicos e persecutórios. Disse não suportar separações. Há uma história de esterilidade e suspeita de aborto espontâneo na única vez que julgou ter engravidado. Conflitos conjugais vinham agravando o relacionamento do casal.

Relatou episódios de tipo delirante caracterizados por planos contra ela e que visavam assassinar seu marido. Tais ideias eram intermitentes e se exacerbavam por ocasião de maior tensão, principalmente em situações de separação. Havia certa crítica desses estados como pertencentes ao seu mundo imaginário. Um componente simbiótico importante estava presente em seus relacionamentos afetivos.

Possuía longa experiência analítica com diferentes profissionais. Era assídua às sessões, e não raro me procurava por telefone nos finais de semana, feriados prolongados e férias, geralmente em estado de pânico por alguma ideia ruim que dela se apossava. Tranquilizava-se rapidamente ao ouvir minha voz. Reagia com intenso ódio ante a impossibilidade de controlar minha pessoa. Indagava-me constantemente sobre o que fiz, onde fui, o que li, como era minha vida.

Num dos períodos de maior angústia dentro do trabalho analítico, teve a percepção de que o eventual aborto tivesse sido um assassinato inconsciente. Nesse momento de insight, chorou copiosamente. Transmitia-me um sentimento de intenso desespero e solidão. Um tremor percorreu seu corpo. Disse estar sentindo muito frio. Com voz de súplica, pediu-me que lhe desse a mão. Virou-se no divã, chorando, em posição semifetal, e estendeu-me sua mão. Uma força intensa, posso dizer compulsiva, levou-me a estender-lhe a mão, que ela amparou com as suas. Fiquei confuso. Um sentimento humano levara-me a isso. Percebi-me temeroso do meu ato. Longo silêncio e disse-lhe apenas que a dor era profunda. Passados alguns momentos do impacto emocional vivido, pude lhe dizer da existência de um elo vivo entre nós dois e do medo do desgarramento.

Pouco se falou. A relação era de profunda emoção transferencial/contratransferencial.

A ação do dar-se as mãos enquadra-se num momento de comunicação pré-verbal. Por meio desse *acting* recíproco, viveu-se inconsciente e concretamente algo de muito primitivo de cada uma das partes da dupla analítica.

Passado o impacto emocional, pôde-se pensar na revivescência de uma relação precoce, das primeiras experiências vinculares, na ameaça de perda de um estado de nidificação, da necessidade vital do estabelecimento de um estado de apego reassegurador. Possível repetição de vivências aterradoras e ternas, de algo profundamente inscrito em nossos arquivos mentais.

Essa revivescência de um estado emocional primitivo parece funcionar como base para o desenvolvimento de um espaço mental. A partir do inscrito na memória primitiva, poder-se-á caminhar dessa representação mental pré-simbólica para outras figuras representativas do próprio self e das imagos parentais.

Esses momentos inconscientes da dupla analítica são caracterizados por identificações projetivas e contraidentificações projetivas precocíssimas, que despertam no analista, por meio da contratransferência, um reencontro com vivências do bebê e do adulto que é.

A ressonância dessa relação entre inconscientes deve ter possibilitado à paciente a experiência ou repetição de uma vivência de um profundo sentimento de aconchego e maternidade (ou maternagem) do analista-mãe. Nessa experiência podem se concentrar as bases para o desenvolvimento de um sentimento de integração da dupla como representantes da integração do self, no âmbito interpretativo.

A "interpretação simbólica" difere da "interpretação pré-verbal". A interpretação pré-verbal é um passo evolutivo da comunicação para alcançar a elaboração simbólica na relação transferencial. A percepção e a elaboração desse momento pelo analista servem de substrato para uma eventual interpretação verbal.

Num primeiro momento, a interpretação é condutual, por contra-atuação (contraidentificação projetiva), até que o analista possa vir a ter condições afetivo-racionais para a efetivação da interpretação verbal, quando esta for necessária para aprofundamento do insight.

No "caso das bolachinhas", a agressividade manifestada por A., por meio de sua avidez, expressão de sua existência, pode ser sentida como um aspecto negativo ou positivo, gratificante ou ameaçador, dependendo das características das primeiras manifestações afetivas inconscientes (protofantasias) e fantasias, dos aspectos constitucionais de sua personalidade e das características da relação que o paciente estabelece com o meio.

Essas manifestações do desejo, expressas por meio do comportamento e da atividade motora, compreendem diferentes níveis de estruturações significantes. Ao receber as bolachinhas, A. expressava o desejo de realização imediata de um prazer concreto. Dessa forma, também manifestava necessidades primitivas relativas aos sentimentos básicos de ser e existir, de se sentir desejado, "de ser um ser existente e reconhecido como um ser desejante", na expressão de Dolto (1988), por meio de identificações projetivas recíprocas utilizadas como meio de comunicação.

O paciente A.P., cuja psicopatologia difere do caso anterior, expressa por meio dos movimentos descoordenados, de tipo coreiforme ou tiques, suas ansiedades e fantasias inconscientes subjacentes a essa aparente "dança do fogo". Pelo material clínico, levantei a hipótese de que A.P. utilizava, predominantemente, a musculatura estriada para exprimir sua vida afetiva e ideativa. Possíveis forças repressoras estariam agindo defensivamente contra pulsões que buscavam evadir-se de seu corpo e controle.

A movimentação conturbada de A.P. despertou em mim intensa ansiedade. Relembravam algum ritual primitivo de morte. Os urros lancinantes evocavam vivências que interpretei como terroríficas. Percebi-me contaminado por tal estado, até então nunca pensado por mim, mas certamente vivido em meu inconsciente, em minhas memórias remotas, até que pude propor algum significado ideativo e emocional.

Muitas vezes, só me foi possível vivenciar juntamente com A.P. aqueles momentos de aparente terror e perplexidade. Era um estado paralisante, à semelhança do pavor expresso por um animal acuado. Imaginei as vivências de um enterrado vivo que se debate para sair do caixão. Associei ao sofrimento do asfixiado, do ameaçado de morte, por ocasião do nascimento ou de um aborto, aos movimentos do feto querendo sair do corpo materno.

A.P. realizava movimentos inspiratórios profundos, a face chupada, o pescoço contraído pela inspiração forçada, inalando até as últimas partículas de oxigênio. Esse complexo emocional era projetado dentro do analista-mãe. Por sua vez, o material afetivo projetado despertava e confundia-se com as inscrições mentais armazenadas na mente primitiva do analista, decorrentes de possíveis angústias maternas e do bebê do próprio analista. A vivência era de catástrofe iminente.

Essas manifestações corporais podiam expressar outras fantasias, como o ódio de A.P. à realidade frustrante e à perda do controle onipotente. Em linguagem coloquial, chamei de vibração, ressonância, um estado afetivo para o qual não encontrei palavras suficientes para representá-lo em sua amplitude e profundidade, atualidade e primitivismo.

O paciente dava vazão ao ódio, às frustrações, à tirania dos seus desejos, aos conflitos de vida e morte, à busca de uma adaptação entre o tempo do desejo e aquele da realização real ou virtual. As primeiras relações com as partes do self (objetos parciais) primitivo só podiam ser representadas pelo próprio corpo, por meio de seus movimentos e da ação de seus órgãos. O investimento do corpo e do objeto real externo viria a dar o significado simbólico aos objetos introjetados, e ao próprio self.

Entendo que o uso da contratransferência seja de grande contribuição para o analista na captação desses afetos, cujas primeiras representações não encontram vias mais elaboradas de expressão simbólica. Ela se faz com o corpo. É algo que está nas entrelinhas, na musicalidade da voz, nas pausas, na mímica, no brilho do olhar etc. São situações emocionais, ligadas às primeiras identificações e ao armazenamento das primeiras experiências que surgem a partir do vínculo mãe/bebê.

São vivências que, por sua primitividade, não foram codificadas simbolicamente por questões do desenvolvimento estrutural neurológico e psíquico, ou foram intensamente reprimidas e se expressam por representações pré-simbólicas, denominadas por Segal (1981) "equações simbólicas".

Pinol-Douriez (1984) refere-se às primeiras inscrições mentais, fruto de vivências primitivas ou representações parcialmente simbolizadas como protorrepresentações, seguindo Freud. Elas servem de base para o desenvolvimento e a expressão de afetos mais complexos. Ocorrem dentro do que Freud (1900/1973) chamou de processo primário. Essas situações requerem do analista a capacidade de ser continente de angústias intensas. O analista pode funcionar, nesses momentos, também em processo primário ou próximo dele, até que possa, ao retornar à posição depressiva, elaborar suas angústias e vivências, segundo Klein (1932/1969, 1978), e fazer prevalecer o processo secundário, como propõe Bion (1962b).

Em circunstâncias de intensa carga emocional, parte ou mesmo o todo da mente do analista pode regredir temporariamente, e ele nada poderá fazer além de se comunicar por meio dos mesmos elementos que o seu paciente.

A teoria da grade de Bion permite compreender as variações de estados mentais dentro dos quais flutuam analista e analisando. A maturidade analítica deverá contribuir para a evolução da relação.

No trabalho com adolescentes, o analista é submetido a situações intensamente regressivas, graças à presença maciça de mecanismos psíquicos primitivos decorrentes das indiscriminações próprias dessa fase do desenvolvimento.

Podem faltar palavras ao analista, cuja comunicação em nível primitivo pode ser a de compartilhar, com sua presença tranquila (função continente) e empática, as vivências e sentimentos do paciente, que adquirem o valor de uma interpretação. Essa disponibilidade afetiva abre caminhos para o desenvolvimento de um sentimento de continuidade e de confiança em relação à permanência do objeto.

As evidências permitem pensar que as experiências sensório-motoras e afetivas, em seus primórdios, deixam inscritas na memória vivências que se repetem na relação transferencial, conforme procurei expor nos trechos de sessão apresentados. Comparo esses momentos da relação transferencial/contratransferencial, em que o afeto expressa-se concretamente com o músico que, com seu corpo, contrai-se, movimenta-se, vivendo a profundidade dos sentimentos por meio de sua interpretação musical, fruto de uma integração recíproca com seu instrumento.

Entendo que mãe e filho encontram ressonância ou dissonância no ato de mamar ou na experiência de sofrimento de um e de outro, na dependência da qualidade e da natureza dessa integração recíproca. As sucessivas repetições de situações semelhantes deixarão inscritas na memória afetiva tais representações, que vão se interligando e formando uma rede de relações mais complexas.

O processo de representações psíquicas evolui para a formação de figuras simbólicas que interagem, tendo como propulsora a vida pulsional. Freud, com sua genialidade, produziu em 1895 o trabalho "Projeto de uma psicologia científica", no qual evidenciou elementos dessa rede associativa assemelhados aos conhecimentos oriundos da cibernética.

Lembro que nos primeiros momentos da relação humana existe, por parte do bebê, a apreensão da presença materna, que será a base da organização do vínculo e que dará significado às manifestações afetivas do bebê. Os movimentos maternos dirigem-se ao encontro da satisfação dos desejos do bebê, criando assim a ilusão da onipotência, isto é, de um sentimento de existência.

Penso que, no caso de A., o ato de dar as bolachinhas pode ter tido o significado de realização de seu desejo onipotente, o qual veio gratificar suas necessidades narcísicas e afastar ou amenizar as fantasias ameaçadoras.

Segundo Lebovici et al. (1963),

> *a ação e a realização tornam-se uma linguagem graças às antecipações da mãe, e as quais envolvem a sua vida imaginária. Quando um bebê solta o objeto, Winnicott*

> *diz que ele desmamou. Isso implica de fato uma primeira representação de sua mãe e de identificação à figura materna, tanto para a mãe como para o bebê. A prova está no fato de que a separação ou o afrouxamento do objeto permitirão chamar a mãe, e em seguida estabelecer os jogos funcionais e simbólicos, tais como Freud os descreveu no exemplo do carretel.*

Nesse processo, que se estabelece a partir das primeiras avaliações maternas, o progresso cognitivo evolui e contribui progressivamente para o desenvolvimento das representações e da vida de investimento afetivo. Esse conjunto de elementos caminha parte dentro de uma sequência geneticamente programada, e parte como fruto da interação e integração entre condições biológicas, psicológicas e sociais que agem sobre o desenvolvimento.

Segal (1981, caps. IV e VII) e Rycroft (1956) já haviam emitido a ideia de "desenvolvimento simbólico" quando disseram existir um desenvolvimento contínuo dos símbolos primitivos até os símbolos utilizados na autoexpressão, comunicação, descoberta e criação.

Ferenczi (citado por Klein, 1932/1969) referiu-se à identificação como precursora da atividade simbólica, numa tentativa da criança de reencontrar em todos os objetos seus próprios órgãos e respectivas funções.

Entende-se por símbolo "aquilo que, por um princípio analógico, representa ou substitui outra coisa, ou o sinal que substitui o nome de uma coisa ou ação" (Ferreira, 1986). Para Segal (1981, cap. IV), "símbolo é o que ocupa o lugar do objeto, sem nenhuma mudança de afeto ou como uma sublimação do desejo".

Ferreira (1986) define representação como "o conteúdo concreto apreendido pelos sentidos, pela imaginação, pela memória ou pelo pensamento".

Pinol-Douriez (1984) afirma que há representação cada vez que um organismo é capaz de modificar-se no contato com o meio.

A pulsão e o desejo presidem a emergência da atividade representativa, sustentando-a durante o seu desenvolvimento. A atividade representativa organiza os materiais à disposição, quer sejam somáticos, psíquicos, comportamentais e de relação, segundo uma economia interna e interacional. Nessas manifestações primitivas das relações objetais, as primeiras representações, identificações, pré-concepções e concepções, manifestações de desejos, caminham juntas, indiferenciadas ou em vias de diferenciação, e se mascaram com facilidade.

Freud, ao abordar o processo primário, parece entender que a manifestação do desejo contém uma protorrepresentação que, posteriormente, organiza-se em representação. De modo semelhante, Bion fala em pré-concepção, realização e concepção.

Dentro desse aspecto de indiferenciação das primeiras protorrepresentações e representações é que entendo a afirmativa de Klein (1932/1969), que diz: "a primeira realidade da criança é totalmente fantástica; a criança está rodeada de objetos que lhe causam ansiedades... os excrementos, os órgãos, os objetos, as coisas animadas e inanimadas são equivalentes entre si".

Essas manifestações na relação transferencial/contratransferencial, vividas no corpo e na atividade motora, refletem momentos egoicos muito primitivos, para os quais o ego ainda não possui recursos estruturais, funcionais e vivenciais suficientes e eficientes para efetivar as atividades discriminatórias e de elaboração.

A atualização dessas vivências primitivas, associadas à biografia do indivíduo e às fantasias que compõem seu mundo mental, poderá caminhar de um nível pré-conceptual para a realização e elaboração de um conceito, quando então uma interpretação verbal poderá ser formulada.

Segal (1981, cap. VII) mostra que perturbações na relação do ego com o objeto refletem-se em perturbações na formação de símbolos. Interferem na diferenciação entre símbolo e objeto simbolizado, levando a alterações do pensamento, como o pensamento concreto dos psicóticos. Os afetos primitivos são indiferenciados. Daí sua dificuldade de percepção na relação analítica. É nessa circunstância que analista e analisando podem viver momentos de indiferenciação, em que um e outro são simultaneamente sujeito e objeto de partes de si e de partes do outro, vividos por meio de uma comunicação concreta.

Segal esclarece-nos que essas primeiras representações, que compreendem as "equações simbólicas", são sentidas pelo ego não como símbolos ou substitutos, mas como o próprio objeto original. Nessas regressões ou fixações, há um transtorno perceptivo e de avaliação da realidade interna e objetiva, fruto de uma identificação projetiva muito intensa e vivida com concretude (Bion, 1955). Cabe ao analista oferecer condições para que o paciente possa, a partir dessa concretude, discriminar e decodificar a experiência emocional.

Segal (1981) afirma que "a diferenciação entre o eu (self) e o objeto fica obscurecida". Plagiando-a, eu diria que a diferenciação entre o paciente e o analista fica temporariamente obscurecida. A contratransferência é o elemento que permitirá ao analista, ao retornar à posição depressiva, evoluir para o simbólico. São situações de extrema angústia para a dupla, devido à proximidade concreta existente entre ambos.

A discriminação entre o eu e o não eu, entre o mundo real e o imaginário, abre espaço para o elemento lúdico, para a formação do espaço transicional (Winnicott, 1971/1975). É nesse espaço que se desenvolve o mundo simbólico. É nesse espaço que terá lugar a vida criativa, onde se pode brincar com as ideias, em vez de brincar com a vida. É o espaço em que há algo que substitui o objeto real, e que permite alguma satisfação do desejo.

Segal (1981, cap. IV) descreveu as características da equação simbólica. Nela, o substituto é reconhecido como o objeto original; o substituto perde as características próprias; a equação simbólica é usada para negar a ausência do objeto ideal.

O conceito de Winnicott (1971/1975) de objeto transicional é algo distinto do conceito anteriormente formulado, uma vez que, para a criação da atividade simbólica e dos símbolos, é necessária a passagem pelo objeto transicional. Suas características são: o sujeito tem a posse onipotente do objeto, o objeto deve ser capaz de suportar as manifestações de amor e de ódio, ele só pode ser modificado pelo bebê, ele é real e externo, tem textura e vitalidade e pode ser desinvestido para dar lugar a um representante psíquico no mundo mental.

Se entendermos comunicação como qualquer mudança perceptível do comportamento, seja ela intencional ou não, dirigida ou não (Spitz, 1965), a relação que se estabelece entre analista e analisando é um meio de comunicação pré-verbal, o qual antecede a organização do pensamento simbólico e, portanto, da palavra.

Concluindo, o *acting out*, como outras manifestações corporais, pode estar ligado à vida mental primitiva como meio de comunicação. Sua dramatização concreta e inconsciente não necessita ser obrigatoriamente fruto de repressão. Pode ser uma forma primitiva e original do processo evolutivo da comunicação.

Para caracterizar essa ideia, cito um pensamento de Rousseau (1987) que sintetiza a presença da comunicação pré-verbal na vida cotidiana: "A felicidade não possui marca exterior; para conhecê-la, seria preciso ler no coração do homem feliz; mas a alegria lê-se nos olhos, no porte, no acento, no andar, e parece comunicar-se com aquele que a percebe". Acrescento: o analista. Creio ser essa a situação que a mãe vive com seu bebê, e que o analista revive em suas partes primitivas juntamente com as de seu analisando.

Referências

Bicudo, V. L. (1968). Comunicação não verbal como expressão de onipotência e onisciência. *Revista Brasileira de Psicanálise*, *1*, 476.

Bion, W. R. (1965). *Aprendiendo de la experiencia*. Paidós.

Bion, W. R. (1980). A linguagem e o esquizofrênico. In M. Klein et al., *Novas tendências na psicanálise*. Zahar.

Dolto, F. (1988). *Inconscient et destins*. Éditions du Seuil.

Etchegoyen, R. H. (1989). *Fundamentos da técnica psicanalítica*. Artes Médicas.

Ferreira, A. B. H. (1986). *Novo dicionário Aurélio*. Nova Fronteira.

Freud, S. (1973). La interpretación de los sueños. In S. Freud, *Obras completas* (cap. 17). Biblioteca Nueva. (Trabalho original publicado em 1900).

Grinberg, L. (1963). Psicopatologia de la identificación y contraidentificación proyectivas y de la contratransferencia. *Revista de Psicoanálisis*, *20*, 113.

Heimann, P. (1950). On counter-transference. *International Journal of Psychoanalysis*, *31*, 81.

Klein, M. (1969). *Psicanálise da criança*. Mestre Jou. (Trabalho original publicado em 1932).

Klein, M. (1978). Notas sobre alguns mecanismos esquizóides. In M. Klein et al., *Os progressos da psicanálise*. Zahar.

Kohut, H. (1981). *Análise do self*. Imago.

Laplanche, J., & Pontalis, J. B. (1973). *Vocabulaire de la psychanalyse*. Presses Universitaires de France.

Lebovici, S. (1963). Mutisme et silences de l'enfant. *Psychiatrie Enfant*, *6*, 43.

Levisky, D. L. (1987). *Acting out* na análise de crianças: um meio de comunicação. *Revista Brasileira de Psicanálise*, *21*, 509.

Pinol-Douriez, M. (1984). *Bébé agi, bébé actif: l'émergence du symbole dans l'économie internactionalle.* Presses Universitaires de France.

Racker, H. (1953). A contribution to the problem of counter-transference. *International Journal of Psychoanalysis, 34,* 313.

Racker, H. (1986). *Estudos sobre técnica psicanalítica.* Artes Médicas.

Rousseau, J. J. (1987). Nona caminhada. In *Os devaneios do caminhante solitário.* Hucitec Editora.

Rycroft, C. (1956). Symbolism and its relationship to the primary and secondary processes. *International Journal of Psychoanalysis, 37,* 137.

Segal, H. (1981). Notas a respeito da formação de símbolos. In *A obra de Hanna Segal.* Imago.

Segal, H. (1983). A função dos sonhos. In *A obra de Hanna Segal* (cap. 7). Imago.

Spitz, R. A. (1983). *O primeiro ano de vida.* Martins Fontes.

Winnicott, D. W. (1975). *O brincar e a realidade.* Imago. (Trabalho original publicado em 1971).

11. Contratransferência na análise de adolescentes: uma modalidade de comunicação e percepção

Neste capítulo, dou continuidade às investigações sobre as reações contratransferenciais como uma modalidade de comunicação e percepção dentro do processo psicanalítico.

A contratransferência, como conceito clássico, era considerada um obstáculo para o desenvolvimento do trabalho psicanalítico, uma vez que era entendida como a resposta inconsciente do analista aos estímulos emocionais oriundos do paciente, particularmente aos provenientes da transferência, obstruindo ou deturpando a percepção da mente do analisando.

Com a evolução da psicanálise, novos conceitos e técnicas de trabalho foram introduzidos, transformando a presença da contratransferência na relação analítica em um instrumento útil e sensível para a apreensão das fantasias inconscientes do paciente, a partir da identificação de aspectos do passado emocional do analista.

Etchegoyen (1987) sintetiza os pensamentos de Racker sobre as duas classes de contratransferência identificadas por esse autor: as concordantes e as complementares.

> *Na contratransferência concordante, o analista identifica seu ego com o ego do analisado, e o mesmo em relação às outras partes da personalidade, id e superego. Em outros casos, o ego do analista identifica-se com os objetos internos do analisado, e a esse tipo de fenômeno Racker chama de contratransferência complementar.*

A ideia que venho expondo diz respeito às reações contratransferenciais, concordantes e complementares, que desempenham uma função colaboradora na elaboração dos processos psíquicos, oriundos do intercâmbio existente na relação transferencial/contratransferencial.

No decorrer deste trabalho, por meio da apresentação de um caso clínico, procuro transmitir a percepção de emergentes ou reflexos de minhas reações contratransferenciais. Abordo como elas me auxiliaram na compreensão de meu paciente e os benefícios mútuos que pudemos usufruir dessa relação franca e direta.

Winnicott dedicou, em sua obra, especial atenção ao estudo da relação analítica. Teve a coragem, a simplicidade e a sinceridade de revelar os sentimentos do analista em seus aspectos contratransferenciais. Caracterizou a importância da percepção e utilização das manifestações contratransferenciais como elementos úteis para o desenvolvimento do paciente analítico. Enfatizou essa importância em relação aos pacientes psicóticos. Posso dizer que tal relevância faz-se presente em qualquer paciente, quando se podem alcançar os aspectos mais primitivos do seu funcionamento mental.

A relação transferencial/contratransferencial é complexa. Isso decorre, em parte, da possibilidade de aspectos estruturais e funcionais da psicopatologia inconsciente do analista interferirem em suas reações às manifestações transferenciais do paciente. A análise do analista é fundamental para que ele possa ter acesso aos seus conflitos não elaborados. Entretanto, penso que é utópico acreditar na possibilidade de uma relação efetivamente pura e neutra do analista, fenômeno que descaracteriza a natureza da relação humana.

Winnicott evidencia como, a partir de nossas reações contratransferenciais, podemos tirar proveito e auxiliar nosso paciente a viver afetos ou aspectos básicos de sua personalidade, como ódio, inveja, partes não integradas do self, a partir de nossas reações durante a sessão analítica. Isso não implica que o analista deva negligenciar sua capacidade de discriminar os aspectos pertencentes à sua vida mental daqueles próprios do paciente.

Winnicott (1947/1978a) salientou a importância do objeto externo na relação analítica, o qual pode dar ao paciente um sentido da realidade exterior e auxiliá-lo a discriminar melhor o que é seu, o que é do outro, o que é seu visto no outro, e o que é do outro colocado na sua pessoa.

Penso que falar sobre *contratransferência* é falar da própria experiência clínica. É poder compartilhar com outros analistas que entram em contato com aspectos íntimos de sua personalidade e que se manifestam em virtude da relação analítica. O analista não deve ter vergonha de si mesmo, de suas falhas, de modo que possa, por meio delas, evoluir em sua análise ou autoanálise. Poderá, assim, compreender melhor seu paciente.

Por outro lado, julgo ser necessário desvincular-se de um estado de submissão, muitas vezes imposto pelo superego institucional. Dessa forma poderá dar vazão à atividade criativa, necessária ao processo investigatório. Essa afirmativa vincula-se a outra necessidade: a de manter-se acesa a consciência crítica, doutrinária e ética da atividade profissional, para preservar o campo psicanalítico e o respeito ao paciente.

Discrimino a existência de aspectos úteis e negativos, normais e patológicos, das reações contratransferenciais, na dependência de serem fenômenos oriundos de núcleos reprimidos do analista, ou de serem aspectos de uma modalidade perceptiva e de comunicação, como tenho procurado demonstrar (veja os Capítulos 8, 9 e 10).

Winnicott, com seu trabalho "O ódio na contratransferência", apresentado em 1947 na Sociedade Britânica de Psicanálise (1947/1978a), tornou-se um dos precursores, junto com Heimann (1950), Racker ([1948] 1952), Money-Kyrle (1956) e Rosenfeld (1987), em considerar a contratransferência como elemento positivo para o desenvolvimento da relação analítica. Esses autores salientaram a importância dessas reações na captação de estados mentais primitivos.

À guisa de ilustração, cito alguns autores que têm contribuído em seu intento de discriminar as características das reações contratransferenciais.

Assim, Greenson (1974) distingue neurose contratransferencial de reação contratransferencial. Grinberg (1962) introduziu o conceito de contraidentificação projetiva, distinto de contratransferência.

O trabalho de Money-Kyrle (1956) parece-me ser bastante elucidativo ao diferenciar contratransferência normal da patológica. Assinala o autor que, na contratransferência normal,

> *quando a análise vai bem, há uma rápida oscilação entre introjeção e projeção. Quando o paciente fala, o analista torna-se introjetivamente identificado com ele; ao tê-lo entendido em seu interior, o reprojetará e o interpretará. Na fase projetiva do analista, o paciente torna-se o representante de um modelo imaturo ou a parte doente dele mesmo (do analista), incluindo seus objetos estragados, os quais ele (o analista) pode agora entender e tratar por meio da interpretação no mundo exterior. À medida que*

o paciente está recebendo interpretações efetivas, estas o ajudarão a responder com novas associações, que podem ser compreendidas.

Para o referido autor, essa relação é considerada normal, pois permite ao analista cada vez mais compreender seu paciente. Diz ele: "os sentimentos contratransferenciais do analista serão confirmados por meio de um sentimento de empatia para com o paciente, no qual o seu insight está baseado".

Winnicott (1947/1978a) frisou a importância de o analista ser bem analisado em seus aspectos mais primitivos, para que possa ter a capacidade de perceber o ódio do paciente projetado sobre ele, bem como o ódio que sente pelo paciente, fruto de suas reações contratransferenciais.

Considero, a partir do exposto, a contratransferência como um instrumento útil, mesmo "quando a análise não vai bem", parodiando Money-Kyrle. No meu modo de entender, quando o analista, apesar de suas dificuldades para a compreensão do paciente, tem sua mente disponível, atenta para as dificuldades de sua própria vida mental, abrem-se possibilidades para atingir novas compreensões a respeito de si mesmo. Por meio de sua análise, autoanálise, supervisão, troca de ideias com colegas e leituras, pode evoluir na elaboração de seus processos internos, mobilizados a partir das reações do paciente.

Winnicott (1947/1978a) salienta que, se um analista quer analisar psicóticos ou antissociais, ele deve conseguir ter uma consciência tão completa da contratransferência que seja capaz de isolar e estudar suas reações objetivas ao paciente. Estas incluirão o ódio. Os fenômenos da contratransferência, às vezes, serão a coisa mais importante na análise. Sugere que o paciente só pode apreciar no analista o que ele mesmo (analista) é capaz de sentir.

Vejo a contratransferência como um instrumento inestimável para a captação e a elaboração dos mecanismos primitivos do funcionamento mental, que se manifestam por meio de uma linguagem pré-verbal. Refiro-me àquelas manifestações que antecedem a linguagem verbal. Nesse período, as representações simbólicas ainda se encontram em estado de protorrepresentações ou primeiras representações, mais próximas, portanto, das manifestações corporais primitivas e seus equivalentes psíquicos.

Mecanismos primitivos como as identificações projetivas intensas, identificação adesiva, estados fusionais, amentais ou autísticos caracterizam alguns aspectos do funcionamento mental primitivo.

Aspectos inatos (onto e filogenéticos) dos padrões de atividade corporal têm por certo sua expressão mental e manifestam-se nessa relação complexa, que é a relação transferencial/contratransferencial.

O bom andamento dessa relação depende também de o analista ser espontâneo, criativo e com capacidade para se desvincular de dependências teóricas ou institucionais.

Winnicott (1986) sintetiza essas ideias quando afirma: "meu trabalho é ser definitivamente eu mesmo".

Dentro dessas condições, o analista pode, a partir da percepção de suas reações, ainda que inconscientes no momento de sua eclosão, evoluir no sentido de investigar e tentar desvendar os seus possíveis significados simbólicos. Isso depende de ele ser capaz de conter em si a sua angústia e ter consciência de sua ignorância.

Tais fatores são "condição básica" para a ampliação de sua capacidade receptiva, de observação e apreensão do seu espaço mental (o terceiro olho, o olho interno).

O interjogo de projeções e introjeções existentes entre o analista e seu paciente possibilitará ao primeiro uma construção emocional. Isso significa a elaboração de aspectos seus, a partir de projeções sobre o paciente, e reintrojeções decorrentes das reações do paciente.

Esse processo construtivo emocional contribui para que o analista, a partir da percepção de aspectos do paciente projetados e reconhecidos em si, tenha a compreensão do paciente e possa formular a interpretação. Isso inclui a percepção de seus mecanismos de defesa primitivos, dos seus aspectos narcísicos e da organização do seu self.

Para Winnicott (1947/1978a), "se quisermos ser capazes de analisar pacientes psicóticos, é necessário termos chegado às coisas muito primitivas dentro de nós mesmos".

Entretanto, o analista muitas vezes não entende seu paciente e entra em ansiedade. Nessas circunstâncias, podem ocorrer intensos mecanismos introjetivos e projetivos duradouros, que levam a um incremento ainda maior das ansiedades do analista.

Defensivamente, ele pode reagir por meio de *actings out* que adquirem a expressão de impulsos destrutivos, prejudicando a relação analítica. O analista perde a capacidade reparatória, diminui a percepção, a intuição e a sintonia entre aspectos seus e do seu paciente. Há uma perda do sentimento de empatia e de compreensão.

As reações contratransferenciais oriundas dessa situação deixam de ser construtivas, úteis como meio de comunicação, e prejudicam a capacidade de insight.

Winnicott (1947/1978a) chama a atenção para o fato de que "o analista deve ser capaz de utilizar seus fracassos de forma positiva" para o desenvolvimento do trabalho analítico. Sugere que, se possível, "o analista deve se responsabilizar por cada fracasso, mesmo que isso signifique um estudo de sua contratransferência".

Afinal de contas, todos nós temos nossos conflitos, que nunca são totalmente resolvidos, ou certos modos de reagir que não se enquadram com a empatia, tolerância e compreensão que deveríamos ter com nossos pacientes.

A partir de nossas falhas básicas, o paciente pode aprender a lidar com falhas básicas em sua vida de relação. O que não deixa de ser positivo para o próprio analista, ao dar continuidade à sua autoanálise e perceber-se sensível, isto é, "vulnerável a seus pacientes". Como diz Winnicott (1947/1978a), "Poder ser humano e atingível pelos sentimentos e ações dos seus clientes", podendo assim compreender o drama deles e aprender a respeito do modo de lidar com eles, como nos afirma Mello Filho (1989).

A contratransferência é um instrumento útil quando há na relação entre analista e analisando um sentimento de empatia, mesmo quando as manifestações projetivas e introjetivas, agressivas ou amorosas, são muito intensas.

Esse sentimento, empatia, manifesta-se por meio de um sincronismo entre a percepção do analista e do analisando. Comumente ocorre por comunicação pré-verbal.

São situações difíceis de serem descritas e transcendem a percepção auditiva e visual. É algo que se relaciona à capacidade de holding ou de *rêverie*. São posturas, atitudes, movimentos gestuais, mímicas, tom de voz, ritmo de fala, clima emocional da sessão, nível de tensão do ambiente, percepção de alguma vibração corporal, ou outras manifestações psicossomáticas captadas pelo analista, no paciente ou nele mesmo.

Nesse sincronismo, a reação do analista pode ser a via de percepção de aspectos de sua identidade, do seu ego, ou de partes do seu self primitivo que ele capta e identifica por similaridade, confrontação, contiguidade ou imitação às manifestações desses aspectos em seu paciente.

Na prática clínica, esses processos ocorrem predominantemente de forma inconsciente, por meio da experiência emocional. Porém, em certos momentos, vem em auxílio do analista uma parte de seu ego, mais estruturada e racional, que toma distância e o ajuda a se posicionar melhor para dar prosseguimento ao processo investigatório que realiza conjuntamente com seu paciente.

Nos processos de identificação por espelho (Winnicott, 1975), como veremos no caso clínico, o paciente só se permite identificar-se com aqueles aspectos projetados do seu self, ou do objeto primitivo, a partir do momento em que percebe que o analista tem a consciência emocional da presença de tais aspectos nele mesmo, naquele momento da relação.

Essa percepção do analista abre condições para que tais aspectos, vividos como dolorosos pelo ego (inveja, prazer narcísico, por exemplo), tornem-se menos persecutórios e culposos em relação à autoestima do paciente. Como consequência, são passíveis de serem reintrojetados pelo paciente, como representantes do seu self ou do ego.

Winnicott (1947/1978a) mostra-nos como a simples admissão de falha cometida pelo analista pode ter uma função terapêutica em termos de confronto com a realidade objetiva. Assinala que pacientes muito perturbados provocam sentimentos transferenciais intensos e negativos, ou nos conduzem a errar. Tais pacientes podem necessitar da vivência real de que são capazes de provocar sentimentos em nós.

A relação analítica reproduz de certa forma a relação mãe/bebê, no sentido de que o bebê necessita suportar, em certo grau, os objetos estragados dos pais para poder usufruir dos bons objetos.

Na relação analítica, se o paciente puder suportar um certo grau de imaturidade, lentidão ou conflito do seu analista, ele contribuirá para que o analista possa crescer na relação. O analista poderá evoluir na compreensão de aspectos obscuros e primitivos de sua personalidade e compreenderá melhor seu paciente.

Esse tipo de intercâmbio, quando rápido e transitório, é inerente à relação analítica dentro de uma perspectiva na qual "ser analista" é um "contínuo vir a ser".

Há processos de identificação que são tão rápidos e profundos que o analista é levado a reagir por impulso, por meio de uma comunicação que não chega ao seu domínio consciente. Esse fenômeno deve-se a uma identificação com aspectos projetados do paciente. Somente num momento posterior, o material projetado poderá ter acesso à consciência do analista e à interpretação verbal (Levisky, 1987).

Nessas circunstâncias, o analista pode ser levado a praticar pequenos atos, como uma palavra mais terna, atender a um pedido do paciente, abrir ou fechar uma cortina, dar um copo de água, estender a mão involuntariamente, um sorriso, uma respiração mais evidente, manifestar irritação ou ódio como reação complementar aos aspectos inconscientes emergentes na transferência (Levisky, 1987, 1989).

Essas reações espontâneas e involuntárias foram identificadas com as introjeções de aspectos muito primitivos da relação mãe/bebê. Com base nessas introjeções e projeções, poderá ocorrer a compreensão da representação mental da vivência emocional inconsciente subjacente. Por exemplo, a realização onipotente do desejo de um estado de fusão mental, de um sentimento de contato ou de contiguidade corporal.

A evolução das associações de ideias serve de elementos estruturantes para a percepção da realidade interna do paciente. A realização onipotente do desejo de contato pode expressar um sentimento primitivo de existência.

Nas atitudes anteriormente descritas, o analista é impulsionado, pela incorporação das representações afetivas nele projetadas e por identificação com suas representações das figuras parentais, a concretizar algum sentimento precoce da relação mãe/bebê. Essa talvez seja a única linguagem possível e empática existente em um momento extremamente regressivo, tanto para o analista como para o paciente.

Winnicott (1947/1978a) salienta, em várias oportunidades, que uma das características do analista é "poder exibir toda a paciência, a tolerância e a confiança de uma mãe devotada a seu bebê", possibilitando que se desenvolva um sentimento de confiança básica, fundamental para o andamento do processo analítico.

Moeller (1977) exemplifica que, se o analista responder à transferência paterna ou materna com ideias ou sentimentos paternos ou maternos específicos, essa seria a sua contratransferência.

Concordo que a contratransferência pode ser vista como um complemento à transferência. Uma ação ou um pensamento pode condicionar uma reação complementar como forma de comunicação.

Nessa situação, a "equação transferência/contratransferência" compõe-se como uma "unidade funcional". O termo "contra" é aplicado nesse caso não como oposição a transferência, mas expressa uma reação complementar à ação ou ao pensamento estimulado por ela.

Trago como exemplo do uso da contratransferência como um elemento útil para o desenvolvimento do trabalho analítico o caso de uma adolescente com características *borderline*.

Muitos mecanismos primitivos estão presentes em decorrência da crise de adolescência, agravada por um ego frágil e mal integrado. Esses mecanismos projetam-se por meio da relação transferencial sobre o analista, levando-o a reações contratransferenciais defensivas.

Muitos abandonos de análise ocorrem, principalmente na adolescência, quando o analista, a meu ver, "abandona" seu paciente por não conseguir alcançar manifestações emergentes, reflexos de seus aspectos contratransferenciais.

Sabemos que na adolescência emergem, com facilidade, aspectos muito primitivos da mente, por exemplo, de natureza narcísica, que são projetados sobre o analista. Caso o profissional não consiga se dar conta de seus sentimentos narcísicos (por exemplo, inveja, rivalidade, ódio), mobilizados a partir das projeções do paciente, ele (analista) continua a atuar e a não compreender o seu paciente.

As reações contratransferenciais podem permanecer defensivas, com o predomínio de contra-atuações (falso self, artificialidade, explicações, sedução, negação da inveja, onipotência do saber) em relação ao paciente.

Suspeito que a falsa ideia defendida por muitos analistas de que adolescentes não são analisáveis depende dos seguintes fatores:

- Frequência e intensidade com que os processos mentais primitivos (com nítida predominância das identificações projetivas maciças) do paciente atingem e remetem o analista a entrar em contato com seus aspectos imaturos e narcísicos.
- Emergência de aspectos pouco integrados do self e das representações de objetos primitivos do analista.
- Esses processos de projeção podem ser tão rápidos, intensos e profundos que o analista torna-se lento em sua capacidade compreensiva. O analista pode ser tomado de grande angústia e desencadear uma série de atuações defensivas. Se essa condição for prolongada ou repetitiva, a relação dual tende a se tornar persecutória, com perda do sentimento empático e ameaça de ruptura da relação.

O problema da individuação, da personificação e da busca de autonomia durante a crise da adolescência foi bem caracterizado no Capítulo 3, quando abordamos as características do processo de identificação.

Bleger (1973) salienta que este é

> *um processo no qual o indivíduo busca desconectar-se de um estado de não discriminação, não diferenciação ou fusão, que caracteriza os primeiros estágios do desenvolvimento. Essa fusão ou estrutura sincicial caracterizada pela não discriminação persiste em parte durante todo o curso da vida.*

Acrescento também a existência de um estado de não integração da representação do self e do objeto. A identidade depende da permanência ou da variabilidade da estrutura sincicial. Alterações nessa estrutura conduzirão a mudanças na definição da identidade.

Bleger (1973) prossegue sua exposição dizendo que

> *são os mecanismos esquizoides ou dissociativos que, a partir da estrutura sincicial, permitem a discriminação e o estabelecimento das identificações projetivas e introjetivas e, portanto, das projeções e introjeções, por meio das quais se estrutura gradualmente a parte mais organizada, integrada e interiorizada da personalidade. Essas atividades são simultaneamente componentes e resultado do processo.*

Mais adiante: "A crise de identidade da adolescência é justamente uma crise nessa estrutura sincicial e, por isso, é tão profunda e radical".

Na relação transferencial/contratransferencial, essa situação crítica repete-se e mobiliza no analista uma reação complementar, cujas características contêm aspectos projetados do paciente e de sua própria estrutura sincicial.

Como Bleger assinalou anteriormente, essa estrutura "persiste em parte durante todo o curso da vida". Creio que é a negação ou não identificação, por parte do analista, que o leva a reações defensivas e prejuízos para a relação analítica.

As reações contratransferenciais resultantes do uso excessivo de identificações projetivas mobilizam no analista reações específicas. O analista é conduzido, inconscientemente, a desempenhar uma espécie de papel que lhe é mobilizado pelo paciente. São as contraidentificações projetivas descritas por Grinberg. A meu ver, elas certamente contêm elementos das próprias representações do self e do objeto do analista.

Caso clínico

Trata-se de uma jovem de 20 anos. Iniciou seu tratamento analítico aos 14, com cinco sessões semanais. Naquela ocasião, apresentava um quadro de hiperatividade, somatizações frequentes, entre elas supostas crises de ausência.

Havia passado por um período de anorexia. Seu comportamento era tido como irritável, com dificuldades de adaptação social decorrentes de descargas agressivas quando contrariada. Cometeu várias fugas de casa, arquitetadas de forma pueril.

Filha única durante sete anos. Interrompeu temporariamente seus estudos, fruto da violência de suas reações contra colegas e professores. Passou a fazer uso de sua sexualidade de modo exibicionista e provocador. Ficava cega de ódio à menor contrariedade.

Esses comportamentos frequentemente resultavam de um desvio na sua maneira de interpretar os fatos. Durante os primeiros anos de sua vida, passou por situações familiares difíceis, em virtude das divergências conjugais dos pais que culminaram em divórcio há dois anos.

Por ocasião do nascimento de R., sua mãe viveu forte depressão. Novas crises tiveram lugar quando a paciente estava com 3 e 12 anos de idade. Após a separação definitiva do casal, a paciente foi morar com sua avó paterna, e depois com o pai. Seu irmão morava com a mãe. R. retirou-se da vida social. Passava a maior parte do tempo em seu quarto. Qualquer tentativa de aproximação afetiva terminava de forma desastrosa, pela inadequação de suas atitudes.

Era uma jovem atraente e inteligente. Vinha às sessões de óculos escuros nos dias nublados, e superagasalhada nos dias quentes. Nos dias frios não usava malha, e achava um absurdo que eu estivesse sentindo frio. Era considerada pelos pais como exigente e perfeccionista. Hoje R. trabalha, estuda e retornou à vida social. Tem discretos momentos de falha na interpretação dos fatos. Mas tanto sua tolerância a frustrações como sua capacidade para poder conviver com aspectos cindidos e projetados de sua pessoa evoluíram.

Hoje R. consegue controlar melhor seus impulsos, suportar os estados depressivos e utilizar sua capacidade de reparação. Ela ainda necessita do auxílio da análise como um ego auxiliar a distância. As atuações são desencadeadas por situações de inveja, rivalidade ou algum outro sentimento, pensamento ou ato que ela entenda, subjetivamente, como agressores à autoimagem e estima.

No decorrer do trabalho analítico, por vezes vinha às sessões com a perna ou braço enfaixados, com queixas de tontura, desmaio ou cefaleia. Em suas associações, trazia questões emocionais que poderiam ser as desencadeantes ou equivalentes dos seus sofrimentos físicos.

R. não fazia e não suportava que se fizesse nenhuma correlação entre sofrimento físico e psíquico. Tudo era concreto. As agressões vinham de fora, e ela se sentia vítima da incompreensão, da violência ou sexualidade alheias.

Foi necessário muito tempo para que R. pudesse admitir e aprender a lidar com seus sentimentos, culpas e possibilidades reparatórias. Usava sua inteligência privilegiada e rápida para sua defesa: projeções intensas, negação, *splitting*, inversão de experiência, onipotência, desejo de triunfo, situações de projeção de vivências de aniquilamento.

Ela conduzia a sessão num dinamismo incrível, e eu me sentia, por vezes, envolvido num redemoinho. Agarrava-me aos meus aspectos egoicos mais independentes e organizados para sobreviver a um sentimento de caos. Foi preciso viver e admitir isso para poder falar das angústias profundas que assolavam R. em seus momentos de desespero e solidão interna.

Tudo parecia ter sido destruído durante suas ondas de furor (equivalente epiléptico?). Ambos, analista e paciente, necessitavam de paciência e coragem para que cada um pudesse entrar em contato com o próprio sentimento de caos (que o analista temia e do qual se defendia). Só assim pôde-se falar da individualidade e dos limites de cada um.

R. era extremamente sensível à minha demora ou hesitação em poder admitir meus medos, quer fosse diante da minha, quer da sua agressividade ou ante alguma provocação erótica, fruto da sua ou da minha sedução defensiva à angústia.

Por outro lado, era preciso ser firme e conviver com suas tentativas de triunfo sobre mim. Para R., era inconcebível admitir que ela estivesse usufruindo de algum prazer na agressão ou na tentativa de controle sobre mim.

Numa primeira sessão após um fim de semana, R. entrou na sala de óculos escuros. Muito agasalhada, apoiava-se na parede, dramatizando intenso sofrimento. Ao deparar com a cena, fui tomado subitamente de uma sensação de irritação e repulsa ao que me parecia ser uma encenação teatral.

Devo ter dito em tom irônico: "O que é isso?".

R. deixou seu corpo cair sobre o divã. Balançava a cabeça para os lados e gemia. Dei-me conta de que minha reação havia sido hostil e crítica. Não era a primeira vez que a via assim, mas involuntariamente deixei transparecer minha surpresa e indignação.

Eu possuía experiências anteriores de interpretações do tipo: você está se escondendo de alguma coisa, o fim de semana despertou em você um sentimento de carência afetiva, de abandono.

Essas colocações pareciam não atingir o real núcleo de conflitos de R.

Foi possível, paulatinamente, perceber que minha irritação se devia à incorporação das projeções de aspectos parentais de R. O desprezo ou crítica de seus pais, e dela mesma, às suas atitudes inadequadas.

Somente após ter me dado conta de que a estava rejeitando, identificado com algo que soava falso dentro de mim, despertado pelas projeções da paciente e mascarado pela pseudossabedoria analítica, reprodutora de algum aspecto narcísico ou imago parental infantil, meu e dela. Em outras palavras, quando cada um dos membros da dupla pôde identificar a própria arrogância, a sessão pôde evoluir por meio de manifestações simbólicas e verbais.

A interpretação dos seus sentimentos de ser desprezada, de não ser desejada ou querida, e também de não se aceitar como portadora desses sentimentos em relação a si e aos pais, pôde ser feita e ouvida.

Emergiram associações de ideias relacionadas à depressão materna e a sentimentos de caos vividos nessas situações.

R. temia desejar. O desejo parecia representar uma ameaça à sua existência. Por outro lado, existir tinha o caráter de tornar o outro um prolongamento dos seus desejos, para não se frustrar.

Toda essa evolução pôde ocorrer quando percebi a existência, como analista-pai, de um sentimento de reprovação a ela. Eu havia assumido o papel projetado de suas figuras parentais que entravam em consonância com meus desejos, como pai, de mudar aquela situação.

Ao recebê-la com um "O que é isso?", mesmo que eu estivesse brincando, estava mostrando minha ironia, indignação e hostilidade.

Essa reação involuntária deixou transparecer aspectos de minhas próprias experiências infantis e atuais como pai, e traços de minha personalidade. A capacidade de entrar em contato com esses aspectos, e assumi-los interiormente, permitiu-me viver, na relação analítica, de forma impulsiva e dramatizada, os conflitos de R.

Muito da compreensão que aqui tento transmitir foi posterior ao evento. Entretanto, contribuiu para que eu pudesse ter um contato maior com aspectos da minha pessoa, que até então me eram desconhecidos, apesar dos anos de análise e supervisão.

Entrar em contato com aspectos de minha autoestima, em face dos meus sentimentos de incompetência profissional, favoreceu a R. integrar ao seu *self* a percepção de seus limites.

R. acreditava que querer é poder. Brigava, pois acreditava que por essa via seus desejos seriam atendidos. A frustração representava o fracasso pessoal. Queria banir de sua mente certas fantasias sexuais e agressivas usando da mesma violência para consigo mesma.

Os conflitos de R. pareciam estar centrados na necessidade de ser querida e desejada, como expressão do seu sentimento de existir. Carregava fantasias de abandono e culpa como contraparte de sua agressividade.

R. defendia-se de si mesma, da possibilidade de identificar e integrar aspectos de sua identidade primitiva. Estes se confundiam muitas vezes com aqueles introjetados das figuras parentais primitivas. Eram questões ligadas à sua dependência, onipotência, fragilidade, e que R. vivia como hostis a sua autoestima. Lutava inconscientemente pelo desejo de não ter desejos.

Durante a evolução do processo analítico, pude interpretar que os óculos escuros e os agasalhos eram meios de se defender das agressões da vida, entre elas os seus próprios desejos.

R. pôde então comparar-se a alguém que se protege do sol ou do frio.

Ela me diz: "Tirar os óculos escuros de repente pode ser perigoso e necessita cautela".

Digo-lhe: "É preciso preparar-se para isso".

R. conclui: "Ver a luz de uma vez pode cegar definitivamente".

Respondi-lhe que "é assim também com a dor, com a percepção, com o sofrimento que se sente, quando percebemos em nós a existência de coisas que não gostamos de admitir que temos".

Pouco a pouco, à medida que "pude tirar meus óculos escuros internos" e reconhecer meus próprios mecanismos defensivos e sentir a dor que isso representava à autoestima (R. colocava-me diretamente em contato com eles), foi possível contribuir para que a paciente, no seu ritmo, diminuísse suas defesas e estabelecesse um contato mais efetivo com seu mundo interior e com a realidade externa.

Noutra sessão, R. mostrou-se sensual. Sentou-se diante de mim. Estava bem-vestida, de saia, bonita, diferente de sua maneira habitual de vir às sessões. Pôs-se a contar como tinha sido o seu dia. Displicentemente, descruzou as pernas, deixando à mostra sua intimidade. Balançava as pernas em movimentos masturbatórios. A situação erotizada deixou-me constrangido e excitado. Quando me dei conta de meu estado, encorajei-me e delicadamente perguntei se ela havia percebido que seu ato estava erotizando nossa relação.

Num primeiro momento, pensei que a excitação poderia ser uma forma de atacar minha capacidade de pensar. Não deixava de ser. Mas talvez houvesse algo mais por trás daquela atitude tão explícita. Estava também me defendendo da minha sexualidade, da percepção das minhas fantasias incestuosas e atuais. Ao me aperceber nessa situação, dialogar comigo mesmo e aceitar a presença de uma situação erótica, foi possível falar com R. sobre seu corpo, sua feminilidade, se podia vê-la mulher, os poderes e usos que ela podia dele fazer numa relação afetiva.

Descobriu-se o poder da erotização como forma de atração e busca de afeto. Aquele comportamento, aparentemente de expressão genital, passava a revelar aspectos de natureza extremamente primitiva. Surgiram associações ligadas às intolerâncias maternas, os medos pelas ameaças de separação do casal, o ódio por ter sido adulta prematuramente, tendo de cuidar da mãe em seus períodos de depressão. A existência de um sentimento de mágoa profunda emergiu em consequência de sucessivas experiências de perda e separação.

A erotização adquiriu o significado de desejo de contato, de atenção, de continente afetivo, em que a vagina representava a boca e o pênis representava o seio materno. Algo relacionado a continente e conteúdo.

Pick (1985) escreveu que

> *se existe uma boca que procura um seio como um potencial no recém-nascido, há também um equivalente*

> *psicológico, um estado de mente que procura um outro estado de mente. As identificações projetivas do paciente são ações que em parte tendem a produzir reações. O analista pode controlar isso tão rapidamente que pode não ter a consciência de sua reação. Esse é um fator crucial.*

Entendi que seus movimentos masturbatórios despertavam em mim um estado de mente que correspondia à sua necessidade de me manter atento a ela. De cuidar dela. Havia, talvez, uma espécie de deslocamento geográfico. A relação olho/vagina podia ser a representação sexual da relação olho/olho que o bebê estabelece na relação com a mãe.

Aquilo que poderia parecer uma relação perversa com o analista era, no meu entendimento, uma forma de utilização do corpo para alcançar, inconscientemente, níveis de comunicação muito primitivos.

Foi preciso recorrer à percepção e à aceitação da minha sexualidade presente na relação, mascarada pelo pudor ou outros elementos censores, para percorrer um trajeto que me era, inconscientemente, indicado por R.

Pude, assim, discriminar que aquela situação extremamente delicada e sensível, vivida na relação transferencial/contratransferencial, podia se referir a uma experiência emocional precoce da paciente, a qual eu também possuía dentro de mim: a do bebê em contato com o seio materno enquanto os olhares se cruzam.

Foi possível identificar as fantasias inconscientes de R. e evoluir para a compreensão de suas dificuldades em conter e lidar com seus impulsos, ideias e desejos. Faltava pele psíquica. Isso era o resultado de suas experiências emocionais primitivas pouco estruturantes. Um falso self havia se estruturado. Era preciso que ambos se despissem em suas mentes para revelar a autenticidade dos desejos primitivos e atuais, e não mais se esquivar deles com "óculos escuros".

Foi preciso R. entrar em contato com esses aspectos de sua vida mental primitiva para poder lidar com sua estrutura sincicial, caminho para a estruturação de sua identidade adulta.

Durante a análise de R., vivi inúmeras situações dessa natureza. Em consequência, pude e tenho aprendido a identificar em mim certas reações indicativas de uma comunicação primitiva que está se processando na relação transferencial/contratransferencial.

A meu ver, os reflexos, ou produtos finais, emergentes e perceptíveis da contratransferência funcionam como um "sistema receptor", como sinalizadores de uma rede associativa subjacente.

A percepção pode ocorrer, por exemplo, por meio de uma certa inquietação, irritação, raiva, sensação de culpa, mal-estar, sonolência, cansaço, ou uma espécie de vibração em meu corpo, que alertam para a existência de um processo psíquico subjacente.

Em relação a R., foi a sensação de estar lidando com algo muito delicado e vulnerável, que requeria extremo cuidado e atenção.

Supus que a paciente poderia estar repetindo um tipo de relação perversa, que havia feito parte de sua relação com a mãe durante suas fases depressivas, uma delas após o nascimento de R. Levantei a hipótese de que poderiam ter ocorrido falhas em relação à "capacidade de preocupação materna primária", como sugere Winnicott (1956/1978b), e à formação da pele psíquica, conceito introduzido por Bick (1968).

Por meio da percepção de derivados da reação contratransferencial, tornou-se possível também a identificação de aspectos que R. não suportava incorporar como partes de sua pessoa (inveja, passividade, dependência).

Utilizava, inconscientemente, de um derivativo das identificações projetivas maciças, por meio da transferência especular, realizando um sistema de identificação de aspectos seus, inconscientemente hostilizados e projetados no mundo exterior sobre o analista.

R. falava da inveja que eu sentia dela, de sua juventude e liberdade (que podia ser uma verdade em meu mundo imaginário).

Em certos momentos, havia uma relação confusa e indiscriminada, na qual o analista via-se sendo analisado pela paciente. Devo dizer que sua percepção do mundo exterior era bastante apurada. Suas observações levavam-me a ter de lidar com minha onipotência e arrogância profissionais, podendo sentir a dor e a humildade necessárias para reintrojetar no *self* meus aspectos cindidos, projetados ou censurados.

Lembro-me de que em meu íntimo havia o questionamento de até onde ela estaria captando algo meu, fruto de sua percepção ou de suas projeções. De qualquer forma, eu era capaz de identificar tanto nela como em minha pessoa aspectos por ela identificados em mim. Mascará-los seria perpetuar uma relação embasada no falso self.

Num momento posterior, minha identificação da existência daqueles aspectos por ela assinalados na minha pessoa abria caminho para discriminar o que era meu, o que era dela e o que era desperto em mim graças às projeções efetuadas por ela.

Não significava uma imposição de o analista ter de se revelar para sua paciente. Era uma questão de mudança de estado mental. Da possibilidade de o analista sair de um estado defensivo, despir-se de um falso self, e ser autêntico. Autêntico quanto à condição de entrar em contato com seus aspectos sentidos como negativos.

Houve na relação transferencial/contratransferencial uma sucessão de identificações e projeções, de identificações projetivas e contraidentificações projetivas, com oscilações da posição esquizo-paranoide para a posição depressiva, que percorriam uma rede associativa até alcançar o significado simbólico.

Era uma interação dura, direta, concreta. A identificação por parte do analista dos aspectos projetados em si, a partir da posição depressiva, permitiu relaxar suas defesas e colocar-se de modo mais compreensivo e continente.

Em sequência, a paciente podia identificar os aspectos projetados, quer do self, quer da representação do objeto interno. A partir daí havia a elaboração dos seus mecanismos internos baseados naquela experiência concretamente vivida na relação com o analista.

Creio que é dentro desse contexto que se cria o sentimento de empatia. Isto é, quando o analista não tem medo de seus próprios afetos, e até mesmo pode falar deles em certas circunstâncias.

Essa atitude mental indica uma reciprocidade identificatória e possibilita ao analisando ter o *insight*, elaborar e incorporar seus afetos e ideias "splittadas" do seu eu, e reparar sua relação com os objetos e com partes do *self* dentro de seu mundo interno.

Quando os *actings out* contratransferenciais são rápidos e ocasionais, o analista pode não percebê-los. Mas, se ele estiver atento à análise de suas próprias reações, terá a possibilidade de detectar reflexos de suas manifestações inconscientes, ainda que *a posteriori*. Abre-se com isso a oportunidade para retomar a distância necessária à capacidade de pensar, reparar e elaborar, dando continuidade à função analítica. São movimentos regressivos involuntários, que possibilitam a identificação vivencial, antes da emergência do racional, dos fenômenos que estão se passando naquele momento da relação.

Chamo de "distância necessária" a capacidade do analista de manter uma parte de seu ego distanciada e disponível (atenta) para observar e viver os fenômenos que se passam na interação entre ele e seu paciente, e nele mesmo.

Essa relação complexa, que é a relação transferencial/contratransferencial, ocorre como em qualquer relação humana, em vários níveis, nos quais fenômenos regressivos e elaborativos fazem-se presentes.

Pacientes psicóticos, *borderline* e muitos adolescentes em crise de identidade apresentam uma liberação da impulsividade, da agressividade, da labilidade emocional, diminuição da capacidade de discriminação entre o fantástico e o real, entre realidade interna e mundo exterior. Há um predomínio de mecanismos defensivos primitivos como onipotência, idealização, negação da realidade e intensas identificações projetivas. Surgem dificuldades na organização temporoespacial, conflitos ligados à imagem corporal, *actings out* frequentes, como expressões diretas do funcionamento mental primitivo.

Esse conjunto de fatores expressa ou se manifesta em decorrência da fragilidade egoica. Nesses pacientes, os aspectos narcísicos são facilmente emergentes.

A experiência clínica tem demonstrado que tais pacientes tendem a mobilizar no analista constantes reações contratransferenciais. Elas são consequentes às projeções intensas que ocorrem durante o processo de individuação e busca da identidade adulta.

Suspeito que, nas reações contratransferenciais, existam fatores que transcendem a questão da análise pessoal, das supervisões, da maturidade profissional e dos conhecimentos teóricos para a captação desses fenômenos primitivos. São fatores, a meu ver, inerentes à estrutura mental e que necessitam do auxílio da contratransferência para a sua percepção:

a. Há padrões de manifestação da vida psíquica ou de comportamentos, de natureza onto e filogenéticos, que estão profundamente registrados (*imprinting*) na memória criptogenética do analista. Sua percepção, pelo analista, ocorre a partir das projeções do paciente, e esses aspectos são identificados pelo analista, inicialmente de forma inconsciente e posteriormente por meio de reflexos de sua reação contratransferencial.

   A partir da percepção dessa reação, o analista poderá, por meio do interjogo de projeções e introjeções decorrentes das associações livres, construir emocionalmente (elaborar) a compreensão do fenômeno que está ocorrendo em si e evoluir para a compreensão do seu paciente.

b. O manejo das ansiedades e dos mecanismos defensivos primitivos é difícil. Eles podem mobilizar no analista um sentimento de ameaça de desintegração, de perda dos limites existentes entre o seu próprio self e o objeto. Penso que nesse fenômeno reside uma das dificuldades de trabalhar com pacientes adolescentes. Kernberg (1980/1989) assinala que esses mecanismos são prevalecentes entre pacientes psicóticos e *borderline*, aos quais acrescento os adolescentes em crise de identidade.

Storolow e Lachmann (1983) sugerem que a contratransferência pode ter uma característica funcional. Ela serve ao paciente quando este, em virtude de suas necessidades narcísicas, mobiliza ódio no analista, como expressão de controle onipotente, por exemplo, ante o sentimento de dependência infantil. Tende-se a identificar esses pacientes com aspectos rejeitados de nosso próprio self ou de nossos objetos infantis.

Nessas transferências narcísicas, o paciente utiliza o analista como um self-objeto, assim como o bebê utiliza-se da mãe como um elemento para exercer sua onipotência, e dessa forma sua existência alcançar significado, seguindo o pensamento de Winnicott. Esse autor mostra-nos a importância da ilusão oriunda do controle onipotente sobre o objeto para o estabelecimento do sentimento de ser.

O analista-mãe suficientemente bom será aquele que se permite ser o objeto continente dos impulsos amorosos e agressivos "splittados". Por meio desse objeto primitivo, os aspectos narcísicos do paciente poderão ser reintegrados aos diferentes aspectos do self.

Concordo com Kohut (1971/1988) quando diz: "o analista desempenha uma função que o paciente ainda não pode desempenhar por si só", e que o paciente, por meio de sua experiência analítica, vivida nessa complexa relação transferencial/contratransferencial, tem a possibilidade de identificar, construir ou reformular distorções havidas durante suas experiências infantis.

No processo de investigação psicanalítica, a meu ver, o analista necessita desenvolver alguns atributos de sua personalidade, tais como: sensibilidade para os fenômenos psíquicos, humildade, uma dose de audácia, amor na busca da sua verdade, da do seu paciente e da relação entre ambos.

Finalizo este capítulo reproduzindo um trecho do livro de Júlio de Mello Filho (1989) sobre Winnicott, em que ele sintetiza a postura contratransferencial do analista:

> *Winnicott escreve sobre a importância de o analista ser ele mesmo diante dos seus pacientes, ser autêntico, espontâneo, deixar fluir seu verdadeiro self, muitas vezes oculto atrás de uma suposta neutralidade. O analista é vulnerável a seus pacientes, isso significa que ele é humano e atingível pelos sentimentos e emoções de seus clientes, e assim pode compreender seus dramas e suas vicissitudes.*

Referências

Aberastury, A., & Knobel, M. (1971). *La adolescencia normal*. Paidós.

Aberastury, A. et al. (1972). *Adolescencia*. Kargierman.

Bick, E. (1968). The experience of the skin in early object relations. *International Journal of Psychoanalysis*, 49, 484-486.

Bleger, J. (1973). *La identidad del adolescente: fundamentos y tipicidad*. In J. Bleger et al., *La identidad en el adolescente*. Paidós-Asappia.

Etchegoyen, R. H. (1987). *Fundamentos da técnica psicanalítica*. Artes Médicas.

Greenson, R. R. (1977). Loving, hating and indifference towards the patient. *International Review of Psychoanalysis*, 1, 259-266.

Grinberg, L. (1962). On a specific aspects of counter-transference due to the patient's projective identifications. *International Journal of Psychoanalysis*, *43*, 436-440.

Heimann, P. (1950). On counter-transference. *International Journal of Psychoanalysis*, *31*, 81-84.

Kernberg, O. (1989). *Mundo interior e realidade exterior: teoria aplicada às relações objetais*. Imago. (Trabalho original publicado em 1980).

Kohut, H. (1988). *Análise do self*. Imago. (Trabalho original publicado em 1971).

Levisky, D. L. (1987). *Acting out* na análise de crianças: um meio de comunicação. *Revista Brasileira de Psicanálise*, *21*, 509-527.

Levisky, D. (1989). Inscrição mental pré-verbal e contratransferência. *Revista Brasileira de Psicanálise*, 23, 137-154.

Mello Filho, J. (1989). *O ser e o viver: uma visão da obra de Winnicott*. Artes Médicas.

Moeller, M. L. (1977). Self and object in counter-transference. *International Journal of Psychoanalysis*, *58*, 365.

Money-Kyrle, R. E. (1956). Normal counter-transference and some of its deviations. *International Journal of Psychoanalysis*, 37, 360-374.

Pick, I. B. (1985). Working through in the counter-transference. *International Journal of Psychoanalysis*, *66*, 157-166.

Racker, H. (1986). *Estudos sobre técnica psicanalítica*. Artes Médicas.

Rosenfeld, H. (1988). *Impasse e interpretação: fatores terapêuticos e antiterapêuticos no tratamento psicanalítico de pacientes neuróticos, psicóticos e fronteiriços*. Imago.

Storolow, R. D., & Lachmann, F. M. (1983). *Psicanálise das paradas de desenvolvimento: teoria e tratamento*. Imago.

Winnicott, D. W. (1975). *O brincar e a realidade*. Imago.

Winnicott, D. W. (1978a). O ódio na contratransferência. In D. W. Winnicott, *Da pediatria à psicanálise*. Francisco Alves. (Trabalho original publicado em 1947).

Winnicott, D. W. (1978b). Preocupação materna primária. In D. W. Winnicott, *Da pediatria à psicanálise*. Francisco Alves. (Trabalho original publicado em 1956).

Winnicott, D. W. (1986). *Sum, I am, in home is where we start from*. W. W. Norton Company.

12. Idioma sem palavras: o inefável na relação analítica com adolescentes

Como vimos em capítulos anteriores, há um nível de comunicação que escapa e transcende o significado das palavras. É o inefável da relação analítica, algo que não se pode exprimir por palavras, indizível e encantador (Ferreira, 1986).

Vivencia-se, por meio da relação transferencial/contratransferencial das análises, esse aspecto da comunicação.

Tenho frisado que, na psicanálise de adolescentes, as comunicações pré-verbal e não verbal, manifestadas por meio do sensorial, do motórico, do comportamento, são frequentes devido à presença marcante de mecanismos psíquicos primitivos (Levisky, 1991).

Este trabalho carrega consigo os dois significados de inefável. Por meio do relato de casos clínicos, procuro transmitir algo que é sentido pela emoção e, concomitantemente, encantador, que também pode ser aterrador. Espero assim estar despertando no leitor a curiosidade em prosseguir na leitura dessa experiência clínica, cheia de mistérios, surpresas, medos e beleza, como são as fantasias.

São manifestações muito primitivas, de natureza narcísica da personalidade, que se expressam por movimentos psíquicos espontâneos, como: clima da relação, sentimento de empatia, capacidade lúdica da dupla, silêncio, humor.

Trata-se de algo que parece corresponder ao que Winnicott chamou de "gesto espontâneo", tanto da parte do paciente quanto do analista. Elemento que transcende o conteúdo das palavras e que mais se aproxima do corpo, do movimento, do ritmo, do gesto, do olhar. O inefável parece estar mais próximo do jogo ou de um bailado espontâneo, cuja coreografia emerge de uma interação sem script previamente conhecido, mas que se organiza do caos, do imprevisível.

O processo psicanalítico permite, por meio da relação transferencial, viver ou repetir experiências emocionais que poderão ser discriminadas, identificadas e interpretadas por meio de manifestações comportamentais e da verbalização do analista, criando e recriando experiências emocionais.

Há, entretanto, vivências muito primitivas, cujo conhecimento ainda não foi pensado. Sua expressão encontra-se distante da representação e do idioma verbal. É algo mais próximo do sensorial, talvez daquilo que Freud chamou de protorrepresentações.

Segundo Laplanche e Pontalis (1973), representação psíquica foi o termo utilizado por Freud para designar, dentro da estrutura da "teoria das pulsões", a expressão psíquica das excitações endossomáticas. As protorrepresentações seriam, portanto, as excitações preliminares predominantemente sensoriais, e mais distantes de serem representadas pela comunicação simbólica.

A interpretação da manifestação desses primórdios da vida afetiva faz-se por meio de outro idioma, não o da linguagem sintáxica, mas o da linguagem do self verdadeiro, caracterizado por Winnicott (1960/1990), observável na expressão dos atos espontâneos do analisando e do analista, que permeiam inclusive as manifestações verbais.

Esses movimentos psíquicos podem ser observados por meio da transferência pelos diferentes usos que o paciente faz do analista.

Manifestações transferenciais que se expressam de maneiras diversas, especular ou idealizada, segundo Kohut (1971/1988), na dependência dos mecanismos defensivos predominantes. Essas transferências possibilitam ao paciente identificar, por meio do analista, aspectos não integrados, negados ou cindidos de seu próprio self.

Esses aspectos, entretanto, são reconhecidos e identificados, num primeiro momento, como parte do analista, de tal modo que num movimento psíquico futuro, tais aspectos poderão ser incorporados (reintrojetados) ao self. Nesses movimentos, há uma contrarreação, que pode ser considerada como um *acting out* do analista, segundo Knobel (1969).

Por uma reação contratransferencial, o analista vai elaborando o aspecto projetado em si, a partir de suas próprias experiências emocionais. Uma troca sucessiva de identificações projetivas e contraidentificações projetivas possibilitará sucessivos e contínuos processos elaborativos, os quais poderão atingir o nível da verbalização (Cassorla, 1990; Levisky, 1987).

Podem-se observar em algumas manifestações psicossomáticas (Knobel, 1991), como na bulimia, formas de comunicação primitiva que se expressam por meio do corpo. O conflito intrapsíquico está distante do acesso à representação simbólica. No exemplo que apresento, aspectos do self parecem ser expulsos do interior psíquico, projetados sobre o próprio corpo e mantidos sob controle do self.

Finalmente, saliento um outro movimento psíquico, também muito primitivo, o qual, a meu ver, se distingue dos anteriormente mencionados. Corresponde ao idioma psíquico intrínseco, isto é, o modo fundamental de ser, sua essência, com suas qualidades psíquicas.

Esse movimento ocorre "quando o analisando fica livre para usar o psicanalista como um objeto por meio do qual articula e elabora o seu idioma da personalidade" (Bollas, 1992). Distingue-se da reintrojeção de partes do self, pois não foram sequer projetados para fora dele (self). Corresponde simplesmente ao seu idioma intrínseco, isto é, ao seu modo fundamental de ser, expressão do self verdadeiro. Este é compreendido como o potencial herdado, que está em contínua experiência do ser, adquirindo, de sua própria maneira e ritmo, uma realidade psíquica e um esquema corporal pessoais (Winnicott, 1960/1990).

A crise da adolescência favorece, a meu ver, o aparecimento dos movimentos psíquicos anteriormente mencionados devido aos conflitos existentes nessa fase do processo evolutivo, quando o adolescente busca sua personificação, individuação e identidade. Luta o adolescente para desconectar-se de um estado de não discriminação, não diferenciação ou fusão, que caracteriza os primeiros estágios do desenvolvimento. Restos dessa estrutura sincicial, assinalada por Bleger (1973), persistem durante todo o curso da vida.

Durante a análise de adolescentes, essas manifestações narcísicas da personalidade emergem na relação transferencial e expressam-se de modo intenso quando as manifestações contratransferenciais adquirem um valor significativo (Blay Neto, 1989). Elas possibilitam um nível de percepção e de comunicação diferente do que ocorre em estados transferenciais de natureza neurótica.

Para caracterizar esses movimentos psíquicos assinalados, apresento trechos de sessões de dois casos, na perspectiva de aproximar o leitor de algo que vivi, e vivo, na relação transferencial/contratransferencial com meus pacientes. Por exemplo, minha experiência com F.

Caso clínico 1

F., um adolescente de 13 anos, muito inteligente, cheio de vida, de entusiasmo contagiante e, por vezes, demasiadamente invasivo, inadequado, incômodo. Seu comportamento oscila entre o dia e a noite. O encontro psicanalítico pode ser descrito como uma verdadeira sinfonia majestosa, rica de movimentos oscilantes, de imprevistos surpreendentes, de doçura e violência, de amor e ódio, de colaboração e perversão.

Esses movimentos podem durar frações de segundo intermináveis ou se perpetuar por sessões aparentemente vazias e monótonas.

Há momentos em que analisando e analista confundem-se, quando surge aquilo que cada um tem de mais espontâneo e primitivo no seu modo particular de ser. Fusão e indiferenciação das mentes podem ocorrer quando o corpo, muitas vezes, torna-se o elemento mais concreto, o qual alerta para a percepção do limite e da individualidade de cada um.

Fui procurado pelos pais de F. devido ao seu comportamento agitado e impulsivo. Intolerante, reage mal a contrariedades. Reluta em aceitar a autoridade dos pais e professores. Gosta de chocar as pessoas deixando-as embaraçadas com o que diz ou faz. Vive intensamente fatos que inventa, terminando por ter dificuldades em discriminar o real do que é fantasioso. Coloca-se frequentemente como o maioral, vindo a ocupar o lugar do líder negativo no grupo. Tenta subjugar os menores e os mais frágeis. Muito sensível, chora facilmente. É muito excitado e erotizado.

F. não tem boa discriminação do que são seus desejos e seus recursos pessoais, e dos momentos adequados para a realização ou possibilidade de sublimação deles.

Desde os primeiros anos de vida mostrava-se uma criança insatisfeita, exigente consigo mesma, suportando mal as dificuldades inerentes ao desenvolvimento. Apresentou enurese noturna até a puberdade. É muito inteligente, porém com rendimento escolar sofrível. Hiperativo e desatento, com dificuldades de adaptação social em face das características de seu comportamento.

É o primeiro de uma prole de três. Sua única irmã nasceu após quatorze meses do seu nascimento. Durante parte do período gestacional da irmã, a mãe de F. teve de guardar repouso absoluto devido ao descolamento prematuro da placenta. O contato entre o paciente e sua mãe nesse período foi precário.

Quando fui procurado para analisá-lo, F. já havia passado por outras experiências psicoterápicas e psicanalíticas. Logo ao primeiro contato, chamou minha atenção seu desenvolvimento físico avantajado, levando-me a pensar em puberdade precoce.

Sua presença dominava o ambiente. Contato fácil. Extrovertido. Falante. Sempre tendo algo para contar e sem muito tempo para me ouvir. Fazia perguntas contundentes e exigia respostas diretas. Caso não as tivesse, entrava num processo exaustivo de repetição, na perspectiva de me vencer pelo cansaço. E, realmente, eu saía cansado da sessão. Sua vida de fantasia era rica, inclusive de desejos sexuais explícitos, privilegiada dos pontos de vista intelectual e cultural, mas discrepante em relação à maturidade emocional.

Estava com 10 anos quando começamos esse trabalho psicanalítico, com três sessões semanais (segundas, quartas e sextas-feiras).

De início, propus que trabalhássemos na sala de crianças e ofereci-lhe uma gaveta, a qual prontamente foi recusada por ele, preferindo uma pasta e material gráfico. Este era usado como um complemento de nossa comunicação, pois sua capacidade de verbalização prevalecia.

Durante a primeira fase do nosso relacionamento, as sessões transcorreram num clima amistoso, mas efervescente e retumbante. A temática predominante girava em torno de mudanças corporais, agressividade, competitividade, poder, limites em relação ao próprio corpo e na relação com o outro.

Uma necessidade imperiosa de querer ser sempre o primeiro o dominava. Logo surgiram fortes fantasias heterossexuais, que pareciam ter tanto uma função de curiosidade em relação ao sexo oposto quanto uma função defensiva em relação a impulsos homossexuais que se faziam presentes na relação comigo.

Paulatinamente, ao lado de uma relação adolescente/adulto, aspectos mais regressivos da personalidade foram emergindo, ligados a desejos de posse, de controle e, mais primitivo ainda, de adesão. Como se ele e eu fôssemos um só, um o prolongamento do outro. Os mecanismos predominantes eram intensas identificações projetivas.

Concomitantemente às regressões que se podia vivenciar nas sessões, F. abandonou paulatinamente a pasta na qual guardava o seu material. Durante cerca de dois anos trabalhamos numa transição entre a sala de atendimento de adultos e a de crianças (essas salas comunicam-se diretamente por meio de uma porta).

O que passarei a relatar refere-se a esse período de transição, quando surgiram situações intensas de aderência, fusão, indiscriminação na relação entre sujeito e objeto, mundo externo e interno.

Podem-se observar certas confusões geográficas representadas por uma dramatização de um pensamento adulto na sala de crianças e manifestações muito infantis e primitivas na sala de adultos. Isso dava um colorido especial às sessões, solicitando do analista uma grande disponibilidade afetiva e capacidade para realizar rápidos movimentos psíquicos.

Essa atitude analítica é algo mais do que a atenção flutuante. Inclui uma disponibilidade física e espontaneidade de movimento psíquico para poder estar com o outro e viver plenamente a dramatização sem perder a função analítica.

Devo dizer que nem sempre é fácil manter essa condição, havendo momentos de escape, de indiscriminação e de atuações por parte do analista, o qual, num momento posterior, podia retomar sua função acrescida de uma nova vivência.

Essas dramatizações, pela sua intensidade e espontaneidade, puderam ser consideradas como atuações do paciente. Elas possibilitaram o acesso ao seu inconsciente e ao inconsciente do analista, a situações emocionais tão primitivas cuja manifestação espontânea só poderia ocorrer, preliminarmente, de forma pré-verbal, sensorial e corporal (Levisky, 1989).

O analista, a partir de percepções derivadas de sua reação contratransferencial, podia então ter acesso ao material inconsciente do seu paciente.

Entendo aqui a reação contratransferencial como uma reação complementar à transferência. Porém, em muitas circunstâncias, não havia interpretação verbal. Esta ocorria por meio do próprio movimento espontâneo do analista, que possibilitava integrar ou ser continente na relação de aspectos contraditórios e não integrados do *self* primitivo do paciente.

Relato de uma sessão

F. está com 13 anos. Porte atlético. Altura: 1,80 m (bem mais alto do que seu analista). Cresceu muito nos últimos meses.

Pode parecer estranho eu estar relatando esses dados, mas tais características fazem parte tanto do cenário de nossa relação emocional como das fantasias que F. tem de si, inclusive as relacionadas às experiências emocionais que tais mudanças corporais estão mobilizando em sua vida psíquica, em sua família e meio social. Da mesma forma, essas mudanças repercutem na imagem física e psíquica que crio do paciente, em minhas fantasias e na relação direta com ele.

É quarta-feira. Sua sessão é a primeira após meu horário de almoço. F. tem aulas pela manhã e à tarde, exceto às quartas-feiras, quando, ao sair da escola, vai para casa almoçar antes de vir ao consultório. Chegamos juntos nesse dia. Já no portão de entrada, expressa um sorriso brincalhão, zombeteiro, assinalando que chegamos juntos. Levanta o polegar fazendo um sinal de "tudo OK". Caminha gingando o corpo, displicentemente, com ar de malandro.

Respondo também com um sorriso enquanto procuro no chaveiro a chave correta para abrir a porta. F. para diante da fechadura, obstruindo meu movimento. Olho para ele, que prossegue com seu ar zombeteiro e diz "Ah! sim, estou atrapalhando". Afasta-se, e abro a porta.

F. entra rapidamente e tranca-a com um trinco por dentro, deixando-me estarrecido do lado de fora. Sinto-me momentaneamente confuso e vejo-me com alguns medos em relação ao que ele poderia fazer sozinho dentro do consultório. Bato gentilmente na porta e peço-lhe que abra, pois aquela situação estava me incomodando. Percebo-me algo irritado e me dou conta de minha impotência. Aguardo alguns momentos e escuto-o me chamar pelo interfone, que fica ao lado dessa mesma porta (o outro interfone, com o qual F. falava, localiza-se ao lado da minha poltrona). Isso me alivia, pois enquanto ele está falando comigo tenho alguma ideia do que está acontecendo.

Percebo que, não tendo outra coisa a fazer, só restava resignar-me ante a situação. Conscientizo-me da necessidade de procurar manter-me dentro do *setting* analítico mental. Inicia-se uma longa "comunicação interfônica" entre nós até o final da sessão.

Percebo também que sua voz é alegre, irônica e plena de triunfo.

> F.: E aí, David? Você quer entrar?
>
> D.: O que você acha?
>
> F.: Eu acho que você está nervoso.
>
> D.: Acho que você não acreditaria se eu dissesse que está tudo bem. (Percebo em minha voz que há um sabor lúdico.)

Penso que, no fundo, achei sua jogada esperta, inteligente e maliciosa. Talvez houvesse certa dose de confiança ou esperança de que tudo aquilo não passasse de uma comédia. Conhecia um pouco seu espírito. Já havia passado com ele e com outros pacientes, crianças e adolescentes, situações congêneres que me ensinaram a permanecer mentalmente dentro do *setting* analítico.

Entendi que a questão naquele momento não era demovê-lo de seu jogo ou convencê-lo a abrir a porta, mas prosseguir no trabalho investigatório da relação analítica.

Senti também que o palco da tragicomédia estava montado, e que qualquer passo em falso, uma perda de controle, por exemplo, poderia ser fatal para a relação. Tive medo. Respeitei a coragem e o desafio dele. Devo ter suposto intuitivamente que, nesse jogo, algo de muito intenso e forte estava se passando entre nós dois, e que confiar na atitude analítica era fundamental.

> F.: Por essa você não esperava, não é"
>
> D.: De fato não. Achei sua jogada bem bolada, apesar de ter me colocado em dificuldades. Você já imaginou se alguém me pega aqui na rua falando todo esse tempo pelo interfone? Vão estranhar, você não acha? Acho também que você está curtindo horrores ter me colocado nessa situação.
>
> F.: Acho que vão pensar que você está ficando louco, que precisa de um psiquiatra.
>
> D.: Quem não precisa? Você acha que é fácil viver uma situação desse tipo?
>
> F.: Mas eu estou pagando, tenho o direito de fazer tudo.
>
> D.: Bem, aí pode estar uma das nossas diferenças. Não é assim que eu penso, mas acho que para você agora o que está valendo é o prazer e a sensação de vitória que parece estar sentindo. Eu preferiria conversar sobre isso mais próximo de você. (Percebo-me sedutor, como se fosse uma conversa de namorados.)
>
> F.: Você quer entrar, né? Mas não vai". (Permanece irônico e triunfante.)
>
> D.: Acho que tem mais coisas. Você está querendo ver qual é minha reação. Se gosto de você. Se fico bravo e mando-o embora, ou se confio em você.
>
> F.: Então canta uma música.

D.: Sabe que esta conversa está parecendo conversa de namorados? É mais fácil falar o que se está sentindo pelo telefone, a uma certa distância, do que fazê-lo diretamente; a distância se tem mais coragem.

F.: Oh! David, então por que você não canta uma música para mim?

Desenvolve-se um diálogo no qual ele insiste para que eu cante qualquer coisa. Procura incentivar-me enquanto eu me mostro inibido e sem saber o que fazer. Sinto-me constrangido, e ele assinala isso. Eu concordo, e digo-lhe finalmente que, como estou na rua, então vou cantar "se esta rua fosse minha". Entro no jogo e canto para valer.

Algo zombeteiro, ele me elogia: "Ah! David, muito bem, muito bonito". Não percebo ar de triunfo em sua voz.

Digo-lhe num tom amistoso: "Parece que estamos tendo um papo de jovens, cheio de humor e provocação. É gostoso gozar com a cara do outro. Os jovens curtem fazer isso".

Após a sessão, senti que não podia deixar passar em branco essa experiência, e pus-me a refletir. Fiz algumas conjecturas, como: deixar-me trancado do lado de fora era, para mim, querer me separar de algo seu. Praticava comigo um diálogo no qual eu poderia estar sendo como uma garota. Havia também o desejo de me usar para sentir sua potência, sua capacidade de triunfar ao me submeter. Percebia também que ele estava me possibilitando sentir algo de ruim e de difícil que já devia ter experimentado em sua vida: a dependência, a espera, a submissão, a impotência.

Parecia-me que aquela experiência atual nos abria as portas para descobrirmos um mundo novo: a luta que estava se passando dentro dele, entre o bebê que um dia ele foi e o adulto que ele estava desejando ser. Talvez o inefável fosse o ato de um manter-se ligado ao outro pelo interfone, reproduzindo vivências dos vínculos primitivos: a ligação umbilical, a fragilidade da relação com a mãe durante a gestação ameaçadora de sua irmã. A vivência da responsabilidade recíproca pela manutenção do vínculo.

Dificilmente se descobrirá quais as reais fantasias existentes nesses momentos vividos na sessão. Entretanto, creio ser adequado dizer que vivemos algo de muito primitivo, próximo às primeiras identificações, que intuitiva e empaticamente estavam presentes em nosso campo relacional, o campo psicanalítico.

No final da sessão, F. pôde me ouvir e, com um ar deprimido, ainda tentou fazer mais alguma brincadeira, ao que lhe respondi: "está no final de sua hora, precisamos desligar". Prontamente ele o fez, vindo abrir a porta. Deu um tapa amistoso em minhas costas, disse tchau e foi-se embora. Senti-me cansado e aliviado, mas uma sensação de bem-estar percorria meu corpo. Enfim havia conseguido ser continente da situação. Mais do que isso, senti que algo de positivo havia nascido dessa relação surpreendente, inclusive a possibilidade de escrever sobre o inefável dessa experiência.

Comentários

A apreensão das configurações mentais arcaicas, os chamados estados primitivos da mente, ocorre na relação transferencial predominantemente por meio de manifestações pré-verbais, com predomínio de identificações projetivas.

Chamo de manifestações pré-verbais o conjunto de reações psíquicas que determinam o clima da sessão, o ritmo da relação, o grau de empatia, a resultante das interações entre os aspectos da mente primitiva do paciente com a de seu analista.

São expressões que estão mais relacionadas aos aspectos criativos (arte) do que a uma percepção intelectual da relação. Ambos são importantes e complementares. Ora ocorre predomínio do processo primário, ora do secundário, oscilando no transcorrer da sessão analítica.

Entre os elementos que caracterizam os estados primitivos da mente, desejo salientar: 1) a organização do self primitivo; 2) a relação self/objeto; 3) os mecanismos defensivos no desenvolvimento e na organização do ego primitivo: caos, angústia catastrófica, identificação adesiva, cisão, negação, idealização e identificação projetiva.

No transcorrer de uma relação, moduladas as ansiedades, estabelece-se um sentimento básico de confiança. Esse sentimento origina-se da possibilidade do encontro do sujeito com um objeto real externo, capaz de ser continente e metabolizador desse processo complexo.

O intercâmbio adequado entre sujeito e objeto real externo possibilitará condições para a mente primitiva organizar-se e estruturar um self coeso, capaz de diferenciar-se e de discriminar-se do objeto real externo, com a consequente formação de um espaço mental, localização virtual dos objetos internos. Na evolução desse processo, o ego organiza-se, discriminando diferentes mundos psíquicos: interno-externo, e suas relações de objeto parcial/total.

Na sessão apresentada, pode-se observar a presença de vários movimentos psíquicos ocorrendo simultaneamente. São reveladores de aspectos evoluídos e primitivos da estrutura psíquica.

No primeiro momento da sessão, quando nos encontramos na entrada da casa, estabeleceu-se um tipo de movimento psíquico caracterizado pelo impacto, pela surpresa que F. pôde causar em mim. Pelo tempo de convivência que temos, sei que esse é seu modo de ser: impulsivo, imprevisível, irônico, bem-humorado, brincalhão, um tanto hipomaníaco.

Ante minha impossibilidade objetiva e subjetiva de reagir de outra maneira, o que me restava era brincar. Estabeleceu-se um diálogo inominável. Um misto de algo encantador e diabólico, no qual F. se apresentava com as características essenciais do seu modo de ser.

Minha função naquele momento era me deixar ser levado e usado por ele, sem perder a visão de minha função analítica. F. relacionava-se comigo por meio de sua singular configuração de ser. O que Bollas (1992) chamou de "idioma da personalidade". Algo inerente aos aspectos constitucionais da reatividade psicológica do aparelho mental. Algo que é a base da estrutura primitiva e posterior ao aparelho psíquico. É por meio dela e concomitantemente a ela que se desenvolvem as identificações primárias.

Identifico em suas atuações elementos controladores, perversos, onipotentes, de triunfo sádico, que eram usados para submeter o objeto à tirania dos seus desejos primitivos. Usava sua inteligência e esperteza, e minha aparente ingenuidade, na busca de um prazer imediato, enquanto tentava impedir minha capacidade de pensar. Entretanto, pude perceber que F. estava me comunicando alguma outra coisa, diferente desses elementos mencionados. Eu possuía, a essa altura do processo analítico, certo grau de consciência de que muito de nossa comunicação passava-se por vias diferentes daquelas oriundas de uma comunicação cujo conteúdo narrativo tivesse importância pelos seus significados explícitos ou simbólicos. Eu sabia, intuitivamente, que, naquele momento, interpretações seriam ineficazes e até mesmo indesejáveis.

Não era o mais importante no contexto dessa sessão identificar fantasias ou conflitos intra ou interpsíquicos, ou identificar as habilidades do ego em lidar com os aspectos destrutivos e amorosos.

O importante era ter aceitado o seu movimento espontâneo, a sua impulsividade e criatividade, o aspecto psicótico de sua personalidade como parte integrante de seu ser. Nisso estão implícitos dois movimentos psíquicos fundamentais: as características de reatividade de seu equipamento psicológico e as partes inerentes do seu self.

Creio que contratransferencialmente, e depois por meio da racionalidade, pude perceber e aceitar meu sentimento de impotência, que, acrescido de experiências anteriores, conduziu-me a não usar de qualquer movimento no sentido de destituí-lo de suas intenções. Fazê-lo seria indesejável, pois eu corria o risco de intensificar seus prazeres ante o controle onipotente e sadomasoquista que exercia na relação.

Sinto ter vivido momentos de frustração, raiva, autorrecriminação e medo. Medo de mim, de perder o controle de minha raiva.

Medo de que algo pudesse ocorrer no interior do consultório, que pusesse em risco minha privacidade e a segurança dele. Digo "creio", pois não posso garantir que tudo isso que estou descrevendo agora tenha se passado com clareza naquele momento. Lembro-me de que, num dado instante, "eu sorria para não chorar", e larguei, momentaneamente, meu corpo contra a porta.

Sua atitude me desmontou. Respirei fundo e me recompus. Algo me dizia que o que eu devia fazer era brincar. Isto é, resgatar partes de minha adolescência irreverente, do meu senso de humor e da minha criança. Pude despir-me dos padrões técnicos e do meu superego psicanalítico para ser aquilo que eu podia ser naquele momento. O quanto possível, "sem memória e sem desejo". O que restou talvez tenha sido algo do meu "gesto espontâneo", isto é, aceitar a brincadeira e entrar no jogo.

Estabeleceu-se, então, um diálogo diferente, cuja comunicação transcendia o conteúdo das palavras e o significado simbólico do jogo estabelecido. Era a forma de F. poder estar comigo. Era o seu modo espontâneo de ser. Senti que F. estava me usando como se fosse um objeto seu; um pedacinho de pano, seu boneco, a quem podia aproximar, afastar, morder, bater, seduzir, rejeitar, desprezar, odiar e amar.

À medida que pude me sentir mais à vontade comigo mesmo naquela situação esdrúxula, meus medos atenuaram-se e um sentimento de serenidade tomou conta de mim. Devo dizer que senti até mesmo um prazer secreto por ter o privilégio de estar vivendo aquela situação tão rica de experiências.

Senti satisfação ao intuir que aqueles movimentos psíquicos existentes entre nós tinham alguma coerência para F. e para mim.

Havia um sentimento de holding. Provavelmente essa condição estava possibilitando a F., ao me usar como um objeto transferencial, à semelhança do objeto transicional de Winnicott, exercitar o uso de aspectos desenvolvidos e primitivos de sua personalidade.

A parte desenvolvida estava presente por meio de seus aspectos intelectuais, da trama que rapidamente conseguiu armar, de suas observações a meu respeito (está nervoso, quer entrar, eu te pago, a consciência de que estava zombando de mim), revelando capacidade de discriminação espacial (o dentro e o fora, o meu e o dele) e temporal, detectável na pronta aceitação em deixar a sala quando foi dada por encerrada a sessão.

A parte primitiva de sua personalidade estava fusionada e penetrava na parte desenvolvida, interferindo no seu pleno funcionamento, mas adequada para o momento analítico. Era esse o seu espaço transicional. Em decorrência da regressão transferencial, emergiram diferentes movimentos psíquicos primitivos, vividos por meio de intensas identificações e contraidentificações projetivas e adesivas.

As identificações adesivas estavam representadas pela ligação intensa estabelecida entre nós por meio da ligação interfônica. Essa ligação era mais primitiva e fundamental. A existência dessa sessão dependia da qualidade de manutenção dessa relação: "por um fio", no duplo sentido que essa expressão pode ter.

A ligação, por meio das identificações projetivas, mais evoluídas e não menos fundamentais para a existência e formação do aparelho psíquico, caracteriza-se por uma indiferenciação na relação *self*/objeto. É uma relação de tipo protonarcísica, ante a qual prevalecia o sentimento de o analista estar sendo usado como parte dele, e não como um espaço no qual podia projetar partes de sua pessoa. Senti como se eu fosse um prolongamento dele, com o qual o paciente se relacionava por meio da minha pessoa.

Nas identificações projetivas, o paciente coloca e identifica algo de si no analista. A diferença em relação às identificações adesivas é sutil, mas fundamental, visto que nas projetivas, ao usar o analista como um objeto seu, o paciente já possui certa discriminação inconsciente entre o self e o objeto.

Pareceu-me que F. estava descobrindo e exercitando os potenciais de seu corpo-mente, seu instrumental afetivo, por meio da relação com o analista. Incluo nesse nível de suas descobertas sua excitabilidade, tolerância a suportar frustração, capacidade criativa e adaptativa, capacidade de controle onipotente do objeto, elementos indispensáveis para o desenvolvimento e a organização de um ego primitivo coeso e integrado.

Penso que é a partir de uma evolução dessa natureza que o bebê caminha de um estado de não integração para a organização do estado narcísico. Esse sentimento de unidade narcísica constitui-se graças às forças de coesão dos múltiplos investimentos parciais.

Por meio desses movimentos psíquicos primitivos, surge a descoberta do seu verdadeiro idioma, do verdadeiro self, do potencial afetivo que tem à sua disposição. Identifica em si a existência de múltiplas qualidades psíquicas: integração-não integração, prazer-dor, investimento amoroso-agressivo, qualidades de pensamento (refiro-me à teoria da grade de Bion), sensorialidade-representação, memória, potência-onipotência-impotência etc. Descobre, por meio do seu idioma, a existência de um mundo mental, semelhante ao que o bebê faz quando explora e descobre o seu corpo.

Na descoberta desse idioma, ocorrem processos que possibilitam a transformação de pré-concepções de sua imagem corporal em concepções. Elas não ocorrem em estado puro. Isto é, resultam de um encontro daquilo que é o potencial psicológico com a presença do objeto real externo, que dá vida, consistência e significado ao movimento espontâneo.

Os movimentos realizados pela pulsão ao investir concomitantemente sujeito e objeto (interno e externo), por meio dos mecanismos psíquicos primitivos até então conhecidos, são metabolizados por meio da relação com o objeto real externo.

O primeiro objeto real externo investido, a mãe, por suas qualidades psíquicas de holding e de *rêverie*, realiza apreensão, continência, modulação e transformação das comunicações afetivas, cognitivas e relacionais estabelecidas com o bebê, possibilitando a ele a organização e o desenvolvimento do "self verdadeiro".

Vale lembrar que o "self verdadeiro" não se desenvolve em estado puro, pois se trata de um potencial cujo desenvolvimento e expressão decorrem da relação com o outro, sofre suas influências e o influenciam.

Voltando à sessão com F., à medida que ele praticava o idioma de sua personalidade inconscientemente, também manipulava inconscientemente o analista por meio dos movimentos transferenciais de natureza especular e idealizadora (Kohut, 1971/1988).

Quando F. indaga-me zombeteiro, ao perceber-me impotente, "Ficou nervoso, hein?", entendo que ele tem a oportunidade inconsciente ou pré-consciente de, por meio da percepção do self de seu analista, identificar se a qualidade psíquica "impotência" está ou não incorporada à personalidade do analista.

Em outras palavras, o paciente busca, inconscientemente, uma discriminação no sentido de identificar como o analista reage e lida com aspectos do seu self primitivo. Se prevalece o falso self do analista, ele se defende, por exemplo, com arrogância. Caso prevaleça o self verdadeiro, o paciente pode intuir que o analista tem integrado à sua personalidade o sentimento de impotência, sem que esse sentimento ameace sua autoestima.

Nesse caso, identificações projetivas intensas do paciente estão mobilizando no analista aspectos de sua configuração psíquica arcaica, caracterizando o modelo de transferência especular.

Portanto, dependendo de como essa qualidade psíquica está integrada à personalidade do analista, o paciente, por identificação introjetiva, poderá incorporá-la ao seu self como um elemento real, verdadeiro, integrante de seu corpo-mente, sem que isso necessite permanecer projetado fora do seu self. No exemplo citado, a qualidade psíquica é o sentimento de impotência, por sinal extremamente doloroso de ser vivido.

Para tanto, é fundamental que o analista tenha sido bem analisado em seus aspectos narcísicos para poder suportar a dor despertada pelo paciente. Por vias associativas inconscientes (Freud, 1895/1973a, 1900/1973b), o analista entra em contato com vivências primitivas relacionadas à qualidade psíquica "impotência".

Dito de outra forma, o bebê do analista emerge e, dependendo das características das relações primitivas retidas na memória afetiva (vivência) do analista, poderá alcançar, por via contratransferencial, por meio de sequências associativas de identificações e contraidentificações projetivas, o inconsciente de seu paciente.

Este, por sua vez, terá a oportunidade de, por meio de identificações introjetivas, incorporar os aspectos do seu self, até então não integrados como parte dele e vividos, portanto, como objetos estranhos e persecutórios ao próprio self. Cria-se assim a oportunidade para que ocorram transformações de atuações em ações mais elaboradas do ego, como a capacidade de pensar pensamentos em vez de alcançar a homeostase psíquica por meio de descargas catárticas.

Nas transferências idealizadoras (Kohut, 1971/1988), ocorre projeção de aspectos do ego ideal. Parece-me que F. tem uma expectativa de que pode tudo fazer com o analista, e que o analista tudo suporta.

Em relação ao caso clínico, F., certa vez, ao querer se pendurar na corrente do lustre de nossa sala de trabalho e ser interditado, disse-me: "Eu pago, portanto, posso fazer tudo o que quero".

Essa, como outras situações diante das quais tive de impor limites ao paciente, despertou em F. a oportunidade de vivenciar a experiência de, ao me desafiar e fazer-me sentir seu poder, também despertar a possibilidade de sentir que eu não correspondia à imagem que ele projetava em mim, idealizado à sua imagem, um super-homem que tudo pode ou aguenta.

Por outro lado, F. teve de se defrontar com a minha realidade e limites, que despertavam nele frustração e hostilidade, vivenciando a desilusão da perda do objeto, ideal.

Ao perceber que eu cuidava de minhas coisas, que defendia algo que representava o meu amor-próprio projetado sobre o lustre, ele podia incorporar a experiência de estar sendo bem cuidado. Era uma situação espontânea, que contribuía para a percepção da necessidade de encontrar limites, modular a agressividade e os prazeres perversos para não destruir o objeto de amor e, em consequência, não se destruir pela sua própria destrutividade.

A consequência desses movimentos recíprocos espontâneos foi a oportunidade de viver, significar ou ressignificar a experiência. Ao lidar com sua agressividade, destrutividade e criatividade amorosa, o paciente pôde reelaborar suas fantasias onipotentes e idealizadas.

Farei a seguir breve referência a outro movimento psíquico pré-verbal identificado numa paciente adolescente anoréxica, com crises de bulimia intercaladas.

Caso clínico 2

Em seus relatos, as queixas de ingestão desproporcional de alimentos seguida de vômitos eram frequentes, acompanhadas de perda de peso até atingir um limiar crítico (43 kg) para o seu desenvolvimento físico.

Durante o processo analítico, fui sentindo intensa angústia, despertada pelo contraste existente entre o clima das sessões, aparentemente calmo e integrado, e minhas preocupações com seu estado físico. Eu a via definhando, esvaindo-se em minha frente. Vinham-me lembranças de campos de concentração.

Minhas interpretações eram bem-aceitas. Não existiam maiores tensões ou confrontos. Sua aparente indiferença com seu estado físico estava me angustiando. Ela dizia: "O que eu quero é manter este peso. Gosto do meu corpo assim. Não é ele quem vai mandar em mim".

Informei-a de minhas preocupações objetivas em relação ao seu estado físico. Ela compreendia racionalmente minha inquietação, mas queria pesar 43 kg, esse era o peso ideal para o seu corpo, segundo seu gosto estético. O corpo é dela, e ele tem de se submeter a ela, e não o contrário.

Eu notava traços depressivos, mas seu discurso era de aparente tranquilidade, e muito racional. Era como se o problema físico fosse mais meu do que dela. Minha angústia atenuou-se quando a paciente concordou em ser acompanhada concomitantemente por um psiquiatra clínico.

Algumas sessões após ter tomado essa iniciativa, por duas sessões consecutivas eu a recebi atrasado. Eu tinha plena consciência de seus aspectos controladores, principalmente de sua fragilidade egoica e sensibilidade. Havia uma preocupação em atendê-la prontamente, pois pequenas frustrações despertavam intenso ódio contra mim.

Em meu segundo atraso consecutivo, senti-me muito mal, com náuseas e culpado. Constrangido, desculpei-me pelo atraso inusitado. Percebi que eu ficara deprimido.

A partir do meu mal-estar, sugeri à paciente que o sofrimento que eu estava sentindo poderia se assemelhar ao seu, nos momentos em que ela falhava e se punia comendo vorazmente e vomitando.

Para meu espanto, num momento de grande emoção, a paciente foi se encolhendo no divã, adotando posição fetal. Deprimiu-se. Após um longo silêncio, lentamente pôde voltar a falar.

Algo de inefável havia se passado em nossa relação, algo que possibilitou, por meio de uma comunicação de inconsciente para inconsciente, o desencadeamento em meu corpo de uma sintomatologia que supus análoga à da paciente, provavelmente fruto de minhas experiências primitivas. A dor por mim vivida, em decorrência do meu atraso, despertou em mim sentimentos de culpa e de fracasso. Senti em meu corpo algo de minha agressividade expresso por náuseas e mal-estar geral.

Prevaleceram nessa situação mecanismos de identificação projetiva, os quais contribuíram para o desenrolar do processo associativo e elaborativo de identificações e contraidentificações projetivas, até ter sido possível a formulação verbal de minha hipótese sobre os caminhos seguidos pela agressividade da paciente, dirigida contra o seu próprio corpo. Era uma verdadeira dissociação entre corpo e mente, uma vez que o sofrimento ficava no corpo, enquanto a mente, aparentemente tranquila, exercia seus poderes onipotentes de controle tirânico do objeto. Controle em parte projetado contra o próprio corpo, e em parte dirigido ao corpo-mente do analista.

O fato de o analista ter percebido e falado de sua própria dor, originária dos sentimentos de culpa, pela ação do seu superego, identificado com o superego da paciente, abriu inconscientemente para a paciente a oportunidade para que ela evoluísse por meio de processos associativos à depressão elaborativa e reparadora (posição depressiva de Klein). A paciente pôde alcançar a percepção de sua violência crítica em relação às suas falhas e aos seus ideais narcísicos, bem como sua relação com o objeto idealizado.

O ódio decorrente de suas frustrações nas relações com os objetos idealizados, projetado sobre o próprio corpo como um objeto interno ou sobre um objeto externo, o analista, deturpa sua percepção e avaliação das realidades interna e externa. A hipótese aventada foi de que a jovem deslocava sobre os atos de comer e vomitar a representação de mecanismos de tentativas de controle, de introjeção e projeção, à semelhança das projeções identificadas por meio dos sentimentos do analista.

A proposta teórica que formulo em relação a esse movimento psíquico é que os conflitos superegoicos e narcísicos da paciente permaneciam distantes da possibilidade de representação simbólica, devido a mecanismos repressivos e dissociativos característicos do processo primário. Na busca por alcançar sua identidade idealizada, os aspectos do self primitivo não integrados à sua personalidade foram projetados sobre o corpo, mas fora do self. Enquanto essas projeções estavam deslocadas sobre o corpo da paciente, não se podia ter acesso a elas na relação transferencial. Quando, por identificações projetivas maciças, essas projeções puderam ser deslocadas para o corpo do analista, este teve mobilizado em si seus aspectos superegoicos e narcísicos primitivos, manifestados por meio de náuseas, culpa e depressão.

Por repercussões conscientes ante as reações contraidentificatórias (percepção da dor e da culpa, náuseas), foi possível formular a hipótese que permitiu à paciente identificar-se. Associações inconscientes levaram-na a se deprimir e a associar simbolicamente, em virtude do insight ocorrido.

O que procuro evidenciar nesse movimento é a identificação projetiva situada sobre o corpo da paciente, como se essa parte do corpo atingida fosse vivenciada como fora do espaço representado pelo self.

Ao finalizar este capítulo, quero dizer que, por mais que eu tenha tentado descrever algo sobre o inefável na situação analítica, ele permanece inominável, mas perceptível para aqueles que, por meio da leitura deste trabalho, puderam sentir tanto no corpo quanto na mente o que está contido em suas entrelinhas.

Referências

Blay Neto, B. (1989). Comentários ao trabalho: "O *acting out* em pacientes seriamente perturbados e psicóticos", de David Rosenfeld. *Revista Brasileira de Psicanálise*, 23, 307-312.

Bleger, J. (1973). La identidad del adolescente: fundamentos y tipicidad. In J. Bleger et al., *La identidad en el adolescente.* Paidós-Asappia.

Bollas, C. (1992). *Forças do destino: psicanálise e idioma humano.* Imago.

Cassorla, R. (1990, outubro). *Comunicação primitiva e contra-reação na situação analítica.* [Apresentação de trabalho]. Reunião científica da Sociedade Brasileira de Psicanálise de São Paulo, São Paulo.

Ferreira, A. B. H. (1986). *Novo dicionário Aurélio da língua portuguesa.* Nova Fronteira.

Freud, S. (1973a). Proyecto de una psicologia para neurologos. In S. Freud, *Obras completas.* Biblioteca Nueva. (Trabalho original publicado em 1895).

Freud, S. (1973b). Interpretación de los sueños. In S. Freud, *Obras completas.* Biblioteca Nueva. (Trabalho original publicado em 1900).

Knobel, M. (1969). A inclusão do *acting out* terapêutico na interpretação durante a análise de adolescentes. *Revista Brasileira de Psicanálise, 14,* 47.

Knobel, M. (1991). Psychotherapy of psychosomatic disorders in adolescence. *Dynamische Psychiatrie, 128/129,* 176-188.

Kohut, H. (1988). *Análise do self.* Imago. (Trabalho original publicado em 1971).

Levisky, D. L. (1987). *Acting out* na análise de crianças: um meio de comunicação. *Revista Brasileira de Psicanálise, 21,* 509-27.

Levisky, D. L. (1989). Inscrição mental pré-verbal e contratransferência. *Revista Brasileira de Psicanálise, 23,* 137-54.

Levisky, D. L. (1991). Contratransferência: uma modalidade perceptiva. In J. O. Outeiral, & R. Graña, *Donald W. Winnicott: estudos* (pp. 173-187). Artes Médicas.

Winnicott, D. (1990). Teoria do relacionamento paterno-infantil. In D. Winnicott, *O ambiente e os processos de maturação.* Artes Médicas. (Trabalho original publicado em 1960).

13. O psicanalista de adolescentes e de crianças: a identidade psicanalítica

O que segue é fruto de minha experiência, e não pretendo generalizá-la como paradigma da formação da identidade psicanalítica, ainda que, em alguns aspectos, ela possa refletir a trajetória percorrida por muitos profissionais.

O psicanalista de adolescentes e de crianças é, antes de mais nada, um psicanalista, cuja formação específica é complementar à formação psicanalítica geral. Além da especificidade de formação, são desejáveis traços de personalidade por meio dos quais o profissional se identifique com tais pacientes.

Há um mito de que a análise de adolescentes é difícil, e até mesmo impossível. Minha experiência conduz-me a pensar de forma diferente. Ela é interessante, agradável, angustiante, surpreendente e gratificante. Depende, e muito, do encontro da identidade profissional. É um trabalho que requer não só interesse pela criança e pelo adolescente: mais do que isso, é preciso gostar e ter afinidade pela causa da criança e do adolescente reais. Esse estado de espírito é diferente do interesse pela criança psíquica, ou o estado mental adolescente que o adulto carrega consigo.

Para trabalhar com essas faixas etárias, como tentei mostrar nos diversos casos clínicos apresentados, impõe-se uma disponibilidade afetiva própria, não só para viver intensas regressões como também para ter interesse pelo universo psíquico dos jovens, diferente daquele do adulto. Implica usar outras linguagens e falar de coisas nem sempre consideradas interessantes pelos adultos. É poder regredir e viver o mundo das fantasias, muitas terroríficas, sem por elas ser destruído.

No trabalho específico com adolescentes, pelas características inerentes ao seu desenvolvimento psíquico, o analista terá de viver o impacto constante das confluências dos mecanismos psíquicos primitivos e atuais dominantes na relação analítica.

Para trabalhar com essa faixa etária é necessário ter conhecimento das características do desenvolvimento biopsicossocial que a envolve, bem como das teorias e técnicas psicanalíticas específicas a ela. Com esses elementos, o profissional poderá instrumentalizar melhor suas relações com o paciente e sua família na compreensão das características normais e patológicas de cada período evolutivo.

Não se pode dizer que a análise de adolescentes seja monótona. Ela atravessa desertos e oásis, enterros e carnavais. Contrastes, contradições, antagonismos, oscilações confluentes e divergentes em meio a harmonias, sínteses, integrações. O narcisismo é efervescente e contundente.

O adolescente é invasivo e questiona, despreza, debocha e oferece amor, reconhecimento, gratidão. Em todas as análises, esses elementos estão presentes, mas a intensidade, a vibração, o contato direto mente/mente, inconsciente/inconsciente são próprios dessa experiência.

Ser analista de adolescentes é entregar-se a esse bailado psíquico, dançá-lo na fantasia, por vezes no corpo, até alcançar as palavras e o pensamento sublimado.

O inconsciente da criança e do adolescente mobiliza no profissional múltiplas vivências simultâneas. Vive-se na sessão analítica um estado mental normalmente imaturo, entremeado a estados regressivos, dissociados ou não integrados, e sua parte mais evoluída. Isso significa captar o psiquismo do paciente, decodificá-lo na linguagem adulta e recodificá-lo por meio de um sistema de comunicação adequado ao momento de desenvolvimento evolutivo da criança ou do jovem.

A personalidade do profissional precisa ser razoavelmente integrada, para conter as intensas identificações projetivas, estados mentais caóticos, autísticos, fusões, adesões, carregados de catexias amorosas e destrutivas, indiferenciadas ou não. Lembro que a fragilidade e labilidade da estrutura egoica do adolescente fazem com que o analista tenha de usar sua perspicácia e delicadeza na comunicação dos seus pensamentos ao paciente.

A análise de adolescentes mobiliza intensas reações contratransferenciais, graças à presença maciça de mecanismos psíquicos primitivos. Põe em evidência os aspectos adolescentes do analista, positivos e negativos. O analista pode identificar-se com os pais internos de sua adolescência, ou com as fantasias do seu paciente. Pode deixar-se levar e projetar sobre o paciente fantasias que abriga em relação aos seus próprios filhos e, inconscientemente, ocupar o espaço do pai que não lhe cabe ser.

A adolescência desperta muita inveja e competitividade no analista. Caso não esteja atento, poderá surpreender-se reagindo de maneira superegoica diante das aventuras adolescentes, que já lhe vão longe, ou estimulando-se ao que já lhe é nostálgico.

Certo ritmo competitivo pode fazer parte do jogo existente na relação dual. É preciso ter em mente, bem interiorizada, a necessidade de preservação do *setting* analítico, de modo a não perder a percepção de sua função na relação. A importância do *setting* mental prevalece à do *setting* geográfico, como tentei demonstrar em capítulos anteriores. A perda da percepção da função analítica acarretará consequências. A competição ou outros afetos intensos perderão seus aspectos lúdicos e de dramatização, transformando-se numa imposição de vitória ou de triunfo sobre o paciente. Este, em vez de receber a interpretação, sofrerá a atuação do analista. Essa circunstância pode ser inevitável, mas reflexos dela captados pelo analista, ainda que *a posteriori*, poderão ser úteis para a evolução da relação.

Portanto, ser analista de crianças e de adolescentes implica transitar pelas camadas mais profundas da própria personalidade, e de lá poder sair.

Humor, espírito jovial, insinuações e certo sabor de desafio podem dar à relação um sabor lúdico, sem jamais se incorrer no erro de desprezar, desrespeitar, debochar ou inferiorizar o adolescente. Os jovens são muito sensíveis a situações que possam ferir sua autoestima, fragilmente mantida durante as fases mais críticas desse processo cíclico e instável.

Os adolescentes são perspicazes e intuitivos. Captam quando o analista falta com autenticidade ou defende-se por meio de um falso self profissional exagerado. Nos casos clínicos apresentados no decorrer desta obra, deixo caracterizados muitos desses momentos.

Há situações que permitem ao analista usar certo ar de arrogância, deboche, ironia, dramatização, tendo um valor interpretativo nem sempre pelo seu conteúdo, mas pelo clima emocional que cria. O analista pode reproduzir, com humor e espírito lúdico, por meio de uma encenação teatral, certa categoria afetiva: "Sim, senhor capitão", batendo continência após um discurso prepotente do jovem, desmistificando alguma fantasia de temor pela sua agressividade e onipotência, vivenciando concretamente a imagem que ele transmite, via interpretação especular. São comunicações que requerem tato para usá-las e, principalmente, sinceridade de sentimentos.

O jovem clama por desafios, os quais são vividos dentro da relação transferencial. Veja o caso descrito no Capítulo 10, "Idioma sem palavras: o inefável na relação psicanalítica", cuja sessão transcorre em clima de franco desafio do paciente, método pelo qual ele busca descobrir quem é o analista quanto à sua autenticidade, capacidade de integração de seus aspectos construtivos e destrutivos.

Por meio dessas descobertas, vividas mas nem sempre verbalizadas, o adolescente vai reestruturando sua personalidade e redistribuindo suas catexias, atenuando e modificando os aspectos defensivos, transformando e atualizando suas capacidades perceptivas, afetivas, cognitivas e relacionais.

Analistas ou psicoterapeutas muito jovens podem estar próximos dos conflitos que o próprio adolescente está atravessando. Em contrapartida, analistas mais maduros em idade podem ter resistência para reviverem estados muito regressivos, instáveis e desorganizados, que caracterizam a mente do adolescente. Por ocasião da crise da meia-idade, os analistas, assim como os pais dos adolescentes, podem estar tendo de administrar conflitos e posicionamentos íntimos próximos daqueles que estão sendo vividos na relação com seus pacientes e, inconscientemente, vivendo zonas de confusão entre a função analítica e parental. Manter essa lucidez não é tarefa fácil.

O rápido e intenso acesso aos estados primitivos da mente levam o analista a ter de estar suficientemente "pronto", preparado para lidar com situações surpreendentes, contraditórias e embaraçosas. Regressões intensas de caráter pré-genital confundem-se com outras de caráter genital, tornando o clima do encontro analítico muitas vezes desconcertante, emocionante, monótono ou irritante. Vivem-se estados de mente que transitam entre situações de maior ou menor harmonia e integridade egoica.

Graña (1991) afirma que

> *o desafio na psicoterapia do adolescente deverá ser o de encontrar um espaço, um tempo e um outro que, em nome da autenticidade da psicoterapia e de uma pressuposta bondade contratransferencial, deverá deixar-se atacar pelo paciente, em seu desafio, e a este desafio sobreviverá.*

É sobre esse outro que desejo falar. Do autorretrato que se carrega e que se transforma no exercício da função analítica. Entendo que não existe um analista ideal, mas um ideal de analista; qualidades psíquicas que se procura desenvolver na busca da identidade profissional. Nesse sentido, há uma convergência quanto a certas condições básicas e comuns na edificação da identidade psicanalítica relacionadas ao trabalho com crianças, adolescentes e adultos.

Entendo que o processo psicanalítico abra espaço para transformações psíquicas dos afetos, do pensamento e das relações, as quais se centralizam, fundamentalmente, na relação transferencial/contratransferencial.

Interpretações, assinalamentos, esclarecimentos, dramatizações, comunicações não verbais mobilizam no analista, como no analisando, em nível egoico e superegoico, o contato, a reavaliação e a possibilidade de transformações de aspectos e valores da personalidade de cada um. É o que Searles (1981) caracteriza como "uma simbiose de mútuo crescimento".

É frequente na comunicação de meus trabalhos clínicos deixar transparecer essa condição, pois é assim que concebo a relação analítica. Ela é a consequência do encontro de dois seres que possuem em comum um aparelho psíquico, cada um deles capaz de gerar no outro intensas sensações, emoções, pensamentos e transformações.

Para o desempenho de suas funções, o analista necessita reunir um conjunto de atributos de personalidade, de experiências, de conhecimentos e de elaboração sobre uma série de conflitos pessoais.

Alguns ele vive em sua prática clínica, e outros fora do consultório psicanalítico, nas atividades institucionais, em funções de ensino, pesquisa, na psicanálise aplicada, ou como cidadão comum.

Penso que o ponto fundamental da questão é a identidade do psicanalista.

Na psicanálise que se pratica hoje, é difícil aceitar que algum analista se sinta verdadeiramente neutro, ou apenas um espelho refletor de seu paciente, afetivamente asséptico nessa relação íntima, profunda e peculiar.

Entendo que o analista busque desenvolver a capacidade de observar seu paciente e as reações que ele, analista, vive em virtude de seu paciente. Há movimentos constantes e bilaterais de interferências sobre o aparelho psíquico de um sobre o outro.

Quanto mais regressiva for a situação vivida pela dupla, mais o analista necessita ter a condição de viver os aspectos do seu primitivo e verdadeiro self, de ser capaz de organizar o pensamento, de estabelecer e preservar a distância necessária para manter sua função observadora binocular.

Mello Franco Filho (1992) refere-se ao trabalho analítico como a "possibilidade de que o trabalho com os analisandos leve o analista a rever seus valores pessoais, o que implica dizer que possa ser atingido em sua identidade".

Assim como o bebê ajuda a mãe a se sentir como tal e a evoluir em sua identidade materna, o mesmo pode ser dito em relação ao paciente e seu analista. Conflitos não resolvidos do analista são projetados inconscientemente sobre o paciente, que os devolve na forma de contraidentificação, assinalamento, denúncia, interpretação ou atuações. Há pacientes que despertam, consciente ou inconscientemente, inveja, erotização ou agressividade etc., identificando conflitos ou pontos cegos do profissional.

Como disse anteriormente, a evolução da identidade psicanalítica assemelha-se à evolução da relação simbiótica mãe/bebê em direção à individuação. De início, o bebê idealiza o objeto e reproduz, por imitação, certas atitudes parentais como modelo básico identificatório, até que possa, a partir de seus próprios recursos, transformá-las e recriá-las dentro daquilo que representam os aspectos autênticos de sua identidade e personalidade.

Vejo de forma similar a evolução da identidade psicanalítica, indo de uma fase incorporativo-imitativa para, ao longo do tempo, alcançar um sentimento de emancipação, autonomia e autenticidade naquilo que se constitui a sua identidade profissional.

Essa identidade define-se por um conjunto de conhecimentos teóricos e vivenciais e pelo desenvolvimento de uma série de atributos pessoais.

Os conhecimentos são adquiridos e desenvolvidos por meio da análise pessoal, da autoanálise, da prática clínica, dos cursos teóricos e seminários clínicos, das supervisões, das reuniões científicas e das leituras não só especializadas.

Ensaios e erros, períodos de ansiedade, revolta, dúvida, angústia e solidão são uma constante na efetivação desse processo evolutivo, até alcançar uma tranquilidade relativa.

Aos poucos, descobre-se o sabor, a gratificação e a presença de um sentimento que eu arriscaria chamar de "certa dose de vocação". São experiências emocionais e reflexões que, num movimento de vaivém, são transformadas, recriadas e assimiladas, constituindo-se no arsenal de vivências que estruturam a identidade.

Qualidades psíquicas adquiridas ou desenvolvidas ao longo da formação interminável contribuem para o sentimento de segurança e servem de pontos de referência internos, concomitantes à flexibilidade mental, criatividade e disponibilidade para novos questionamentos. É uma busca constante para se aproximar da verdade afetiva, ainda que ela tenha apenas um caráter transitório, válido para aquele momento.

A evolução da psicanálise reflete-se no desenvolvimento da identidade psicanalítica, e a evolução da identidade psicanalítica interfere e transforma a psicanálise. Observe-se o que se passa em relação às mudanças na compreensão da psicopatologia psicanalítica, na evolução do conceito de cura, de neutralidade, das características da relação transferencial/contratransferencial, da participação do analista dentro e fora do consultório, na cultura e na sociedade.

Acrescem-se ao processo evolutivo da psicanálise questões circunstanciais quanto aos recursos disponíveis para formação, desenvolvimento e manutenção atualizada da identidade psicanalítica.

Interferem no desenvolvimento da identidade profissional questões inerentes à vida institucional e à evolução das diferentes correntes de conhecimentos da teoria e da técnica psicanalíticas. Um conjunto incomensurável de fatores externos à psicanálise, mas que sobre ela atuam, faz parte da realidade na qual o processo psicanalítico se desenrola, como questões de natureza econômica, política, social e ética.

Esse conjunto de situações leva o analista a um trabalho dinâmico e constante de revisão, por meio de reflexão, autoanálise, reanálise, supervisões formais e informais, leituras diversas, suas atitudes conscientes e pré-conscientes quanto à sua identidade profissional e quanto à sua identidade fora do consultório psicanalítico.

Dependendo da natureza da personalidade de cada um, poder-se-á preservar fidelidade ou não a uma única escola teórica ou técnica psicanalítica. Penso que o movimento atual do conhecimento tende para a síntese de dados oriundos de várias fontes, mesmo que de naturezas distintas. Veja as correlações que Capra faz em *O tao da física* (1987) e *Ponto de mutação* (1982) entre religião, física quântica e psicanálise.

A técnica é necessária para ter parâmetros – como, quando, onde, por que se está lidando com o material psíquico e com seus significados, alcançados por meio de paradigmas. Mas ela não pode tolher a espontaneidade e a criatividade da relação, com o risco de o analista tornar-se um mero repetidor de teorias.

Hoje entendo a técnica psicanalítica como algo inseparável da personalidade do analista, das características do vínculo estabelecido, do campo relacional que analista e analisando criam na relação dual. Portanto, não vejo a possibilidade de transmitir pedagogicamente uma técnica de análise. Ela é fruto de uma busca individual, a partir da identidade profissional que vai se estruturando ao longo da experiência de cada um.

Analisada a questão por outro vértice, pode-se dizer que há um conjunto de atributos desejáveis de serem alcançados e aprimorados pelo analista em seu processo contínuo de busca da identidade profissional.

Acredito que alguns desses atributos são comuns àqueles que abraçam essa profissão. Eles estão presentes, de forma latente, antes mesmo do início da formação profissional. Trata-se do interesse, ou mais, da necessidade e da sensibilidade do indivíduo relacionadas ao seu sofrimento psíquico.

Ao ser possuidor de curiosidade e introspecção relacionadas às coisas da mente e seus mistérios, abrem-se caminhos em direção ao desconhecido de cada um e cria-se a oportunidade para observação, investigação e desenvolvimento na busca da identidade psicanalítica.

Outros atributos dependem da organização intrapsíquica básica, ligados à biografia e ao perfil de personalidade: sensibilidade na captação das coisas psíquicas, qualidades caracteriais, capacidade de sublimação, de tolerância à frustração, razoável integração egoica, capacidade de realizar *splitting* útil, certa facilidade de trânsito no contato com as coisas do inconsciente.

O psicanalista, gente da espécie *homo sapiens*, possui tudo o que a natureza humana lhe dá o direito de ter, em seus aspectos positivos e negativos, construtivos e destrutivos.

Uma das diferenças do analista em relação ao seu paciente é sua função, o papel que ele se atribui e que lhe é atribuído, bem como os recursos que desenvolve para esse exercício. No mais, pressupõe-se que o primeiro deva ter adquirido certa consciência ou prontidão, uma vez que já entrou em contato com parte dos seus conteúdos latentes. Assim pode, junto com seu paciente, criar a oportunidade para que este se confronte com uma imagem, ideia ou fantasia nomeada pelo analista. Isso em virtude de algo supostamente vivido por ambos, a partir de um encontro particular que confronta aspectos constantes e variáveis do analista e do paciente e que os possibilita realizar transformações na atividade mental.

Para agir dentro da função analítica, o profissional precisa alcançar, por meio de longo e árduo trabalho, fruto da conquista de certa disciplina interna, um conjunto de atributos em sua estrutura dinâmica e economia egoica e superegoica.

Esse conjunto de atributos dá a ele recursos, dentro de uma situação mais confortável, para observar, captar, suportar estados de tensão, permanecer dentro de um estado de atenção flutuante, acompanhar as associações, indagar, esclarecer, interpretar, sonhar, intuir, discriminar, reparar e reconstruir, a partir do material latente emergente.

O analista, ao reproduzir na relação com seu paciente algo da relação mãe/bebê, abre possibilidades para a estruturação ou reestruturação egoica em suas relações com os aspectos pulsionais e superegoicos, por meio da identificação com as funções provedora (das necessidades básicas), contenedora (das angústias), organizadora (das incipientes funções do ego, possibilitando o desenvolvimento das noções de limite, de juízo crítico, discriminação etc.) e significadora (dos valores, dos papéis e da linguagem), como expõe clara e sinteticamente Zimerman (1991).

Como todo saber, a identidade analítica também é um processo dinâmico. Passa por fases de instabilidade, atinge certo patamar de estabilização, até que surjam novas inquietações que mobilizam a pessoa do analista a entrar em contato com suas próprias ansiedades, dúvidas, incertezas e ignorâncias.

O analista, a partir da análise pessoal, desenvolve uma capacidade de trânsito mais livre na relação com o seu inconsciente e pré-consciente, identificando os aspectos destrutivos e construtivos de sua personalidade. Dessa forma, abrem-se condições para o surgimento de aspectos criativos. Vivem-se situações transitórias de caos psíquico, as quais podem alcançar outros níveis de organização egoica e superegoica.

O protagonista, a pessoa do analista, vive uma dualidade paradoxal, conflitiva e tranquilizadora, que sustenta o exercício da função analítica. Isso significa que o analista necessita desenvolver a capacidade de circunscrever para não desagregar, e de ampliar para não perecer. Necessita desenvolver a capacidade materna de continência para suportar certo grau de caos, destrutividade, regressão, estados de incoerência, isolamento, inexistência, ignorância, descontinuidade, fusão e dependência.

O amor na busca pela verdade (verdade no sentido de aproximação com a realidade), seja ela subjetiva ou objetiva, é outro esteio da identidade psicanalítica que abre espaço para a integração e dá condições para viver o poder da vida criativa, da representação simbólica, do desenvolvimento do pensamento e da linguagem.

A formação dessa identidade profissional interage e confunde-se com a própria definição da identidade pessoal, que, por sua vez, interage nos caminhos trilhados para a formação profissional.

A jornada é longa e árdua. Compensadora, se observada *a posteriori*, quando se descortinam as riquezas dos caminhos percorridos,

dos conteúdos latentes e suas relações com a realidade externa, seus abismos, cavernas, buracos vazios.

Longe das idealizações e do concretismo imediato, descobre-se um acervo de potencialidades a serem desfrutadas. Ou a resignação, diferente de conformismo, ante os limites que as realidades interna e externa impõem.

É a partir da percepção das próprias indefinições e gratificações, usufruídas no desenrolar da análise pessoal, da experiência clínica, familiar e da vida cotidiana, que o analista adquire respeito à dúvida.

O acúmulo de experiências lhe dá uma certa convicção, segurança, relacionada às oportunidades psíquicas que se estabelecem e ao conhecimento gerado pela integração entre a percepção afetiva e a reflexão.

Faz parte da organização intrapsíquica básica do analista a confiança na possibilidade de adquirir novos entendimentos por meio da introspecção e do *insight*.

Outras qualidades psíquicas da identidade psicanalítica são tolerância e respeito às características do paciente, à sua estrutura de personalidade, ao seu tempo de processamento da vida emocional e cognitiva, aos seus processos de mudança e às suas limitações.

O analista, ao alcançar a consciência de suas características pessoais mais primitivas, poderá tolerar e respeitar seus próprios limites e a velocidade do seu processamento psíquico e, fundamentalmente, aprender a lidar com seus aspectos narcísicos. Só assim haverá reciprocidade na relação com seu paciente, podendo desempenhar sua função com maior disponibilidade emocional e liberdade de pensamento.

São fundamentais, para a evolução do analista, a atenuação e a elaboração dos seus aspectos narcísicos, das idealizações, da onipotência, bem como o desenvolvimento das capacidades de pensar em condições adversas e de ser tolerante à frustração, condição inerente ao trabalho psicanalítico. Aprende a suportar melhor as incertezas, as perdas temporárias do entendimento, da coerência formal e a descontinuidade temporoespacial.

Com a aquisição e/ou desenvolvimento desse instrumental, o psicanalista estará habilitado a realizar sua função dentro de condições de maior tranquilidade, disponibilidade psíquica e de continência.

Quanto mais profunda tiver sido sua análise pessoal, maiores serão as possibilidades de o analista apreender os aspectos mais remotos da mente de seu paciente. Para isso, é preciso que tenha entrado em contato e elaborado seus próprios sentimentos de caos, de terror sem nome, de estados autísticos, narcísicos, desagregados, persecutórios e edípicos.

Por outro lado, é desejável que o analista tenha incorporado suficientemente a função analítica, de modo a poder trabalhar com pontos de conflitos que emergem no decorrer da vida e no trabalho analítico, por meio da autoanálise, de momentos reflexivos, de discussão científica formal ou informal com colegas.

Ao longo do tempo, com a vivência adquirida no contato com os afetos, o analista aprende a respeitar os poderes do amor e da agressividade, poderes que se manifestam na relação transferencial/contratransferencial. São sentimentos que, uma vez intuídos e conscientizados pelo analista, ele pode guardar em si e ter o controle para escolher a hora, a dose e o modo adequado de expressá-los, com a firmeza e a delicadeza necessárias a cada situação.

Às vezes comparo a relação analítica, em seus aspectos primitivos, utilizando-me de um paradigma etológico. Há situações que se assemelham, por exemplo, à dança nupcial de certas espécies de aracnídeos, na qual há um jogo de aproximação e afastamento, insinuação e retirada. Cada um dos parceiros faz o seu papel. Aquele que não estiver atento poderá morrer, caso não permaneça a uma distância psíquica adequada à função e ao momento dentro da função. Refiro-me fundamentalmente à distância mental necessária para que o campo do pensamento permaneça livre e criativo. É preciso ter espírito lúdico, humor, saber brincar, ter a criança viva, criativa e esperta presente para poder viver o teatro das emoções e fantasias, sem perder a lucidez do *setting* analítico.

Por meio da experiência adquirida ao longo dos anos, o analista tem maior percepção de seus pontos frágeis e dos equívocos que comete. A conquista de maior consciência sobre as características da própria personalidade, incluindo seus limites, obtém acréscimo de confiança quanto aos seus alcances profissionais.

Confiança na capacidade de que, em algum momento, poderá ocorrer o insight, a inspiração. É alcançar um estado de disponibilidade sem culpa, que permita dialogar com o paciente, conduzido pela intuição (olhar para dentro), que, na expressão de Zimerman (1991), "é a capacidade de olhar com um terceiro olho", o qual, a partir dos órgãos dos sentidos e do respaldo teórico latente em seu pré-consciente, capta o não sensorial emergente do inconsciente de seu paciente.

Tenho defendido a ideia de que é estruturante para o desenvolvimento da identidade psicanalítica que todo analista passe pela experiência de analisar pelo menos uma criança e um adolescente. A análise desses pacientes estimula, com maior facilidade, a emergência dos aspectos primitivos da mente do analista.

As crianças e os adolescentes, pelas características do seu aparelho psíquico, têm um acesso mais fácil a esses estados. Em consequência, situações do narcisismo do analista são postas à prova concretamente.

O analista torna-se o depositário de intensas identificações projetivas, de estados desestruturantes e agressivos do paciente, que, por sua vez, mobilizam e confundem-se com os próprios estados desestruturantes e agressivos do analista. A resultante desses processos interatuantes é a possibilidade de aprimoramento da identidade.

Essa prática contribui também para o desenvolvimento do espírito lúdico, para maior descontração, espontaneidade e inventividade. Dispõe o espírito para lidar com o inesperado, com momentos irruptivos de intensa concretude, os quais levam o analista a ter uma relação mais franca, sincera e verdadeira com seus núcleos primitivos.

Situações dessa natureza contribuem para que o analista resgate a espontaneidade infantil reprimida. No trabalho com crianças e adolescentes, a velocidade das associações verbais, não verbais e atuações é incrível. O analista necessita aprimorar o que costumo chamar de "estado de prontidão", no sentido de estar apto, para "não perder o pé" dentro da função analítica. Seria uma variável da atenção flutuante, em que a mente e o corpo do analista funcionam como um todo integrado. A interpretação vai além da verbalização, e as manifestações contratransferenciais podem adquirir um valor comunicativo.

Aqueles analistas que trabalham com pacientes psicóticos, *borderline* ou casos altamente regressivos são solicitados, na relação analítica, a terem essa mesma presteza que se observa na análise de crianças e adolescentes.

Outros atributos do analista são o desenvolvimento da autenticidade (encontro do self verdadeiro), que é linha convergente com o amor pela busca da realidade psíquica. Essas condições complementam-se, associadas à delicadeza e respeito necessários ao lidar com o paciente, por meio do material analítico emergente.

Há situações, durante uma sessão de análise, nas quais o analista é analisado pelo seu paciente, ou situações de grande identificação projetiva, nas quais características do paciente e do analista confundem-se. É preciso ter a humildade necessária para admitir a percepção do paciente, caso o material observado seja verídico para o analista; poder admitir que um erro ou uma característica inconveniente está em íntima relação com a possibilidade de lidar com os próprios aspectos narcísicos, e integrá-lo como parte do self.

Exemplifico: em situações de transferência especular, não raro o paciente identifica no analista determinada qualidade psíquica, qualidade esta que pode pertencer ao analista e ser também uma projeção sobre o analista. Caso o aspecto em questão esteja adequadamente incorporado à personalidade do analista (ao self verdadeiro), ele não representará uma ameaça à sua autoimagem e estima. A percepção, por parte do paciente, da sinceridade psíquica do analista contribuirá no processo identificatório do paciente, inclusive como uma outra possibilidade de relacionar-se e integrar partes do seu self.

Um exemplo dessa situação pode ser um sentimento de inveja do analista, mobilizado por algo de seu paciente. A consequência de uma grande identificação projetiva é a mobilização contratransferencial do analista, a partir de seus núcleos invejosos. A percepção não apenas racional, mas afetiva, por parte do analista, de sua inveja, pode ser uma das condições para que o paciente possa incorporar ao seu self sua própria inveja. A contraparte dessa incorporação está na emergência da capacidade de admiração. Esse movimento psíquico, na relação transferencial/contratransferencial, abre possibilidades de integração dos aspectos primitivos do self, e de partes boas e más do objeto.

Kernberg (1992) salienta que

> *provavelmente o fator individual mais importante que fortalece a identidade futura do analista é a descoberta, por meio da pesquisa analítica, de significados inconscientes e a mudança intrapsíquica, que, contrapondo-se às especulações intelectuais, chega inesperadamente a uma surpresa e dá lugar à realidade do determinismo inconsciente. Um autêntico* insight, *uma combinação da consciência cognitiva e emocional, e uma preocupação consigo mesmo e com o paciente são o núcleo da identidade de um psicanalista profissional. A experiência das descobertas no*

> *seio do inconsciente reconfirma a identidade do analista por meio de seu trabalho profissional, protege-o contra a inveja do que não é sua descoberta e seu conhecimento, e facilita o completo desenvolvimento da atitude de contenção no processo interpretativo.*

Acrescento que faz parte da identidade analítica possuir certa dose de ousadia, a qual participa da liberação do processo criativo e de investigação. Com a maturação da experiência analítica, cresce o sentimento de segurança em relação às qualidades anteriormente assinaladas, ampliam-se a criatividade e a coragem, e melhoram os cuidados para diminuir a margem de risco, necessária para a inovação e renovação.

Capacidade de observação dos desdobramentos internos, nele e no paciente, a liberação do gesto espontâneo, flexibilidade, humildade, disponibilidade para identificar e reparar falhas ou erros em sua percepção, interpretação ou ponto de vista contribuem para a formação do que se pode chamar de ética interna da identidade psicanalítica.

Kernberg (1992) comenta sobre o narcisismo do candidato a analista e analista didata, resumido na seguinte citação: "Um analista didata com uma patologia narcisista não resolvida cria um grande perigo para a solução da patologia narcisista de seus candidatos". Noutro trecho, assim se expressa: "o narcisismo não resolvido nos candidatos a psicanalistas é a causa individual mais importante que ameaça a futura identidade psicanalítica".

Nesse trabalho, Kernberg discorre sobre os diferentes momentos da evolução profissional, de candidato a analista didata, caracterizando as manifestações narcísicas negativas, as quais podem permanecer encobertas por longo tempo, emergindo no convívio social, por meio das relações na vida institucional.

As características narcísicas negativas podem ser mascaradas por movimentos psíquicos inconscientes e conscientes, manifestados por meio de pseudoagrupamentos ideológicos, conluios dentro dos grupos de poder, com arranjos que visam a gratificações sociais ou promoção dentro da hierarquia institucional.

Muitos analistas podem inebriar-se nas relações com seus pacientes, reforçando, provocando ou estimulando idealizações e erotizações transferenciais/contratransferenciais de prazeres narcísicos ou eróticos inconscientes.

A predominância de aspectos narcísicos dificulta a apreensão e aprendizagem que se pode ter, tanto na relação com o paciente como em outras situações de troca, dominadas pela inveja. As defesas narcísicas dificultam a evolução da identidade analítica e a possibilidade de investigação e de pesquisa em relação ao paciente e a si mesmo.

Algo similar pode ocorrer nas relações institucionais, entre candidatos, supervisores e analistas didatas, os quais não estão isentos de carregarem consigo aspectos narcísicos insuficientemente resolvidos, que se *locupletam* com seus analisandos candidatos e fiéis seguidores, muito distantes de um verdadeiro processo de identificação próprio do relacionamento analista/analisando, aprendiz/mestre. Isso não é uma generalização. São fenômenos que ocorrem na vida pessoal do analista, dentro da instituição, e é preciso ter coragem e energia para não sucumbir às pressões e ambições pessoais.

Por outro lado, acredito ser saudável para a vida pessoal e societária do analista trabalhar corajosamente essas questões na vida institucional, na perspectiva de atenuar tais pressões, que fazem parte da condição humana e da psicologia de grupo. Há, entretanto, um aspecto narcisista construtivo e que faz parte da identidade analítica. Trata-se da atitude de se dar, de se colocar disponível para analisar, ou de se dispor a ensinar. Essa atitude corresponde em certa medida à atitude materna de alimentar, e nisso há um prazer narcísico de dar continuidade a algo de si, ao oferecer um material passível de fertilizar a mente daquele que o procura como analista, analista didata, em atividades de ensino ou numa discussão científica. Isso é diferente de falsas identificações pautadas em relações de mútua idealização.

Outra característica da pessoa do analista refere-se ao desenvolvimento de um *setting* mental interno, com noção clara dos limites da geografia psíquica. Isso inclui a noção dos próprios limites psicológicos quanto às possibilidades de suportar situações psíquicas adversas, a percepção de sua disponibilidade afetiva em cada situação, associada a uma capacidade lúdica e firmeza de postura em suas atitudes, junto com a flexibilidade necessária.

Nos vários casos que apresento de análise de adolescentes ou crianças, o *setting* interno ou *setting* mental pode ter ultrapassado os limites geográficos de uma sala de sessão de análise. Crianças, adolescentes, pacientes psicóticos, *borderline*, quadros caracteriais ou intensamente regredidos necessitam que o analista tenha essa elasticidade. São pacientes cujas atitudes concretas, com frequentes *actings out*, geram situações inesperadas e inusitadas, que mobilizam fortes emoções no analista.

O conjunto de características anteriormente descritas, participantes do *setting* interno, dá ao analista condições de prosseguir ou, se precisar, até mesmo interromper temporariamente a sessão, para se reorganizar, reequilibrar seu aparelho psíquico, recuperar a distribuição dos investimentos afetivos, até poder retomar o processo analítico.

A identidade profissional, se bem integrada à personalidade, manifesta-se em diferentes situações. Quero dizer que a capacidade de observar, de procurar as motivações latentes, de interessar-se pela introspecção, pelos conflitos pessoais e das relações, acompanha o analista na vida cotidiana. Entretanto, o psicanalista, como qualquer cidadão, sofre as pressões oriundas de sua própria família, da vida institucional ou cotidiana, ante as quais tem de lidar com uma disponibilidade afetiva distinta daquela na qual se encontra, mental e eticamente, protegido pela atmosfera da sessão psicanalítica.

É difícil imaginar que um psicanalista, ser comum, esteja totalmente isento de pressões quando passa por um conflito de ordem pessoal, familiar ou institucional.

Minha experiência mostra que é possível desenvolver uma capacidade relativa para efetuar-se um *splitting* útil, isolando os conflitos pessoais da relação com o paciente. Porém, não se está isento do determinismo das forças inconscientes, que podem ser mobilizadas na relação transferencial/contratransferencial.

Eventualmente, o analista atento à sua situação emocional pode identificar, por meio da introspecção e da autoanálise, os reflexos de suas manifestações inconscientes. Assim, tem alguma oportunidade para amenizar, por meio da consciência afetivo-cognitiva, as repercussões de seus conflitos sobre o paciente.

Como já mencionei, as manifestações narcísicas insuficientemente elaboradas, expressas por meio da arrogância, inveja, pensamentos e desejos míticos, comprometem a identidade profissional e dificultam a vida nas relações institucionais.

Finell (1985) defende a ideia de que o trabalho psicanalítico pode ser muito gratificante para o narcisismo do analista, a ponto de ele (analista) não resolvê-lo em si e em seus pacientes. Concordo com essa observação e acrescento que o fenômeno pode estar presente mesmo nos institutos e sociedades de psicanálise, quando certos analistas são eleitos por seus discípulos e pares. Alguns se promovem como verdadeiros gurus do saber e do poder, entre candidatos ou membros ávidos por ascensão social ou política na vida societária.

De outra parte, o analista sujeito a essas pressões necessita de segurança e confiança em seus valores individuais para preservar sua identidade profissional e pessoal. Quando o superego institucional é muito exigente, em vez de colaborar para preservar os valores da função e das relações, ele se transforma num elemento persecutório, inibidor e favorecedor de atuações e subversões da ordem.

Entretanto, quando os códigos que regem a vida comunitária são quebrados ou fazem prevalecer ações corporativistas, a relação de confiança esvai-se e prevalece a estruturação do falso self relacional. O trabalho psicanalítico pode satisfazer o narcisismo do analista estimulando sua imagem idealizada. Por outro lado, o espaço institucional presta-se muito bem para a projeção desses aspectos regressivos.

O candidato a psicanalista e o psicanalista (incluem-se os didatas) correm o risco de se intoxicar com a formação e com a atividade profissional, caso não cuidem de forma eficiente e suficiente de seus aspectos narcísicos. Não podemos esquecer que a vida tem outras dimensões além da mental. É salutar ter em mente que a pessoa do psicanalista também tem corpo, e o corpo necessita ser integrado à vida.

É necessário dar certa dose de vazão às pulsões, por meio do corpo, para não cair no mito da negação do corpo, ou da "profissão impossível", como dizia Freud (1937/1973).

O analista deve ter o seu tempo para amar, passear, jogar, dançar, brincar, fazer amor, divertir-se, viver a cultura e os conflitos da vida cotidiana. É salutar e necessário à sanidade mental, inclusive para dar vazão a certos aspectos narcísicos, agressivos e libidinais que necessitam encontrar suas vias adequadas de gratificação.

Faço minhas as palavras de Greenson (1982) quando afirma que

> *uma boa vida pessoal fora do trabalho é um pré-requisito essencial para fazer da Psicanálise uma profissão recompensadora... Se é verdade que (o psicanalista) tem de agir corretamente e ser racional durante as sessões analíticas, necessita um lugar para errar e ser ocasionalmente irracional. Necessita de um lugar onde possa expor suas fraquezas e não ser punido por elas, mas ao contrário, onde elas sejam até consideradas qualidades agradáveis.*

Nesse sentido, o aconchego familiar, esposa e filhos, com todos os conflitos inerentes a ele, torna-se o espaço privilegiado para viver essas emoções e para ser realimentado, por meio do carinho e apoio emocional dos que nos são queridos e nos querem bem.

Quero abordar ainda a questão da participação do psicanalista na comunidade, como veiculador do pensamento e da cultura psicanalítica. O psicanalista, fora da sessão, contribui com suas funções de ensino, de pesquisa, na vida institucional e na sociedade em geral, com sua participação na cultura, na ética, na vida política e social.

Na maioria dos países, a atividade profissional do psicanalista não se restringe apenas ao trabalho de consultório, como é comum ocorrer em nosso meio. As razões para isso, no Brasil, decorrem de questões ligadas à cultura profissional e outras de natureza socioeconômica. Essa é uma apreciação rápida e superficial de um tema bastante complexo.

De qualquer forma, do ponto de vista conceitual, não vejo impedimento para a prática de outras atividades que complementem os diferentes vértices da identidade de cada um. Creio que a definição dependa mais da estrutura psicológica, das necessidades objetivas e subjetivas de cada pessoa, de sua capacidade para integrar ou não atividades de diferentes naturezas, utilizando-se da realização de *splittings* úteis e de integrações necessárias a cada situação.

Por meio da psicanálise aplicada, tem-se a demonstração de sua contribuição à cultura. A compreensão do modelo metapsicológico e sua influência em outras áreas do conhecimento são plenamente reconhecidas.

Cassorla (1993) salienta a importância da presença adequada do psicanalista nas faculdades de Medicina, fato que permite o desenvolvimento paulatino de uma cultura psicanalítica, a qual permeia outras formas de saber presentes na instituição.

O conhecimento psicanalítico dá abertura para o pensamento dialético, que ultrapassa a perspectiva do conhecimento e raciocínio biológicos. Essa cultura psicanalítica contribui para o aumento da percepção das dinâmicas relacionais presentes nas relações profissional/paciente, intragrupos de trabalho etc. Considere-se aqui uma série de terapias, individual, grupal, de casal, de família, institucional, de inspiração psicanalítica, e a medicina psicossomática, ampliando assim sua contribuição social. Entretanto, essas ações, como método de cura, investigação e formação, não devem ser confundidas com a psicanálise.

É difícil, mas desejável, o encontro de critérios e limites de natureza psicológica que possibilitem melhor discriminação entre o que é a psicanálise e outras ações profissionais de inspiração psicanalítica. Essa pode ser uma forma de preservar as condições que favorecem a formação e a prática da psicanálise.

Há psicanalistas que defendem a ideia de que "será imprescindível e necessário que se crie uma Faculdade de Psicanálise, dadas as características peculiares para a formação de um psicanalista" (Ramos, 1967). A questão é complexa, e merece um estudo à parte,

Finalmente, quero levantar uma hipótese, tida como polêmica, que envolve a pessoa do analista. Mas, como a questão fervilha em minha cabeça, penso que o melhor é expô-la, e ouvir os comentários dos colegas.

Tenho aventado a hipótese de que existem diferenças quanto ao processo de desenvolvimento da capacidade de apreensão dos estados primitivos da mente (capacidade de *maternagem*, preocupação materna primária), ligadas ao sexo do analista.

Não tenho dúvidas de que tanto o analista homem como mulher podem desenvolver grande capacidade de continência, de empatia, de sincronismo, de captação dos aspectos pré-verbais, de *maternagem*, os quais caracterizam os estados primitivos da mente.

A questão que coloco refere-se à aquisição do "estado de prontidão" do analista para captar esses fenômenos. Digo isso em virtude de minha própria experiência, pelas dificuldades ultrapassadas para alcançar esse estado, o qual hoje posso confessar tê-lo internalizado como uma "mãe suficientemente boa" em minha identidade psicanalítica.

Creio que a analista mulher está naturalmente mais apta para viver esses estados de mente, por ser portadora eterna de um útero, ter sido educada para ser mulher, para exercer a função materna, e também por, no transcorrer da vida, ter a oportunidade de atualizar e de reatualizar a realização dessa função, como mulher e mãe, no cuidado real ou imaginário de seus filhos.

Como analista homem, confesso a admiração e inveja que sinto da capacidade de *maternagem* da mãe preta, da índia, da "mãma", da idishe "mãme", da mãezona, que, independentemente da cultura, estendem seus braços e aconchegam seu bebê no peito com uma disponibilidade que se pode considerar inata. Essas vivências devem propiciar uma condição mental distinta em relação ao homem.

Suspeito que o analista homem tenha maiores dificuldades para o desenvolvimento da percepção desses estados mentais. Pick (1985) salientou que

> *se existe uma boca que procura um seio como um potencial no recém-nascido, há também um equivalente psicológico, num estado de mente que procura um outro estado de mente. As identificações projetivas do paciente são ações que em parte tendem a produzir reações. O analista pode controlar isso tão rapidamente que pode não ter a consciência de sua reação. Esse é um fator crucial.*

O bebê masculino e o homem ao longo da vida, por mais que incorpore essa função simbólica, não possui o mesmo terreno predisponente, nem a biografia ou a experiência atualizada que a mulher.

Em função do nível de envolvimento e sofrimento que vivi para alcançar esse estado de mente (anos de análise) é que suspeito, ou assim quero crer, que o desenvolvimento da condição de "preocupação materna primária" possa estar mais prontamente presente, ou mais bem desenvolvido, na mulher do que no homem.

Suponho que, na situação analítica, o analista homem tenha de se perceber por meio de emergentes de suas reações contratransferenciais. Esse processo inconsciente inicialmente desencadeia uma série de associações inconscientes e conscientes, que advêm de uma identificação com o bebê do seu paciente, do bebê interno do analista, e evoluem para a captação da representação do objeto materno primitivo do analista.

Paulina Kernberg (1997) relata experiências que sugerem a existência no cérebro de caminhos masculinos e femininos ambitípicos à semelhança do que ocorre na genitália. Há evidências de que fatores genéticos, gonadais e hormonais afetam a formação da identidade de gênero nos seres humanos, contribuindo para os comportamentos do indivíduo, que, por sua vez, facilitam as reações dos pais.

> *A identidade de gênero não é uma estrutura unitária. É uma integração de masculinidade e feminilidade, cujas raízes são, em parte, hormônios e genes . . . Os hormônios estabelecem um limiar de modo que comportamentos masculinos ou femininos possam ser expressos mais rápida e desimpedidamente, ou somente depois de transpor uma barreira. (Kernberg, 1992, pp. 57-64)*

Penso que esses dados vêm a favor da intuição de que existem diferenças no analista homem e mulher quanto à capacidade de prontidão para a percepção de fenômenos psíquicos primitivos, isto é, ligados ao período perinatal, que são de natureza predominantemente feminina. Sua apreensão na relação transferencial depende de aspectos contratransferenciais que podem estar ligados a questões de identidade de gênero do psicanalista, facilitando ou dificultando a apreensão desses fenômenos.

Carneiro (1993), em seu trabalho intitulado "Superego feminino em busca da diferença", salienta como a estrutura narcísica feminina é reforçada pelos desdobramentos da maternidade, cujas vivências, impressas no consciente e no inconsciente, não podem ser confrontadas com vivências similares no homem.

A cultura ocidental atual vem dando menor importância à organização psíquica em virtude das diferenças anatômicas. "Enquanto no passado as diferenças marcantes eram determinantes de um destino, hoje privilegiam-se as semelhanças entre os sexos" (Carneiro, 1993). Mais adiante: "A tomada de consciência sempre maior de uma bissexualidade física e psíquica faz homens e mulheres cada vez mais acentuarem suas semelhanças". Entretanto, se

> *hoje constatamos que a anatomia nem sempre determina o destino, pois esse pode ser mudado conforme o momento histórico, não podemos negar que a diferença faz diferença. . . . querer eliminar as diferenças é confundir complementariedade com o ideal de completude inalcançável para a espécie humana.*

Não sei como pode ser aferida a questão que coloco, mas é algo intuitivo. A crítica feita sugere que a função materna é simbólica e, portanto, independe do sexo biológico. Concordo, mas, se existe uma representação psíquica do corpo, é possível que a presença anatômica, reforçada pela cultura e reeditada pela experiência da gravidez, reforce os aspectos narcísicos vividos pela maternidade e favoreça, na representação psíquica, a condição de desenvolvimento da "preocupação materna primária" como capacidade "constitucionalmente" intuitiva. No homem, essa capacidade teria uma conotação de "intuição adquirida".

Talvez o recíproco dessa situação no homem, em relação à sua estrutura narcísica básica, ocorra quanto à sua intuição simbolizada pela vivência de penetração. Esta representa um eixo, em torno do qual se integra a personalidade, complementando a triangulação necessária para a formação do espaço mental.

Lembro que durante a análise de crianças podem-se captar com nitidez diferenças na manifestação da agressividade do menino em relação à menina. Essas diferenças talvez não sejam adquiridas somente no processo de identificação, mas sofram a influência de fatores constitucionais.

Relendo o que escrevi, posso ter dado a falsa impressão de que ser psicanalista é ser um super-homem, tantas são as qualidades a serem desenvolvidas. Mas é justamente o contrário. Da experiência da dor na relação com os próprios aspectos neuróticos, psicóticos e caracteriais resgata-se algo gratificante. Uma aproximação com o self verdadeiro, com um sentimento de libertação interior, com a criatividade e a ampliação da consciência cognitiva e emocional, os quais formam o conjunto de atributos que, humildemente, chamo de experiência ou saber. Um saber diferente do conhecimento racional; saber que abre espaço para a compreensão e respeito interno ao sofrimento humano e para a tolerância ante os próprios limites e os do próximo.

Dessa forma, fortalecem-se as convicções, o sentimento de autonomia de ideias, de valores individuais e de respeito à dúvida. Talvez estejam aí as possibilidades de se aproximar da autenticidade do ser.

Concluo esta exposição dizendo que ser psicanalista é uma profissão difícil, mas não impossível, como sugeria Freud, se levarmos seu comentário "ao pé da letra".

Concordo com Greenson (1982) quando afirma que é um privilégio sermos psicanalistas, pois "nossa atividade nos permite reunir ciência, arte e criatividade. Sentimo-nos úteis, fazemos bem a muitos", e isso nos ajuda a viver.

Referências

Capra, F. (1982). *Ponto de mutação*. Cultrix.

Capra, F. (1987). *O tao da física*. Cultrix.

Carneiro, M. P. F. (1993). *Superego feminino em busca da diferença*. [Apresentação de trabalho] Jornada promovida pela Associação Brasileira de Psicoterapia Analítica de Grupo, Valinhos, São Paulo.

Cassorla, R. M. S. (1993). *Psicanalista numa faculdade de medicina*. [Reflexões visando ao Congresso]. Congresso Interno da Sociedade Brasileira de Psicanálise de São Paulo, Valinhos, São Paulo.

Finell, J. S. (1985). Los problemas narcisistas en los analistas. *Libro anual de psicoanálisis. International Journal of Psychoanalysis*, *66*, 433.

Freud, S. (1973). Analisis terminable e interminable. In S. Freud, *Obras completas* (Vol. 3). Biblioteca Nueva. (Trabalho original publicado em 1937).

Graña, R. B. (1991). O desafio adolescente na família e na psicoterapia. In J. O. Outeiral, & R. B. Graña, *D. W. Winnicott: estudos*. Artes Médicas.

Greenson, R. (1982). *Investigações em psicanálise*. Imago.

Grinberg, L. (1983). Discussion of Joseph and Widlocher. In E. D. Joseph, & D. Widlocher (Eds.), *The identity of the psychoanalyst* (pp. 51-66). International Universities Press.

Joseph, E., & Widlocher, D. (1979). *L'identité du psychanalyste*. Presses Universitaires de France.

Kernberg, O. F. (1992). A organização intrapsíquica básica do analista e componentes que ameaçam ou favorecem a manutenção de sua identidade psicanalítica e funcionamento. Identidade psicanalítica e organização intrapsíquica do analista (Antonio Damaceno Goes, trad.). *Boletim Informativo da Associação Brasileira de Psicanálise*, *2*, 57-64.

Kernberg, P. (1997, 4 de novembro). *Notas sobre a integração de descobertas em pesquisas na psicoterapia de perturbações na identidade de gênero.* [Apresentação de Conferência]. Sociedade Brasileira de Psicanálise de São Paulo, São Paulo.

Lebovici, S. (1990). Le psychanalyste hors séance: l'identité du psychanalyste dans ses activités hors séance. *Revue Française de Psychanalyse*, 5, 149-1164.

Mello Franco Filho, O. (1992, outubro). *Mudança psíquica do analista: da neutralidade à transformação.* [Apresentação de trabalho]. Reunião científica da Sociedade Brasileira de Psicanálise de São Paulo, São Paulo.

Pick, I. (1985). Working through in the counter-transference. *International Journal of Psychoanalysis, 66*, 157-66.

Ramos, D. (1967). Psicanálise: ciência específica. Psicanalista: profissão especializada. *Revista Brasileira de Psicanálise, 1*, 108-115.

Searles, H. F. (1981). The patient as therapist to his analyst. In R. Lang (Ed.), *Classics in psychoanalytic technique.* Jason Aronson.

Zimerman, D. E. (1991). Atributos do psicanalista em relação à evolução da psicanálise. *Ide, 20*, 18-23.

PARTE III
Observações contemporâneas

14. Depressões narcisistas na adolescência e o impacto da cultura

Depressão ou depressões? Essa é uma das questões que o tema sugere. Diferentes manifestações depressivas podem ser evidenciadas tanto do ponto de vista clínico quanto psicopatológico. Depressão é um dos termos mais ambíguos da nosologia psiquiátrica e psicanalítica, utilizado para nomear um sintoma, um conjunto de respostas fisiológicas, uma síndrome clínica e uma entidade.

É preciso distinguir o sentimento tristeza – decorrente da dor e da elaboração pela perda de algo querido – do sentimento depressão, condição emocional prolongada, que atinge vários aspectos da personalidade e cujo vazio não se preenche com o passar do tempo. Nesse último caso, as perdas são internas, profundas e duradouras, afetando com frequência o sentimento de autoestima e de autoconfiança.

Nas depressões, há um conjunto de fatores participantes, a saber: o desenvolvimento evolutivo das pulsões e das relações de objetos, as características constitucionais da personalidade, os processos psicodinâmicos inconscientes, o ambiente e a cultura acrescidos, no enfoque que estamos dando, das questões que envolvem o processo do adolescer.

O afeto depressivo faz parte das flutuações psicológicas e psicofisiológicas que acompanham inevitavelmente a crise da adolescência, período da vida em que inúmeras características psicopatológicas emergem, com frequência de forma transitória e sem que constituam quadros nosológicos estruturados: núcleos psicóticos, psicopáticos, neuróticos, manifestações psicossomáticas, oscilações do humor acompanhadas de reações depressivas. Essas manifestações sintomáticas e psicopatológicas devem ser observadas quanto a intensidade, duração e repercussão na personalidade, podendo evoluir para quadros clínicos e funcionais que se cristalizam. Do ponto de vista clínico, as depressões narcisistas podem estar presentes em quadros clínicos cíclicos do humor, psicossomáticos, fóbicos, distúrbios do caráter e de conduta.

A psicopatologia psicanalítica da depressão possibilita discriminar fatores e modalidades de organização metapsicológica que interferem na gênese da manifestação afetiva, sendo que durante a adolescência as manifestações depressivas são frequentes em decorrência dos lutos, dos processos de desinvestimento das imagos parentais e corporais da infância, de questões narcisistas e de autoafirmação por que passa o jovem na busca de sua identidade adulta. Ela é parte do processo de elaboração da adolescência e abrange diferentes vértices do mosaico que constitui a identidade: corporal, das relações de objetos internos e do self, da reestruturação narcisista, das questões tópicas que afetam o ego ideal e o ideal de ego. O prognóstico do quadro depressivo dependerá das condições do desenvolvimento evolutivo da primeira infância, dos eventos traumáticos sucessivos passados e atuais, da flexibilidade dos mecanismos defensivos, do grau de fixação e regressão, e das possibilidades de redistribuição das catexias em função das experiências vivenciadas e das características do meio ambiente. Deve-se levar em consideração a cultura, uma vez que pode incrementar ou mitigar o processo depressivo.

Sabemos que, durante a crise da adolescência, há um conflito gerado pelo desinvestimento da vida infantil e reinvestimento das funções egoicas, do self e das relações de objeto. Podemos entender que, nessa fase do desenvolvimento, aspectos da vida mental primitiva emergem com intensidade devido ao enfraquecimento do ego e de transformações que atingem o ego ideal e o ideal de ego. A imagem que o adolescente tem de si deixa de corresponder ao que era na infância e ele ainda não pôde construir outra imagem a ser investida, gerando um sentimento depressivo que afeta a autoestima, afeto intimamente conectado à libido narcisista, que, por sua vez, investe as representações iniciais indiscriminadas da relação self/objeto primitivo.

Com a existência de um ambiente facilitador, esses investimentos iniciais se integram mais ou menos coesos em torno de um eixo que progressivamente define a identidade e a percepção dos limites internos e externos e das potencialidades psíquicas em desenvolvimento, constituindo o sentimento de unidade, de sujeito, com discriminação entre o "eu" e o "não eu". A realização dessa pré-concepção de unidade é um momento fundante do narcisismo positivo, que estimula para a vida, fruto das catexias libidinais que se realizam no encontro de um meio ambiente continente, acolhedor e que oferece condições facilitadoras para a integração das diferentes partes do self.

A relação self-objeto indiscriminada equipara-se à "estrutura sincicial" descrita por Bleger (1973), sendo que o desenvolvimento dessa organização primitiva contém o narcisismo primitivo (primário), cuja compreensão é de fundamental importância para a apreensão de muitos fenômenos sintomáticos, funcionais e psicopatológicos da adolescência (Storolow & Lachamann, 1983; Levisky,1999).

A relação self-objeto primitivo evolui para discriminações entre representações do self e do objeto, possibilitando o investimento narcisista do self e das representações de objetos. O investimento narcisista implica catexias voltadas para o self e que organizam o sentimento de autoestima (eu me amo, eu sou o bom), e catexias direcionadas à escolha do objeto (sou amado) e, consequentemente, ao objeto em si, como unidade independente.

Partindo dos conceitos de self utilizados por Storolow e Lachmann (1983), essas catexias correspondem aos investimentos direcionados à pessoa total de um indivíduo, incluindo: corpo e organização psíquica. Os autores consideram que "uma atividade mental é narcisista no grau em que sua função é a de manter a coesão estrutural, a estabilidade temporal e a tonalidade afetiva positiva de representação do self".

Na adolescência, as depressões narcisistas mobilizam feridas narcisistas, isto é, sentimentos de fracasso, de incompetência e de baixa autoestima resultantes de experiências remotas frustrantes na estruturação self-objeto primitivo. Outras vivências são atuais, diante da inexperiência egoica, fantasias onipotentes e o elevado nível de expectativas. As frustrações narcisistas podem conduzir o sujeito a desenvolver de forma inconsciente mecanismos punitivos, auto e heteroagressivos, aumentando as feridas narcisistas e a baixa da autoestima.

A análise dessas situações revela diferentes percursos geradores do sentimento depressivo: perda objetal ou na linha da melancolia, isto é, da negação do luto; regressão ou fixação da libido, com paradas e distorções das relações self-objeto. O ego fragilizado do adolescente pode utilizar defesas narcisistas para preservar um sentimento de coesão estrutural, por meio de regressões e fixações transitórias, diante de sentimentos de vazio, incompetência e impotência oriundos do desinvestimento da vida infantil até conseguir estruturar a identidade adulta, oscilando entre uma e outra. Nessas condições, as representações do self e do objeto se organizam num momento mais primitivo do desenvolvimento.

Cria-se uma defasagem entre o ego, os aspectos idealizados do ego, do self e dos objetos projetados no ideal de ego, como valores éticos e morais constituintes da identidade em construção, e das necessidades de lidar consigo e com a realidade objetiva. Essas defasagens contribuem para o estabelecimento de feridas narcisistas que comprometem a autoestima.

Não raro, há no histórico do sujeito resíduos de uma mágoa profunda e inconsciente, iniciada nos primeiros anos de vida e que se reatualiza nas circunstâncias descritas durante a adolescência. A depressão e a agressão oriundas dessas frustrações dificultam o indivíduo a se sentir confiante dentro dos seus limites e possibilidades, e a emergência de aspectos contraditórios do self serem vivenciados como corpos estranhos e não integrados à unidade do self, devido à ineficiência dos processos de recalque ou de integração dos opostos.

Nas depressões melancólicas, a perda do objeto real, mesmo em se tratando da própria imagem corporal da infância, não se transforma em qualidade do self incorporada ao ego ou ao ideal de ego. Por exemplo, a perda da imagem corporal da infância e dos pais da infância pode ser transformada em empatia por crianças e tolerância ou cuidados em relação a aspectos ainda não desenvolvidos de si mesmo. Quando o processo falha, forma-se um sentimento de profundo vazio e não há transformação do objeto perdido numa parte de si mesmo. Com a frustração, surgem sentimentos e fantasias altamente destrutivos que se voltam contra o self e contra os objetos internos, com diminuição da autoestima.

Caso clínico

Abro a porta e me deparo com um rapaz que aparenta ter uns 16 anos, muito bonito, pele alva, rosto ambíguo masculino-feminino, olhos pequenos e rasgados, de estatura mediana, corpo atlético e cabelos lisos presos atrás da cabeça, formando um longo "rabo de cavalo". Andar altivo, soberbo, pleno de dignidade e confiança que me leva à imagem de um cerimonial de coroação, talvez de Eduardo VI, em *O príncipe e o pobre*, de Mark Twain.

Ele estampa um discreto sorriso marcado por pequenas e esporádicas contrações faciais reveladoras de tensão. Barba bem-feita e vaidade no trato do próprio corpo. Gestos lentos e graciosos, camiseta sem gola, calções largos e sandálias havaianas. Estende-me a mão num cumprimento polido, pouco comum entre a moçada. Retribuo e o príncipe senta-se em sua poltrona habitual. Cruza as pernas e se coloca na posição de *O pensador*, de Rodin.

Permanecemos silenciosos. A cena me impressiona pelo aspecto majestoso e inusitado de um encontro pleno de serenidade, altivez e aparente segurança. Conversamos sobre o uso de drogas e a originalidade de sua visão filosófica do mundo. Reflexivo, defende a tese de liberação total das drogas e critica a hipocrisia dos adultos na liberação do álcool e do tabaco, bem como o domínio do poder econômico.

Escuto-o em "aparente estado de neutralidade", embasbacado pela estrutura coerente e clara do seu pensamento, e me indago se a cena seria a reprodução automatizada de um discurso incorporado ou a produção criativa de um jovem com visão crítica dos homens, um filósofo surpreendente. Mantém-me atento e interessado em sua pessoa. Carlos tem apenas 14 anos. É filho único e acredita não necessitar mais dos pais. Diz ser capaz de trabalhar e conta com a herança familiar, mas prefere sentir-se independente e utilizar seus próprios recursos. Está escrevendo um livro sobre "como a humanidade pode se exterminar". Defende valentemente suas ideias com argumentos lógicos, coerentes e profundamente elaborados: "só existe aquilo que é sensorial e fruto da razão"; "meu pai põe defeito em tudo"; "ele só pensa em dinheiro"; "não tem moral para se impor"; "traiu minha mãe"; "não consegue viver com ninguém".

Carlos alega que, do pai, necessita apenas do dinheiro e das responsabilidades legais. Vive há um ano com ele. Dos 2 aos 13 anos morou com a mãe e não vê mais razão para procurá-la. Carlos namora uma jovem universitária de 21 anos, com quem pretende viver no próximo ano. Sente-se atraente e maduro por despertar o interesse de uma mulher mais velha e não se importa com a ideia de que ela pode ser um pouco sua mãe.

Impacta-me ao dizer: "não vejo nada demais em transar com minha mãe"; "os animais não fazem essa distinção"; "é uma convenção imposta pela sociedade e não algo espontâneo da natureza básica do animal homem". Acrescenta: "eu não transaria com ela"; "é velha, usada e antiquada". Com sarcasmo, diz: "não preciso dela, tenho minha garota".

Entende que "as relações humanas se baseiam em esquemas lógicos cujo substrato é a competição entre os seres na luta entre viver e morrer"; "o que existe são momentos"; "o tempo não existe"; "viver é buscar o prazer"; "que adianta pensar no amanhã, se o que sei é que estou vivo agora?". Permanece com um sorriso de *Monalisa* iluminando seu rosto e põe em cheque a integridade emocional do psicanalista.

Tenho ao meu lado um parceiro e um rival hábil e delicado no trato de suas potencialidades psíquicas. Está prestes a ser reprovado na escola, não consegue se concentrar nos estudos e sofre de úlcera gástrica. O analista, impactado pela situação, está como aprendiz diante do mestre. Seus conhecimentos e sua ousadia abrem caminhos filosóficos surpreendentes. O paciente é uma criança-adulta que desperta admiração, ironia, inveja e raiva nos pais – e no analista.

Comentários

Carlos, em sua capacidade de racionalização, defende com arrogância e superioridade uma suposta independência dos objetos provedores, com perda da possibilidade de observar a si e ao mundo por outros vértices que não os da sua verdade. Sua história de vida é marcada por frustrações nas relações afetivas básicas, levando-o a se organizar por meio de um falso self, amadurecido precocemente do ponto de vista racional, mas pobre de percepção e crítica em relação à sua realidade e aos afetos oriundos de suas experiências emocionais.

Profundas feridas narcisistas e baixa autoestima conduzem-no ao *acting out* expresso nas manifestações somáticas e no baixo rendimento escolar, além de impactar a capacidade de pensar do analista. As defesas narcisistas aplacam o vazio que carrega em relação às expectativas projetadas e racionalizadas numa filosofia que discrepa da realidade da vida vivida. A racionalidade tende a explicar tudo como função continente, mas não desfaz o fantasma de desorganização do self, ameaça gerada pela idealização de objetos bons narcisistas e pela pobreza de vivências diante de um ego fragilizado.

Fruto de uma relação precocemente frustrante, não esperado, viveu o drama das relações parentais agressivas e pouco continentes, que levaram à separação do casal logo após seu nascimento e que pode ter contribuído para a geração de uma ferida narcisista precoce e racionalizações defensivas diante de sentimentos de desamparo. As aparentes tranquilidade e sabedoria escondem a arrogância como tentativa preservadora do sentimento de coesão e autoestima. As imagos parentais da infância encontram-se desvalorizadas.

Subjacente ao saber racional, há um vazio, uma pobreza afetiva que deve ter contribuído para a associação com *O príncipe e o pobre*, reveladores de aspectos cindidos do self e do objeto. Para se defender das feridas narcisistas, encobre a depressão refugiando-se no que Bion chamou de "reversão da perspectiva". Isto é, Carlos tem um ângulo fixo e rígido de observação. Assim, perde a possibilidade de se observar e de observar o mundo por outros vértices, sem poder confrontar ideias, pensamentos e sentimentos com suas experiências e com pensamentos divergentes ou complementares aos seus. Funcionar em uma "perspectiva reversa" implicaria usar sua capacidade crítico-analítica e ter que viver um estado depressivo doloroso, proveniente da elaboração secundária ou da depressão elaborativa de Klein, o que ele não aguenta, pois gera dor e desilusão narcisista em um self pouco discriminado das relações de objeto. Quando o adolescente suporta essa dor, ele se reorganiza num estado novo de percepção e de recuperação de sua autoestima.

Falhas primitivas na organização narcisista do self e nos processos de discriminação self-objetos primitivos podem gerar arrogância ou uma espécie de hibernação, um tipo de depressão narcisista defensiva contra uma vivência de ameaça de caos interior, de comprometimento da autoestima e de sentimentos de culpa pela defasagem criada entre os ideais narcisistas projetados no superego e as reais possibilidades egoicas. Tal depressão pode ser produzida por falhas na elaboração dos lutos assemelhando-se à melancolia, favorecendo a tentativa de suicídio, abandono de si, drogadição e certas reações psicossomáticas.

Questões relacionadas à cultura contemporânea podem interferir no desencadeamento e na manutenção das depressões narcisistas, sendo que alguns componentes da cultura contemporânea afetam o desenvolvimento da relação self-objeto, valorizando aspectos narcisistas que se tornam valor da cultura e consequente diminuição da autonomia.

A velocidade das transformações tecnológicas, a fragmentação das relações temporais, as quebras constantes dos valores éticos e morais, a democratização da informação e do consumo, a maior tendência ao individualismo e à satisfação imediata e concreta dos desejos estão estimulando uma liberação maior da realização de fantasias e dos processos primários do pensamento, incluindo o *acting out*. Outros fatores:

- Aumento das pressões internas e externas sobre o aparelho psíquico e uma tendência à diminuição dos elementos defensivos estruturantes internos e sociais.
- Pensamento robótico, que desconsidera os aspectos subjetivos de cada situação, diante do homem dialético, organizado cada vez mais segundo sistemas policêntricos (Ogden, 1992).
- Aumento de liberdades sociais e a maior escravidão histórica exercida pelos poderes da mídia e de grupos econômicos. Poderes que controlam a população com superioridade imensa ameaçam

a autonomia de muitos estados. O efeito dominó da globalização e os questionamentos se podemos viver juntos, em sociedade, diante de tantas semelhanças e diferenças, uma verdadeira Torre de Babel (Touraine, 1997).

- Família nuclear enfraquecida. Surgem novos modelos de família: casamentos múltiplos, casamentos homossexuais, gestações tecnológicas; mudanças dos valores sociais da relação mulher-homem.
- Pais e filhos confusos em seus papéis, funções e identidades. Nas relações vinculares primárias, os filhos correm risco de encontrar pais fragilizados, imaturos, mal orientados e abandonados pelo distanciamento que vivem de si mesmos, perturbando o processo de identificação primária.
- Situações agravadas por estados de miserabilidade, violência social, desemprego e desesperança, interferindo na estruturação e na integração do self e na dinâmica dos processos de simbolização (Winnicott, 1975).

A cultura contemporânea tem prolongado o processo adolescente, que tende a não terminar, a se tornar um modelo de organização mental ao prolongar o conflito edípico e ao exacerbar os aspectos narcisistas primitivos. Isola o sujeito da vida comunitária, fragmenta relações e reforça a participação em grupos cujas satisfações narcisistas prevalecem em detrimento do bem-estar comum e do convívio social integrado.

A ambivalência e as defesas narcisistas da adolescência são incrementadas pela era das incertezas e dos medos, contrapostas com lei do "vale-tudo", "salve-se quem puder", "não tô nem aí", estimulando o sentimento de desesperança e de perda de solidariedade.

Winnicott (1960/1989a) sugere que o superego só pode se organizar e alcançar caráter civilizado se tiver desenvolvimento e integração adequados dos elementos primitivos do self. São condições que possibilitam a introjeção dos elementos constituintes do processo identificatório e seu conjunto de valores éticos e morais. A construção e a preservação dos sentimentos de liberdade e democracia internas são consequências da integração da identidade, de aspectos egoicos e superegoicos conscientes e inconscientes estruturados desde o início do processo simbólico (Winnicott, 1969/1989b). Portanto, a cultura participa da modelagem do self, da vida pulsional e das funções que possibilitarão a subjetivação nos níveis intra, inter e transpsíquico. Uma cultura pouco continente e fragmentada contribui para uma organização falha da estrutura e da dinâmica do sujeito, das relações familiares e da sociedade.

No passado remoto, mitos e ritos marcavam a passagem do tempo: nascimento, adolescência, casamento, fertilidade e morte. Na sociedade contemporânea, os mitos e os ritos universais estão esmaecidos, enfraquecidos. Eles dão lugar à hipertrofia de mitos e ritos individuais ou de pequenos grupos que se constituem como autônomos dentro da sociedade maior, com a qual pouco se comunicam. A consequência é uma realidade psicossocial confusa e dissociada, que compromete a capacidade de convívio comum e a integração do sujeito.

Nessa encruzilhada de valores, de interculturas que ampliam as relações e isolam o sujeito em seu individualismo, num universo cada vez mais unido pela informação e pela velocidade das comunicações, vivem-se desdobramentos que contribuem para que o sujeito se afaste das relações consigo mesmo. Aumenta a carga de ansiedade que contribui na construção metapsicológica da depressão, da delinquência, da violência, da incidência crescente de doenças psicossomáticas, do pânico, do suicídio, da criminalidade, dos abusos sexuais e do consumo de drogas, especialmente entre os jovens.

Suspeito que liberdades sociais sem responsabilidades enfraquecem a ação dos recalques e das repressões, liberando os confrontos entre as qualidades psíquicas antagônicas que constituem o self. É preciso ser psicologicamente forte para suportar um mundo de tensões crescentes.

Nosso aparelho psíquico parece não estar preparado ou está sempre se preparando para desenvolver recursos internos na tentativa dinâmica de alcançar um equilíbrio transitório. A utopia medieval ainda é presente no encontro da Cocanha, país imaginário onde todos os desejos se realizam: onipotência, eternidade, abundância, ócio, liberdade, sexo e prazer (Franco Jr., 1998).

Jovens são levados ao sacrifício nas guerras promovidas pela sociedade adulta em nome da pátria ou de outros possíveis amores; outros são abandonados, desrespeitados, sem esperança.

Nesse clima, qual será o destino do complexo de Édipo diante das conquistas tecnológicas e das mentalidades emergentes? Existe risco de o mito edípico não se configurar? Qual será o destino psicológico das crianças oriundas de gestação tecnológica e das novas famílias, ou ainda estimuladas precocemente para a vida sexual? Será Carlos o protótipo do ET, fruto de nós mesmos, no percurso de um futuro que é um retorno ao passado longínquo? O tempo, quem sabe, nos dirá!

Referências

Bleger, J. et al. (1973). *La identidad en el adolescente*. Paidós-Asappia.

Franco Jr., H. (1998). *Cocanha: a história de um país imaginário*. Companhia das Letras.

Jeammet, P. (1985). La dépression chez l'adolescent. In S. Lebovici, R. Diatkine, & M. Soulé, *Traité de psychiatrie de l'enfant et de l'adolescent* (Vol. II, p. 305-325). Presses Universitaires de France.

Levisky, D. L. (1999a). *Adolescencia: reflexiones psicoanalíticas*. Lumen.

Levisky, D. L. (1999b, 26, 27 y 28 de noviembre). Adolescencia hoy – El tiempo pasa con el pasar del tiempo, un pasatiempo. Diálogos adolescentes. In *Anales del VIII Encuentro Latinoamericano "Espacio Winnicott", Winnicott, polémico y actual* (Tomo I, p. 255-273).

Ogden, T. (1992). El sujeto dialécticamente constituido/descentrado del psicoanálisis. In *Libro anual de psicoanálisis: el sujeto freudiano y las contribuciones de Klein y Winnicott* (pp. 99-122).

Storolow, R., & Lachmann, F. (1983). *Psicanálise das paradas do desenvolvimento: teoria e tratamento*. Imago.

Touraine, A. (1997). *Pourrons-nous vivre ensemble?: égaux et differents*. Fayard.

Winnicott, D. W. (1975). *O brincar e a realidade*. Imago.

Winnicott, D. W. (1989a). Agressão, culpa e reparação. In D. W. Winnicott, *Tudo começa em casa*. Martins Fontes. (Trabalho original publicado em 1960).

Winnicott, D. W. (1989b). A liberdade. In D. W. Winnicott, *Tudo começa em casa*. Martins Fontes. (Trabalho original publicado em 1969).

Winnicott, D. W. (1994). O brincar e a cultura. In D. Shepherd (Org.), *Explorações psicanalíticas: D. W. Winnicott*. Artes Médicas. (Trabalho original publicado em 1968).

Zimerman, D. E. (1995). *Bion da teoria à prática: uma leitura didática*. Artes Médicas.

15. Os vazios da contemporaneidade: a compulsão como um processo defensivo precoce na adolescência

Os fenômenos compulsivos e a compulsão à repetição, com muita probabilidade, estão presentes na mente humana ao longo da história da civilização. Desde os primórdios do homem simbólico, variando o significado de suas manifestações sociais como sintoma e quadros psicopatológicos. Os comportamentos, sentimentos e tipos de angústia dependem da estrutura, dinâmica e economia psíquica do sujeito, constituída a partir das relações que constituem os diferentes níveis de subjetividade, estimulados ou inibidos por fatores culturais. Anorexias, bulimias, drogadições, manifestações psicossomáticas, comportamentos compulsivos e pensamentos obsessivos podem ter como denominador comum a vivência inconsciente do vazio.

Pressões provenientes de afetos primitivos intensos e profundos levam à formação de processos incoercíveis, como é o caso da compulsão à repetição, uma tentativa inconsciente de diminuir os sentimentos de vazios e que acaba por ampliá-los. São estados mentais extremamente angustiantes e inomináveis do mundo interno caracterizados pelo constrangimento do sujeito em agir ou pensar de maneira repetitiva e impossibilitado de fazer uso da capacidade de elaboração.

Nesse estado psíquico, o sujeito "patina" numa espécie de atoleiro ao permanecer no mesmo pensamento ou ação, sem recursos criativos do processo secundário para dar novos direcionamentos às suas ideias e ações.

Esse modo de funcionamento mental conduz o sujeito a um estado de paralisia psíquica total ou parcial e a um estado de exaustão, com perda de contato com a realidade, podendo chegar, em casos extremos, à falência psíquica e morte.

Freud (1920) chamou essas condições de estados de "compulsão de repetição" e de "compulsão de destino", um fator autônomo ligado a uma dinâmica de conflitos na qual intervém o jogo entre princípio do prazer e princípio de realidade (Laplanche & Pontalis, 1973, p. 86).

É difícil afirmar que a compulsão à repetição seja uma tentativa exclusiva de retorno do reprimido. Em certos casos, ela expressa o retorno a um estado funcional primitivo que vai além da satisfação autoerótica e que visa alcançar a eliminação ou atenuação de uma angústia profunda e inominável.

Esse fenômeno parece ter por função uma tentativa inconsciente da mente para dar vazão e se libertar de um estado de excitação gerador de um sentimento insuportável de vazio. Nessas condições, o sujeito em situação extrema não se diferencia do objeto interno, pois ele não existe ou se confunde e se funde ao próprio sujeito. O objeto é o próprio corpo e o próprio eu indiscriminados.

Trata-se de uma aderência ou indiferenciação self/objeto que pretende, por meio da repetição compulsiva, se libertar de uma excitabilidade mental que, em vez de se atenuar e se transformar em representação simbólica, incrementa a excitação a partir de sua iteratividade, caminhando para a exaustão e, finalmente, a morte. Caso o processo não seja interrompido ou atenuado por ações externas, o desespero, a desagregação mental e o *acting out* se fazem presentes, pondo em risco a integridade do sujeito e do seu entorno.

A compulsão à repetição, seja em nível da ação ou do pensamento, busca um menor gasto de energia na tentativa frustrante de ligar a energia existente (impulso ligado a fantasias onipotentes) a um objeto de modo sensorial, seja ele o corpo, uma ação ou um pensamento que acaba por gerar maior excitabilidade na medida em que a pulsão não encontra um sistema de vazão adequada.

Cria-se um estado de dependência dessa organização primitiva que não encontra no elemento sensorial concreto a satisfação e o apaziguamento equivalentes àqueles que o bebê encontra no aconchego do corpo real materno. Essa condição precoce não encontra na relação com as imagos primitivas narcísicas, precursoras da representação e da atividade simbólica das diversas linguagens, a continência necessária para a preservação da vida. Em outros termos, há nessa situação uma tendência que vai além do princípio do prazer e que pode ser entendida como um retorno a um estado anterior e que precede as tensões do existir e do ser. Trata-se de algo similar a uma valência livre à procura desesperada de uma contraparte na qual possa se ligar para alcançar um estado de estabilidade e ausência de tensão.

As angústias provenientes desses estados são inomináveis por serem extremamente primitivas, prévias a qualquer representação. A excitabilidade psíquica existente não encontra onde se fixar e é, involuntariamente, canalizada para o corpo ou para algum objeto real externo que lhe sirva como anteparo, um equivalente do corpo materno concreto, não simbólico, e do qual o sujeito fica refém. Nessas condições, a capacidade para a elaboração fracassa.

A compulsão à repetição difere do autoerotismo. Nela, o prazer e a frustração são geradores de vivências que contribuem para a coesão do self e para a incorporação de imagos edificantes das atividades simbólicas e outras funções capazes de, progressivamente, oferecer continência com a maturação do ego. Possíveis lacunas existentes no self ao nível da autoestima e das configurações narcísicas, se tudo caminha bem, serão toleradas e preenchidas pela criatividade e por fantasias heroicas e desafiadoras impulsionadas pela pulsão de vida. Formam-se imagos, representações e linguagens que substituem a presença sensorial do objeto real externo e concreto. No autoerotismo, há uma satisfação obtida pela alucinação do desejo que progressivamente se estruturará em linguagens simbólicas. A carga energética se adere às imagos e às representações simbólicas.

Na compulsão à repetição, proveniente de vazios mentais, como em certas anorexias e adições, o sujeito se adere, involuntariamente, ao objeto que adquire uma função equivalente e inconsciente do corpo materno perdido. Não há autonomia para dele se separar e seguir seu caminho com espontaneidade e capacidade adaptativa à realidade devido à falha no processo secundário, uma vez que o sujeito está dependente de uma estrutura prévia, própria dos processos primários do pensamento. Outra forma de descrever esse processo é que o conteúdo das fantasias, da qual "a compulsão à repetição é testemunho, reflete a persistência do desejo incestuoso e parricida em estado bruto" (Ladame, 1992, p. 152).

Na adolescência, com as transformações da puberdade, fase da vida na qual o jovem passa por processos de perdas e de fragilização do ego devido aos desinvestimentos das imagos infantis e parentais, emerge o primitivo em conflito com as novas aquisições inerentes ao processo de maturação e de desenvolvimento. Nessa fase da vida há, espontaneamente, uma tendência à prevalência de aspectos do processo primário com manifestações defensivas próprias da fase pré-genital, como cisões, idealizações, identificações projetivas maciças, onipotência, relações de objeto parcial.

O primitivo se faz presente, concomitantemente com a busca de novos modelos identificatórios. A atividade psíquica oscila entre processo primário e secundário. As fragilidades próprias dessa fase da vida, acrescidas dos padrões e valores da sociedade contemporânea, facilitam a emergência do primitivo e dificultam a elaboração dos lutos quando há o predomínio dos processos primários.

A presença desses processos psíquicos primitivos num momento em que o sujeito reestrutura sua personalidade e identidade torna-o vulnerável aos novos modelos incorporados a partir do contexto e da cultura no intercâmbio das subjetividades.

Quanto maiores tiverem sido os comprometimentos traumáticos dos primeiros anos de vida, maiores serão as possibilidades de os traumas precoces virem à tona nessa fase do desenvolvimento. São condições favorecedoras da desorganização do self e da emergência de falhas das funções narcísicas reguladoras: a baixa da autoestima e o aumento da excitabilidade psíquica pelos fracassos das funções egoicas que promovem no ego fragilizado uma reorganização dos elementos narcísicos em níveis primitivos. A repetição compulsiva tende a alcançar um estado de aderência e de não diferenciação entre o self e o objeto, processos que buscam a coesão do self em fases anteriores à diferenciação e integração das diferentes partes contraditórias que o compõe e da discriminação self/objeto primitivo. A repetição compulsiva seria uma tentativa de retorno aos núcleos indiferenciados do self.

Na compulsão à repetição há um estado de vazio por aniquilação do objeto ou indiscriminação entre sujeito/objeto (self/objeto) estruturado numa posição narcísica precoce negativa, que tende a um estado nirvânico e que impossibilita quaisquer possibilidades de representação e de elaboração mentais. Há o que Feder (1992) chama de "tempo interrompido", uma impossibilidade de o adolescente dar continuidade a novos investimentos e descobrimentos devido ao aprisionamento acarretado pela compulsão à repetição (p. 795).

Ladame (1992) sugere que tais casos ocorrem como consequência da incapacidade de efetuar um trabalho de luto que se correlaciona com a compulsão à repetição. Os desinvestimentos acarretariam um desligamento das ligações existentes relacionadas a

> *lutos impossíveis do desejo incestuoso e parricida, e luto impossível do corpo impúbere impedem liberar-se da compulsão à repetição. O processo de transformação do adolescente é paralisado e a ausência da elaboração depressiva fecha a possibilidade de novos investimentos. A repetição do idêntico coloca o sujeito em situação de impasse. (Feder, 1992, p. 155)*

Penso que a questão nos remete a estágios pré-genitais precoces do desenvolvimento da relação *self*/objeto que acarretará uma falha na construção da estrutura edípica.

Brusset (1996) entende que:

> *A clínica dessas estruturas está centrada no vazio: sentimento de vazio e vazio realizado tanto na atividade mental como na vida do sujeito. Os investimentos secundários são frágeis e aparecem todas as gradações entre a desesperança, a ausência de todo projeto, a morosidade, o sentimento de falta e a alucinação negativa do objeto. (p. 208)*

Quando, na infância, tudo caminha bem no encontro com a mãe suficientemente boa, a presença de estados narcísicos construtivos favorece a coesão e a integração de diferentes partes do *self* na construção do novo sujeito. Mas, quando fracassa a relação com o objeto real externo e/ou o desenvolvimento das funções narcísicas, o autoerotismo estruturante dá lugar a vazios e à repetição compulsiva.

Storolow e Lachmann (1983) compreendem certas paradas do desenvolvimento a partir do conceito de narcisismo funcional, um processo defensivo e regulador da economia psíquica:

> *A atividade mental é narcísica no grau em que sua função é a de manter a coesão estrutural, a estabilidade temporal e a tonalidade afetiva positiva da representação do self. (p. 22)*
>
> *A atividade narcísica pode funcionar como defesa, com o fim de afastar uma multidão de conflitos intrapsíquicos (incestuosos, sadomasoquistas) relacionados com os objetos... qualquer atividade mental pode servir como defesa contra conflitos intrapsíquicos e nas relações objetais temidas... (p. 23)*
>
> *Uma grande variedade de perversões sexuais pode funcionar como tentativas sexualizadas de contrabalançar sentimentos de autoesvaziamento e autofragmentação, de reviver o sentimento de ter um self coeso, e de restaurar a autoestima... (p. 27)*

A compulsão à repetição tem por função diminuir as tensões ao tentar substituir de forma insatisfatória a função reguladora da autoestima, ameaçada e deficiente. Essas configurações arcaicas da personalidade têm por função suprir o indivíduo e dar-lhe o necessitado para o encontro de:

> *um objeto que seja o reflexo especular contínuo de suas fantasias grandiosas ou de um estado de fusão com o objeto onipotente e onipresente, solicitado pelo eu (self) como forma compensatória e de contenção, diante de um sentimento de fragilidade de coesão do eu e da autoestima. Este processo tem como finalidade afastar a ameaça de fragmentação da representação estrutural do eu. (Levisky, 2007, p. 140)*

A autoestima tem uma conexão muito íntima com a "libido narcísica" (Freud, 1914/1973, p. 2017-2033), que, em conjunto com o conceito de "narcisismo funcional", contribui para a compreensão das patologias distintas das neuroses. Tais manifestações, tidas como contemporâneas, têm expressividade variável em função das transformações dos contextos e das mentalidades.

A psicanálise não necessita, pelo menos até o presente, de uma nova psicanálise desde que o psicanalista evolua e incorpore os novos conhecimentos. Aprimorar a "escuta psicanalítica" contribui para o desenvolvimento da capacidade de discriminar mudanças na expressividade das pulsões, impostas pelas transformações tecnológicas e culturais que afetam as múltiplas linguagens que permeiam o consciente e o inconsciente.

> *Na Idade Média, o vazio era preenchido pela busca de Deus e no encontro do Paraíso Celeste na vida pós-morte. Mas, tanto no passado quanto no presente, as questões narcísicas se fazem presentes, projetadas na busca da paz, da pureza e da perfeição, mas os deuses são outros. A mente humana alterna situações de funcionamento de tipo analógico e dialógico, podendo realizar configurações surpreendentes e criativas, de modo rápido e simultâneo a outras atividades. Mas cada sujeito necessita descobrir em si seus limites para não ser vítima da própria voracidade e das ambições narcísicas. A cultura pode estimulá-lo a se tornar um dependente compulsivo e direcioná-lo para o trágico, para a morte ou, como se diz na linguagem juvenil dos internautas, "dá pau", isto é, o sistema entra em pane. Nos séculos XI e XII muitas famílias abandonaram tudo, bens e filhos, dirigindo-se para a vida monástica com a esperança de, assim, encontrar a paz e a graça divina. Hoje mudaram os meios, mas não a essência da natureza humana, obra do seu Criador.* (Levisky, 2007, 2008, p. 91)

Freud reconhecia na compulsão à repetição algo da implacabilidade do destino impondo a todos os filhos ter que passar pelo complexo de Édipo. Essa posição conceitual pode estar sendo questionada diante das perspectivas da criatividade humana quanto aos experimentos genéticos com a produção de clones ou de partes do corpo provenientes de outras origens que não o próprio sujeito. A análise psicanalítica de dados históricos relativos à evolução das mentalidades ao longo da história das civilizações mostra que o processo de elaboração edípica e os processos identificatórios de gênero e de outros aspectos da personalidade mudam com os tempos e com as culturas, ainda que em sua essência partam das mesmas bases. A sexualidade do homem grego e do homem contemporâneo é aparentemente a mesma, mas os processos psíquicos que os levam a lidar com as angústias e com as diferenciações entre o si mesmo e o outro (diferenciação self/objeto) podem ter encaminhamentos distintos dependendo dos valores, da ética, dos mitos, das utopias e dos imaginários prevalentes nas culturas e suas transformações ao longo dos tempos (Kohut, 1988).

Attali (2007) descreve as diferentes formas de organização social e da família ao longo de distintas civilizações e tempos, mostrando que, em algum futuro, o sexo e o prazer poderão dispensar o outro para a sua realização. Disso podemos supor que a elaboração do complexo de Édipo estará, como já está, sofrendo mudanças, levando a estados de angústia capazes de gerar retorno a estados primitivos ou mesmo contribuir para a aderência (fusão) a estados mentais primitivos indiscriminados e indiferenciados.

Essas condições podem contribuir para que partes da personalidade do sujeito permaneçam aderidas ao objeto primordial (objeto estético primordial de Meltzer), impedindo-o de criar espaços mentais a serem preenchidos por imagos que serão substituídas por representações e elementos simbólicos mais complexos que servirão de substrato para as diferentes linguagens corporais e semânticas.

Os fenômenos sociais atuais agem como pressões sobre o ser e o agir das pessoas e dos grupos e dependem das fantasias conscientes e inconscientes que permeiam tanto a cultura como o imaginário individual e coletivo.

A vida em sociedade requer do ser humano o desenvolvimento de sistemas mentais capazes de controlar a vida pulsional e o exercício de funções que regem as necessidades adaptativas do sujeito e o seu equilíbrio funcional dentro de um determinado contexto.

A sociedade contemporânea tende a funcionar em excessos como o frenesi consumista, a corrida contra o tempo, a expansão da comunicação de massa, os esportes radicais, a hipervalorização do corpo. São condições capazes de gerar organizações mentais e mecanismos defensivos diante das angústias e necessidades adaptativas que levam a quadros clínicos como bulimia, anorexia, obesidade, compulsão, drogadição, suicídio, doenças psicossomáticas e violências. São os vazios da contemporaneidade, que retroalimentam processos compulsivos que se estabelecem como defesas arcaicas narcísicas destrutivas que buscam se libertar das tensões existenciais na procura de algo que vai além do prazer.

As características da contemporaneidade têm o poder de quebrar paradigmas internos e desestabilizar o sujeito que vive incertezas além de seus limites egoicos e superegoicos e passa a atuar e regride a estados de descarga tensional que caminham na direção da compulsão à repetição: economia de consumo; subjetividades múltiplas e descentradas; valorização do imediatismo; fragilidade das relações; competitividade, contemplação, lazer e trabalho desmedidos; dificuldades na discriminação dos papéis e funções entre homens, mulheres e outros padrões de gênero; enfraquecimento dos poderes reguladores tanto das sociedades quanto da autoridade parental; desdobramentos sociais e éticos da identificação do genoma humano e seus desdobramentos, como as clonagens; caminhos para novas crenças e religiões; similaridade de fantasias entre homem e mulher; isolamento em que vivem inúmeras pessoas; desejo arcaico de retorno à simbiose; alteração da ordem paterna e da lei simbólica, gerando novos modelos familiares: família monoparental, homoparental, recomposta, desconstruída, clonada, gerada artificialmente, sem condição de transmitir seus próprios valores.

A intensidade, a duração e a velocidade das transformações sociais contribuem para a geração de mudanças mentais complexas, vivenciadas como formas de violências, ao ultrapassarem os limites de tolerância egoica de cada um. O fato de essas mudanças serem rápidas e intensas gera conflitos e inseguranças em relação ao contexto interno e externo previamente existente e conhecido, percebido como mais estável ou mais fácil de ser controlado. Essa situação gera um sentimento de vazio, que leva a um processo mental dinâmico e econômico capaz de promover ações e pensamentos compulsivos que visam atenuar, negar, aderir, menos transformar o vazio em espaço transicional a ser preenchido por representações e elementos simbólicos capazes de trazer realização e satisfação.

A perspectiva de vivenciar o vazio se torna insuportável, levando a mais negação, aderência, projeções somáticas. Forma-se um ciclo fechado que se esvai pela exaustão ou morte da criatividade e da atividade mental, resultando, em última análise, em morte física por exaustão na busca de ausência de tensão. Na busca de um estado nirvânico, cindido da realidade interna e da percepção de si mesmo. Nos casos extremos, há uma perda da perspectiva e tudo converge para a prepotência e onipotência a serviço de um ideal narcísico tanático. Não há espaço para a entrada do terceiro elemento capaz de gerar a separação/individuação, tamanha a aderência existente entre sujeito e objeto como elementos indissociáveis. O ego é frágil para caminhar para a autonomia e poderosíssimo para preservar a compulsão como mecanismo defensivo contrário à perspectiva de elaboração mental criativa e ligada à vida. É a negação da morte que gera a própria morte. A cultura exacerba esse fenômeno.

A atividade pulsional em si é egocentrada. Ela não se preocupa com as consequências em relação ao corpo, ao sujeito e ao grupo. Caberá ao ego e ao superego estruturar-se e dar continência, representação e comunicação para atenuar as tensões que decorrem de sua atividade.

O ego capta os mundos exterior e interno por meio de suas representações e de várias linguagens conscientes e inconscientes que se estabelecem ao longo da vida. Essas linguagens dependem de aspectos intrínsecos ao sujeito e de outros adquiridos em sua relação com o meio ambiente, na busca simbólica e representacional de encontro da homeostase psíquica.

O *Homo sapiens* vive e sente o amor, porém as formas de sentir e viver a experiência variam com os tempos e com os espaços. A busca de deidades acompanha esse homem, que, politeísta na Grécia Antiga, transformou-se no monoteísta de Abrahão. Dentro desse ponto de vista sobre a vida e a criação, o Deus do século XI não é o mesmo do século XXI, o que significa dizer que os valores éticos e morais se transformam em função de múltiplos fatores ao longo dos tempos e dos espaços. As mudanças na configuração mental podem ser observadas nas diferentes formas de organizações familiares, sociais, políticas e comunitárias, como a poliandria, a poligenia, a poligamia e a monogamia. Surgem novas possibilidades nas relações psicossociais, matriarcal, patriarcal ou comunitária. Tais condições geram diferentes possibilidades quanto aos processos de identificação e identidades.

Pesquisas recentes mostram que a tecnologia poderá dar conta daquilo que até hoje tem sido intrínseco ao funcionamento animal, nas espécies mais desenvolvidas, com o surgimento de novas formas de procriação, na qual os parceiros serão desnecessários tanto para o prazer quanto para a preservação da espécie, restando apenas as necessidades sociais e afetivas. As clonagens possibilitam novas séries de fantasias quanto ao ser e ao viver, alterando as formas de introjeção, projeção, construção dos espaços mentais e meios de descarga e de transformação sublimadas ou não. O processo de elaboração edípica tende a sofrer transformações ao longo do tempo, sendo possível que ele também seja um processo psico-histórico de mudanças muito lentas, mas, com os progressos tecnológicos e com o aumento da velocidade de transformações, muitas das mudanças que levavam séculos ou milênios podem ocorrer em décadas.

Temos a percepção da existência de fatores constantes do desenvolvimento da mente humana, como a sexualidade no seu sentido mais amplo, entre outros, variáveis em função do contexto ambiental e da cultura, alterando a expressividade e o significado dos afetos, como as múltiplas formas de amor e questões que envolvem a identidade.

Estudos genéticos, de neurociências, etnopsicanálise, sociologia, história social, antropologia contribuem na compreensão do sujeito em seu contexto social, geográfico, político e econômico, relativizando em certo grau a análise das organizações egoicas, dos ideais do ego, das funções narcísicas, do superego, do self primitivo e atual. As utopias, os imaginários, os mitos, os tabus, elementos da cultura incorporados pelos processos identificatórios à vida inconsciente, são transmitidos de geração em geração, sofrendo mutações e transformações.

A interface existente entre a história social e a psicanálise, por exemplo, mostra-nos como traços da personalidade individual e coletiva se manifestam mobilizados por fatores culturais, econômicos, ideológicos que compõem a subjetividade individual e coletiva. Assim, dependendo de como esse conjunto de funções se articula, se integra ou se exclui, a mente e suas funções egoicas, mecanismos defensivos, valores se configuram em cada cultura, na maneira de sentir e lidar com o amor, a dor psíquica, o desamparo e as frustrações.

O desenvolvimento e a qualidade dos vínculos afetivos, junto com os processos educacionais, permitem a construção do indivíduo como sujeito psíquico, com identidade própria e busca de emancipação e de autonomia, dentro dos critérios definidos, pelo menos em parte, pela sociedade e pela cultura à qual ele pertence e sobre as quais ele interfere.

Esses processos possuem tempos distintos em cada sujeito e cada sujeito interfere de forma singular nas transformações do meio. É preciso ressaltar que as forças capazes de gerarem pressões e transformações não são idênticas e equivalentes em cada sujeito e em relação ao coletivo, nem cada coletivo em relação ao sujeito. Daí ser fundamental para o conhecimento do sujeito psíquico em seus aspectos inconscientes conhecer a cultura da qual ele provém e na qual ele está inserido em seus processos históricos para compreender suas particularidades, singularidades e relações com o coletivo, com o singular e com o particular.

É desejável conhecer as transformações do coletivo para identificar melhor os processos que ocorrem na individualidade e na privacidade de cada sujeito, pois isso interfere na expressividade dos fenômenos mentais, inclusive na produção dos sintomas.

Vale lembrar que, durante o trabalho psicanalítico, o processo de livre associação de ideias e os fenômenos transferenciais/contratransferenciais são os condutores mestres na compreensão do inconsciente, portador desse conjunto de fatores que constituem o sujeito em seu meio.

Essas ações mentais, predominantemente inconscientes, configuram o que Freud chamou de arquitetura psíquica ou faculdades psíquicas, cujas características predominantes dependem das relações entre sujeito e cultura de uma dada época e num determinado contexto. Elas se transformam com velocidades distintas, maiores ou menores no decorrer do tempo e das influências recíprocas existentes entre sujeito e coletividade.

Essas variações dependem das ações recíprocas entre as redes mnêmicas internas e das redes de comunicação externas, que, por sua vez, dependem de uma multiplicidade de fatores previsíveis, imprevisíveis ou aleatórios que se modificam com os avanços tecnológicos.

Esses sistemas complexos interferem nos processos de investimentos objetais, no desenvolvimento do mundo interno, na percepção do mundo exterior, nas organizações narcisistas, nas éticas, nas formas de pensar e de agir. Lembre-se que predomina ora o pensamento analógico, ora o dialógico, ora o verbal, ora o simbólico, ora o imagético, ora o guestáltico, entre liberações e inibições, concretudes e simbolizações, realidade e virtualidade estimuladas ou inibidas pela cultura e seu conjunto de valores. Condições a serem percebidas pelo psicanalista no desempenho de suas funções.

Esses estados tensionais podem gerar níveis elevadíssimos de estresses que contribuem para a geração de violências como meio de descarga. O indivíduo "deleta" o que lhe está causando sofrimento, um equivalente ao processo de negação. Na negação, parece existir a percepção para que o elemento causador do sofrimento seja "negado", isto é, excluído da consciência. No ato inconsciente de deletar, a reação parece ser tão rápida e total que impossibilita qualquer relação com o elemento causador do sofrimento. Porém, são necessários maior observação e aprofundamento de tais estudos para apreciação de eventuais particularidades e diferenças entre esses dois mecanismos. Podem ser processos de aparência similar, mas de processamentos distintos. É preciso aprofundar esse estudo para diferenciar o ato inconsciente de negar daquele de deletar situações geradoras de dor psíquica.

Em contrapartida, verifica-se a criatividade presente nas novas configurações mentais, cujo processo secundário tem características intensamente analógicas. O processo de elaboração pode seguir outros paradigmas diferentes daqueles da análise, da síntese, da comparação e da confrontação, guiando-se por uma criatividade imagética e guestáltica, as quais conduzem rapidamente ao encontro de soluções. Vemos crianças pequenas que crescem em meio a computadores e jogos eletrônicos solucionando problemas que adultos quebrariam a cabeça para resolver. Elas prontamente equacionam a questão por capacidades guestálticas ou por similaridade imagética surpreendente.

Todos esses processos da vida civilizada dependem do estabelecimento e do desenvolvimento dos vínculos afetivos e dos processos educacionais por meio dos quais o indivíduo se constrói como sujeito. A construção da identidade, a busca da emancipação e da autonomia ocorrem dentro dos critérios definidos, pelo menos em parte, pela sociedade e pela cultura à qual o indivíduo pertence e sobre a qual ele age em processos recíprocos de transformação.

Há no inconsciente um trabalho que é fruto de identificações primárias, secundárias, diretas e cruzadas, decorrentes de vínculos afetivos precoces e posteriores, estabelecidos com as figuras parentais ou seus equivalentes sociais e, hoje, sem dúvida alguma, a televisão e outros meios de comunicação de massa.

A vida mental, com sua capacidade de pensar de forma criativa, formata ou configura a luta contínua existente entre vida e morte dentro de contextos que se transformam pela capacidade de criação, destruição e reparação, na busca de equilíbrios temporários entre prazer e dor.

Referências

Attali, J. (2007). *Amours*. Fayard.

Brusset, B. (1996). Anorexia mental y toxicomanía. *Psicoanalisis APdeBA*, *XVIII*, p. 2.

Feder, F. (1992). Une figure du temps à l'adolescence: le temps suspendu. *Revue Française de Psychanalyse*, *LVI*, p. 2.

Freud, S., (1973). Introducción al narcisismo. In S. Freud, *Obras completas*. Biblioteca Nueva. (Trabalho original publicado em 1914).

Kohut, H. (1988). *Análise do self*. Imago.

Ladame, F. (1992). Freud, la compulsión a la repetición y la adolescencia. *Psicoanalisis*, (N/A), p. 2.

Laplanche, J., & Pontalis, J. B. (1973). *Vocabulaire de la psychanalyse*. Presses Universitaires de France.

Levisky, D. L. (2007). *Um monge no divã*. Casa do Psicólogo.

Levisky, D. L. (2008). A mente contemporânea como espaço de criatividade: deletar X formatar. *Revista do Instituto de Ensino e Pesquisa em Psicoterapia*, *10*.

Storolow, R., & Lachmann, F. M. (1983). *Psicanálise das paradas do desenvolvimento*. Imago.

16. Meios de comunicação social: interferências sobre o aparelho psíquico

A força dessa verdade que o apresentador anuncia, impõe, quem sabe até implicitamente, é tal que, . . . alguém creia que esteja se dirigindo exclusivamente a ele.

(Umberto Eco, 1984)

Se eu tivesse um filho com a TV que está aí, ficaria apavorado. A meu ver, faltam ideias novas na televisão. Ela mostra aquilo que é mais fácil e que tem audiência garantida. Mas acho que essa discussão não leva a nada aqui no Brasil. Não é a primeira vez que se discute sexo e violência na TV, e até hoje nada foi feito.

(Marcos Nanini, 1995)

Analista: O que é mais importante em sua casa?
Paciente: A televisão.
Analista: Por que?
Paciente: Ela me ensina tudo.

(João, 9 anos, 2010)

– Pare de me chatear, pai! eu sei o que estou fazendo.

– Você está há mais de 3 horas grudado nesse computador; largue isso e vá estudar. Você tem prova amanhã? Já se preparou?

– Não me enche, eu sei cuidar da minha vida.

(Diálogo entre pai e filho adolescente)

Televisão, videogames, tablets, computadores, celulares fazem parte do cotidiano pós-moderno. O virtual do mundo subjetivo hoje é real não só no mundo interno, mas também na concretude do imaginário. Namoros eletrônicos, relações sexuais virtuais, canais de TV exclusivos para homossexuais, jogos violentos, guerras reais e simuladas fazem parte de uma sociedade mais liberal e democrática. Porém, somos corresponsáveis pela preservação, perdas e mudanças de critérios considerados estáveis da cultura, interferindo nas transformações éticas, a exemplo do que ocorre no esmaecimento das relações entre o público e o privado ou nas hierarquias familiares.

Emancipação feminina, significado da família, papel dos pais junto aos filhos, mentalidade consumista, banalização da miséria, da violência, do corpo aliadas às diferentes velocidades impostas pela evolução tecnológica estão contribuindo para muitas e rápidas transformações éticas, sociais e estruturais do homem. A mídia, principalmente a eletrônica, associada aos poderes econômicos, tem-se distinguido no seu papel *formador e deformador* da opinião pública ao interferir na própria estruturação e funcionalidade do aparelho de pensar e nas atividades neuropsíquicas.

Há um conjunto de saberes e vivências que contribuem para a análise das consequências positivas e negativas dos meios de comunicação na formação dos níveis intra, inter e transubjetivos.

Goethe (1774/1983), em *Werther*, relata a história de um adolescente apaixonado e não correspondido que busca no suicídio a saída para a sua angústia. O autor coloca em evidência os limites da mente humana: "A questão não é saber se um homem é forte ou fraco, mas se pode suportar o peso do sofrimento moral ou físico, não importa, que se lhe impõe". Pressões que fazem parte da vida pós-moderna. Pressões que tendem a ultrapassar os limites da tolerância individual e grupal caso não sejam desenvolvidos filtros capazes de atenuar e selecionar a afluência e a influência dos estímulos internos e externos sobre a mente.

McLuhan (1964/2003), em *Understanding media: the extensions of man*, celebra o poder transformador das novas tecnologias de comunicação; porém, alerta sobre a ameaça que paira sobre nós caso não tenhamos consciência dos efeitos dessas mudanças. As questões envolvem conteúdos e mecanismos de difusão das mensagens veiculadas e sistemas de uso e de abuso tanto por parte dos produtores e emissores quanto dos consumidores. Alterações funcionais e estruturais podem ocorrer "nos modelos de percepção, de maneira contínua e sem nenhuma resistência".

Problemas graves estão se originando no comportamento da juventude em consequência do mau uso da TV e de seus equivalentes. Abusos são cometidos pelas redes de televisão, sistemas de propaganda e *marketing*, videogames. O uso indiscriminado, compulsivo desses meios de comunicação eletrônicos merece a atenção de todos, pois veiculam ideias muitas vezes pouco estruturantes para a formação do sujeito e de entretenimento duvidoso. A contínua estimulação luminosa, a compulsão à repetição de ações sem que estas passem pela análise crítica induzem fantasias, tensão, excitação e gozo, causam um bombardeio de estímulos que acarretam interferências não apenas de conteúdo, mas também na sensopercepção.

A discriminação entre real, imaginário, virtual e real-virtual fica comprometida e afeta as relações temporais e espaciais (Blay Levisky, 2012).

Sem dúvida, a mídia eletrônica contribui positivamente para inúmeras ações criativas e associações de ideias enriquecedoras de experiências. Entretanto, alguns creem que liberdade de expressão implica veicular todo e qualquer conteúdo ao bel-prazer do emissor. A liberdade de expressão deve vir acompanhada de avaliação das influências e de senso de responsabilidade diante das consequências. Pode-se cometer enganos e erros por inexperiência ou ignorância tanto dos produtores quanto dos consumidores. Estes podem e devem ser reparados. Há, entretanto, aqueles interessados em induzir determinados tipos de comportamento e de pensamento ao seduzir desavisados por caminhos perigosos, como no caso da pedofilia, da erotização indiscriminada, do estímulo à prostituição infantil ou à violência.

Nesse novo espaço da cultura produzido pela mídia eletrônica, a ética ainda é precária. Muitas crianças e jovens entram em um estado regressivo e compulsivo, gerado pela excitação e pelo gozo, com perda das capacidades de discernimento, da crítica, com prejuízos no desenvolvimento da subjetividade e interferências nas funções neuropsíquicas. A situação se agrava quando não existe um interlocutor que faça a mediação, a filtragem, o contraponto entre o que está na tela e a vida real. Eles vivem um estado equivalente ao abandono parental. É desejável que a sociedade se estruture para exercer certo tipo de atenção crítica, de discernimento, reflexão e controle sobre as consequências neuropsíquicas, educacionais, éticas e morais que decorrem do uso dessas conquistas tecnológicas. Somos todos corresponsáveis. Deixar o controle exclusivamente sob a responsabilidade das famílias é no mínimo omissão. Há uma assimetria nas relações entre os poderes da vida familiar no exercício seletivo do que ver e de como usar os dispositivos eletrônicos diante do poder persuasivo da comunicação atrelado aos poderes econômicos e de interesses políticos de governantes. As resultantes serão melhores tanto para os indivíduos quanto para a sociedade democrática se houver envolvimento dos agentes emissores e receptores na avaliação dos desdobramentos dos estímulos veiculados pela mídia eletrônica.

Certas propagandas e mensagens automatizam e dogmatizam o público pela sedução. Impõem, iludem, persuadem, condicionam e atenuam o poder de decisão do consumidor. Elas geram motivações profundas habilmente manipuladas capazes de agir na capacidade crítico-analítica e tomada de decisão. Essa indução inconsciente contínua e direcionada traz graves consequências à formação da personalidade e da identidade das crianças e adolescentes em plena fase de desenvolvimento do ego, do superego, de elementos narcísicos na formação de habilidades, tendências, sistemas ético e moral. A formação do espaço interno que habitualmente sofre interferências do ambiente passa a ser controlado pelos estímulos externos. As pulsões podem ser mobilizadas pelos estímulos deliberados pela tela dos eletrônicos em detrimento das manifestações autênticas e espontâneas do ser. O espaço lúdico e o espaço da cultura sofrem diminuição da capacidade de discriminação, do discernimento entre imaginário (coletivo), imaginação (individual) e realidade. Pode haver confusão entre sonho, fantasias inconscientes e conscientes, realidade interna, virtual e concreta, todas integrantes dos vários níveis de subjetividade (intra, inter e trans). A subjetividade individual é diferente da dual e grupal, que, por sua vez, se distingue de outra mais ampla, nacional e, agora, globalizada.

Campanhas hitleristas, fascistas, capitalistas, comunistas ou fundamentalistas, sejam quais forem suas naturezas, são reveladoras de como a propaganda é capaz de fomentar tendências animalescas, profundamente recalcadas, porém mobilizadas pela cultura dominante. Freud, em trabalhos como *Totem e tabu* (1912-1913/1973b), *Psicologia das massas e análise do eu* (1921/1973d), *O mal-estar na cultura* (1930/1973e), "Introdução ao narcisismo" (1914/1973c), *Moisés e monoteísmo* (1939/1973f), põe em evidência como aspectos da natureza humana, dos mais nobres aos mais abomináveis, emergem em condições ambientais favoráveis. As pulsões podem ser sublimadas em elementos da cultura, recalcadas, reprimidas ou atuadas (*acting out*) no meio social; a mídia eletrônica pode participar desses processos.

As rápidas transformações tecnológicas do mundo da comunicação estão acarretando progressos, mas trazem também perturbações na discriminação entre o episódico e o rotineiro, o público e o privado, o regional e o global. Afetos e comportamentos liberados por uma cultura influenciam outras nas quais tais aspectos são reprimidos ou direcionados por meio de outra ética e moral. A preservação de raízes culturais é importante para dar continuidade a uma cultura por meio das tradições, mas a inovação e a criação também fazem parte da cultura. Há uma velocidade de transformação tolerável e subjetiva. Depende da habilidade em se lidar com mudanças sem perder as raízes, sem ficar engessado num passado nostálgico, distante das realidades atuais. As novas tecnologias trazem um sentimento de libertação, mas também geram mais escravidão praticada sobre a mente humana caso não se alcance uma ética satisfatória.

Os meios de comunicação social têm o poder de transformar aspectos da vida privada e do sofrimento humano em material de consumo. Se, por um lado, servem para dar vazão às fantasias, também podem ser utilizados para a concretização do imaginário não apenas por meio da sublimação, mas interferindo na capacidade de criar, pensar e confrontar. Tais meios de comunicação estimulam a prevalência de estados primitivos da mente: ilusão da permanência em estados de gozo, de satisfação imediata dos desejos, de onipotência, de cisão, de negação. Os processos primários do pensamento (descritos por Freud) tendem a estimular uma relação simbiótica ou mesmo de aderência ao objeto do desejo, equivalente à dependência às drogas. Conjunto de fenômenos que contribui para o aumento da violência. Eles tendem a aumentar a impaciência e a superficialidade. Muitos lidam com os afetos e com as relações humanas com um *enter* ou *delete*. Nessas circunstâncias, a elaboração do processo secundário do pensamento – discernimento, dúvida, reflexão crítico-analítica, tomada de decisão – fica preterida.

Freud (1895/1973a), em "Projeto para uma psicologia científica", sugere que o sistema nervoso central está organizado por redes neuronais interconectadas por meio de sinapses. Ressalta a importância dos mediadores bioquímicos nas transmissões dos impulsos nervosos e nas manifestações psíquicas. Sinaliza a capacidade plástica da mente e do cérebro diante dos estímulos. Elas ocorrem em diferentes velocidades no longo curso histórico com repercussões sobre as funções egoicas e superegoicas (Levisky, 2012).

Neurofisiólogos acreditavam que as estruturas cerebrais praticamente se cristalizavam de forma imutável na vida adulta. Investigações recentes e sofisticadas das neurociências demonstram a existência de elevado grau de plasticidade do sistema nervoso central. Há uma interferência recíproca mente-corpo tanto em nível funcional quanto estrutural. Carr (2011), em *O que a internet está fazendo com nossos cérebros*, cita Merzenich: "A plasticidade cerebral não é limitada ao córtex somatossensorial, a área que governa o sentido do tato. É universal. . . . todos os nossos circuitos neurais – quer estejam envolvidos em sentir, ver, ouvir, mover-se, pensar, aprender, perceber ou lembrar-se – são passíveis de mudanças" (p. 45).

Pascual-Leone et al. (2005) afirmam que a neuroplasticidade permite que o sistema nervoso, apesar das restrições impostas pelo genoma, adapte-se às pressões ambientais e às mudanças psicológicas e vivenciais.

Esse conceito nos leva a pensar que televisão e mídia eletrônica, de forma geral, exercem ações sobre o conhecimento e o comportamento da sociedade na dependência do seu uso e conteúdo. Os meios eletrônicos de comunicação podem ter ações estruturantes e integradoras. Também podem exercer funções fragmentadoras do sujeito e da coletividade. Eles servem de via de expressão de mitos, crenças, imaginários, fantasias conscientes e inconscientes, e os transformam.

O mundo subjetivo se constitui por meio de contínuos e sucessivos intercâmbios a partir da rede de vínculos estabelecidos na família, na escola e na sociedade por meio de múltiplas identificações que se intercruzam (Kaës, 1997).

O bebê evolui de um estado de total dependência, pouco diferenciado, em direção à autonomia a partir dos vínculos afetivos que estabelece com os pais, primeiro núcleo social e representativo da sociedade e da cultura. Suas potencialidades biológicas, psicológicas e sociais, estimuladas adequadamente, se desenvolvem pouco a pouco integrando as relações corpo-mente. Conceitos como cidadania, democracia e liberdade têm início precocemente na vida (Winnicott, 1989; Levisky, 1995). O interjogo dialético entre as diferentes instâncias psíquicas em busca de estados de equilíbrio, geralmente instáveis e transitórios, contribui para a edificação dinâmica e progressiva do mundo interno em suas relações com o mundo externo e com a realidade objetiva.

Na compreensão do psiquismo do homem pós-moderno, Ogden (1992) parte de uma visão hegeliana do conceito de dialética – o reconhecimento da inseparabilidade dos contraditórios (Lalande, 1993) – para descrever o sujeito dialeticamente constituído e descentrado. É da dialética resultante do confronto entre as diferentes fontes de pressão interna e contextos externos que surgem o conhecimento, a ética, a moral, a história e a religião. Elementos contraditórios do ego buscam certa organização e funcionalidade existencial por meio de movimentos de integração, desintegração e reintegração de partes do self. A busca de novos estados de equilíbrio psíquico gera a construção de novas categorias psíquicas, superiores e complexas em relação às anteriores. Em certas circunstâncias, há regressões a etapas anteriores e mais simples do desenvolvimento nas quais, de forma temporária ou cristalizada, o sujeito se organiza (Storolow & Lachmann, 1983). São movimentos de construção, destruição, reconstrução e reparação que ocorrem em níveis cognitivos, afetivos e conativos, dialeticamente constituídos, que fazem parte do desenvolvimento dos aspectos antagônicos do self (Ogden,1992).

A capacidade de pensar evolui do sensório-motor até alcançar a abstração conceitual que amadurece na adolescência. O sujeito incorpora aspectos do mundo externo, estrutura a linguagem, ordena as fantasias, constrói ideias e ideais. A capacidade criativa emerge precocemente no bebê. Os processos educacionais e a aprendizagem contribuem para a ampliação e o enriquecimento dos mundos afetivos, cognitivos e sociais. As relações intra, inter e transubjetivas contribuem para que a mente do bebê evolua de um estado ilusório de onipotência narcísica para estados de interação e adaptação ao meio. O mundo representacional e simbólico evolui com a construção de imagens mentais por meio das quais o mundo é percebido. Adquirem-se sintaxes que organizam a mente em suas várias linguagens. A criança, ao aprender a lidar com as frustrações, substitui a satisfação imediata de desejos por um processo simbólico que posterga a ação, diminui a descarga imediata, amplia a percepção e o pensamento. O brincar, atividade predominantemente neuropsicomotora, dá à criança as condições para que ela desenvolva suas múltiplas habilidades. Elabora as fantasias. Discrimina o imaginário do real. Aprende a lutar, a atacar e a se defender. A transformar pulsões agressivas, amorosas, reparadoras e criativas em afetos assimiláveis pela cultura como as artes e os esportes. Oportunidade para a emergência de aspectos espontâneos e autênticos do self (Winnicott, 1975). A criança descobre e redescobre suas capacidades de comunicação com ela mesma e com o mundo que a rodeia. Aprende com as experiências emocionais, ensaios e erros.

Morin (1999, 1994) analisa o pensamento complexo do homem pós-moderno. Ele coloca em evidência que a subjetividade das sociedades fechadas do passado difere daquelas das sociedades modernas ocidentais e globalizadas. Nestas, predomina o racionalismo, o cientificismo e a individuação. Narcisismo e busca imediata da satisfação dos desejos estão exacerbados. Nirvana, Cocanha e Pasárgada deixam de ser mitos nas tentativas tecnológicas do homem concretizar tais sonhos na vida real.

A comunicação forma a essência dos vínculos humanos e de cidadania: "O pranto e o esperneio do recém-nascido representam a primeira forma de comunicação e a fonte de todos os motivos morais, já reclama ajuda de quem está lá", diz Soifer (1975) em *A criança e a TV – Uma visão psicanalítica*. Ela realça a importância dos primeiros objetos externos para a formação do aparelho psíquico por meio dos vínculos afetivos que se estabelecem na interação com o outro.

Esse preâmbulo salienta a importância dos cuidados que se deve ter com a TV e os eletrônicos desde o início da vida dos bebês. Cuidado que continua na infância, na adolescência e na vida adulta. Esses aparelhos são destituídos daquilo que é essencial na relação humana: o calor afetivo do contato humano gerado pela presença física daqueles que investem emocionalmente a criança. São vínculos que possibilitam a incorporação progressiva de elementos do processo de identificação na construção da identidade e da personalidade. É da estrutura e da dinâmica dessa rede de vínculos afetivos que se dá a qualidade de modulação e de mediação das excitações na formação da "pele psíquica" capaz de conter, adequar e filtrar a relação mundo interno/externo.

Avanços tecnológicos dos meios de comunicação eletrônicos caminham na direção de fazer com que as imagens da tela sejam cada vez mais próximas da realidade: tridimensionalidade, estímulos sensoriais. Um dos sonhos do homem tecnológico talvez seja substituir o objeto real e concreto pelo virtual, presente onde e quando o sujeito quiser. Manipulável pela vontade do consumidor e distante da prova de realidade que geralmente é acompanhada de certa dose de frustração.

Os interesses da TV comercial estão mais voltados para o lucro direto ou indireto, sem maiores preocupações com a responsabilidade social. A média diária de permanência da criança americana junto à TV é cerca de quatro a cinco horas, geralmente sozinhas, sem dialogar com os pais e com poucas oportunidades para elaborar o conteúdo dos estímulos recebidos. Entre as crianças brasileiras, a situação não deve ser muito diferente, se não for pior. Muitas vezes assistem à TV junto com seus pais, porém, em geral, a família não se comunica. Cada um está envolvido com o programa. Quem ousar perturbar o clima da novela ou do filme em questão vai sofrer consequências. Aparelhos utilizados nessas condições deixam de cumprir suas funções de informação, entretenimento e educação. Passam a interferir sobremaneira na vida da pessoa. Adquirem autoridade e competem com a dos pais, que fica abalada. Os aparelhos podem ser utilizados como "babá eletrônica" enquanto os pais trabalham. Mas, em outros casos, por ignorância, desleixo ou irresponsabilidade dos pais ou dos cuidadores, os filhos são "largados" na frente dos aparelhos. Nessas condições, eles acabam por desprezar os pais ou cuidadores por se sentirem previamente desprezados, deixados aos cuidados dos eletrônicos. A dependência acarretada por esses aparelhos pode ser constatada pela dificuldade de os pais fazerem seus filhos desligar os aparelhos para outras atividades, como brincar, dormir ou estudar.

Meia hora por dia de programas educativos da TV beneficia o conhecimento e o acesso à alfabetização, estimula a criatividade e o lazer. Há canais educativos e jogos eletrônicos que possuem programas cuidadosamente orientados, com vistas à aprendizagem, à cultura e ao entretenimento saudável. São programas que favorecem a catarse agressiva e libidinal e ajudam a aprimorar as relações. Em pesquisa realizada em São Paulo pelo Laboratório de Investigações sobre a Infância, Imaginário e Comunicação, publicada pelo jornal *Folha de S.Paulo* em 18 de julho de 1999, a qual analisou 311 crianças de 6 a 11 anos, revela-se que desenhos animados divertem e são instrumentos psicopedagógicos eficientes. Eles transmitem valores éticos, morais e modelos de comportamento. Outra investigação publicada pelo mesmo jornal, na edição de 13 de agosto de 1995, mostra que desenhos animados participam da elaboração de conflitos e ajudam no desenvolvimento cognitivo e simbólico ("TV pública educa...", 1995).

A tela luminosa, brilhante e cheia de movimentos e estímulos sonoros exerce intensa atração independentemente dos conteúdos. As consequências se manifestam ao longo do tempo: hiperatividade, passividade, distúrbios de linguagem, desatenção ou atenção focalizada em situações que trazem prazer imediato.

Há crianças e adolescentes que só conhecem brinquedos com regras preestabelecidas pelo "guia do consumidor".

Durante sessões de psicoterapia ou psicanálise de crianças e adolescentes, são evidentes conteúdos violentos, eróticos, perversos intrínsecos da mente humana. Desenhos animados e histórias infantis contêm personagens e situações violentas, bruxas e vampiros, como formas de dar vazão às fantasias. Mas, quando há um adulto para fazer o contraponto, a criança aprende a discriminar fantasia, virtualidade e realidade. São equivalentes diurnos das funções oníricas. A questão com os eletrônicos é que a criança, ou o jovem, permanece isolada e profundamente atraída pela tela e seus conteúdos por longo tempo e sem a participação do adulto para fazer o contraponto. A ponto de, nas sessões de análise ou psicoterapia, pacientes tentarem transformar o terapeuta em um verdadeiro controle remoto, na busca mágica de satisfação imediata dos desejos.

Soifer faz uma correlação entre o estado psíquico gerado pela tela luminosa e o estado de sono. Em ambos, há um fenômeno catártico, produto do estado regressivo e a consequente aparição de emoções e fantasias reprimidas. Durante o sono, há uma regressão fisiológica com diminuição das funções egoicas, permitindo o período de repouso para o sistema sensoperceptivo. É o momento em que emergem fantasias as mais profundas. Sonhos e atividades lúdicas provocam estados regressivos espontâneos e necessários para o equilíbrio econômico do psiquismo. O estado hipnótico provocado pela televisão e outras telas equivalentes induzem a um processo regressivo diferente. A atenção se concentra no predomínio de uma área sobre outra ao fazer prevalecer áreas sensoperceptivas (visão e audição) sobre outras.

O espectador, nesse caso a criança e o adolescente, permanece por longo tempo imóvel em frente ao aparelho eletrônico. Frequentemente estudam e comem assistindo à TV, comunicam-se pelo celular e o fazem nas posições mais estranhas.

Crianças e jovens são ávidos por incorporar ideias, valores, modelos identificatórios inspiradores do desenvolvimento. Eles dependem, em parte, daquilo que lhes é oferecido. Tudo que se converte em público e é banalizado corre o risco de se tornar um valor da cultura. Público vem do latim *publicus*, cujo significado etimológico é "oficial", originando a expressão publicidade. Publicidade significa: qualidade do que é público; arte de exercer uma ação psicológica sobre o público, com fins comerciais ou políticos. Portanto, ao se tornarem públicos (publicar = espalhar, vulgarizar) a violência e o sexo, e ao se promover a publicidade, autoriza-se, oficializa-se, tornando certas ações permissivas como forma de ser e de agir. Tendências pulsionais até então recalcadas passam a compor a cultura. Esta é afetada em seus parâmetros estáveis como consequência da globalização promovida pelos meios de comunicação de massa.

A banalização do corpo, da violência e mesmo do amor faz com que haja desinvestimento inconsciente do objeto a que se está vinculado, de tal forma que o outro se torna um estranho. Desfaz-se a solidariedade e a colaboração, pois o objeto torna-se facilmente descartável (Jaguaribe, 1999). O outro é vivido como objeto concreto e imediato de satisfação dos desejos agressivos e libidinais a serem facilmente descartados.

A violência não é apenas um ato físico contra o corpo. Ela está na excessiva excitação que atinge o sistema psíquico, oriunda do mundo externo ou da vida pulsional. Ela ameaça a capacidade psíquica do sujeito de selecionar, elaborar, discriminar, isto é, de ter pensamentos antes de agir, contribuindo para o aumento do estresse crônico da vida cotidiana, da depressão e das doenças psicossomáticas.

Há temas que são tratados pela mídia com superficialidade ou distorção. É o caso da homossexualidade entre adolescentes. A identidade sexual é um processo complexo e multifatorial ainda mal definido. Depende de elementos orgânicos, psicológicos, sociais, culturais e históricos. Durante a adolescência, os jovens passam normalmente pelo processo de elaboração da bissexualidade em busca de definições. Necessitam de experiências emocionais que os levem a vivenciar, concretizar, recalcar ou transformar as múltiplas tendências afetivas. Podem passar por experiências homo e heterossexuais sem que isso represente um desvio ou uma posição definitiva de sua identidade. Trata-se de um período sensível do desenvolvimento. Ele merece, por parte dos programadores da mídia, um cuidado diferenciado. Se existe a ideia positiva de desmistificar as questões da sexualidade, eles terminam por estimular uma maneira de ser sem o devido questionamento crítico da situação em uma época na qual o ego está vulnerável pelo processo de transição. Os meios eletrônicos pouco discutem sobre as diferentes modalidades de homossexualidade e seus sistemas estruturais, níveis de fantasias, biografia, tipos de angústia, mecanismos defensivos do ego, aspectos narcísicos, libidinais e agressivos. Trata-se o assunto de forma superficial e generalizada e pode-se induzir jovens a decisões confusas e precipitadas. Muitos acabam lidando com as ambivalências de gênero como se fossem questões de simples escolha ou moda. Para quem está estruturado nesse modo de ser, a ampla divulgação representa um fator de liberação e de inclusão social. Para outros, pode ser o estímulo para ser o que não está preparado para ser.

Miraldi (1994) refere-se a uma pesquisa realizada em Stanford entre crianças de 5 a 14 anos. Elas assistem cerca de 300 mil cenas de crimes violentos. A autora mostra como a psicanálise também tem contribuído para o aprimoramento da arte publicitária. No artigo "Los niños de la imagem", a psicanalista faz uma retrospectiva histórica e constata que, a partir da década de 1950, a economia americana necessitava incrementar suas vendas e as soluções vieram a partir de três nomes: Cheskin, Dichter e Edoardo Weiss. Os dois últimos, com certeza psicanalistas, que, valendo-se das teorias do inconsciente, pré-consciente e consciente e da teoria das pulsões, buscaram técnicas de estimulação dos desejos, principalmente dos recalcados. Entretanto, a autora cita uma afirmação de André Green que considero parcialmente questionável:

> *Não há razão para se assustar, pois a arte popular só pode transmitir satisfações impossíveis ou proibidas, de uma maneira barata, inofensiva e até profilática... O caráter maciço dessas produções fala a favor das nossas necessidades nesse terreno.*

Fica no ar uma questão: se a propaganda de produtos de consumo e as novelas aumentam o poder de vendas e o índice de audiência, por que o volume e a repetição de cenas violentas, eróticas e de corrupção impune não iriam causar algum grau de influência no comportamento da criança e dos adolescentes, para não dizer de todos nós?

Os meios de comunicação exploram as paixões primárias, podendo ser utilizados como poderoso instrumento de opressão simbólica, diz Bourdieu (1998). "A televisão [e demais meios eletrônicos] pode fazer ver e fazer acreditar aquilo que ela faz ver. Este poder de evocação tem um efeito mobilizador." A mídia é capaz de fazer gerar debates verdadeiramente falsos ou falsamente verdadeiros.

Vivemos numa sociedade aparentemente liberal e democrática que estimula o consumo (bebidas alcoólicas, fumo, drogas etc.). Ao mesmo tempo, adverte sobre seus perigos. A ambivalência é um fenômeno próprio da natureza humana e que se exacerba na adolescência. Se muito intensa, torna-se difícil de ser vivida. Há propagandas que tendem a superar essa questão favorecendo a automatização psíquica (robotização) ao valorizar o mundo sensorial e das aparências. Jerzy

Kosinski (1971) caracterizou esse aspecto no filme *O videota*. Essa ação unidirecional tende a submeter o espectador.

Intensidade, continuidade e iteratividade das informações emitidas pelas telas de TV e equivalentes podem saturar a mente. Impregnando-a, inibindo a capacidade de pensar e de realizar atividades criativas. Inclusive fazendo o espectador crer que tudo o que nela está é verdade e que está especificamente dirigido à sua pessoa (Eco, 1984).

Dias Gomes, autor de telenovelas, em entrevista à revista *Veja* (26 de julho de 1995) intitulada "Erotismo liberado para menores – A escalada sexual na TV preocupa os pais", afirma que: "As pequenas transgressões que a TV comete são eliminadas por outros mecanismos sociais como a orientação familiar". Entretanto, a TV possui um poder doutrinador e é um modelo de identificação de hábitos, costumes e comportamentos. A família não tem condições de tudo supervisionar e de tudo esclarecer. Além do que, ela se encontra enfraquecida pelas características do mundo atual. Os pais têm tido dificuldades para desempenhar seus papéis e definir limites. Os mecanismos sociais de autogestão, até então, têm sido pouco eficientes para conter os abusos.

Todos conhecem a guerra entre emissoras para manter a audiência. Tentam prender o telespectador mobilizando sua curiosidade. É criado um estado de tensão e de voracidade de tal forma que, ao término de um programa, o próximo já se inicia sem deixar tempo para elaborações do conteúdo anterior. A emissão é onipresente. A pessoa está impactada pelas emoções do tema anterior e, em seguida, é submetida ao impacto de novas informações e emoções. O processo é feito de modo que a pessoa fique aderida à TV, sendo necessária atitude ativa se quiser se desvencilhar dessa força de atração.

O debate ético sobre o impacto social resultante das questões relacionais entre emissora, produtor, patrocinador, telespectador e a sociedade tem sido deslocado para as famílias: "quem quiser, que desligue o aparelho". Em teoria, isso pode ser uma verdade, cada um pode exercer seu poder de opção. Na prática, a relação de poder entre telespectador e emissora ou computador não é igualitária.

Certa vez ouvi, de um alto funcionário de uma rede de TV comercial que "o que importa é faturar". Porém, convidado a participar de um debate público sobre as questões que envolvem o impacto psicossocial das TVs comerciais, ele se negou. Há uma ambivalência social entre preservar a liberdade democrática que inclui o direito livre de comunicação e a prática dentro de condições de responsabilidade social.

Kayne alerta sobre a importância da eterna vigilância para se preservar a liberdade. Em relação aos meios de comunicação de massa, são necessárias atenção e vigilância constantes porque corremos o risco de "passarmos a depender de computadores para mediar a nossa compreensão do mundo, então a nossa inteligência se achatará em uma inteligência artificial" (Carr, 2011, p. 305).

Qual será o futuro da vida psíquica de crianças e adolescentes submetidos a essa estimulação maciça e precoce? Como será o superego individual e social que está sendo edificado graças à interferência dos meios de comunicação de massa e da globalização da cultura, antes regional, agora planetária?

Aqueles que, de alguma forma, lidam com educação, conhecendo os aspectos antagônicos da mente, as forças destrutivas e construtivas do inconsciente, os meios favorecedores e inibidores das pulsões, não podem ficar à margem, alienados, observando passivamente, como telespectadores, essas mudanças das quais somos vítimas e agentes. Temos de oferecer nossa contribuição educacional e social, criar mecanismos de controle e eficiência de participação, para o aprimoramento da cultura e das relações dentro de um mundo livre, democrático e que conviva com as diferenças. Uma coexistência pacífica, se possível. Caso contrário seremos fagocitados pelas vicissitudes do processo psicossocial vigente na sociedade do imediatismo e do consumo.

"Seria muito triste, particularmente no que se refere ao cultivo das mentes dos nossos filhos, se aceitássemos sem questionar a ideia de que 'elementos humanos' são ultrapassados e dispensáveis" (Carr, 2011, p. 304).

Referências

Blay Levisky, R. (2012, julho). *Les couples et les familles dans le monde. com et la clinique psychanalytique.* 5º Congres International de l'Association Internationale de Psychanalyse de Couple et de Famille, Padoue.

Bourdieu, P. (1998). *Sobre la televisión.* Editorial Anagrama.

Braga, C.M.L. (2012). *Comunicação e isolamento na adolescência: compreendendo o uso de blogs pelos jovens na atualidade.* Zagodoni.

Carr, N. (2011). *O que a internet está fazendo com os nossos cérebros: a geração superficial.* Agir.

Dias Gomes. (1995, 26 de julho). Erotismo liberado para menores: a escalada sexual na TV preocupa os pais. *Revista Veja*, páginas amarelas.

Eco, U. (1984). Tevê: a transparência perdida. In *Viagem na realidade cotidiana.* Nova Fronteira.

Freud, S. (1973a). Proyecto de una psicología para neurólogos. In S. Freud, *Obras completas.* Editora Nueva (Vol. I, pp. 209-276). (Trabalho original publicado em 1895).

Freud, S. (1973b). Totem y yabu. In S. Freud, *Obras completas.* Editora Nueva (Vol. II, pp. 1745-1850). (Trabalho original publicado em 1912-1913).

Freud, S. (1973c). Introducción al narcisismo. In S. Freud, *Obras completas*. Editora Nueva (Vol. II, pp. 2017-2038). (Trabalho original publicado em 1914).

Freud, S. (1973d). Psicología de las masas y análisis del yo. In S. Freud, *Obras completas*. Editora Nueva (Vol. III, pp. 2563-2610). (Trabalho original publicado em 1921).

Freud, S. (1973e). El malestar en la cultura. In S. Freud, *Obras completas*. Editora Nueva (Vol. III, pp. 3017-3067). (Trabalho original publicado em 1930).

Freud, S. (1973f). Moisés y la religión monoteista: tres ensayos. In S. Freud, *Obras completas*. Editora Nueva (Vol. III, pp. 3241-3324). (Trabalho original publicado em 1939).

Goethe, J. W. (1983). *Fausto e Werther*. Abril Cultural. (Trabalho original publicado em 1774).

Jaguaribe, H. (1999, dezembro). As condições da história do mundo. *Jornal Folha de S.Paulo*, Caderno Mais, 5.

Kaës, R. (1997). *O grupo e o sujeito do grupo: elementos para uma teoria psicanalítica do grupo*. Casa do Psicólogo.

Kosinski, J. (1971). *O videota*. Arte Nova.

Laboratório de Investigações sobre a Infância, Imaginário e Comunicação. (1999, 18 de julho). *Folha de S.Paulo*.

Lalande, A. (1993). *Vocabulário técnico e científico da filosofia*. Martins Fontes.

Levisky, D. L. (1997, julho/agosto). *Moral, superego, delinquência e democracia – Apreensão de uma conjuntura emocional, a partir do pensamento winnicottiano – interação com a sociedade contemporânea*. IV Encontro sobre o Pensamento Winnicottiano, Santiago do Chile, 24-26 de novembro de 1995. Revisado e apresentado em Barcelona, 40º Congresso Internacional de Psicanálise da IPA.

Levisky, D. L. (1999). The media: interference with the psyche. *International Journal of Adolescent Medicine and Health*, *11*, 327-333.

Levisky, D. L. (2012). O hiper-realismo interfere na produção da fantasia? *Alter-Revista de Estudos Psicanalíticos*, *30*, 83-94.

McLuhan, M. (2003). *Understanding media: the extensions of man* (edição crítica; W. Terrence Gordon, Ed.; p. 5). Gingkop. (Trabalho original publicado em 1964).

Miraldi, A. (1994). Los niños de la imagen. *Revista Uruguaya de Psicoanálisis*, *80*, 177-200.

Morin, E. (1994). *La complexité humaine*. Flammarion.

Morin, E. (1999, julho). Como aproximar o homem do conhecimento. *Jornal do Conselho Federal de Medicina*.

Nanini, M. (1995, 9 de agosto). O sucesso é perigoso. *Revista Veja*, páginas amarelas.

Ogden, T. (1992). El sujeto dialécticamente constituido/descentrado del Psicoanálisis. In *Libro anual de psicoanálisis: el sujeto freudiano y las contribuciones de Klein y Winnicott* (pp. 99-122).

Pascual-Leone, A., Amedi, A., Fregni, F., & Merabet, L. B. (2005). The plastic human brain cortex. *Annual Review of Neuroscience, 28*, 377-401.

Soifer, R. (1975). *A criança e a TV: uma visão psicanalítica*. Artes Médicas.

Storolow, R. D., & Lachamann, F. M. (1983). *Psicanálise das paradas do desenvolvimento: teoria e tratamento*. Imago.

TV pública educa nossas crianças nos EUA. (1995, 13 de agosto). *Folha de S.Paulo*, Caderno Mundo.

Winnicott, D. W. (1975). O brincar: a atividade criativa e a busca do eu (self). In D. W. Winnicott, *O brincar e a realidade*. Imago.

Winnicott, D. W. (1989). *Tudo começa em casa*. Martins Fontes.

17. A prevenção da violência: genocídio de almas e as funções do Estado e da Sociedade

O processo que transforma uma criança ou um jovem em infrator tem origem no conjunto de problemas psicológicos e sociais de sua família, que o atinge, com frequência, desde o nascimento. A sociedade, da qual todos somos partícipes, contribui para as transformações comportamentais dos adolescentes e na geração da delinquência. Poucos são os casos cuja origem da delinquência está ligada a patologias mentais.

Situações de desagregação familiar com abusos físicos e psicológicos, alcoolismo, drogas, prostituição, prostituição infantil, exploração do menor, maus-tratos e abandono são causas frequentes que atingem o desenvolvimento infantojuvenil. São questões que atingem pobres e ricos sem exceção.

Estados de miserabilidade e de abandono agravam e contribuem para as desordens comportamentais e de caráter. O desamparo, a falta de perspectivas pessoais e de integração na sociedade despertam sentimentos aterradores, geram intensa angústia quando não se encontra perspectivas de caminhos. A delinquência pode ser o grito de clamor, o pedido de socorro no encontro da esperança. O adolescente quer se sentir considerado, ser alguém com significado para si e para os outros.

Essas considerações salientam a importância do papel político das instituições na estruturação de políticas públicas educacionais, da saúde pública, de medidas sanitárias e habitacionais. Para a prevenção da maioria dos atos infracionais na infância e na adolescência é fundamental que seja assegurada a educação bem como a saúde física e mental com perspectivas reais de inserção dos jovens na vida social.

É preciso ter em mente a existência de fases críticas no processo de desenvolvimento que ultrapassadas sem os estímulos devidos tendem a se cristalizar de forma primitiva e podem afetar de forma irreversível suas capacidades simbólicas, representacionais, cognitivas, a integração psíquica e seu manejo psicossocial. Tais perdas comprometem o desenvolvimento das potencialidades para pensar, realizar a análise crítica, antecipar situações caso não sejam atendidos adequadamente no conjunto de suas necessidades físicas, psicológicas e pedagógicas, em tempo hábil.

Ao Estado compete proporcionar e preservar essas condições para o bom desenvolvimento na plenitude de suas capacidades. Nos casos de adolescentes submetidos às medidas judiciais ambulatoriais ou de internação é fundamental oferecer possibilidades de reorganização da vida psicológica e educacional com vistas à reinserção social. Ao Estado – por meio dos poderes judiciário, legislativo e executivo, em conjunto com a família e a comunidade ao redor tem o dever moral de cumprir e fazer cumprir o Estatuto da Criança e do Adolescente (ECA).

O Estado, representado por juízes, promotores, servidores sociais, psicólogos, psiquiatras, psicanalistas, advogados, assistentes sociais, administradores públicos, corpo técnico, monitores, funcionários – conjunto de profissionais cujo papel simbólico representa as funções parentais e familiares – deve propiciar equivalentes ao que Ruffiot (1981) e Kaës (2015) chamam de "aparelho psíquico familiar". O Estado deve dar condições para que o vazio criado pela ausência ou deturpações nas relações familiares e sociais seja ofertado e preenchido pela sociedade. O menor, criança ou adolescente, busca, ainda que inconscientemente, re-encontrar nesses representantes simbólicos o que lhes foi subtraído.

No jovem infrator, as figuras parentais simbólicas (funções de continência, limites, discriminações perceptivas e afetivas e modelos identificatórios) estão mal internalizadas ou ausentes. A instituição que o acolhe representa a função familiar. A aplicação da lei se constitui na criação de um espaço simbólico dinâmico e aceitável pela sociedade, semelhante ao que deveria ocorrer dentro de casa, nas relações familiares. É nesse espaço psíquico e representacional que ele pode desenvolver sentimentos de confiança, aprender a lidar com os sentimentos, pensamentos e ações, descobrir suas potencialidades e desenvolvê-las, isto é, tornar-se humanizado ao estruturar suas ações dentro de uma ética, considerando a moral vigente naquela sociedade. Famílias e comunidades continentes oferecem recursos para que a criança e o adolescente possam estruturar a percepção dos limites e encontrar formas simbólicas de manifestações amorosas, agressivas e criativas.

A sociedade, inconscientemente, induz o indivíduo à violência quando lhe nega a possibilidade de se sentir cidadão. Desconsidera ou coisifica o sujeito como simples objeto; nessas condições, o sentimento de autoestima é destruído. Gera-se ódio e desconsideração pelo outro, porque ele mesmo já foi desconsiderado em sua essência.

O conceito da liberdade é relativo, isto é, depende de relações objetivas e subjetivas. A liberdade implica considerar o direito do outro para conquistar a defesa do próprio direito. A única liberdade total é aquela que o ser humano vive dentro de si, em seus sentimentos e fantasias. Porém, vivemos em uma sociedade que facilita ao indivíduo confundir liberdade com liberalidade, privativo com público, fantasia com realidade objetiva e virtual. Já disseram que *nosso futuro repousa no coletivo, mas nossa sobrevivência se baseia no indivíduo, e este é o paradoxo que nos mata diariamente.* Todos nós vivemos esse dilema.

O menor infrator reclama por meio do ato delinquencial, inconscientemente, da atenção e dos cuidados necessários para o seu bom desenvolvimento como pessoa e cidadão. Tudo começa em casa e depende dos pais, da família real ou substituta (Winnicott, 1950; Levisky, 1997). Ele busca um espaço que o acolha afetiva e fisicamente. Assim, a existência de um outro – aquele que o valoriza, que lhe dá a oportunidade de se vincular afetivamente, de resgatar a autoestima – é fundamental, bem como são essenciais para prosseguir no seu desenvolvimento e reintegrar-se à sociedade.

Quando a estrutura psíquica se torna cristalizada, as possibilidades de se estruturar de forma construtiva diminuem ou tornam-se impossíveis, mas só se saberá os desdobramentos após as tentativas de reinserção. Alguns jovens, provavelmente, terão o triste destino de ficar à margem da sociedade. Esse diagnóstico grave, o da cristalização da estrutura psíquica, só deve ser feito após longa observação longitudinal e tentativas terapêuticas de reinserção psicossocioeducativas. Caso contrário, a instituição – entenda-se aqui como a sociedade – estará contribuindo negativamente para a formação e perpetuação da delinquência, fenômeno que considero ser um verdadeiro "genocídio de almas".

A maioria dos adolescentes infratores, entretanto, se lhes forem oferecidas condições continuadas de vínculo afetivo, estudo, trabalho, tratamento psicológico, orientação familiar e perspectiva de autossustento, poderão integrar-se à sociedade.

A repressão ou punição como exercício da lei como atitude simples e única, não mudará o curso das coisas. A força da lei tem sua eficiência para quem tem incorporado um superego protetor suficientemente estruturado. Os elementos básicos da ética, da moral e da identidade se organizam precocemente, durante os primeiros anos de vida, no convívio familiar. Para aqueles que foram privados, abandonados, mesmo dentro da própria família, a tomada de atitudes somente repressora e punitiva isoladas não promovem a reestruturação do aparelho psíquico e da vida emocional.

Os sentimentos de gratidão e reparação nascem de uma relação que se sustenta em vínculos de confiança, capazes de suportar tanto descargas agressivas quanto amorosas, até se transformarem, graças ao desenvolvimento das atividades simbólicas, em sentimentos mais elaborados e pensamentos que passam a participar das inter-relações sociais e afetivas. Caso contrário, a punição apenas incrementa o ódio, a desconfiança e às vezes, o desejo de vingança. Instituições que apenas confinam o indivíduo, só contribuem para exacerbar a violência e a marginalidade.

É preciso que o jovem sinta que há um real interesse por parte daqueles que o investem afetivamente, inclusive colocando limites e confrontando-o onde for necessário. Essas atitudes são expressões de amor, e, aí sim, haverá reciprocidade. O jovem poderá sentir admiração e ser admirado, sentir confiança no vínculo que se estabelece, resgatar a autoestima e reconstruir o sentimento de solidariedade e gratidão. São as bases para a reestruturação psíquica e social.

É necessário apresentar ao jovem condições que não só limitem, mas transformem as necessidades de vazão pulsional. Que lhes ofereçam meios alternativos e estruturantes para a liberação dos impulsos agressivos, libidinais e criativos. As práticas esportivas e artísticas bem como as atividades comunitárias, educativas e profissionalizantes são caminhos que geram esperança.

Isso não significa impunidade. Pelo contrário, cada um deve responder por suas faltas, de acordo com o momento de desenvolvimento e observada a gravidade do ato infracional. Porém, o adolescente deve ter também oportunidades para a reparação tanto em relação ao ato infracional quanto em relação aos objetos em seu mundo interno. Uma oportunidade de experiência psicoterápica de base psicanalítica, estudo, trabalho, atividades sociais só valorizam a autoestima e abrem caminhos para a solidariedade. Diminuir a idade de imputabilidade do menor é questão muito delicada. É preciso considerar as transformações da adolescência. Nessa fase, os jovens buscam novos modelos para a formação de sua identidade adulta. O período é altamente vulnerável e suscetível a influências ambientais, sejam elas construtivas ou destrutivas. Muitos liberam sua impulsividade agressiva e libidinal, envolvendo-se em aventuras sexuais, em acidentes de trânsito, decorrentes do uso ou abuso de drogas, em farras, terminando muitas vezes em suicídio ou assassinato.

Os jovens hoje estão mais bem informados e vivem de forma mais liberada, mas isso não significa que estejam afetivamente melhor preparados para sua inserção na sociedade adulta. Pelo contrário, a vida atual é mais competitiva e requer um conjunto maior de capacitações e habilidades para entrar no mundo adulto. A falta de perspectivas de trabalho, de profissionalização, deixa o futuro ainda mais sombrio, vazio e altamente frustrante.

Muitos adolescentes vivem na busca de prazeres imediatos, sem esforços, dominados pelos celulares e equivalentes. Outros, encontram na criminalidade o que todo jovem busca: desafio, status, acolhimento e reconhecimento afetivo do grupo. Além disso, o caminho do crime pode lhe parecer mais rentável do que aquele ofertado pelas profissões socialmente aceitáveis.

O ECA aponta o caminho para o trato com o adolescente infrator. Porém, pouco se conseguiu fazer de prático até hoje nas áreas de prevenção à delinquência e da reeducação do adolescente infrator. A diminuição da idade de responsabilidade penal pode ser uma tentativa de coibir a violência, mas essa é uma proposta que deve ser vista com reserva: ela pode simplesmente contribuir para o aumento da população carcerária, sem resolver ou atenuar as causas geradoras da violência e da criminalidade infantojuvenil.

Uma medida dessas só tem sentido se vier acompanhada de uma programação efetiva de reeducação psicossociopedagógica continuada, assistência psicológica, preparo profissionalizante e acompanhamento até a reinserção social efetiva com a geração de empregos.

Violência não é questão apenas de segurança pública e de repressão. Ela está presente nas ruas, dentro das casas, nas escolas, empresas, instituições e nos meios de comunicação. Crimes hediondos cada vez mais frequentes e outras formas mais tênues de violência, como a falta de cidadania e perda da solidariedade, desvalorizam o próximo, sem que se dê conta de que está menosprezando a si mesmo.

Alguns meios de comunicação de massa, associados ao poder econômico, utilizam de forma inescrupulosa seus poderes de influenciar as mentalidades ao banalizar a vida, o sexo, a violência e as relações afetivas. Exploram a privacidade, a desgraça alheia, transformando a tragédia em show, sem que a sociedade exija uma corresponsabilidade pelo impacto social dessas mensagens.

Assustamo-nos com o uso de drogas pelos jovens, mas a publicidade e todo o marketing do tabaco, da cerveja e do sexo têm o adolescente como principal público-alvo. A sociedade tem uma atitude passiva. Nada ou pouco fazemos de efetivo quanto a isso e, desde o fim da censura, não teve a imaginação, nem disposição, para criar qualquer mecanismo social ou instrumento jurídico capaz de proteger suas crianças e adolescentes desses ataques ferozes. O que os Poderes Públicos podem fazer quanto a isso?

Outro ponto fundamental nessa questão dos adolescentes infratores é a descentralização das instituições de internação. O acolhimento dos menores deve ser feito em abrigos com estrutura física e recursos humanos adequados. Superlotações, como qualquer excesso, geram reações defensivas e inconvenientes.

Cada região deve ter a sua própria estrutura, com instituições que levem em conta os aspectos médicos, psicológicos, educativos e profissionalizantes da internação e que ofereçam condições de continuidade no projeto de reinserção social, para não transformar o jovem, vulnerável em sua história de vida, numa escória social. Devemos ter sempre em mente que a educação e a prevenção, ainda que inicialmente dispendiosas são compensatórias a longo prazo.

Quanto à lei que proíbe o trabalho do menor, ela veio para coibir sua exploração. Entretanto, o país tem hoje um número inacreditável de crianças e adolescentes que não trabalham e também não frequentam a escola, ficando abandonadas nas ruas. Como aprendizes, elas podem se beneficiar de um aprendizado que será útil no presente e no futuro ao contribuir para a renda familiar, e ficar, de certa forma, protegidos em um ambiente educacional profissionalizante. Há carência de creches. É preciso distinguir a questão da exploração do trabalho do menor da dos benefícios que a escola e o trabalho podem, de uma forma conjugada, trazer para o adolescente. Nessa discussão, as questões econômicas suportam essa proibição ao trabalho, e não uma preocupação real com o futuro dos jovens. A escola é essencial. O trabalho também pode ser, se adequado às condições específicas de cada idade e cumpridas as exigências escolares.

O Estado, por meio do Executivo e do Judiciário, deveria desempenhar o papel de modelo identificatório construtivo para os adolescentes que não encontram um modelo adequado nos pais, na família ou no meio social em que vivem.

É importante oferecer aos profissionais que trabalham com jovens infratores a possibilidade de ações interdisciplinares integradas, inclusive com a participação de psicanalistas. É desejável que os profissionais que trabalham com jovens infratores tenham supervisões e um espaço terapêutico para suprir as necessidades de elaboração da forte carga emocional a que são submetidos em seu trabalho cotidiano, montante de carga emocional que carregam sobre si, oriundo das complexidades da vida profissional.

Referências

Kaës, R. (2015). *L'extension de la psychanalyse: pour une métapsychologie de troisième type.* Dunod.

Levisky, D. L. (1997). *Moral, superego, delinquência e democracia.* [Apresentação de trabalho]. 40º Congresso Internacional de Psicanálise (IPA). Barcelona.

Ruffiot, A. (1981). *La thérapie familiale psychanalytique et ses développements.* [Apresentação de Tese]. Universidade de Ciências Sociais de Grenoble. Grenoble.

Winnicott, D. W. (1989). Algumas reflexões sobre o significado da palavra democracia. In D. W. Winnicott, *Tudo começa em casa.* Editora Martins Fontes.

18. Famílias e adolescentes: desafios contemporâneos

A clínica psicanalítica contemporânea da adolescência tem se caracterizado por quadros de depressão, apatia, dificuldades de relacionamento social, consumo de drogas, distúrbios de sono, fixação ao uso de games, violências, ampliação das incertezas e inseguranças quanto a si e na definição do futuro profissional, nas questões de identidade de gênero e na escolha de parceiros amorosos. São fenômenos cada vez mais frequentes, agravados pela pandemia da covid-19. As dificuldades de organização do mundo interno desses pacientes na transição para a vida adulta têm se tornado cada vez mais longa e complexa, na dependência de inúmeros fatores internos e externos.

Ao se entrevistar o paciente, na perspectiva de alguma compreensão do seu sofrimento e avaliação dos conflitos presentes, intensidade, amplitude e rigidez ou não das configurações internas, das questões estruturais, dinâmicas e econômicas, percebe-se que os problemas presentes no sujeito podem depender de sua subjetividade individual, mas, também, do grupo familiar e da cultura.

Os problemas manifestados pelo jovem de hoje podem decorrer de questões existentes no universo familiar e vice-versa. O sofrimento do adolescente pode ser a via de comunicação de um problema familiar, se pensarmos que sujeito e família estão interligados por um conjunto de redes afetivas nas comunicações conscientes e inconscientes, cuja biografia depende, também, de transmissões transgeracionais (Trachtenberg, 2024). Condições que podem estar presentes desde as primeiras alianças inconscientes estabelecidas não só com a criança que vai surgir na relação familiar, mas com a criança do inconsciente dos pais. Pais que nem sempre são os genitores dessas crianças, se pensarmos em barrigas de aluguel e outras modalidades de gestação hoje presentes. Pode-se questionar como os avanços das tecnologias biológicas modernas e as várias velocidades das transformações tecnológicas e éticas interferem na constituição das fantasias conscientes e inconscientes, das organizações narcísicas, dos predomínios dos mecanismos defensivos, dos aspectos metapsicológicos presentes nas subjetividades individuais, familiares e culturais (transubjetividade).

O processo histórico e o adolescer

Diante das dúvidas surgidas em um dado momento histórico da evolução social do ser humano, sugeriu-se que a adolescência poderia ser fruto das características da sociedade vigente decorrente do surgimento da burguesia durante o período romântico (Ariès, 1978). O alargamento da fase de transição entre a infância e a vida adulta seria a responsável por essa fase no processo de desenvolvimento social humano. A investigação de sinais sugestivos na fase de transição da adolescência para a vida adulta na sociedade ocidental de mil anos atrás, no início da civilização na Europa Ocidental, portanto na Idade Média Central, tornou-se Tese de Doutorado defendida no Departamento de História Social da Universidade de São Paulo, tendo como orientador o professor Hilário Franco Júnior. Posteriormente, esse trabalho resultou na publicação do livro *Um monge no divã*, baseado na vida de Guibert de Nogent, monge católico do século XI-XII, que escreveu uma rara autobiografia na qual narra sua transição para a vida adulta, a adolescência – descrita como um período ardente, o fogo que queima. Pude identificar conflitos emergentes com o surgimento da sexualidade, da busca de uma identidade, ritos de passagem que caracterizavam o término da infância e a entrada em nova fase quer fosse na vida militar, no clero ou nas responsabilidades familiares (Levisky, 2007).

A elaboração edípica ocorreu em dois níveis: na relação com o pai terreno e na relação com o pai celestial, figura que o acompanhou ao longo de sua vida. Pode-se levantar as suspeitas de predominância de certos mecanismos defensivos, como deslocamento, idealizações, *splittings* na busca de certo equilíbrio egóico dentro da vida no castelo, seguido por um educador e pela mãe, jovem viúva, atraente e desejada por muitos que a cortejavam. Sem entrar em detalhes do possível processo interno de elaboração de sua identidade, ficou evidente que o meio ambiente da cultura francesa medieval e religiosa daquela época interferiu nos sentimentos e comportamentos de Guibert diante das angústias por ele relatadas ao redor dos quatorze/quinze anos de idade.

Pode-se concluir que o meio ambiente interferia na expressividade de um processo mental intrínseco da espécie humana, uma fase do desenvolvimento que, já naquela época, era conhecida por alguns como adolescência. Essa fase de passagem era curta, com rápida entrada na vida adulta, moldada por ritos diversos, da vida militar, eclesiástica ou social do homem mundano.

Na atualidade, o adolescer é longo. O ego requer o desenvolvimento de várias aptidões para entrar na vida adulta. Fase de transição que nem sempre encontra um término na dependência das relações familiares, sociais e econômicas – que caracterizam a globalização, especialmente, as conquistas tecnológicas biológicas e de comunicação valorizando aspectos narcísicos: o ter, o fazer; em detrimento do ser e do sentir. Hoje, agravadas pela presença da pandemia que, além de nos colocar direta e constantemente em contato com a morte, com restrições à vida social, econômica e profissional, gerou a necessidade de maior capacidade adaptativa e criativa, mobilizada pelas dificuldades em se organizar, programar, fazer projetos, ampliando as incertezas e imprevisibilidades.

Avaliação clínica psicanalítica

Durante o processo de avaliação clínica psicanalítica do adolescente alguns aspectos fundamentais devem ser observados quanto à sua integração e articulação nas transformações decorrentes das mudanças hormonais, do processo de identificação, das transformações da atividade sexual e busca de novos objetos, dos processos de perdas (lutos) e aquisições, na eclosão da fragilidade egóica, na evolução dos processos narcísicos e reorganização do ego, na emergência de estados primitivos em confronto com estados mais estruturados da mente, nas relações entre o falso e o verdadeiro *self*, nas relações tempo-espaço que se modificam, bem como nas mudanças cognitivas e no aprender com a experiência que mobilizam o ego, a personalidade e a identidade em estruturação.

Concomitantemente a esse processo complexo do adolescer ocorrem transformações nos pais que se aproximam da percepção da morte, das dificuldades para digerir e aceitar o crescimento e a autonomia dos filhos. Conflitos sempre presentes diante da emancipação desejada em confronto com as perdas e mudanças que acompanham as funções parentais (Levisky, 2017).

Se pensarmos em termos dos vários níveis de subjetividade (intra, inter e transubjetividade) bem como na existência de espaços psíquicos múltiplos (intra, inter e transpsíquico) poderemos melhor compreender como fatores externos interferem nos aspectos metapsicológicos de cada sujeito, dos grupos familiares e instituições e das culturas. Freud, Klein e seus seguidores enfatizaram questões do mundo interno do sujeito por meio de mecanismos de incorporação, imitação, identificação projetiva e identificações cruzadas. Bion, com a formulação dos pressupostos básicos, contribuiu para a compreensão das diferentes formas de relação emergentes na dinâmica inconsciente dos grupos. Winnicott focalizou a formação do mundo interno do bebê a partir da criação do espaço e dos objetos criados na relação mãe-bebê, sem desconsiderar a importância da função paterna nessas relações fundantes do psiquismo do bebê. Sem dúvida, ocorrem séries de identificações, projetivas e cruzadas, alianças narcísicas recíprocas na construção do psiquismo dos pais, do bebê e do meio afetivo e cultural, e vice-versa, conjunto de elementos que constituem o "aparelho psíquico familiar". Esse termo foi cunhado por Ruffiot (1981) "para designar uma zona psíquica externa, formada pela ligação e combinação dos psiquismos familiares. Tem como função principal a contenção dos psiquismos individuais" (Mendes, 2021, p. 55), desdobramento de um conceito criado por Kaës (1976) para designar o "aparelho psíquico grupal".

Próximo desse conceito está o de "estrutura familiar inconsciente", introduzido por Berenstein (1991) e (Berenstein & Puget, 1993). Ele provém da teoria psicanalítica freudiana e da antropologia estrutural de Lévi-Strauss. Trata-se de um modelo "pensado para definir a matriz simbólica que sustenta as relações familiares", por meio da qual se transmitem e transformam significações provenientes da cultura, assim como circulam as produções inconscientes e interfantasmáticas da família, como nomes próprios, mitos, crenças, segredos, espaço e tempo familiar. "[...] o grupo familiar constitui-se como produto da cultura, ao mesmo tempo que dá origem a ela, mediante o estabelecimento de leis de interdição cujo paradigma é o tabu do incesto" (Kopittke, 2021, pp. 192-193).

Temos aprendido que tudo muda e se transforma, uma característica vital que ocorre em diferentes velocidades e intensidades e em diferentes momentos do desenvolvimento individual e coletivo. Tais características imprimem à mente mudanças, umas tão lentas que parecem invariáveis e outras mutáveis, tão rápidas, como a moda e os comportamentos sociais. São condições que dão à mente características caleidoscópicas, isto é, que possibilitam a construção de configurações com subjetividades infinitas que caracterizam a diversidade humana. O mundo contemporâneo tem incrementado tais mudanças devido à globalização, às conquistas tecnológicas, às redes midiáticas aumentando as velocidades das transformações dos valores humanos, dos costumes, dos ritos, das crenças, das éticas.

No exercício da prática clínica da psicanálise individual, de casal, familiar ou institucional estão presentes e atuantes no inconsciente individual de cada membro da relação e do inconsciente grupal, objetos internos que se interatuam e que atuam com o ego. Objetos que são projetados nas relações por meio dos vínculos afetivos geradores de espaços criados por meio de projeções, identificações projetivas e cruzadas, identificações recíprocas dos membros dessa relação, que emergem nas subjetividades transferenciais e contratransferenciais.

Os investimentos oriundos das pulsões geram alianças, vínculos ou laços afetivos (Levisky, 2021, p. 41). São componentes presentes em todos os casais, famílias, grupos e instituições nos vários níveis de subjetivação. As alianças inconscientes "têm por funções negociar conflitos, elaborar soluções, estabelecer compromisso, criar sinergias a serviço da singularidade, da realização dos desejos e dos mecanismos de defesa de cada um e do conjunto relacional que se organizam criando vínculos" (Kaës, 2015). As alianças ou pactos se estabelecem para "preencher uma falta, um desamparo originário". A presença de um outro externo é condição imprescindível para garantir a bidirecionalidade do vínculo, compreendida como uma "ligação entre dois seres desejantes." (Blay Levisky, 2021, p. 556).

Entre nós, Meyer (2021, p. 204) introduz o termo "familidade",

> *conceito ancorado na teoria das relações de objeto, mais particularmente na concepção de mundo interno como a concebe Melanie Klein e os neokleinianos. Os objetos internos habitantes e formadores do mundo interno compõem uma assembleia cujos membros estão em constante relacionamento. Há sempre algo sendo feito a um objeto e um objeto fazendo algo com o sujeito.*

Os vínculos ou alianças duradouras e contínuas entre duas ou mais pessoas geram um conjunto dinâmico com elementos, alguns estáveis, outros mutáveis, que compõem a identidade do grupo ou da família. Esse conjunto de elementos dão continência aos objetos internos componentes do mundo intrapsíquico que se projetam nos participantes do grupo (identificações projetivas) e interagem com os objetos internos desses participantes. Surgem espaços comuns a cada interrelação resultante dessas projeções.

Para compreender tais espaços interpsíquicos gerados pelos vínculos, pelas alianças inconscientes, Kaës (2015) criou a "metapsicologia do terceiro tipo", distinta da de Freud que estuda o espaço intrapsíquico. O espaço interpsíquico formado pelas projeções de elementos oriundos dos objetos internos de cada sujeito do grupo familiar adquire características estruturais, dinâmicas e econômicas próprias, além daquelas do sujeito singular, graças aos vínculos estabelecidos entre os sujeitos do grupo. São espaços inconscientes a serem decifrados e identificados nas relações intersubjetivas e transubjetivas com suas bordas e intersecções (Levisky, 2021, p. 340).

Há um sistema de sustentação (holding) dos conteúdos afetivos preservados pela memória presentes nos membros dessa relação. Esse sistema de sustentação/preservação que transforma elementos sensoriais (elementos beta) em sentimentos e pensamentos (elementos alfa), caracterizando a maneira de sentir, ser, pensar e agir dos membros pertencentes do grupo. Os objetos internos constituintes de cada membro do grupo, por meio de identificações, projeções e identificações projetivas se articulam e se constituem.

Com base no conceito kleiniano de identificações projetivas, Bion (1973) aprofundou o estudo das configurações continente-conteúdo, modelo que contribui para a compreensão de como elementos beta, de natureza sensorial, projetados possam ser acolhidos e transformados, graças às funções de *rêverie* do sujeito continente que acolhe, transforma e os devolve para o outro sujeito do vínculo como elementos alfa, capazes de serem pensados como pensamentos e organizar as ações por meio de elementos simbólicos incorporados.

As noções do Eu-pele de Anzieu (1985) cuja função gera uma espécie de envelope virtual suficientemente flexível às interações com o ambiente e suficientemente continente daquilo que se torna conteúdo psíquico. O grupo familiar adquire essa função continente pelas sucessivas trocas, fruto dos vínculos e das múltiplas identificações projetivas e transformações que ocorrem. O conceito de continente genealógico grupal, proposto por Benghozi (2010), pode ser representado por uma rede cuja tessitura possibilita a manutenção desses conteúdos afetivos dentro de um continente individual e grupal do grupo familiar (Fernandes, 2021, p. 106).

Dentro de uma tentativa de compreensão dessas relações afetivas complexas surge o conceito de família. Houaiss (2016), no seu dicionário, define família como "núcleo social de pessoas unidas por laços afetivos, que geralmente compartilham o mesmo espaço e mantêm entre si uma relação solidária", distinta, portanto, de conceitos anteriores, ligados à filiação ou adoção (Dias, 2021, p. 198).

Blay Levisky (2017) e Blay Levisky & Levisky (2019) sugerem como conceito de família na pós-modernidade:

> *[...] espaço vincular íntimo construído por sentimentos de compromissos afetivos recíprocos e de cumplicidade de qualquer natureza, amorosos e/ou perversos, que pretende ser de longa duração.*
>
> *[...] vínculos que se estabelecem a partir da filiação e afiliação e podem ter várias configurações em sua organização dinâmica, independentemente dos gêneros.*
>
> *Vínculos que variam de acordo com o momento histórico-cultural.*
>
> *A transmissão de heranças, apesar das transformações e mutações que ocorrem ao longo da história, garantem a continuidade do espaço familiar.*
>
> *Neste espaço complexo de trocas afetivas ocorrem identificações, alianças conscientes e inconscientes, aquisição de comportamentos, valores culturais, éticos e morais que interagem no desenvolvimento das personalidades individual e grupal.*

Pretendo, com a exposição desses conceitos, colaborar para uma melhor compreensão dos fatores recíprocos geradores de sofrimento psíquico tanto no sujeito quanto no grupo familiar. Há situações na qual o paciente, no caso o adolescente, gera tensões, sofrimentos no grupo familiar. Entretanto, noutros, ele é o paciente identificado, o porta-voz, o porta-sintomas dos conflitos familiares.

Sei (2021, p. 377) diz que esses termos são utilizados para designar o sujeito que "apontado como o doente da família, se configurando como o indivíduo que motiva a busca ou o encaminhamento" para o tratamento. Trata-se do "bode expiatório" sobre o qual são depositados, deslocados, inconscientemente, os conflitos e sistemas defensivos da família.

Caso clínico

Para ilustrar essa situação trago o caso de uma família composta por cinco pessoas: os pais, Carol e Marcos (vivem em uma cidade do interior) e os três filhos: João (vive em outro país), Paulo e Maria (moram em São Paulo de forma ocasional). Os três filhos são jovens maiores de idade, mas adolescentes em sua maneira de viver. Todos dependem economicamente dos pais, apesar de estarem formados, terem trabalho e estudarem.

João, o mais velho, me procurou por WhatsApp se queixando de extrema angústia pelo fato de estar longe dos pais com os quais não fala há três anos. Está em um doutorado em outro país. Precisou sair de casa por não conseguir estabelecer relação com os pais e ter brigado com o irmão. Sente que há muita expectativa sobre si. Viveu grave quadro depressivo anos atrás, precisando de tratamento psiquiátrico. Toma ainda medicamentos tranquilizantes e antidepressivos e faz análise quatro vezes por semana. Procurou-me por indicação do seu psicanalista (faz análise por internet), pois não está suportando a ideia de não mais conseguir falar com seus pais. Precisa ter uma família que o aceite, com quem possa compartilhar seus sentimentos e dizer o quanto se sente rejeitado. Conversamos duas vezes e chegamos a um acordo de que ele falaria com os pais e irmão pedindo que eles me procurassem. Conversaria, primeiramente com cada um, antes de tentar marcar um encontro familiar. Fui procurado pelos pais e pela irmã, mas o irmão, Paulo, se negou a me ligar. Estava profundamente magoado com o irmão e não via sentido em vir ao encontro. Combinamos um primeiro encontro com aqueles que desejassem vir. Paulo não compareceu. Estabelecemos trabalhar semanalmente. Fizemos um grupo no Whatsapp e só falaríamos por meio deste sistema nos dias combinados. Qualquer comunicado deveria ser feito na sessão ou no grupo. Os encontros eram muito tensos, cheios de agressões mútuas, acusações e cobranças. Os pais se uniam para se defender das acusações de João que descarregava sua metralhadora verbal especialmente contra o pai.

Dizia que ele era falso, mentiroso, cheio de expectativas sobre ele que precisava ser o "geninho da família". O pai retrucava se defendendo e atacando. Por vezes, ficava em silêncio, mas não raro abandonava a sessão. Ao voltar, dizia não ver sentido naquilo. Se a finalidade era para ser agredido, não precisava fazer terapia de família. Carol observava e, com frequência, dava razão para o pai. Maria chegava frequentemente atrasada e, durante a sessão, permanecia em silêncio pendurando roupa no varal ou comendo, sem se envolver com o trabalho de psicanálise familiar. Após três meses, Paulo manifestou interesse em falar comigo. Levei a ideia para o grupo que concordou com a conversa individual, como todos haviam feito, antes de resolver se envolver com o grupo. Desde então, participa regularmente e progressivamente tem conseguido expor seus pensamentos sobre a relação familiar e, em especial com o pai. Este tem se revelado a figura dominante, pouco afetivo, impulsivo, fala sem medir as palavras e sem perceber as repercussões sobre o outro daquilo que ele fala. Pouco sabe escutar. Está tudo claro e resolvido em sua cabeça. O resto é frescura.

Temos trabalhado os preconceitos existentes na família sobre as imagens estabelecidas de como é um e outro sem que um consiga ouvir e ponderar sobre o outro. Identificamos sistemas de conluios e da necessidade do grupo manter João como o doente da família. Os membros do grupo familiar não se davam conta das dificuldades de comunicação existente entre eles devido às idealizações, negações e deslocamentos. Tudo era reduzido a agressor e agredido, sem que houvesse espaço para um estado de depressão reflexiva, reparadora, transformadora e criativa.

Na medida em que compreendem melhor as fantasias, os pré-conceitos, os mecanismos defensivos predominantes e as alianças construtivas e destrutivas vêm desenvolvendo o espaço para empatia e revisão das posições. Um grupo de WhatsApp foi criado entre eles, sem a participação do analista, de tal modo que, progressivamente, eles começam a conversar entre si de forma socialmente aceitável e afetiva.

Referências

Anzieu, D. (1985). *Le moi-peau*. Dunod.

Ariès, P. H. (1978). *História social da criança e da família*. Guanabara Koogan.

Benghozi, P. (2010). *Malhagem, filiação e afiliação*. Vetor.

Berenstein, I., & Puget, J. (1993). *Psicanálise do casal*. Artes Médicas.

Berenstein, I. (1991). *Psicoanálisis de la estrutura familiar*. Paidós.

Bion, W. R. (1973). *Atenção e interpretação*. Imago.

Blay Levisky, R. (2017). Expressões de intimidade nos vínculos: interferências da cultura. *Revista Ide, 39*(63).

Blay Levisky, R. (2021). Vínculo. In R. Blay Levisky, M. L. Dias, & D. L. Levisky (Orgs.). *Dicionário de psicanálise de casal e família* (p. 556). Blucher.

Blay Levisky, R, & Levisky, D. L. (2019). *O tempo e as relações familiares nos espaços reais e virtuais*. [Apresentação de trabalho]. 2º Colóquio da Poiesis, Lisboa.

Dias, M. L. (2021). Família. In R. Blay Levisky, M. L. Dias, & D. L. Levisky (Orgs.). *Dicionário de psicanálise de casal e família* (p. 198). Blucher.

Fernandes, M. I. A. (2021). Continente genealógico/malhagem. In R. Blay Levisky, M. L. Dias, & D. L. Levisky (Orgs.). *Dicionário de psicanálise de casal e família* (p. 106). Blucher.

Houaiss, A. (2016). *Dicionário da língua portuguesa online*. https://houaiss.online/houaisson/apps/uol_www/v7-0/html/index.php#0

Kaës, R. (1976). *L'appareil psychique groupal*. Dunod.

Kaës, R. (2015). *L'extension de la psychanalyse pour une métapsychologie du troisième type*. Dunod.

Kopittke, C. C. (2021). Estrutura familiar inconsciente. In R. Blay Levisky, M. L. Dias, & D. L. Levisky (Orgs.). *Dicionário de psicanálise de casal e família* (pp. 192-193). Blucher.

Levisky, D. L. (2021). Alianças (pactos) inconscientes. In R. Blay Levisky, M. L. Dias, & D. L. Levisky (Orgs.). *Dicionário de psicanálise de casal e família* (p. 41). Blucher.

Levisky, D. L. (2021). Metapsicologia do terceiro tipo e tópica do terceiro tipo. In R. Blay Levisky, M. L. Dias, & D. L. Levisky (Orgs.). *Dicionário de psicanálise de casal e família* (p. 340). Blucher.

Levisky, D. L. (2017). *Adolescência – reflexões psicanalíticas* (4ª ed.). Zagodoni.

Levisky, D. L. (2007). *Um monge no divã*. Casa do Psicólogo.

Mendes, C. M. (2021). Aparelho psíquico familiar. In R. Blay Levisky, M. L. Dias, & D. L. Levisky (Orgs.). *Dicionário de psicanálise de casal e família* (p. 55). Blucher.

Meyer, L. (2021). Familidade. In R. Blay Levisky, M. L. Dias, & D. L. Levisky (Orgs.). *Dicionário de psicanálise de casal e família* (p. 204). Blucher.

Ruffiot, A. (1981). *La thérapie* familiale psychanalitique. Dunod.

Sei, M. B. (2021). Paciente identificado/porta-voz/porta-sintoma. In R. Blay Levisky, M. L. Dias, & D. L. Levisky (Orgs.). *Dicionário de psicanálise de casal e família* (p. 377). Blucher.

Trachtenberg, A. R. (2024). *Transgeracionalidade/intergeracionalidade-holocausto e dores sociais*. Blucher.

GRÁFICA PAYM
Tel. [11] 4392-3344
paym@graficapaym.com.br